Die Versteigerung von Telekommunikationslizenzen

Europäische Hochschulschriften

Publications Universitaires Européennes

European University Studies

Reihe II

Rechtswissenschaft

Série II Series II

Droit

Law

Bd./Vol. 4007

PETER LANG

Frankfurt am Main · Berlin · Bern · Bruxelles · New York · Oxford · Wien

Andreas Kleinschmidt

Die Versteigerung von Telekommunikationslizenzen

Verfassungsrechtliche Beurteilung am Beispiel der UMTS-Mobilfunklizenzversteigerung

PETER LANG
Europäischer Verlag der Wissenschaften

Bibliografische Information Der Deutschen Bibliothek
Die Deutsche Bibliothek verzeichnet diese Publikation in der Deutschen Nationalbibliografie; detaillierte bibliografische Daten sind im Internet über <http://dnb.ddb.de> abrufbar.

Zugl.: Göttingen, Univ., Diss., 2004

D 7
ISSN 0531-7312
ISBN 3-631-52969-4

www.peterlang.de

Meinen Eltern

VORWORT

Die vorliegende Arbeit wurde im Wintersemester 2003/2004 von der Juristischen Fakultät der Georg-August-Universität zu Göttingen als Dissertation angenommen. Die nach Abschluß des Manuskripts veröffentlichte Rechtsprechung und Literatur wurde, soweit möglich, bis Anfang 2004 berücksichtigt.
Angeregt durch die Versteigerung der UMTS-Mobilfunklizen im Jahre 2000 beleuchtet die Arbeit die verfassungsrechtliche Zulässigeit einer Abgabenerhebung für die staatliche Verleihung einer Telekommunikationslizenz, die diesbezügliche Ertragskompetenz sowie den im Wirtschaftsverwaltungsrecht neuartigen Vorgang eines Versteigerungsverfahrens. Die dabei gewonnen Erkenntnisse beziehen sich nicht allein auf die Versteigerung der UMTS-Lizenzen, sondern können darüber hinaus auch auf jede andere Vergabe staatlicher Rechte Anwendung finden.
Dank schulde ich meinem Doktorvater Herrn Bundesverfassungsrichter a.D. Prof. Dr. Hans Hugo Klein für die wohlwollende Betreuung und zeitnahe Begutachtung der Arbeit sowie Herrn Prof. Dr. Werner Heun für die zügige Erstellung des Zweitgutachtens.
Die Arbeit wurde durch eine Stipendium der Konrad-Adenauer-Stiftung e.V. (Begabtenförderung) unterstützt, für das ich ebenfalls dankbar bin. Die Stiftung, die mich bereits während meines Studiums begleitete, hat mein Bewusstsein für gesellschaftliche Verantwortung und interdisziplinäre Zusammenhänge geschärft.
Ich danke meiner Freundin Ulrike Nottrodt für ihren liebevollen Beistand und insbesondere meinen Eltern, die mich stets fördern, bestärken und leiten. Ihnen ist diese Arbeit gewidmet.

Düsseldorf im April 2004

INHALTSVERZEICHNIS

ABKÜRZUNGSVERZEICHNIS

A.	Auflage
a.A.	andere(r) Ansicht
Abg.	Abgeordneter
Abl.	Amtsblatt
Abs.	Absatz
a.E.	am Ende
allg.	allgemein
Anh.	Anhang
Anm.	Anmerkung
AK	Alternativkommentar (siehe Literaturverzeichnis)
AO	Abgabenordnung
AöR	Archiv öffentliches Recht
ApothekenG	Apothekengesetz
ArchTP	Archiv Telekommunikation und Post
AT	Allgemeiner Teil
Ausg.	Ausgabe
Art.	Artikel
BayKAG	Bayrisches Kommunalabgabengesetz
BayVBl.	Bayrisches Verwaltungsblatt
BB	Betriebs Berater
BBergG	Bundesberggesetz
Bd.	Band
Bes.VerwR	Besonderes Verwaltungsrecht
BGB	Bürgerliches Gesetzbuch
BGBl.	Bundesgesetzblatt
BGH	Bundesgerichtshof
BGHZ	Amtliche Sammlung der Entscheidungen des BGH in Zivilsachen
BHO	Bundeshaushaltsordnung
BK	Bonner Kommentar (siehe Literaturverzeichnis)
BMF	Bundesministerium der Finanzen
BMPT	Bundesministerium für Telekommunikation und Post
BnotO	Bundesnotarordnung
BR-Drs.	Bundesratsdrucksachen
BT-Drs.	Bundestagsdrucksachen
BVerfG	Bundesverfassungsgericht
BVerfGE	Amtliche Sammlung der Entscheidungen des BVerfG

BVerwGE	Amtliche Sammlung der Entscheidungen des BVerwG
BvG	Bundesverfassungsgericht
BW	Baden-Württemberg
bzw.	beziehungsweise
CDMA	Code Division Multiple Access
CDU	Christlich Demokratische Union Deutschlands
CEPT	European Conference of Post and Telecommunication Admnistration
CR	Computer und Recht
CSU	Christlich Soziale Union Deutschlands
d.	der
dass.	dasselbe
DB	Der Betrieb
ders.	derselbe
dies.	dieselbe(n)
div.	diverse(n)
d.h.	das heißt
dies.	dieselbe(n)
DIW	Deutsches Institut für Wirtschaftsforschung
DÖV	Die öffentliche Verwaltung
Drs.	Drucksache
DStZ	Deutsche Steuer-Zeitung
Dt.	Deutsches
DVBl.	Deutsches Verwaltungsblatt
ebend.	ebendort
EG	Europäische Gemeinschaft
entspr.	entsprechend
ERC	European Radiocommunications Committee
ERMES	European Radio Message System
ETSI	European Telecommunications Standards Institute
EU	Europäische Union
EuGRZ	Europäische Grundrechte-Zeitschrift
f., ff.	folgende(r) Seite(n)/Paragraph(en)
FAG	Finanzausgleichsgesetz
FAZ	Frankfurter Allgemeine Zeitung
FDP	Freie Demokratische Partei

FGO	Finanzgerichtsordnung
FinArch	Finanzarchiv
Fn.	Fußnote
GaststG	Gaststättengesetz
GATS	General Agreement of Trade and Servives
GewArch	Gewerbearchiv
GewerbeO	Gewerbeordnung
GG	Grundgesetz
ggf.	gegebenenfalls
GmbH	Gesellschaft mit beschränkter Haftung
GSM	Global System for Mobile Telecommunications
GüKG	Güterkraftverkehrsgesetz
GVBl.	Gesetz- und Verordnungsblatt
HambOVG	Hamburgisches Oberverwaltungsgericht
HdBdStR	Handbuch des Staatsrechts
HGrG	Haushaltsgrundsätzegesetz
HGB	Handelsgesetzbuch
Hz	Hertz
i.Erg.	im Ergebnis
Ifo	Institut für Wirtschaftsforschung
IMT	International Mobile Telecommunications
insbes.	insbesondere
insges.	insgesamt
ITU	International Telecommunication Union
i.V.m.	in Verbindung mit
IZMF	Informationszentrum Mobilfunk, IMZF e.V.
JA	Juristische Arbeitsblätter
jew.	jeweils
Jura	Juristische Ausbildung
JuS	Juristische Schulung
JZ	Juristenzeitung
KAG	Kommunalabgabengesetz
Kap.	Kapitel
Kgr.	Königreich
K&R	Kommunikation & Recht

KStG	Körperschaftssteuergesetz
KWG	Kreditwesengesetz
Lit.	Literatur
LS	Leitsatz
LWG	Landeswassergesetz
m.	mit
MDR	Monatsschrift für deutsches Recht
MHz	Megahertz
Mio.	Millionen
MMR	Multimedia und Recht
Mrd.	Milliarden
m.w.N.	mit weiteren Nachweisen
nds.	niedersächsisch
NGO	Niedersächsische Gemeindeordnung
NJW	Neue Juristische Wochenschrift
Nr.	Nummer
NRW	Nordrhein-Westfalen
NuR	Natur und Recht
NVwZ	Neue Zeitschrift für Verwaltungsrecht
NWG	Niedersächsisches Wassergesetz
NWVBl.	Nordrhein-Westfälische Verwaltungsblätter
o.g.	oben genannt(e)
ODRO	Jahrbuch für die Ordnung von Wirtschaft und Gesellschaft
ö.- r.	öffentlich-rechtlich
OVG	Oberverwaltungsgericht
Parl.Rat	Parlamentarischer Rat
PersBefG	Personenbeförderungsgesetz
preuß.	preußisch
PrGS	Preußische Gesetzessammlung
Prot.	Protokoll
PrOVGE	Amtliche Sammlung der Entscheidungen des Preußischen Oberverwaltungsgerichts
PTNeuOG	Postneuordnungsgesetz

RAO	Reichsabgabenordnung
RechtsA.	Rechtsausschuss
RegTP	Regulierungsbehörde für Telekommunikation und Post
RFHE	Amtliche Sammlung der Entscheidungen des Reichsfinanzhofs
RGBl.	Reichsgesetzblatt
RL	Richtlinie
Rn.	Randnummer
RPf.	Rheinland-Pfalz
Rspr.	Rechtsprechung
RTKom	Zeitschrift für das gesamte Recht der Telekommunikation
RVBl.	Reichsverwaltungsblatt
Rz.	Randzeichen
S.	Seite
SächsVBl.	Sächsische Verwaltungsblätter
SH	Schleswig-Holstein
sog.	sogenannte(r)
SPD	Sozialdemokratische Partei Deutschlands
sten.	stenografisch
str.	streitig(e)
StuW	Steuer und Wirtschaft
SZ	Süddeutsche Zeitung
TUDLV	Telekommunikations-Universaldienstverordnung
TDMA	Time Division Multiple Access
ThürOVG	Thüringisches Oberverwaltungsgericht
TK	Telekommunikation
TKG	Telekommunikationsgesetz
TKG-E	Entwurf des Telekommunikationsgesetzes
Tz.	Teilzeichen
u.a.	unter anderem
u.Ä.	und Ähnliche
UMTS	Universal Mobile Telecomunication Services
Uni	Universität
UNO	United Nations Organization
UPR	Umwelt- und Planungsrecht
UR	Umsatzsteuer-Rundschau

UTR	Schriftenreihe (der Forschungsstelle) des Instituts für Umwelt- und Technikrecht der Universität Trier
v.a.	vor allem
VBlBW	Verwaltungsblätter Baden-Württemberg
versch.	verschiedene
VerwR	Verwaltungsrecht
Vfg.	Verfügung
VG	Verwaltungsgericht
vgl.	vergleiche
Vorbem.	Vorbemerkung
VVDStRL	Veröffentlichungen der Vereinigung der Deutschen Staatsrechtlehrer
VWD	Vereinigte Wirtschaftsdienste GmbH
VwVfG	Verwaltungsverfahrensgesetz
WG	Wassergesetz
WHG	Wasserhaushaltsgesetz
WiB	Wirtschaftsrechtliche Beratung
WiVerw	Wirtschaft und Verwaltung (Beilage zum Gewerbearchiv)
W-Lan	Wireless Local Area Networks
WRC	World Radio Conferences
WTO	World Trade Organization
WUR	Wirtschaftsverwaltungs- und Umweltrecht
z.	zu, zum, zur
z.B.	zum Beispiel
zit.	zitiert
ZIP	Zeitschrift für Wirtschaftsrecht
ZPO	Zivilprozessordnung
ZRP	Zeitschrift für Rechtspolitik
z.T.	zum Teil
ZUM	Zeitschrift für Urheber- und Medienrecht
ZVG	Zwangsvollstreckungsgesetz
3G	third generation / Dritte Generation des Mobilfunks

Im Übrigen folgen die Abkürzungen im Text den Empfehlungen von Hildebert Kirchner, Abkürzungsverzeichnis der Rechtsprechung, 4.Auflage, Berlin, 1993.

EINLEITUNG

Im Sommer des Jahres 2000 versteigerte die Regulierungsbehörde für Telekommunikation und Post (RegTP) Lizenzen für die Erbringung von UMTS-Funkdienstleistungen. UMTS steht für Universal Mobile Telecomunication Services und umschreibt einen neuen Standard mobiler Telekommunikation, der auch als dritte Generation des Mobilfunks (3 G) bezeichnet wird.

Erstmalig im deutschen Wirtschaftsverwaltungsrecht teilte der Staat damit bedeutende Lizenzen im Wege eines Versteigerungsverfahrens zu. Insbesondere nach den Erfahrungen anderer europäischer Staaten, die teilweise erhebliche Versteigerungserlöse erzielten, waren die Erwartungen an dieses Vergabeverfahren von Beginn an sehr hoch[1]. Mit jedem Tag, an dem die Summe der abgegebenen Versteigerungsgebote stieg, wuchs das öffentliche Interesse und das Erstaunen über die immense Höhe der Beträge[2]. Als der Präsident der RegTP am 18.08.2000 das endgültige Versteigerungsergebnis feststellte, hatten sich die Gebote auf insgesamt DM 99,4 Mrd. (€ 50,8 Mrd.) addiert[3].

Angesichts dieses unerwartet hohen Ergebnisses kamen Zweifel auf, ob das gewählte Vergabeverfahren mit der Verfassung und den Gesetzen im Einklang stehe[4]. Die Mobilfunkanbieterin MobilCom Multimedia GmbH, die eine Lizenz für DM 16,4 Mrd. (€ 8,39 Mrd.) erworben hatte, kündigte ein gerichtliches Vorgehen gegen die UMTS-Auktion an und erhob Klage vor dem Verwaltungsgericht Köln[5]. Wegen des Wunsches nach Planungs- und Investitionssicherheit, der Gefahr eines Lizenzverlustes und des erheblichen Prozesskostenrisikos zog sie diese aber kurze Zeit später wieder zurück[6].

Bei Politikern und Interessenvertretern setzte die immense Höhe der Versteigerungserlöse unbegrenzte Phantasien frei, wie diese Gelder zu verwenden seien.

---

[1] So erzielte beispielsweise die UMTS-Lizenzversteigerung in Großbritannien Anfang des Jahres 2000 umgerechnet DM 71 Mrd. (€ 36,3 Mrd.); vgl. ausführlich Einleitung C. (Fn. 47).

[2] Vgl. FAZ vom 08.08.2000, S. 16; FAZ vom 09.08.2000, S. 15; FAZ vom 10.08.2000, S. 18; FAZ vom 12.08.2000, S. 1; FAZ vom 16.08.2000, S. 1; FAZ vom 17.08.2000, S. 13.

[3] Mitteilung der RegTP Nr. 597/2000, Abl. RegTP 2000, S. 3435.

[4] Vgl. die juristischen Stellungnahmen von Schmehl in der SZ vom 07.09.2000, S. 28 und Demmel in der FAZ vom 26.08.2000, S. 22, die flankiert wurden von redaktionellen Beiträgen und Leserbriefen.

[5] Vgl. Pressemitteilung der Mobilcom GmbH vom 20.09.2000, www.mobilcom.de/p_pm_pressemainpm_3_2000_.php3 (Stand: 08/2003); FAZ vom 18.10.2000, S. 30; FAZ vom 20.10.2000, S. 24.

[6] Vgl. Pressemitteilung der Mobilcom GmbH vom 10.01.2001, www.mobilcom.de/p_pm_presse_1346.html?shop_id=&vp_nummer=&w_code= (Stand: 08/2003); Storr, K&R 2002, 67, 68; Koenig/Neumann, ZRP 2001, 252, 253.

Nahezu jeder Finanzierungswunsch dieser Monate wurde mit dem Hinweis auf die UMTS-Einnahmen versehen. Alte Pläne und Ideen, die stets an einer Finanzierungsmöglichkeit gescheitert waren, lebten neu auf[7]. Im Ergebnis nutzte der Bund die Einnahmen vollständig dazu, langfristig aufgelaufene Schulden zu tilgen[8] und führte nur die dadurch ersparten Zinsaufwendungen investiven Zwecken in den Bereichen Bildung, Wissenschaft und Verkehrsinfrastruktur zu[9]. Weil er auf diese Weise allein in den Vorzug dieser Einnahme gelangte, machten auch die Länder Ansprüche daran geltend[10]. Sie mündeten in einem von Hessen, Bayern und Baden-Württemberg angestrengten Verfahren vor dem Bundesverfassungsgericht (BVerfGE 105, 185, 185ff.), in dem sie eine hälftige Beteiligung an den Versteigerungserlösen einforderten[11].
Die vorliegende Arbeit untersucht die verfassungsrechtliche Vereinbarkeit der Versteigerung von Telekommunikationslizenzen und speziell von UMTS-Mobilfunklizenzen. Dabei stellt sich zum einen die Frage, mit welcher Berechtigung der Staat die Erteilung einer Lizenz davon abhängig machen kann, dass die Empfänger einen Geldbetrag an ihn entrichten. Mit einer Mobilfunklizenz vergibt er lediglich die Zugriffsmöglichkeit auf den Luftraum und verlangt damit „Geld für Luft“[12] (Teil 1). Zum anderen soll eine verfassungsrechtliche Auseinandersetzung mit dem in diesem Zusammenhang neuen Institut der Versteigerung stattfinden. Es ist zu klären, ob und unter welchen Voraussetz-

[7] Vgl. FAZ vom 04.09.2000, S. 17f.; FAZ vom 16.08.2001, S. 15: „Jeder witterte die Chance, sein Steckenpferd finanziert zu sehen“.

[8] BMF, Finanzbericht 2002, S. 53, 340; BMF, Volks- und Finanzwirtschaftliche Berichte, Bundeshaushalt, Sollbericht 2001, S. 8ff.; Korioth, UMTS-Gutachten, S. 73; Kötter, DVBl. 2001, 1556, 1556; Kloepfer, Informationsrecht, § 11 Rn. 102; Uni Kiel, Gutachten, S. 58.

[9] Beschluss der Bundesregierung vom 12.10.2000, FAZ vom 13.10.2000, S. 1, 13; FAZ vom 04.09.2000, S. 17f.; FAZ vom 16.08.2001, S. 15. Beispielsweise wurde der Bau des Magnetschwebezuges Transrapid in China mit DM 200 Mio. (€ 102,26 Mio.) aus diesen Mitteln bezuschusst, FAZ vom 17.02.2001, S. 13. Die ursprünglich bis 2003 befristeten Investitionsprogramme wurden Anfang 2003 bis 2007 verlängert, FAZ vom 15.01.2003, S. 1; vgl. insges. Kötter, DVBl. 2001, 1556, 1556.

[10] Vgl. FAZ vom 06.03.2002, S. 1, 15: „Länder fordern vom Bund die Hälfte der UMTS-Milliarden“; FAZ vom 31.01.2001, S. 3: „Südländer drohen mit Verfassungsklage“; Presseerklärung des Hessischen Finanzministeriums vom 21.02.2001, www.hessen.de/presse/hmdf/um.HTM (Stand: 08/2003); entspr.: „Bayern erwägt Verfassungsklage wegen UMTS-Milliarden“, www.heise.de/newsticker/data/chr-06.09.00-004/ (Stand: 08/2003).

[11] Vgl. FAZ vom 17.02.2001, S. 4; FAZ vom 30.03.2002, S. 1.

[12] Lütge in Die Zeit, 35/2000, S. 17 und der Hessische Finanzminister Karl-Heinz Weimar: “Die Luft über Deutschland gehört allen“ in „Hessen will UMTS-Milliarden notfalls einklagen“, www.heise.de/newsticker/data/chr-31.08.00-000/ (Stand: 08/2003); vgl. auch FAZ vom 31.01.2001, S. 3; FAZ vom 19.08.2000, S. 1.

zungen sie zulässig sein kann, um bei der Vergabe knapper Güter eine Bewerberauswahl vorzunehmen und die Höhe einer zu entrichtenden Abgabe festzusetzen (Teil 2). Schließlich ist zu klären, wie die auf diesem Wege vereinnahmten Versteigerungserlöse im föderalen Staat zwischen Bund und Ländern zu verteilen sind und ob den Ländern bei einer einseitigen Vereinnahmung durch den Bund Ausgleichsansprüche zustehen (Teil 3). Die Arbeit beschränkt sich auf die verfassungsrechtlichen Problemstellungen und erörtert telekommunikationsrechtliche und europarechtliche Aspekte nur in diesem Kontext[13].
Vorab sollen die sachlichen Voraussetzungen der weltweiten mobilen Telekommunikation, insbesondere des UMTS-Standards (dazu A.), die rechtlichen Grundlagen des Versteigerungsverfahrens (dazu B.) und die konkrete Durchführung der UMTS-Lizenzversteigerung (dazu C.) vorgestellt werden.

A. Sachliche Grundlagen der UMTS-Lizenzversteigerung

Die UMTS-Technik will eine neue Art der Telekommunikation ermöglichen. Darunter ist im weitesten Sinne die Übertragung von Nachrichten bzw. Nachrichtenbestandteilen zu verstehen[14]. Sie kann entweder in drahtgebundener oder drahtloser Form erfolgen. Im Gegensatz zur drahtgebundenen benötigt die drahtlose oder mobile Telekommunikation kein fest miteinander verknüpftes Netz, sondern lediglich Sende- und Empfangsstationen. Dazwischen geben Funksignale in Form von unterschiedlich eingeprägten elektromagnetischen Wellen die einzelnen Daten weiter. Sie dienen, bildlich gesprochen, als Fahrzeuge, um eine Nachricht zum gewünschten Empfänger zu transportieren[15].
Neben der Mobiltelefonie nutzen auch andere Systeme, wie beispielsweise Radio oder Fernsehen, die Datenübermittlung durch elektromagnetische Wellen. Es besteht die Gefahr, dass sich die jeweiligen Funksignale gegenseitig irritieren und eine ungestörte und funktionsgerechte Nutzung der Anwendungen verhindern. Aus diesem Grunde werden den unterschiedlichen Nutzungen und den verschiedenen Nutzern bestimmte Frequenzspektren zugeteilt, inner-

---

[13] Vgl. zu den sonstigen rechtlichen Fragestellungen in diesem Zusammenhang Tiedtke, UR 2001, 528, 528ff. und Hidien, UR 2002, 165, 165ff. hinsichtlich der Frage einer Umsatzsteuerpflicht des Bundes für die UMTS-Versteigerungserlöse; Luttermann, K&R 2000, 473, 473ff. und Klöck, RTkom 2000, 280, 284f. zur aktienrechtlichen Problematik der Stellung des teilweise im Bundesbesitz befindlichen Bieters 'T-Mobile'; Ehlers, K&R 2001, 1, 1ff., Sachs, K&R 2001, 13, 13ff.; Müller-Terpitz, K&R 2002, 75, 75ff.; Schulz, Lizenzvergabe bei Frequenzknappheit, S. 47ff. in Bezug auf verwaltungsrechtliche Fragestellungen.

[14] Vgl. § 3 Ziff. 16 TKG.

[15] IZMF, UMTS: Mobilfunktechnik der Zukunft, S. 6.

halb derer sie ihre Daten senden können. Eine Frequenz gibt die Anzahl der Schwingungen pro Zeiteinheit an, die man für eine elektromagnetische Welle an einem beliebigen, aber nicht veränderbaren Ort registriert; sie wird gewöhnlich in Hz oder MHz angegeben. Bildlich gesprochen bestimmen Frequenzen die Wege oder Straßen, auf denen sich die Wellen mit den von ihnen transportierten Nachrichten bewegen. Sie schließen die Lücken des Datenübertragungsweges zwischen den Sendestationen und den Endgeräten sowie zwischen den Sendestationen untereinander. Dabei separieren sie die unterschiedlichen Funkanwendungen und gewährleisten einen reibungslosen Datenverkehr[16].

§ 1 Internationale Zusammenarbeit in der Frequenzplanung und -verwaltung

Die Zuständigkeit für die Zuteilung von Frequenzen und aller damit einhergehenden Angelegenheiten ist traditionell Bestandteil der Hoheitsrechte eines jeden Staates und in Deutschland gemäß Art. 73 Nr. 7, 87 f II 2 GG dem Bund zugewiesen[17].

Allerdings breiten sich Funkwellen unbeeindruckt von den Grenzen nationaler Souveränität aus. Um eine geordnete und störungsfreie Frequenznutzung in grenznahen Räumen zu gewährleisten oder eine überregionale Einsetzbarkeit von Anwendungen zu ermöglichen, müssen die Frequenznutzungen international aufeinander abgestimmt werden. Aus diesem Grunde existieren eine Reihe von internationalen Organisationen und Gremien, welche die Frequenzbereiche koordinieren und in deren Rahmen sich die jeweilige nationale Frequenzvergabe und -verwaltung bewegt[18].

Dabei ist die Internationale Fernmeldeunion (International Telecommunication Union, ITU) zu nennen. Auf der Basis völkerrechtlicher Verträge wurde sie 1864 als zwischenstaatliche Organisation gegründet. Nach dem zweiten Weltkrieg gliederte sie sich als Unterorganisation der UNO an und besteht heute aus 363 Mitgliedern, die aus 184 Staaten stammen. Ihre Entwicklung

---

[16] Vgl. zu alledem Spoerr in Trute/Spoerr/Bosch, vor § 44 Rn. 8ff.; Korehnke/Grotelüschen in Beckscher Kommentar, vor § 44 Rn. 13; Schuster/Müller, MMR 2000, 26, 26ff.; IZMF, UMTS: Mobilfunktechnik der Zukunft, S. 6.

[17] BVerfGE 12, 205, 226f.; Degenhart in Sachs, Art. 73 Rn. 33a; Windthorst, ebend., Art. 87 f Rn. 31; Badura in BK, Art. 73 Nr. 7 Rn. 31, ders., ebend., Art. 87 f Rn. 14; Uerpmann in v.Münch/Kunig, Art. 87 f Rn. 12; Pieroth in Jarass/Pieroth, Art. 73 Rn. 17.

[18] Die World Trade Organisation, WTO, übt insbesondere durch das General Agreement of Trade and Services, GATS, Einflüsse auf den Telekommunikationsmmarkt aus, die für die vorliegende Untersuchung allerdings keine Relevanz besitzen; vgl. Holznagel/Enaux/ Niehaus, S. 199ff.

stand im Zeichen des Ausbaus eines grenzüberschreitenden Telegraphieverkehrs und der technischen Standardisierung im Kommunikationsbereich. Nach Art. 1 II der ITU-Konstitution soll sie eine internationale Frequenzordnung entwerfen, welche die bestehenden Frequenzbereiche einzelnen Übertragungsarten zuweist. Zu diesem Zweck beruft sie alle zwei Jahre die Weltfunkkonferenz (World Radio Conference, WRC) ein, die einen Frequenzbereichsplan, Table of Frequencies, erarbeitet. Dieser ist für die Mitgliedstaaten als Bestandteil der Vollzugsordnung für den Funkdienst verbindlich[19].
In Europa ist im Wesentlichen die Europäische Konferenz der Verwaltungen für Post und Fernmeldewesen (European Conference of Post and Telecommunication Administration, CEPT) für die Planung der Frequenznutzung und die Vermeidung von Funkstörungen zuständig. Sie setzt sich aus 43 Staaten zusammen, darunter alle Mitgliedstaaten der EU. Die EG selbst ist nicht Mitglied der CEPT, hat aber einen Beraterstatus inne. Innerhalb der CEPT befasst sich der Europäische Funkausschuss (European Radiocommunications Committee, ERC) mit der Koordinierung der Frequenzen und erstellt einen europäischen Frequenzbereichszuweisungs- und Frequenznutzungsplan. Die CEPT besitzt allerdings keine Handhabe, ihre Mitgliedstaaten zu einem bestimmten Handeln zu verpflichten; alle Maßnahmen sind auf freiwilliger Basis umzusetzen[20]. Auf der Ebene der Europäischen Union findet keine eigene Frequenzplanung oder -verwaltung statt. Sie könnte Funkstörungen, die aus anderen europäischen Staaten hervorgehen, nicht ausschließen und eine europaweite effiziente Spektrumsnutzung nicht gewährleisten[21].
In diesem engen internationalen Rahmen stellt die deutsche Bundesregierung einen Frequenzbereichszuweisungsplan auf (§ 45 TKG), der die Frequenzbereiche den einzelnen Funkdiensten zuweist. Auf dessen Grundlage erlässt die RegTP einen Frequenznutzungsplan (§ 46 TKG), der die weitere Aufteilung der Frequenzbereiche auf die einzelnen Frequenzanwendungen enthält. Die individuelle Zuteilung der konkreten Frequenzen richtet sich sodann nach den

---

[19] Vgl. zur ITU Korehnke/Grotelüschen in Beckscher Kommentar, vor § 44 Rn. 36ff.; Spoerr in Trute/Spoerr/Bosch, vor § 44 Rn. 12ff.; Jenny in Heun, S. 96f.; Holznagel/Enaux/Niehaus, S. 144ff., 205ff.; Geppert/Ruhle/Schuster, Rn. 522ff.; www.itu.int/aboutitu/history/ history.html (Stand: 01/2004).

[20] Vgl. zur CEPT Korehnke/Grotelüschen in Beckscher Kommentar, vor § 44 Rn. 42ff.; Spoerr in Trute/Spoerr/Bosch, vor § 44 Rn. 13f.; Jenny in Heun, S. 97; Holznagel/Enaux/Nienhaus, S. 146ff.; Geppert/Ruhle/Schuster, Rn. 527ff.; www.cept.org >about cept>what is cept? (Stand: 01/2004).

[21] Holznagel/Enaux/Nienhaus, S. 148; Jenny in Heun, S. 97f.

§§ 47ff. TKG und erfolgt gemäß § 47 V 1 TKG auf Antrag oder von Amts wegen per Verwaltungsakt durch die RegTP[22].

§ 2 Mobilfunk der dritten Generation (3G)

In diesem internationalen Kontext bewegte sich auch die Entwicklung des Mobilfunkstandards der dritten Generation: Mitte der 90er Jahre legte die ITU Spezifikationen für einen neuen Mobilfunkstandard, den International Mobile Telecommunications 2000, IMT-2000, fest. Sinn und Aufgabe dieses Übereinkommens war es, trotz unterschiedlicher technischer Systeme eine weltweit einheitliche Mobilfunknutzung unter Verwendung eines Endgerätes zu erreichen. Dafür sah sie die Frequenzbereiche 1885-2025 MHz und 2110-2200 MHz[23] vor. Zudem legte sie Kriterien fest, die ein Mobilfunksystem erfüllen muss, um der Gruppe der ab dem Jahre 2002 einzuführenden IMT-2000-Systeme anzugehören[24].

Insbesondere in Europa und Japan bediente man sich der UMTS-Technik, um ein mit der IMT-2000-Konzeption kompatibles Mobilfunksystem zu entwickeln. Sie wird derzeit als gemeinsamer Nachfolger der bislang installierten Datenfunk-Systeme der zweiten Generation standardisiert. Die Bezeichnung UMTS wählte das Europäische Standardisierungsgremium ETSI, um den globalen Anspruch dieses Systems schon in der Bezeichnung zu dokumentieren. Im Rahmen der Festlegungen der ITU stellte die CEPT die Frequenzbänder 1900-1980 MHz, 2010-2025 MHz und 2119-2170 MHz für terrestrische UMTS-Dienste und die Frequenzbänder 1980-2010 MHz und 2170-2220 MHz für UMTS-Satellitendienste in Europa bereit[25]. In den einzelnen Nationalstaaten erfolgte die Vergabe von UMTS-Frequenzen innerhalb dieser Vorgaben.

---

[22] Korehnke/Grotelüschen in Beckscher Kommentar, § 44 Rn. 3ff.; Geppert/Ruhle/Schuster, Rn. 531; Spoerr in Trute/Spoerr/Bosch, § 45 Rn. 13ff., § 46 Rn. 9ff.; Etling-Ernst, § 45 Rn. 3, § 46 Rn. 4f.; Ritgen, AöR 127 (2002), 351, 359.

[23] Ab 2010 sieht die ITU zusätzlich die Teilbänder 1980-2010 MHz und 2170-2200 MHz für satellitengestützte IMT-Systeme vor.

[24] Vgl. www.itu.int/home/imt.html (Stand: 01/2004); Lenhard, Die Regulierung des Mobilfunks, S. 36ff.; Heilbock, MMR 1999, 23, 23.

[25] Sie konnte dabei nicht alle von der ITU vorgesehenen Frequenzbereiche berücksichtigen, weil diese in Europa zum Teil schon anderweitig belegt waren; ausführlich Lenhard, Die Regulierung des Mobilfunks, S. 36ff.; Klöck, RTkom 2000, 280, 280; Heilbock, MMR 1999, 23, 26 (Fn. 50, 52).

§ 3 Die UMTS-Mobilfunktechnik

Neben der weltweiten Kompatibilität besteht der Unterschied zwischen dem UMTS-Standard und dem derzeitig in Deutschland vorherrschenden Mobilfunk-Standard GSM (Global System for Mobile Telecommunications) in einem unterschiedlichen Übertragungsverfahren. Sowohl UMTS als auch GSM senden im Hochfrequenzbereich. GSM nutzt den Time Division Multiple Access, TDMA. Dabei stehen auf einem GSM-Frequenzband insgesamt 124 einzelne Kanäle zur Verfügung, über die sämtliche Datentransporte laufen. Bis zu acht Teilnehmer können gleichzeitig einen solchen Kanal belegen. Möglich wird dies durch die Aufteilung der Kanäle in sogenannte Zeitschlitze. Die Signale der einzelnen Verbindungen werden dabei zeitlich versetzt, also gepulst, über einen Kanal verschickt[26].

UMTS verwendet das sogenannte CDMA-Verfahren. Es separiert die Signale, die über einen Kanal laufen nicht durch Zeitschlitze, sondern durch nutzerspezifische Codes, die nur der richtige Empfänger decodieren kann. Ein Kanal belegt kein festes Frequenzband, sondern mehrere hundert Kanäle können sich gleichzeitig ein solches teilen[27]. Gegenüber dem heutigen GSM-Standard ist das für die dritte Mobilfunkgeneration zur Verfügung stehende Frequenzband zudem 25 mal breiter (5 MHz statt 200 kHz). Ein UMTS-Gerät wird dadurch eine Datenübertragungsgeschwindigkeit von 2 Mbit pro Sekunde erreichen und bis zu 200 mal schneller sein als der heutige GSM-Standard mit 9,6 Kbits pro Sekunde. Allein diese Geschwindigkeit ermöglicht es, erheblich größere Datenmengen zu transportieren und insbesondere Texte, Bilder, Töne oder Videosequenzen per Handy zu übertragen[28].

Hinzu kommt die Austauschbarkeit der Endgeräte und der Zugangstechnologien. Vom Mobilfunknetz, Festnetz oder Satelliten aus können Telefonanlagen, Computer, Laptops, Faxgeräte, Autonavigationssysteme und Personal Digital Assistants erreicht werden[29]. Aufgrund der Fähigkeiten, den Kunden räumlich

---

[26] www.umts-journal.de/funktion/body_funktion.html (Stand: 08/2003).

[27] Piepenbrock in Beckscher Kommentar, Glossar, S. 1629; www.vodafone.de/kundenbetreuung-services/netz_karte/9165.html; www.umts-journal.de/funktion/body_funktion.html; www.umts-report.org/index.php4?seite=thema&thema=25 bzw. 29f. (jew. Stand: 08/2003).

[28] Klöck, RTkom 2000, 280, 280; IZMF, UMTS: Mobilfunktechnik der Zukunft, S. 4; www.vodafone.de/kundenbetreuung-services/netz_karte/9165; www.izmf.de/pc/html/technik/grundlagen.shtml (jew. Stand: 08/2003).

[29] Klöck, RTkom 2000, 280, 280; Heilbock, MMR 1999, 23, 23ff.; www.vodafone.de/kundenbetreuung-services/netz_karte/9165.html; www.umts.de >was ist umts?; www.t-mobile/faq/1,1951,2043-_,00.html; www.umts-forum.org/servlet/dycon/ztumts/umts/Live/en/umts/What+is+UMTS_index (jew. Stand: 08/2003).

exakt zu orten, werden individuell ortsbezogene Leistungen möglich[30]. Das Handy wird mit UMTS universell einsetzbar und gewährleistet seinen Nutzern viele neue Verwendungsmöglichkeiten[31].
Der UMTS-Standard beruht damit auf einer neuen Technik, die mit dem GSM-Standard nicht vergleichbar ist. Das GSM-Handy ist nicht auf den UMTS-Standard nachrüstbar, sondern die Nutzer benötigen neue Endgeräte. Die Anbieter müssen für UMTS ein vollständig neues Funknetz mit kleineren Zellen, also mehr Sende- und Empfangsstationen, aufbauen. Ein Übergang von der GSM-Technik zur UMTS-Technik sowie das Roaming (Zusammenschließen) zwischen GSM- und UMTS-Netzen unterschiedlicher Betreiber wird aber möglich sein, so dass man von einem GSM-Handy ein UMTS-Handy erreichen kann und umgekehrt[32].

B. Rechtliche Grundlagen der UMTS-Lizenzversteigerung

Allein mit der Zuteilung einer UMTS-Frequenz kann ein Anbieter in Deutschland noch kein UMTS-Netz betreiben oder UMTS-Dienste anbieten. Soweit er eine Frequenz im lizenzpflichtigen Bereich gemäß § 6 TKG benötigt, bedarf er gemäß § 8 I TKG zudem der Erteilung einer Telekommunikationslizenz. Zwischen Frequenz und Lizenz besteht zwar regelmäßig ein enger sachlicher Zusammenhang, Frequenzzuteilung und Lizenzerteilung stellen aber zwei selbständige und voneinander zu unterscheidende staatliche Verwaltungsakte dar[33]. Entsprechend wurde hinsichtlich der UMTS-Auktion festgestellt, dass Gegenstand der Versteigerung nicht die für die spätere Nutzung erforderliche Frequenzzuteilung sei, sondern ausschließlich die Erteilung der Lizenz[34]. Allerdings setzt der Erhalt einer Lizenz eine bestimmte Ausstattung mit einem Frequenzspektrum voraus, so dass die Bieter auch ihre konkreten Versteigerungsgebote auf den Frequenzraum bezogen. Mit einem Zuschlag erhielten sie neben der Lizenz eine Zusicherung auf die Erteilung von Frequenzraum gemäß

---

[30] Vgl. zu diesen sogenannten Location-Based-Services FAZ vom 21.05.2001, S. 27.

[31] Einen Überblick über die zu erwartenden UMTS-Dienste und Anwendungen gibt Lenhard, Die Regulierung des Mobilfunks, S. 41ff.; vgl. auch FAZ vom 17.05 2001, S. 30 und FAZ vom 26.02.2001, S. 27.

[32] Lenhard, Die Regulierung des Mobilfunks, S. 40f.

[33] Ritgen, AöR 127 (2002), 351, 358ff.; Zimmer, CR 2002, 13, 14; Storr, K&R 2002, 67, 67; Nolte, CR 1996, 459, 463f.; Varadinek, CR 2001, 17, 17; Schuster/Müller, MMR 2000, 26, 26; allg. zum Verhältnis von Frequenz zu Lizenz, Ruffert, AöR 124 (1999), 237, 258f.

[34] Teil A Punkt 3.1 der Musterlizenz in Anlage A der RegTP, Entscheidung der Präsidentenkammer vom 18.02.2000 über die Festlegung und Regeln im Einzelnen zur Vergabe von Lizenzen für UMTS, S. 102, 105.

§ 38 VwVfG. Die tatsächliche standortbezogene Vergabe erfolgte dann aber auf Antrag in einem gesonderten Verwaltungsakt gemäß § 47 Abs. 5 Satz 1 TKG[35].

Wenn ausdrücklich nur die Lizenz versteigert und per Zuschlag zugeteilt wird, kommt es vorliegend, neben dem dargestellten Rahmenwerk zur Frequenzverwaltung, primär auf die Art und Weise der Erteilung von Telekommunikationslizenzen an. Die Vergabe der UMTS-Lizenzen vollzog sich auf der Grundlage eines Regelwerkes, das primär auf europarechtliche Vorgaben zurückgeht. Im Unterschied zur Frequenzverwaltung betätigt sich die Europäische Gemeinschaft hinsichtlich der Vergabe von Lizenzen in erheblichem Umfange.

§ 1 Europarechtliche Vorgaben

Richtlinie 90/388/EWG der Europäischen Kommission vom 28. Juni 1990 über den Wettbewerb auf dem Markt der Telekommunikation behandelt das Genehmigungsverfahren zur Erbringung von Telekommunikationsdienstleistungen[36]. Nach Art. 2 III müssen die Mitgliedstaaten die Bedingungen für Lizenzierungsverfahren objektiv, nichtdiskriminierend, verhältnismäßig und transparent gestalten. Grundsätzlich dürfen sie die Erbringung entsprechender Dienstleistungen nur der Allgemeingenehmigung oder einem Anmeldeverfahren unterwerfen. Die Bereitstellung öffentlicher Telekommunikationsnetze ist von dieser Beschränkung aber ausdrücklich ausgenommen. Gemäß Art. 3 können die Mitgliedstaaten die Anzahl der zu vergebenden Lizenzen begrenzen, wenn dies aufgrund mangelnder Verfügbarkeit von Frequenzspektren notwendig und nach dem Grundsatz der Verhältnismäßigkeit gerechtfertigt ist.

Richtlinie 97/13/EG des Europäischen Parlaments und des Rates vom 10. April 1997 über einen gemeinsamen Rahmen für Allgemein- und Einzelgenehmigun-

---

[35] RegTP, Entscheidung der Präsidentenkammer vom 18.02.2000 über die Durchführung des Versteigerungsverfahren zur Vergabe von Lizenzen für UMTS, S. 3, 18; RegTP, Entscheidung der Präsidentenkammer vom 18.02.2000 über die Festlegung und Regeln im Einzelnen zur Vergabe von Lizenzen für UMTS, S. 3, 22, 27; vgl. auch Ritgen, AöR 127 (2002), 351, 362f.; Kloepfer, Informationsrecht, § 11 Rn. 106; Schulz, Lizenzverabe bei Frequenzknappheit, S. 43ff.

[36] Abl. EG Nr. L 192 vom 24.7.1990, S. 10. Diese Richtlinie wurde durch zwei weitere Richtlinien im Jahre 1996 dahingehend geändert, dass nunmehr auch der hier relevante terrestrische Mobilfunk in ihren Anwendungsbereich fällt; Richtlinie 96/2/EG der Kommission vom 16.01.1996 zur Änderung der Richtlinie 90/388/EWG betreffend die mobile Kommunikation und Personal Communications, Abl. EG Nr. L 20 vom 26.01.1996, S. 59; Richtlinie 96/19/EG der Kommission zur Änderung der Richtlinie 90/388/EWG hinsichtlich der Einführung des vollständigen Wettbewerbs auf den Telekommunikationsmärkten vom 13. März 1996, Abl.EG Nr. L 74 vom 22.03.1996, S. 13.

gen für Telekommunikationsdienste[37] beschreibt in Art. 10 die Anforderungen an das Genehmigungsverfahren bei knappen Ressourcen. Eine Beschränkung von Einzelgenehmigungen soll nur in dem Maße zulässig sein, wie sie zur Gewährleistung der effizienten Nutzung von Funkfrequenzen erforderlich ist. Einzelgenehmigungen dürfen gemäß Art. 10 III nur aufgrund von Auswahlkriterien erteilt werden, die objektiv, nichtdiskriminierend, detailliert, transparent und verhältnismäßig sind. Die Förderung des Wettbewerbs und die Maximierung des Verbrauchernutzens sollen in angemessener Weise berücksichtigt werden. Art. 11 eröffnet die Möglichkeit, für eine Genehmigung Gebühren zu erheben. Nach Satz 1 muss sich die Gebührenhöhe an den angefallenen Verwaltungskosten orientieren. Satz 2 sieht vor, dass die Gebührenhöhe in Relation zu einem verbundenen Aufwand stehen muss. Art. 11 II erweitert den Gebührenrahmen für den Fall knapper Ressourcen dahingehend, dass die Gebühr die Notwendigkeit widerspiegeln muss, eine optimale Nutzung dieser Ressourcen sicherzustellen. In diesem Fall darf die Abgabenhöhe die Grenze der Aufwandsabhängigkeit überschreiten. Auch diese Gebühren müssen aber nichtdiskriminierend erhoben werden und die Entwicklung innovativer Dienste sowie den Wettbewerb fördern.

Am 14. Dezember 1998 erging Entscheidung Nr. 128/1999/EG des Europäischen Parlaments und des Rates über die koordinierte Einführung eines Drahtlos- und Mobilkommunikationssystems (UMTS) der dritten Generation in der Gemeinschaft. Art. 1 bezweckt die rasche und koordinierte Einführung kompatibler UMTS-Netze und -Dienste. Art. 2 verpflichtet die Mitgliedstaaten bis spätestens 1. Januar 2002 schrittweise die Einführung von UMTS-Diensten zu ermöglichen. Art. 4 I normiert das Ziel, grenzüberschreitende Roamingvereinbarungen zu erwirken, um ein lückenloses gemeinschaftsweites Dienstangebot sicherzustellen[38].

§ 2 Nationalstaatliche Regelungen in Deutschland

In Umsetzung vorheriger europarechtlicher Vorgaben zur Liberalisierung der Telekommunikationsmärkte[39] hatte der deutsche Verfassungsgeber bereits 1994

---

[37] Abl. EG Nr. L 117 vom 07.05.1997, S. 15.

[38] Vgl. zu den europarechtlichen Vorgaben und Fragestellungen hinsichtlich der UMTS-Versteigerung Koenig, K&R 2001, 41, 44ff.; Klöck, RTkom 2000, 280, 288f.; Pautsch, MMR 2001, S. 423, 424f.; Storr, K&R 2002, 67, 72.

[39] Grundlegend: Richtlinie des Rates zur Verwirklichung des Binnenmarktes für Telekommunikationsdienste durch Einführung eines offenen Netzzugangs (Open Network Provision-ONP) vom 28.06.1990, Abl. EG Nr. L 192 vom 24.7.1990, S. 1; Richtlinie der Kommission über den Wettbewerb auf dem Markt der Telekommunikation vom 28.06.1990, Abl. EG Nr.

Art. 87 f I GG in das Grundgesetz eingefügt[40]. Anstatt eines staatlichen Angebots[41] sieht dieser die private Erbringung von Telekommunikationsleistungen vor. Dem Bund kommt ein Gesetzgebungsauftrag zu, die Infrastruktur für eine ausreichende, flächendeckende Telekommunikationsversorgung zu gewährleisten. Zudem obliegt ihm die Regelung von Hoheitsaufgaben[42].

Auf der Grundlage von Art. 87 f GG erließ der Gesetzgeber, in Umsetzung und im Einklang mit den dargestellten europarechtlichen Vorgaben, das TKG[43] und normierte darin die Erteilung von Telekommunikationslizenzen. § 6 I Nr. 1 TKG setzt für das Betreiben von Übertragungswegen, welche die Grenzen eines Grundstücks überschreiten und zur öffentlichen Erbringung von Telekommunikationsdienstleistungen genutzt werden, eine Lizenz voraus. Es existieren verschiedene Lizenzklassen, wobei die UMTS-Technik unter Mobilfunklizenzen der Klasse 1 fällt[44]. Die Erteilung der Lizenzen richtet sich nach § 8 TKG. § 8 I und III TKG gewähren dabei einen grundsätzlichen Rechtsanspruch, und § 8 III TKG zählt abschließend die möglichen Versagungsgründe auf: Darunter fallen das Fehlen frei nutzbarer Frequenzen, die fehlende Zuverlässigkeit, Leistungsfähigkeit und Fachkunde des Netzbetreibers und eine Gefährdung der öffentlichen Sicherheit und Ordnung.

Sofern Frequenzen knapp sind, kann die RegTP die Anzahl der zu vergebenden Lizenzen gemäß § 10 S. 1 TKG beschränken. Das Vergabeverfahren richtet sich dann nach § 11 TKG, wonach der RegTP die Wahl zwischen einem Versteigerungsverfahren gemäß § 11 IV TKG und einem Ausschreibungsverfahren gemäß § 11 VI TKG zukommt. Die Entscheidung darüber, welches Verfahren zu wählen und nach welchen Regeln dies im Einzelnen durchzuführen ist, ergeht durch die RegTP in Form von Rechtsverordnungen gemäß §§ 11 I 2, IV 2, VI 2 TKG. Nach § 11 II TKG besteht ein grundsätzlicher Vorrang des Versteigerungsverfahrens, das nur dann nicht zur Anwendung

---

L 192 vom 24.7.1990, S. 10; vgl. zu den weiteren europarechtlichen Vorgaben Lerche in Maunz/Dürig, Art. 87 f Rn. 25f.; Schulz, Lizenzvergabe bei Frequenzknappheit, S. 11f.

[40] Gesetz zur Änderung des Grundgesetzes vom 30.08.1994 (BGBl. I S. 2245).

[41] So die alte Fassung des Art. 87 I 1 GG in Bezug auf die Deutsche Bundespost; Badura in BK, Art. 87 f Rn. 2ff.

[42] Vgl. zur Postreform II das Postneuordnungsgesetz, PTNeuOG, vom 14.09.1994 (BGBl. I S. 2325) sowie Badura in BK, Art. 87 f Rn. 6ff.; Lerche in Maunz/Dürig, Art. 87 f Rn. 25f.; Wieland in Dreier, Art. 87 f Rn. 4; Windthorst in Sachs, Art. 87 f Rn. 8ff.; Uerpmann in v.Münch/Kunig, Art. 87 f Rn. 1; Zwetkow in Heun, S. 1; Adler, Universaldienstleistungen, S. 1ff.; Becker, Die Verwaltung 35 (2002), 1, 1ff.; Müller-Using, ArchTP 1995, 46, 46ff.; Rottmann, ArchTP 1994, 193, 193ff.; Scholz/Aulehner, ArchTP 1993, S. 221, 221ff.

[43] Telekommunikationsgesetz vom 25.07.1996 (BGBl. I S. 1120).

[44] Kloepfer, Informationsrecht, § 11 Rn. 93.

kommen soll, wenn es nicht geeignet ist, die in § 2 II TKG genannten Regulierungsziele sicherzustellen. Dabei handelt es sich um die Wahrung der Interessen der Nutzer, des Fernmeldegeheimnisses und der öffentlichen Sicherheit sowie um die Sicherstellung eines chancenreichen Wettbewerbs, einer flächendeckenden Grundversorgung und einer effizienten und störungsfreien Nutzung der Frequenzen. Ferner kann das Versteigerungsverfahren ungeeignet sein, wenn auf einem sachlichen und räumlichen Markt bereits eine Lizenz ohne Versteigerung erteilt worden ist oder bestimmte Vorrechte bestehen (§ 11 II 2 TKG). Der Versteigerung geht gemäß §§ 11 IV 2, 8 III Nr. 2 TKG ein Zulassungsverfahren voraus, das ermitteln soll, ob ein Bewerber die zur Teilnahme erforderlichen sachlichen Mindestvoraussetzungen erfüllt[45].

§ 16 I TKG stellt fest, dass für die Erteilung einer Lizenz eine Gebühr erhoben wird. Die näheren Einzelheiten wie der Umfang der Gebührenpflicht, die Höhe der Gebühr und die Erstattung von Auslagen sind durch Rechtsverordnung zu regeln. Gemäß § 16 II TKG ist im Fall des Versteigerungsverfahrens eine Gebühr nur zu erheben, soweit sie den Erlös des Versteigerungsverfahrens übersteigt. Weitere Regelungen über den Versteigerungserlös oder dessen Vereinnahmungszuständigkeit trifft das Gesetz nicht.

C. Die Durchführung der UMTS-Lizenzversteigerung

Am 10. Mai 1999 entschied die Präsidentenkammer der RegTP, UMTS-Lizenzen im Wege eines Versteigerungsverfahren zu vergeben[46]. Zugleich legte sie die Rahmenbedingungen für dessen Durchführung nach §§ 10, 11 I, II TKG fest[47]. In zwei weiteren Entscheidungen vom 18. Februar 2000 gab die Präsi-

---

[45] Geppert in Beckscher Kommentar, § 11 Rn. 21.

[46] Abl. RegTP 1999, S. 1519ff.

[47] Die Vergabe der UMTS-Frequenzen fand nicht in allen europäischen Ländern auf dem in Deutschland gewählten Wege statt: Der finnische Staat hatte seine Lizenzen 1999 an interessierte Unternehmen verschenkt. Ebenso verfuhren die skandinavischen Nachbarn Schweden und Norwegen. In Spanien wurden die Lizenzen im Rahmen einer staatlichen Ausschreibung vergeben. Dabei zahlten die vier erfolgreichen TK-Unternehmen zusammen lediglich € 500 Mio.. Auch Portugal vergab die Lizenzen im Wege einer Ausschreibung für jew. ca. € 100 Mio.. Frankreich teilte 2001 zunächst zwei UMTS-Lizenzen für € 4,95 Mrd. im Wege eines Ausschreibungsverfahrens zu. Für weitere zwei Lizenzen fanden sich dabei keine Interessenten, so dass sie erst später zu noch geringeren Beträgen vergeben wurden. Großbritannien versteigerte Anfang 2000 seine Lizenzen und erzielte einen Erlös von umgerechnet € 36,30 Mrd.. In den Niederlanden hatte eine Lizenzversteigerung statt erwarteter € 10,23 Mrd. lediglich 5,3 Mrd. eingebracht. Auch in Österreich erzielte eine Versteigerung nur € 0,72 Mrd., was weit hinter den erwarteten € 1,50 - 5 Mrd. zurückblieb. In Belgien wurden drei Lizenzen für jew. € 76,69 Mio. versteigert, für eine vierte Lizenz

dentenkammer die Regeln für die Durchführung der Versteigerung im Einzelnen gemäß § 11 IV 2, 3 TKG bekannt[48]. Sie wählte ein simultanes und mehrstufiges Bieterverfahren, das alle Versteigerungsgegenstände zum selben Zeitpunkt aufruft. Die Bewerber geben mittels eines Computers gleichzeitig geheime und voneinander unabhängige Gebote ab. Nach jeder Versteigerungsrunde erfahren sie das höchste Gebot für die einzelnen Auktionsgüter und den Namen des Höchstbieters. Sie haben dann die Möglichkeit, in einer neuen Runde das eigene Gebot zu erhöhen. Die Rücknahme eines Gebotes ist ausgeschlossen. Die Auktion gilt als beendet, wenn kein Bieter mehr bereit ist, ein gültiges (erhöhtes) Gebot abzugeben[49].

Im Zeitraum zwischen dem 31. Juli und dem 18. August 2000 fand die öffentliche Versteigerung der UMTS-Lizenzen statt. In einem ersten Abschnitt bot die RegTP Lizenzen für zwölf Frequenzblöcke á 2 x 5 MHz (gepaart) an. Jeder Bieter konnte maximal eine Lizenz ersteigern, deren Erhalt den Zuschlag für zwei Frequenzblöcke („kleine Lizenz“) oder für drei Frequenzblöcke („große Lizenz“) voraussetzte. Das Mindestgebot für eine UMTS-Lizenz wurde je nach Ausstattung auf DM 200 bzw. 300 Mio.(€ 102 bzw. 153 Mio.) pro Frequenzblock festgesetzt. Von den angemeldeten zwölf Unternehmen nahmen sieben an der Auktion teil[50]. Nach zehn Tagen stieg eines von ihnen, das Telekommunikationsunternehmen 'debitel', aus dem Verfahren aus. Als nach 18 Tagen der erste Versteigerungsabschnitt endete, erhielten die verbliebenen sechs Bieter einen Zuschlag für eine „kleine“ Lizenz[51].

---

fand sich kein Bieter. Italien versteigerte fünf Lizenzen und erzielte € 13 Mrd., obwohl € 25Mrd. erwartet wurden. Ein Überblick über die verschiedenen Lizenzvergaben geben Bach/Erber, DIW Wochenbericht 2000, 490, 490, FAZ vom 30.12.2000, S. V/Wirtschaft; und das UMTS-Forum, www.umts-forum.org/licensing.html (Stand: 08/2003). Zu den europarechtlichen Bedenken gegen die Unterschiedlichkeit der Vergabeverfahren, Pautsch, MMR 2001, 423, 423ff.

[48] RegTP, Entscheidung der Präsidentenkammer vom 18.02.2000 über die Festlegung und Regeln im Einzelnen zur Vergabe von Lizenzen für UMTS; RegTP, Entscheidung der Präsidentenkammer vom 18.02.2000 über die Durchführung des Versteigerungsverfahrens zur Vergabe von Lizenzen für UMTS.

[49] Hahn in Scheuerle/Mayen, § 11 Rn. 45ff.; Kurzablaufplan der UMTS-Vertseigerung vom 31.07.-18.08.2000, www.regtp.de >regulierung telekommunikation>frequenzverwaltung >umts>ablaufplan der versteigerung (Stand: 01/2004).

[50] Ausführlich zu den einzelnen Teilnehmern Lindstädt, Die Versteigerung der deutschen UMTS-Lizenzen, S. 4.

[51] Vgl. zum Ablauf der Versteigerung Geppert/Ruhle/Schuster, Rn. 311; Korioth, UMTS-Gutachten, S. 7; Lindstädt, Die Versteigerung der deutschen UMTS-Lizenzen, S. 5ff.; Schulz, Lizenzvergabe bei Frequenzknappheit, S. 53ff.; Hess, Das Versteigerungsverfahren

Das Versteigerungsergebnis lautete wie folgt:

E-Plus	2 Blöcke	für 16.418.200.000 DM
Group 3 G	2 Blöcke	für 16.446.000.000 DM
Mannesmann (vodafone D2)	2 Blöcke	für 16.473.800.000 DM
mobilcom	2 Blöcke	für 16.370.000.000 DM
T-Mobile	2 Blöcke	für 16.582.200.000 DM
Viag Interkom (O2)	2 Blöcke	für 16.517.000.000 DM
Gesamtsumme		98.807.200.000 DM[52]

In einem zweiten Versteigerungsabschnitt bot die RegTP fünf Frequenzblöcke á 5 MHz (ungepaart) an. Im Unterschied zu den gepaarten Frequenzblöcken, bei denen Daten gleichzeitig gesendet und empfangen werden können, werden die Daten bei ungepaarten Blöcken nur in eine Richtung transportiert. Sie dienen allein der Erweiterung von Kapazitäten der gepaarten Bänder und sind für den Erhalt einer Lizenz ohne Bedeutung[53]. Den Zuschlag für diese ungepaarten Frequenzblöcke erhielten ebenfalls die o.g. Unternehmen mit Ausnahme von 'Viag Interkom'. Der Preis schwankte zwischen DM 73,6 Mio. (€ 37,63 Mio.) und DM 122,7 Mio. (€ 62,74 Mio.), so dass sich unter Hinzuziehung der Erlöse aus dem ersten Versteigerungsabschnitt ein Gesamterlös von DM 99.368.200.000 (€ 50.806.154.000) ergab. Gemäß Mitteilung Nr. 597/2000 hat die RegTP[54] am 06. September 2000 folgenden sechs Bieterunternehmen eine Lizenz erteilt: Auditorium Investments Germany S.à.r.l., DeTeMobil Deutsche Telekom MobilNet GmbH, Mannesmann Mobilfunk GmbH, „Marabu" Vermögensverwaltung GmbH & Co., MobilCom Multimedia GmbH und Viag Interkom GmbH & Co.

Die Laufzeit einer Lizenz ist auf 20 Jahre befristet. Mit ihrer Erteilung ist die Auflage verbunden, bis Ende 2003 25 % und bis Ende 2005 50 % der Bevölke-

nach dem TKG, S. 22ff.; Storr, K&R 2002, 68, 68; Koenig/Neumann, ZRP 2001, 252, 253; Klöck, RTkom 2000, 280, 284; Kämmerer, NVwZ 2002, 161, 161.

[52] Entspricht € 50.519.000.000. Die Einzelbeträge entsprechen zwischen € 8.369.000.000 und € 8.478.000.000.

[53] Holznagel/Enaux/Nienhaus; S. 62 (Fn. 172); Korioth, UMTS-Gutachten, S. 8; RegTP, Entscheidung der Präsidentenkammer vom 10.Mai 1999 über das Verfahren der Vergabe von Lizenzen für UMTS, Abl. RegTP 1999, S. 1519, 1522.

[54] Abl. RegTP 2000, S. 3435ff.

rung mit UMTS-Funkdienstleistungen zu versorgen[55]. Sollte dieser Versorgungsgrad nicht erreicht werden, kann die RegTP die Lizenzen zurücknehmen. Zudem kann sie weitere Auflagen, z.B. einen Versorgungsgrad von 75 % im Jahre 2007, aussprechen. Die von den erfolgreichen Bietern aufzubringenden Beträge mussten innerhalb von zehn Tagen nach Zustellung einer schriftlichen Zahlungsfestsetzung beglichen werden[56]. Gemäß §§ 8 I KStG, 7 GewStG konnten sie als Betriebsausgaben in Form von Anschaffungskosten gewinnmindernd angesetzt werden und so die Steuerbelastungen der zahlungspflichtigen Unternehmen reduzieren[57].

Die aus dem Verlauf der Versteigerung und insbesondere aus der Höhe der Versteigerungserlöse deutlich werdende Euphorie, die hinsichtlich der Entwicklungschancen des Telekommunikationsmarktes und der Erfolgsaussichten der UMTS-Technik zu diesem Zeitpunkt bestand[58], relativierten sich in der Folgezeit rapide[59]. Aufgrund weltweiter konjunktureller Schwierigkeiten,

---

[55] Teil B Punkte 1, 4 der Musterlizenz in Anlage A der RegTP, Entscheidung der Präsidentenkammer vom 18.02.2000 über die Festlegung und Regeln im Einzelnen zur Vergabe von Lizenzen für UMTS, S. 102ff.

[56] Teil A Punkt 6 der Musterlizenz in Anlage A der RegTP, Entscheidung der Präsidentenkammer vom 18.02.2000 über die Festlegung und Regeln im Einzelnen zur Vergabe von Lizenzen für UMTS, S. 102ff.

[57] Korioth, UMTS-Gutachten, S. 85ff.; Uni Kiel, Gutachten, S. 58f.; Kloepfer, Informationsrecht, § 11 Rn. 102; Becker, Die Verwaltung 35 (2002), 1, 22; Schumacher, NJW 2000, 3096, 3098; Hidien, DStZ 2002, 419, 420; Fox, Ifo Schnelldienst 2000/30, 5, 9.

[58] Vgl. zu den Hoffnungen der Lizenznehmer FAZ vom 14.02.2001, S. 25, „Trotz hoher Verluste sieht sich Mobilcom auf der Siegerseite"; entspr. Beese, MMR 9/2000, V; Klöck, RTkom 2002, 280, 281.

[59] Der Spiegel sprach schon in Ausg. 33/2000, S. 85 von „ökonomischem Wahnsinn" und in Ausg. 43/2000, S. 114 von einem „mörderischen Milliardenspiel". Die FAZ vom 08.01.2000, S. 22 berichtet, dass UMTS-Betreiber „ihre Prognosen revidieren müssen". Nach FAZ vom 28.02.2002, S. 27 ist der „Goldrausch auf dem Handymarkt" vorüber und nach FAZ vom 03.01.2002, S. 21 „schwindet die Hoffnung auf das große Geschäft". Vielfach wird sogar von einem „Milliardengrab der Mobilfunkgesellschaften" gesprochen, FAZ vom 27.01.2003, S. 20. Wissenschaftler befürchten einen „Marktflop", FAZ vom 27.08.2002, S. 14. Die Welt am Sonntag vom 22.09.2002, S. 28 spricht von einer „Lizenz zum Sterben" und der französische Staatspräsident Jacques Chirac von einem „UMTS-Desaster", FAZ vom 25.10.2002, S. 12. Selbst der Branchenverband UMTS-Forum rechnet nicht mehr mit schnellen Gewinnen, FAZ vom 03.02.2003, S. 21. „Wir haben die Chancen von UMTS eindeutig überschätzt", muss schließlich der Vorstandsvorsitzende von Mobilcom GmbH, Thorsten Genz, einräumen, FAZ vom 28.01.2003, S. 20.
Vgl. zu der grundsätzlichen Skepsis gegenüber einem wirtschaftlichen Erfolg von UMTS Bongartz, IT.Services. 03/2001, 16, 16ff.; Bach/Erber, DIW Wochenbericht 2000, 490, 493ff.; Göbbel, IT.Services. 03/2001, 22, 22f.; Koenig/Neunmann, ZRP 2001, 252, 252;

insbesondere in der Telekommunikationsbranche, stand die Perspektive, mit der UMTS-Technik schnell kostendeckende Profite zu erzielen, zunehmend in Frage[60]. Die Aufwendungen für die Lizenzen und die Investitionen in den Aufbau der UMTS-Netze[61] wurden mehr und mehr zur Belastung für die betroffenen Unternehmen[62]. Würden diese Kosten auf die Verbraucher umgelegt, könnte ein Massenmarkt für UMTS-Angebote gar nicht erst entstehen[63]. Teure Endgerätepreise und hohe monatliche Grundgebühren würden viele Nutzer abschrecken. Immerhin besitze ein Großteil der potentiellen UMTS-Kunden bereits Geräte und Verträge auf dem GSM-Standard und sei an den zusätzlichen Möglichkeiten der UMTS-Technik nur in Maßen interessiert[64]. Dies belege die Beobachtung, dass mit GPRS oder MMS schon Möglichkeiten angeboten würden, Bilder, Töne oder unfangreichere Textnachrichten zu übertragen, die von den Nutzern aber nur sehr zögerlich in Anspruch genom-

---

FAZ vom 06.01.2003, S. 18; FAZ vom 26.02.2001, S. 20; FAZ vom 16.08.2001, S. 21; FAZ vom 09.02.2001, S. 25; FAZ vom 25.02.2002, S. 23.

[60] Bongartz, IT.Services. 03/2001, 16, 18; Göbbel, IT.Services. 03/2001, 22, 22f.; Der Spiegel, 43/2000, S. 114; FAZ vom 26.02.2001, S. 20; FAZ vom 03.01.2002, S. 21; FAZ vom 27.01.2003, S. 20.

[61] Gerechnet wird dabei mit Kosten von jew. DM 5 bis 10 Mrd. (€ 2,56 bis 5,11 Mrd.); vgl. Koenig/Neumann, K&R 2001, 281, 281; Klöck, RTkom 2000, 280, 281. Insges. werden Kosten in Höhe von DM 10 bis 50 Mrd. (€ 5,11 bis 25,56 Mrd.) veranschlagt, FAZ vom 19.08.2000, S. 16. Zu den von der RegTP eingeräumten Möglichkeiten der Bieterunternehmen, im Rahmen des Infrastrukturaufbaus zu kooperieren und Einrichtungen gemeinsam zu nutzen, um so ihre Kosten zu senken, vgl. Thesenpapier der RegTP zum Infrastruktur-Sharing, www.regtp.de >regulierung telekommunikation>frequenzverwaltung>umts (Stand: 01/2004).

[62] So erzielte die 'Deutsche Telekom' im Geschäftsjahr 2002, unter anderem wegen Sonderabschreibungen auf UMTS-Lizenzen in einer Größenordnung von € 21,4 Mrd., den höchsten Unternehmensverlust in der deutschen Wirtschaftsgeschichte, FAZ vom 11.03.2003, S. 13. Vgl. beispielhaft für die Situation der Lizenzempfänger FAZ vom 16.08.2001, S. 21; „Die 100 Mrd. DM für die UMTS-Lizenzen liegen der Branche schwer im Magen"; entspr. FAZ vom 13.10.2000, S. 18; FAZ vom 29.11.2001, S. 24; FAZ vom 15.11.2002, S. 16; Koenig/Neumann, K&R 2001, 281, 281; Ruhle, K&R 2002, 358, 358; Klöck, RTkom 2000, 280, 281.

[63] Michelle de Lussanet, Analystin bei Forrester Research in FAZ vom 14.10.2002, S. 24; vgl. auch FAZ vom 03.01.2002, S. 18; Der Spiegel 43/2000, S. 114; zu den Nachfrageerwartungen Lenhard, Die Regulierung des Mobilfunks, S. 45f.

[64] Bach/Erber, DIW Wochenbericht 2000, 490, 493ff.; Bongartz, IT.Services. 03/2001, 16, 18; Göbbel, IT.Services. 03/2001, 22, 22f.; FAZ vom 14.10.2002, S. 24; FAZ vom 02.07.2001, S. 25:„UMTS: Die Nutzer geben praktischen Anwendungen den Vorzug vor Spielereien".

men würden[65]. Es wird bezweifelt, ob die mit der UMTS-Technik angestrebten theoretischen Übertragungsgeschwindigkeiten und sonstigen technischen Errungenschaften in der Praxis erreicht werden können. Das Fortschreiten konkurrierender Entwicklungen, wie etwa der W-Lan-Netze[66], lasse die Befürchtung aufkommen, dass UMTS von Beginn an eine überholte Technik sein könnte[67].

Die Entwicklung der UMTS-Hardware, insbesondere der UMTS-fähigen Handys, und der technischen Netzvoraussetzungen verzögerte sich erheblich. Sämtliche Anbieter verschoben den Start ihrer UMTS-Netze nach und nach auf das Jahr 2004[68] und werden den vorgeschriebenen Versorgungsgrad von 25 % der Bevölkerung bis zum Jahre 2003 nicht erreichen können[69].

Diese Aspekte führten dazu, dass im Laufe des Herbstes 2002 zwei Anbieter erklärten, ihre UMTS-Aktivitäten zumindest vorübergehend auf Eis zu legen. Die Eigner der als Group '3 G' erfolgreichen Bieterunternehmen kündigten an, weitere Investitionen in den Aufbau des UMTS-Geschäftes in Deutschland zu reduzieren und schalteten ihre eigens für den UMTS-Vertrieb installierte Marke „Quam" wieder ab[70]. Die in dieser Zeit nahe an die Insolvenz geratene Bieterin 'MobilCom' erklärte, ihre UMTS-Aktivitäten als Teil eines Sanierungskonzep-

---

[65] FAZ vom 03.02.2003, S. 22; FAZ vom 06.01.2003, S. 18; FAZ vom 14.07.2003, S. 16. Zu den sich annähernden Möglichkeiten der Mobilfunkgenerationen vgl. auch Begründung und Anhörung der RegTP in der Entscheidung der Präsidentenkammer vom 10.Mai 1999 über das Verfahren der Vergabe von Lizenzen für UMTS, Abl. RegTP 1999, S. 1519, 1520.

[66] W-Lan steht für ein lizenzfreies Funknetz einzelner Basisstationen mit einer Reichweite von 30 bis 100 Metern und einer Bandbreite von bis zu 22 Megabit je Sekunde. Es ermöglicht neben einem schnellen, drahtlosen und lokalen Internetzugang auch klassische Sprachübertragung. Aufgrund der geringen Reichweite bedürfte es aber unzähliger Basisstationen, um ein flächendeckendes Netz zu installieren; vgl. FAZ vom 19.11.2001, S. 22; FAZ vom 22.01.2003, S. 19; FAZ vom 10.03.2003, S. 20; FAZ vom 21.07.2003, S. 18.

[67] FAZ vom 15.10.2001, S. 28: „Drahtlose Funknetze und Bluetooth bedrohen die UMTS-Pläne"; ebenso Göbbel, IT.Services. 03/2001, 22, 22f.; FAZ vom 26.02.2001, S. 20; FAZ vom 17.12.2001, S. 22; FAZ vom 09.12.2002, S. 19; FAZ vom 12.02.2003, S. 18.

[68] Ruhle, K&R 2002, 358, 358; FAZ vom 29.07.2003, S. 17; FAZ vom 31.07.2003, S. 14; FAZ vom 23.08.2003, S. 14; FAZ vom 16.01.2004, S. 14; FAZ vom 13.02.2004, S. 19; FAZ vom 01.03.2004, S. 19; FAZ vom 22.03.2004, S. 1:„UMTS ist da".

[69] Vgl. zu dieser schon frühzeitig geäußerten Erwartung FAZ vom 26.02.2001, S. 20; FAZ vom 15.06.2002, S. 14. Zu der Forderung, diese Lizenzbedingungen aufzuweichen FAZ vom 21.09.2002, S. 20.

[70] FAZ vom 26.07.2002, S. 15; FAZ vom 16.10.2002, S. 14; FAZ vom 15.11.2002, S. 16; FAZ vom 12.12.2002, S. 26; FAZ vom 20.12.2002, S. 18.

tes zu vernachlässigen[71]. Sie verkaufte ihre bis dahin aufgebauten Netzteile an die Lizenznehmerin 'E-Plus' und gab ihre eigene Lizenz an die RegTP zurück[72]. Damit ist absehbar, dass von den sechs erfolgreichen Bieterunternehmen höchstens vier Anbieter auf den UMTS-Markt treten werden, die alle bereits auf dem GSM-Markt tätig sind[73].

---

[71] Welt am Sonntag von 22.09.2002, S. 28; FAZ vom 28.08.2002, S. 13; FAZ vom 02.12.2002, S. 17; FAZ vom 22.10.2002, S. 16;

[72] FAZ vom 07.05.2003, S. 15; FAZ vom 14.05.2003, S. 18.

[73] FAZ vom 14.08.2002, S. 12.

TEIL 1 - GELD FÜR LUFT - FINANZVERFASSUNGSRECHTLICHE ZULÄSSIGKEIT DER ERHEBUNG DER UMTS-VERSTEIGERUNGS-ERLÖSE

Infolge der UMTS-Lizenzversteigerung floss ein Betrag von insgesamt nahezu DM 100 Mrd. (€ 51,13 Mrd.) in die Kassen des Staates. Diese Summe entspricht fast einem Viertel des Bundeshaushalts für das betroffene Haushaltsjahr 2000[74]. Hätten nicht die sechs erfolgreichen Bieterunternehmen, sondern alle Bundesbürger diesen Betrag aufbringen müssen, so hätte jeder Einzelne - vom Säugling bis zum Greis - mehr als DM 1.000 (€ 511,29) an den Staat abzuführen gehabt. Keine noch so ehrgeizige Steuerreform, kein Sparpaket und kein anderer Versuch den Staatshaushalt zu entlasten, spülten dem Finanzminister je einen derart hohen Zusatzbetrag in seine Kasse[75]. Dabei schafft der Staat durch die Zuteilung einer Lizenz keinen eigenen Wert, unternimmt keine eigene Anstrengung und besitzt keinen entsprechenden eigenen Aufwand. Vereinfacht ausgedrückt, vergibt er lediglich die Zugriffsmöglichkeit auf einen Bereich des Luftraums und erhält - „allein für Luft“[76] - einen Betrag von fast DM 100 Mrd. (€ 51,13 Mrd.).

Vor allem angesichts der Größenordnung dieses Erlöses stellt sich die Frage, ob bzw. auf welcher Grundlage der Staat berechtigt sein kann, eine derartige Einnahme zu generieren. Um darauf eine Antwort geben zu können, sind zunächst die allgemeinen Möglichkeiten des Staates zur Beschaffung von Finanzmitteln zu beleuchten und zu systematisieren.

A. Finanzierung des Staates

Seitdem Menschen in Gemeinschaften zusammenleben, entwickeln sich daraus gemeinschaftliche Bedürfnisse. Die Aufgabe, diese Bedürfnisse zu befriedigen, wurde zunehmend dem Gemeinwesen in Form des Staates übertragen[77]. Mittels der ihm verliehenen Staatsgewalt soll er die Rechtsgüter seiner Bürger schützen

---

[74] Nach § 1 des Gesetzes über die Feststellung des Bundeshaushaltsplans für das Haushaltsjahr 2000 vom 22.12.1999 (BGBl. I S. 2561) belaufen sich die Gesamteinnahmen des Bundes im Jahre 2000 auf DM 478.800.000.000; vgl. auch Arndt, K&R, 2001, 23, 23; Storr, K&R 2001, 67, 68.

[75] Piepenbrock, K&R 1/2001, I, Arndt, K&R, 2001, 23, 23; Storr, K&R 2002, 67, 68; Schwarz, RTkom 2001, 141, 141.

[76] Entspr. Lütge in Die Zeit, 35/2000, S. 17 und des Hessischen Finanzministers Karl-Heinz Weimar: "Die Luft über Deutschland gehört allen“ in „Hessen will UMTS-Milliarden notfalls einklagen“, www.heise.de/newsticker/data/chr-31.08.00-000/ (Stand: 08/2003); FAZ vom 31.01.2001, S. 3; FAZ vom 19.08.2000, S. 1.

[77] Birk, Steuerrecht, Rn. 11.

und deren individuelle Lebensgestaltung unterstützen[78]. Dazu bedarf er zum einen Staatsbediensteter, die entsprechende Tätigkeiten in Planung und Umsetzung angehen und zum anderen Sachmittel, beispielsweise Gebäude, Büros oder Materialien. Angesichts des Umfangs und der Eigenart staatlicher Aufgaben sind Dienstleistungen und Sachgüter nicht allein durch Naturalleistungen abzugelten, sondern durch Geldmittel zu begleichen[79]. Zur Ausübung seiner Hoheitsgewalt ist der moderne Staat also auf öffentliche Finanzmittel angewiesen[80].

Der moderne Staat handelt nicht allein durch rechtlichen Befehl oder Zwang, sondern ebenso durch die Umverteilung von Geldmitteln[81]. Durch staatliche Finanzen kann damit nicht nur mittelbar, sondern auch unmittelbar selbst Staatsgewalt ausgeübt werden, so dass derjenige, der die Staatsfinanzen besitzt, die Macht im Staate inne hat[82]. Um Finanzmittel zu erheben und mittels Befehl und Zwang einzutreiben, ist der Staat aber wiederum auf seine Staatsgewalt angewiesen. Damit wird deutlich, dass Staatsgewalt und Staatsfinanzen sich gegenseitig bedingen, und dass ohne Finanzen kein Staat zu machen ist[83].

§ 1 Einnahmequellen des Staates

Die Notwendigkeit staatlicher Finanzmittel wird heute weitestgehend akzeptiert. Auf die Fragen, woher und in welchem Umfange der Staat diese beschaffen kann, fällt die Reaktion hingegen unterschiedlich aus. Sie ist zudem nicht für jeden Staat einheitlich zu beantworten, sondern hängt entscheidend davon ab, in welcher Weise er jeweils organisiert und verfasst ist.

I. Geschichtliche Entwicklung staatlicher Einnahmequellen

Die Staaten der Antike finanzierten sich grundsätzlich nicht selbst, sondern zogen fremde Völker zu ihrer Finanzausstattung heran. Das Finanzierungsmittel waren der Raubkrieg und die Unterwerfung zum Zwecke der wirtschaftlichen Ausbeutung. Die Grundform der Staatseinnahmen bestand im Tribut, den

---

[78] P. Kirchhof, Jura 1983, 505, 505, vgl. zu den Aufgaben des Staates die Aufzählung bei Maurer, Staatsrecht, S. 5.
[79] Vogel in HStR I, § 27 Rn. 2.
[80] Vogel in HStR IV, § 87 Rn. 1; ders. in HStR I, § 27 Rn. 2; Stober, JA 1988, 250, 250.
[81] P. Kirchhof, Jura 1983, 505, 505.
[82] Vogel/Waldhoff in BK, Vorbem. z. Art. 104 a-115 Rn. 314.
[83] Vogel in HStR I, § 87 Rn. 1; Ipsen, Staatsrecht I, Rn. 4; Vogel/Waldhoff in BK, Vorbem. z. Art. 104 a-115 Rn. 314.

der besiegte Staat möglichst aus eigener Siegesbeute bezahlen musste[84]. Der antike Staat entwickelte kaum Maßstäbe und Organisationsformen, um aus sich heraus regelmäßige Einnahmen zu gewinnen. Zwar gab es in geringem Umfange schon Abgaben oder abgabenähnliche Einnahmen, wie etwa den census in Rom oder gewisse Steuern in Athen. Primär baute das Finanzierungsprinzip aber auf der Alternative von Herrschenden und Besitzenden oder Beherrschten und Tributzahlenden auf[85].

Im deutschen Mittelalter war der Staat darauf angelegt, die finanzwirtschaftlichen Voraussetzungen seiner Existenz in sich selbst zu finden[86]. Der Herrscher sicherte sich Kriegsmacht und Handlungsgewalt durch Lehnsverhältnisse. Der zur Selbstausrüstung und zur berufsmäßigen Waffenausübung fähige Vasall war verpflichtet, Heeresdienste, Bewachungsdienste oder andere Mitwirkungslasten zu erfüllen, bzw. durch Geldleistungspflichten abzulösen[87]. Mit Hilfe dieser auf Treue und Gefolgschaft aufbauenden Personalherrschaft betrieb das selbständige Königtum Eigenwirtschaft, vorwiegend im Rahmen staatlicher Domänen[88]. Später erzielte man Einnahmen aus Matrikularbeiträgen der Reichsstände, die mit Eintragung in den Reichsmatrikel und dem damit gewonnenen Beweis für die Reichsunmittelbarkeit und die territoriale Unabhängigkeit zu zahlen waren[89]. Zusätzlich fielen Erträge aus Monopol- und Hoheitsrechten des Reiches an, nämlich Zölle, Marktgebühren, Strafen und Einnahmen aus Münz- oder Bergregalen[90]. Die Staaten dieser Zeit erzielten neben der Eigenwirtschaft also auch mit der Zuteilung oder Ablösung von Rechten eigene Einnahmen.

Mit der Entstehung des modernen Staates geraten die bisherigen Finanzierungselemente an ihre Grenzen. Unterwerfung und Krieg scheiden als konstante Einnahmequelle eines zivilisierten Gemeinwesens aus. Die Verringerung des öffentlichen Eigentums, die Entwicklung des Söldnerheeres und des Beamtentums sowie der Wandel des Staates vom Garanten der öffentlichen Sicherheit zum Sozial- und Interventionsstaat erfordern allgemeine, in ihrer Verwen-

---

84 v.Stein, Lehrbuch der Finanzwissenschaft, S. 226; Stolleis, Pecunia Nervus Rerum, S. 63ff.

85 Kirchhof in HStR IV, § 88 Rn. 2.

86 Kirchhof in HStR IV, § 88 Rn. 3.

87 M. Weber, Grundriss der Sozialökonomie, S. 729ff.

88 Häuser, Abriss der geschichtlichen Entwicklung der öffentlichen Finanzen, S. 27; Tautscher, Geschichte der deutschen Finanzwissenschaft, S. 385f.

89 Th. Mayer, Geschichte der Finanzwirtschaft, S. 242.

90 Häuser, Abriss der geschichtlichen Entwicklung der öffentlichen Finanzen, S. 29; Tautscher, Geschichte der deutschen Finanzwissenschaft, S. 384.

dungsart ungebundene Finanzierungsmittel[91]. Die Finanzwissenschaft kennt vier mögliche Einnahmequellen des modernen Staates[92]:

II. Erwerbswirtschaftliche Betätigung des Staates

Nach wie vor ist eine erwerbswirtschaftliche Betätigung des Staates in Form der Eigenwirtschaft oder der Beteiligungen an Privatunternehmen denkbar. Auch der Staat des Grundgesetzes erzielt Einkünfte aus öffentlichen Unternehmen, aus Domänen und Forsten sowie aus Beteiligungen an privatrechtlichen Gesellschaften (z.B. der Volkswagen AG)[93]. Im Gegensatz zu den Staaten des Mittelalters werden diese Einnahmen aber durch die Gewährleistung des Eigentums (Art. 14 GG), der Berufstätigkeit (Art. 12 GG) und des Steuerstaates (Art. 105ff. GG) begrenzt[94]. Der Staat zielt vielmehr darauf ab, am Ertrag des privaten Wirtschaftens teilzuhaben[95]. Die eigene erwerbswirtschaftliche Betätigung stellt eine Ausnahme dar und kann keine umfangreichen, regelmäßigen und frei verwendbaren staatlichen Einkünfte erbringen.

III. Kreditfinanzierung des Staates

Ein weiteres, weit verbreitetes und sehr beliebtes Finanzierungsmittel moderner Staaten liegt in der Inanspruchnahme von Krediten. Der Staat leiht sich Finanzmittel, die er später zurückzuzahlen hat. Er geht eine Art Vorbelastung auf die Zukunft ein[96] und erhöht durch die aufzubringenden Zinslasten seinen langfristigen Finanzbedarf[97]. Das Grundgesetz begrenzt die Möglichkeiten der Kreditfinanzierung in Art. 115 I 2 GG. Danach muss die Kreditaufnahme grundsätzlich unter der Summe bleiben, die im jeweiligen Haushaltsplan für Investitionen veranschlagt ist[98]. Durch die Aufnahme von Krediten erhält der

---

[91] P. Kirchhof in HStR IV, § 88 Rn. 4; v.Stein, Lehrbuch der Finanzwissenschaft, S. 228f.; Tautscher, Geschichte der deutschen Finanzwissenschaft, S. 386f.; Th. Mayer, Geschichte der Finanzwirtschaft, S. 247f.

[92] Daumke, Grundriss des Steuerrechts, S. 21; Kirchhof, Jura 1983, 505, 505.

[93] Henneke, Öffentliches Finanzwesen, Rn. 456ff.

[94] P. Kirchhof in HStR IV, § 88 Rn. 304ff.; Henneke, Öffentliches Finanzwesen, Rn. 482ff.

[95] Siekmann in Sachs, vor Art. 104 a Rn. 109ff.; Isensee, DB 1979, 145, 149; P. Kirchhof, Jura 1983, 505, 505.

[96] Henneke, Öffentliches Finanzwesen, Rn. 562; P. Kirchhof in HStR IV, § 88 Rn. 293ff.; Stober, JA 1988, 250, 252.

[97] Siekmann in Sachs, vor Art. 104 a Rn. 197f.

[98] Fischer-Menshausen in v.Münch/Kunig, Art. 115 Rn. 12; Maunz in Maunz/Dürig, Art. 115 Rn. 28.

Staat ebenfalls keine zusätzlichen und dauerhaften Finanzmittel zur Erfüllung seiner allgemeinen Aufgaben.

IV. Eigene Geldschöpfung des Staates

Der moderne Staat kann sich zur Erzielung von Finanzmitteln der eigenen Geldschöpfung bedienen und die Menge des im Umlauf befindlichen Geldes zu seinen Gunsten erhöhen. Er schöpft dabei keine private Nachfrage in Höhe seiner eigenen Nachfrage ab, sondern verändert allein das Verhältnis von Angebot und Nachfrage mittels seiner Hoheitsgewalt. Er wird zum inflationären Staat[99], der über keine realen, zusätzlichen Finanzmittel verfügt, sondern langfristig die Erwerbsfreiheit seiner Bürger und den Schutz des von ihnen Erworbenen gefährdet[100]. Auch diese Einnahmequelle ist keine Basis für ein langfristig stabiles Gemeinwesen.

V. Erhebung öffentlicher Abgaben

Wenn die genannten Finanzierungsquellen für sich gesehen nicht in der Lage sind, dem Staat verlässlich, langfristig und gemeinverträglich Finanzmittel zu gewähren, so ist er auf die Erhebung öffentlicher Abgaben angewiesen[101]. Dabei überträgt er privates Geldvermögen kraft seiner Hoheitsgewalt auf die öffentliche Hand und erfüllt damit die ihm obliegenden Tätigkeiten[102]. Öffentliche Abgaben stellen heute das zentrale Finanzierungselement moderner Staaten dar.

1. Systematisierung öffentlicher Abgaben

Das deutsche Abgabenrecht bietet einen bunten Fleckenteppich unterschiedlicher Abgabenarten, die historisch ohne Rücksicht auf die Ausbildung eines einheitlichen Systems gewachsen sind. Rechtsprechung und Wissenschaft haben aus dieser Vielfalt nachträglich eine gewisse Ordnung herausgefiltert, um einen Überblick über die Abgabenarten zu erhalten und gemeinsame Richtpunkte für deren Zulässigkeit und Bemessung zu erkennen. Diese Ordnung besitzt aber keinen Gesetzes- oder gar Verfassungsrang[103]. Weil dem Bund und den Ländern ein grundsätzliches Recht zur Erfindung neuer Abgaben

---

[99] P. Kirchhof, Jura 1983, 505, 505.
[100] P. Kirchhof in HStR IV, § 88 Rn. 1, 282ff.
[101] P. Kirchhof, Jura 1983, 505, 505.
[102] Tipke/Lang, Steuerrecht, S. 1; P. Kirchhof in HStR IV, § 88 Rn. 5; Schneider, VBlBW 1988, 161, 161.
[103] Vogel in HStR IV, § 87 Rn. 64, P. Kirchhof in Achterberg/Püttner, Kap 6/2, Rn. 156.

zusteht, existiert kein abschließender numerus clausus der Abgabenarten. Eine systematische Darstellung kann nur Bestehendes ordnen und verständlich machen, den Bestand aber nicht rechtlich zementieren und neue Entwicklungen bereits wegen ihrer Neuartigkeit ablehnen[104].
Der folgende Überblick soll die vor dem Grundgesetz anerkannten Abgabenarten vorstellen. Einzelfragen und detaillierte Abgrenzungskriterien sind aber erst im Rahmen der im Anschluss daran vorzunehmenden Einordnung der UMTS-Versteigerungserlöse zu diskutieren.

a. Steuern / Gemeinlasten

Das Grundgesetz nennt in der Finanzverfassung ausdrücklich die Abgabenart der Steuern und erkennt deren Existenz verfassungsrechtlich an[105]. Um zu gewährleisten, dass diese Regelungen nicht auf jede andere Abgabenart ausgeweitet und damit umgangen werden, muss die Steuer abschließend definierbar sein. Die Verfassung gibt selbst aber keine Merkmale eines verfassungsrechtlichen Steuerbegriffs vor, sondern setzt einen solchen voraus[106]. Steuern sind danach Abgaben, die grundsätzlich allen Bürgern auferlegt und als sogenannte Gemeinlast einzuordnen sind. Sie sollen ohne Rücksicht auf eine korrespondierende Gegenleistung, also voraussetzungslos und ungebunden, der Finanzierung allgemeiner staatlicher Aufgaben dienen[107].

b. Nichtsteuern/Sonderlasten

Zu anderen Abgabenformen finden sich im Text des Grundgesetzes allenfalls beiläufige Bemerkungen. So erwähnen Art. 74 Nr. 22 GG und Art. 80 II GG

---

[104] BVerfGE 82, 159, 181; 92, 91, 113; 93, 319, 342; BVerfG, 2 BvL 9/98 vom 19.03.2003, Absatz-Nr. 48, www.bverfg.de/entscheidungen/ls20030319 2bvl000998.html; BVerfG, 2 BvL 1/99 vom 17.07.2003; Absatz-Nr. 117, www.bverfg.de/entscheidungen/ls20030717 2bvl000199.html (jew. Stand: 04/2004); Ehlers/Achelpöhler, NVwZ 1993, 1025, 1030; Kloepfer/Follmann, DÖV 1988, 573, 580; Köck, JZ 1993, 59, 62; Patzig, DÖV 1981, 729, 738; Hufeld, JZ 2002, 871, 876; Kämmerer, NVwZ 2002, 161, 162; a.A. Stallknecht, Lizenz und Lizenzentgelt, S. 198; schwankend: Jarass, DÖV 1989, 1013, 1014.

[105] Vogel in HStR IV, § 87 Rn. 64; Kirchhof, ebend., § 88 Rn. 45ff.

[106] Pieroth in Jarass/Pieroth, Art. 105 Rn. 3; Heun in Dreier, Art. 105 Rn. 10; Vogel/Walter in BK, Art. 105 Rn. 23; Fischer-Menshausen in v.Münch/Kunig, Art. 105 Rn. 6a; Stober, JA 1988, 250, 252.

[107] BVerfGE 49, 343, 353ff.; 55, 274, 298f.; 65, 325, 344; 67, 256, 274f.; 72, 330, 433; 78, 249, 267; 97, 332, 343; Siekmann in Sachs, vor Art. 104 a Rn. 52ff.; Heun in Dreier, Art. 105 Rn. 13; Jachmann in v.Mangoldt/Klein/Stark, Art. 105 Rn. 5; Fischer-Menshausen in v.Münch/Kunig; Art. 105 Rn. 6a; Vogel in HStR IV, § 87 Rn. 54; Heimlich, Verleihungsgebühr, S. 27f.; P. Kirchhof, Jura 1983, 505, 509; Schneider, VBlBW 1988, 161, 162.

die Gebühr[108]. Gesetzlich finden sich diverse weitere Abgabenarten[109]. Diesen nichtsteuerlichen Abgaben ist gemein, dass der Staat sie nicht allen finanziell leistungsfähigen Bürgern auferlegt, sondern nur dem Teil von ihnen, der besondere Voraussetzungen erfüllt. Im Gegensatz zu Gemeinlasten stellen sie für die Betroffenen Sonderlasten dar[110]. Das BVerfG verzichtet in seiner neueren Rechtsprechung auf eine weitere Unterteilung nichtsteuerlicher Abgaben und belässt es bei einer Unterscheidung zwischen Steuern und - unter allgemein definierten Voraussetzungen zulässigen - Nichtsteuern[111]. Abgesehen davon unterscheiden Literatur und bisherige Rechtsprechung zwischen Vorzugslasten, Sonderabgaben und sonstigen Abgaben[112].

aa. Vorzugslasten

Eine Vorzugslast legt der Staat dem Bürger auf, wenn er ihm einen besonderen, anderen Bürgern nicht zukommenden Vorteil, also einen Vorzug gewährt[113]. Sie stellt ein Entgelt für eine Leistung des Gemeinwesens an das einzelne Individuum dar. Idealtypisch „neutralisiert" sie dadurch den zugewandten Vorteil und bewirkt, dass das Gesamtvermögen des Leistungsempfängers unverändert bleibt[114]. Im Gegensatz zu der Gemeinlast erhebt der Staat die Vorzugslast nicht voraussetzungslos, d.h. ohne korrespondierende Gegenleistung, sondern knüpft unmittelbar an eine zuvor erbrachte und individuell zurechenbare Leistung an[115]. Ihr Anwendungsbereich liegt nicht in der Deckung des allgemeinen staatlichen Finanzbedarfs, sondern vorwiegend im

---

108 Art. 105 I, 106 I GG nennen Finanzmonopole und Art. 110 I 1 GG erwähnt Ablieferungen aus Bundesbetrieben und Sondervermögen.

109 Vgl. die Aufzählung bei Vogel in HStR IV, § 87 Rn. 64.

110 BVerfGE 75, 108, 158; F. Kirchhof, Grundriss des Abgabenrechts, Rn. 12; Heimlich, Verleihungsgebühr, S. 28.

111 BVerfGE 93, 319, 345; zuvor schon Murswiek, NuR 1994, 170, 173ff.

112 Siekmann in Sachs, vor Art. 104 a Rn. 67ff.; Heun in Dreier, Art. 105 Rn. 19ff.; Pieroth in Jarass/Pieroth, Art.105 Rn. 12ff.; P. Kirchhof in HStR IV, § 88 Rn. 181ff.; Heimlich, Verleihungsgebühr, S. 28.

113 Jachmann in v.Mangoldt/Klein/Starck, Art. 105 Rn. 8; Siekmann in Sachs, vor Art. 104 a Rn. 67; P. Kirchhof in Achterberg/Püttner Kap. 6/2, Rn. 160; ders., Jura 1983, 505, 511.

114 P. Kirchhof in HStR IV, § 88 Rn. 181ff.; Heimlich, Verleihungsgebühr, S. 28; Murswiek, NuR 1994, 170, 174.

115 Vogel/Waldhoff in BK, Vorbem. z. Art. 104 a-115 Rn. 407; Jachmann in v.Mangoldt/Klein/Starck, Art. 105 Rn. 8; Siekmann in Sachs, vor Art. 104 a Rn. 67; Pieroth in Jarass/Pieroth, Art.105 Rn. 12; Wilke, Gebührenrecht, S. 50; Schneider, VBlBW 1988, 161, 162; Jarass, DÖV 1989, 1013, 1015; Stober, JA 1988, 250, 253f.

Verwaltungs- und Gerichtsbereich[116]. Das einfache Gesetz kennt als Vorzugslasten den Beitrag und die Gebühr.
Von einem Beitrag ist die Rede, wenn der Staat ein Entgelt für eine individuell zu erbringende staatliche Leistung erhebt, wobei irrelevant ist, ob der Abgabenpflichtige den darin liegenden Vorzug tatsächlich in Anspruch nimmt. Der Beitrag wird schon für das bevorzugte Angebot einer Leistung der öffentlichen Hand erhoben[117]. Dagegen ist die Gebühr ein öffentlich-rechtliches Entgelt für den tatsächlichen Empfang einer besonderen staatlichen Leistung („Verwaltungspreis"). Unabhängig davon, was im Ergebnis als Leistung anzuerkennen ist[118], kommt es im Gegensatz zum Beitrag darauf an, dass der Betroffene tatsächlich einen Vorzug erhält[119].

bb. Sonderabgaben

Die Sonderabgabe galt ursprünglich nicht als eigenständige Abgabenart, sondern als Auffangtatbestand für alle Sonderlasten, die nicht in eine der bereits genannten Kategorien passten[120]. Das BVerfG hat in einer inzwischen ausführlichen Kasuistik aber besondere Anforderungen an die Verfassungsmäßigkeit dieser Abgaben gestellt, um zu verhindern, dass sich der Staat durch ihre Erhebung uferlose Finanzmittel zur allgemeinen Staatsfinanzierung beschaffen kann[121]. Danach müssen Sonderabgaben gegenleistungsfrei einer begrenzten, homogenen Gruppe von Abgabenpflichtigen auferlegt werden, die

---

[116] Schneider, VBlBW 1988, 161, 162.

[117] BVerfGE 7, 244, 254; 9, 291, 297f.; 14, 312, 317; 42, 223, 228; 49, 343, 353; BVerwGE 25, 147, 149; Pieroth in Jarass/Pieroth, Art. 105 Rn. 15; Maunz in Maunz/Dürig, Art. 104 a Rn. 8; Heun in Dreier, Art. 105 Rn. 20; Jachmann in v.Mangoldt/Klein/Starck, Art. 105 Rn. 11; P. Kirchhof in Achterberg/Püttner, Kap 6/2, Rn. 156; ders., Jura 1983, 505, 513; Kloepfer/Follmann, DÖV 1988, 573, 584; Schneider, VBlBW 1988, 161, 163; Stober, JA 1988, 250, 256.

[118] Siehe Teil 1 B. § 4, 4.

[119] BVerfGE 50, 217, 226; 97, 332, 345; BVerfG, 2 BvL 9/98 vom 19.03.2003, Absatz-Nr. 43, www.bverfg.de/entscheidungen/ls200303192 bvl000998.html (Stand: 04/2004); BGHZ 98, 115, 117; Siekmann in Sachs, vor Art. 104 a Rn. 69ff.; Heun in Dreier, Art. 105 Rn. 19; Pieroth in Jarass/Pieroth, Art. 105 Rn. 12; Jachmann in v.Mangoldt/Klein/Starck, Art.105 Rn. 8ff.; P. Kirchhof in HStR IV, § 88 Rn. 185ff.; Brockmeyer in Schmidt-Bleibtreu/Klein, Art. 105 Rn. 7a; Maunz in Maunz/Dürig, Art. 104 a Rn. 8; Wilke, Gebührenrecht, S. 18f., 36f.; Leisner, Gedächtnisschrift Peters, S. 730, 731; Kloepfer, AöR 97 (1992), 232, 251.

[120] F. Kirchhof, Grundriss des Abgabenrechts, Rn. 17; P. Kirchhof in Achterberg/Püttner, Kap 6/2, Rn. 165; Pietzcker, DVBl. 1987, 72, 74; Henseler, NJW 1987, S. 3103, 3103ff.

[121] BVerfGE 55, 274, 300ff.; 57, 274, 306; 67, 256, 275ff.; 78, 249, 267ff.; 82, 159, 178ff.; 91, 186, 201; BVerfG, 2 BvL 1/99 vom 17.07.2003; Absatz-Nr. 110ff., www.bverfg.de/entscheidungen/ls20030717 2bvl000199.html (Stand: 04/2004).

eine besondere Sachnähe zu der zu finanzierenden Aufgabe aufweisen. Ihr Ertrag ist gruppennützig, also im Sinne des zu finanzierenden Zwecks, einzusetzen[122]. Durch diese materiell-rechtlichen Kriterien hat die Sonderabgabe eine verfassungsrechtliche Ausprägung erfahren, die in einem eigenständigen Abgabentypus ihre Rechtfertigung und Grenze findet[123]. Sie hat sich zu einem Tatbestand mit Warnfunktion und rechtfertigender Kraft entwickelt[124].

cc. Sonstige Abgaben

Wegen der Offenheit des Abgabensystems fallen alle Abgaben, die keiner der bisher genannten Kategorien zuzuordnen sind, unter den Auffangtatbestand der sonstigen Abgaben[125]. Er bezeichnet einen gesteigerten Rechtfertigungsbedarf, ohne selbst ausdrückliche Anforderungen aufzustellen. Die Zulässigkeit sonstiger Abgaben richtet sich nach den allgemeinen verfassungsrechtlichen Vorgaben, insbesondere danach, ob und wieweit das Prinzip des steuerfinanzierten Staates nicht entgegensteht, ob die Grundrechte eine Zusatzbelastung neben anderen Abgaben erlauben, ob sie die bundesstaatliche Ordnung der Gesetzgebungskompetenz, Ertragshoheit und Verwaltungszuständigkeit nicht verfremden und wie sie sich in das Haushaltsverfassungsrecht einfügen[126].

c. Das Prinzip des Steuerstaates

Werden die genannten Abgabenarten nebeneinander anerkannt, so stellt sich die Frage, ob die Verfassung eine Gewichtung zwischen ihnen vornimmt und in diesem Rahmen eine Priorität für eine bestimmte Abgabenfacette setzt.

---

[122] BVerfG, 2 BvL 1/99 vom 17.07.2003; Absatz-Nr. 124ff., www.bverfg.de/entscheidungen/ls20030717 2bvl000199.html (Stand: 04/2004); BVerfGE 89, 132, 144; 82, 159, 178ff.; 78, 249, 267ff.; 75, 108, 147ff.; 67, 256, 275; 57, 274, 306; 55, 274, 297ff.; Vgl. zur Entwicklung der Rspr. auch BVerfGE 28, 119, 150; 18, 315, 328; 18, 274, 287; 17, 187, 292; 13, 167, 170f.; 8, 274, 316f.; Heun in Dreier, Art. 105 Rn. 24ff.; Siekmann in Sachs, vor Art. 104 a Rn. 146; Jachmann in v.Mangoldt/Klein/Starck, Art. 105 Rn. 14f.; Vogel/Waldhoff in BK, Vorbem. z. Art. 104 a-115 Rn. 437ff.; P. Kirchhof in HStR IV, § 88 Rn. 227ff.; ders., Jura 1983, 505, 509.

[123] Brockmeyer in Schmidt-Bleibtreu/Klein, Art. 105 Rn. 8; Siekmann in Sachs, vor Art. 104 a Rn. 123ff.; Heun in Dreier, Art.105 Rn. 24ff.; ders., DVBl. 1990, 666, 676; P. Kirchhof in HStR IV, § 88 Rn. 222, 270; Murswiek, Die Entlastung der Innenstädte, S. 16; Schneider, VBlBW 1988, 161, 164; Weyreuther, UPR 1988, 161, 163; Patzig, DÖV 1981, 729, 730, Selmer/Brodersen/Nicolaysen, Straßenbenutzungsabgaben, S. 50f.

[124] P. Kirchhof in HStR IV, § 88 Rn. 222.

[125] Pieroth in Jarass/Pieroth, Art. 105 Rn. 19.

[126] Pieroth in Jarass/Pieroth, Art. 105 Rn. 19; Siekmann in Sachs, vor Art. 104 a Rn. 158ff.; P. Kirchhof in HStR IV, § 88 Rn. 269.

Vor allem die qualitative und quantitative Sonderbehandlung, welche die Steuer in den differenzierten Regelungen der Art. 105, 106, 107 und 108 GG erfährt, lässt darauf schließen, dass sie für die Finanzierung des Staates eine besondere Bedeutung haben soll[127]. Diese bevorzugte Behandlung beruht auf einer bewussten Entscheidung der Verfassungsgeber und erfolgte in voller Kenntnis ihrer faktischen Bedeutung für die staatliche Finanzwirtschaft[128]. Die Verfassung setzt - zumindest stillschweigend – einen sogenannten Steuerstaat voraus[129].

Darunter ist ein Staat zu verstehen, der seinen Finanzbedarf im Wesentlichen durch Steuern deckt[130]. Die Entwicklung zur Steuerstaatlichkeit und zur Angewiesenheit des Staates auf kontinuierliche Finanzmittel war mit der Entwicklung moderner Staatlichkeit engstens verbunden. Obwohl der gedankliche Inhalt damit schon länger zurückreicht, stammt der Begriff des Steuerstaates erst aus der Zeit des Ersten Weltkrieges. Goldscheid hat ihn in einer Schrift erläutert, in der er zur Lösung der durch den Krieg aufgeworfenen Finanzprobleme einen sozial orientierten Staatskapitalismus befürwortet[131]. Etwa gleichzeitig verwendet ihn Max Weber[132]. Verbreitung gefunden hat diese Bezeichnung aber erst durch eine gegen Goldscheid gerichtete Streitschrift Schumpeters. Darin hebt er die historische und politische Eigenart des Steuerstaates

---

[127] Siekmann in Sachs, vor Art. 104 a Rn. 45; P. Kirchhof in HStR IV, § 88 Rn. 45; Weyreuther, UPR 1988, 161, 167; v.Einem, BB 1987, 2367, 2368.

[128] Vgl. Bericht des Abg. Höpker-Aschoff an das Plenum des Parlamentarischen Rats (Anlage zum Parl.Rat-Prot. der 9. Sitzung vom 06.05.1949, S. 53-59); Höpker-Aschoff, DÖV 1949, 282, 282f.; Stern, Staatsrecht II, S. 1070.

[129] BVerfGE 93, 319, 342; 92, 91, 113; 82, 159, 178ff.; 78, 249, 266f.; 67, 256, 274ff.; Vogel/Waldhoff in BK, Vorbem. z. Art. 104 a-115 Rn. 336ff.; Jachmann in v.Mangoldt/Klein/Starck, Art. 105 Rn. 2ff.; Vogel in HStR I, § 27 Rn. 69-72; Isensee, Festschrift Ipsen, S. 409, 420f.; Bethge, JA 1985, 249, 257; Hendler, AöR 115 (1990), 577, 595; ders., DÖV 1999, 749, 755; P. Kirchhof, Jura 1983, 505, 506; F. Kirchhof, Die Verwaltung 21 (1988), 137, 147; Stober, JA 1988, 250, 250; Köck, JZ 1991, 692, 693f.; kritisch: Gramm, Der Staat 36 (1997), 267, 273; Siekmann in Sachs, vor Art. 104 a Rn. 44ff., ablehnend: Sacksofsky, Umweltschutz durch nichtsteuerliche Abgaben, S. 153ff.

[130] Vogel/Waldhoff in BK, Vorbem. z. Art. 104 a-115 Rn. 327, Jachmann in v.Mangoldt/Klein/Starck, Art.105 Rn. 2; so i.Erg. auch Siekmann in Sachs, vor Art. 104 a Rn. 47.

[131] Goldscheid, Staatssozialismus oder Staatskapitalismus, S. 24, 32, 94.

[132] M. Weber, Wirtschaft und Gesellschaft, S.117.

hervor und arbeitet seine Merkmale heraus[133]. Die Literatur der Folgezeit hat Wort und Begriff von Schumpeter übernommen[134].

Das BVerfG hat in seiner richtungsweisenden Entscheidung zur Berufsbildungsabgabe[135] das Steuerstaatsprinzip aus der Finanzverfassung heraus begründet und seither immer weiter konkretisiert[136]. Ihr liege die Vorstellung zugrunde, dass die Finanzierung staatlicher Aufgaben in Bund, Ländern und Gemeinden in erster Linie aus dem Ertrag der in Art. 105ff. GG geregelten Einnahmequellen erfolge[137], also „ausschließlich der Steuer zugewiesen"[138] sei. „Nur ausnahmsweise, d.h. unter besonderen Voraussetzungen" dürfe der Staat außerhalb des von der Finanzverfassung erfassten Bereichs Einnahmen erschließen[139].

Für eine Qualifizierung des grundgesetzlichen Staates als Steuerstaat sprechen weiterhin folgende Aspekte: Zum einen ist in Art 110 I GG der Verfassungsgrundsatz der Vollständigkeit des Haushaltsplans und in Art. 3 I GG der Gleichbehandlungsgrundsatz manifestiert. Die Verfassung will dadurch eine staatsbürgerliche Lastengleichheit sicherstellen und die Abgabensubjekte vor einer übermäßigen Belastung schützen[140]. Im steuerlichen Bereich gewährleistet sie dies, indem die Höhe der Besteuerung an die finanzielle Leistungsfähig-

---

133 Schumpeter, Die Krise des Steuerstaates, in ders., Aufsätze zur Soziologie, S. 1ff.; vgl. auch Vogel, Der Staat 25 (1986), 481, 497ff. und zur Wirkung dieses Aufsatzes in der Ökonomie: Hickel, Wirtschaft und Gesellschaft, 10 (1984), 401, 401ff.

134 Vgl. Vogel/Waldhoff in BK, Vorbem. z. Art. 104 a-115 Rn. 336ff.; Jachmann in v.Mangoldt/Klein/Starck, Art. 105 Rn. 2; Heun in Dreier, Art. 105 Rn. 11; Isensee, Festschrift Ipsen, S. 409, 416; Vogel, Der Staat 25 (1986), 481, 498ff.; Bethge, JA 1985, 249, 257; Sacksofsky, Umweltschutz durch nichtsteuerliche Abgaben, S. 130ff.; P. Kirchhof, Besteuerungsgewalt und Grundgesetz, S. 3ff.; ders., Jura 1983, 505, 506; jew.m.w.N.

135 BVerfGE 55, 274, 274ff.

136 BVerfGE 93, 319, 342; 92, 91, 113; 82, 159, 179ff.; 78, 249, 266f.; 67, 256, 274ff.

137 BVerfGE 93, 319, 342; 82, 159, 178; 78, 249, 266ff.; Heun in Dreier, Art. 105 Rn. 11; Siekmann in Sachs, vor Art. 104 a Rn. 46f.; Jachmann in v.Mangoldt/Klein/Starck, Art. 105 Rn. 1; Vogel in HStR IV, § 87 Rn. 43; Arndt, K&R 2001, 23, 25.

138 BVerfGE 55, 274, 300.

139 BVerfGE 78, 249, 267; 82, 159, 178; 93, 319, 342f.; BVerfG, 2 BvL 9/98 vom 19.03.2003, Absatz-Nr. 50, www.bverfg.de/entscheidungen/ls20030319 2 bvl000998.html; BVerfG, 2 BvL 1/99 vom 17.07.2003; Absatz-Nr. 117, www.bverfg.de/entscheidungen/ls20030717 2bvl000199.html (jew. Stand: 04/2004).

140 BVerfGE 6, 55, 70; 8, 51, 68f.; 55, 274, 302ff.; 67, 256, 288f.; BVerfG, 2 BvL 9/98 vom 19.03.2003, Absatz-Nr. 48, www.bverfg.de/entscheidungen/ls20030319 2 bvl000998.html (Stand: 04/2004); Siekmann in Sachs, vor Art. 104 a Rn. 45; Heun in Dreier, Art.110 Rn. 7; vgl. auch Arndt, K&R 2001, 23, 25.

keit der Bürger anknüpft[141]. Würden öffentliche Aufgaben nicht überwiegend aus dem so bemessenen Steueraufkommen finanziert, sondern durch Abgaben, die sich nicht an der Leistungsfähigkeit orientierten, bliebe die Lastengleichheit insgesamt unberücksichtigt[142].

Ein Staat, der sich maßgeblich durch nichtsteuerliche Abgaben finanzierte, die nur anlässlich einer staatlichen Leistung anfallen, stünde zum anderen in einer Abhängigkeit zu denen, die diese staatlichen Leistungen nachfragen und entgelten[143]. Seine Finanzkraft und Leistungsfähigkeit hinge von der Zahlungsbereitschaft der Leistungsempfänger ab, so dass er kontinuierliche Aufgaben unter Umständen nicht erfüllen könnte. Nur eine „voraussetzungslose" Steuer schafft Distanz zwischen dem Abgabenschuldner und dem Handlungspotential des Staates. Sie stellt sicher, dass nicht die Herkunft der Finanzmittel, sondern sachgesetzliche Maßstäbe das Handeln des Staates bestimmen und gewährleistet die Unabhängigkeit und Unbefangenheit des Finanzstaates[144].

Schließlich sieht die föderative Finanzverfassung ein fein ausbalanciertes Verteilungssystem der staatlichen Einnahmen vor und regelt durch einen Finanzausgleich zwischen Bund, Ländern und Gemeinden das gegenseitige Einstehen füreinander. Dieser tragende Eckpfeiler der bundesstaatlichen Ordnung[145] würde ausgehöhlt, wäre nicht funktionsfähig und müsste zusammenbrechen, wenn der Bund oder die Länder, entgegen den Vorgaben der Finanzverfassung, willkürlich weitere Einnahmequellen erschließen könnten und dadurch ein zusätzliches Abgabenaufkommen erhielten[146].

Zusammenfassend machen diese Aspekte deutlich, dass die Deckung des allgemeinen staatlichen Finanzbedarfs zum allergrößten Teil aus Steuereinnahmen herrühren muss. Nichtsteuerliche Abgaben dürfen nur aus besonderem

---

141 BVerfGE 6, 55, 70; 8, 51, 68f.

142 BVerfGE 55, 274, 303; Siekmann in Sachs, vor Art. 104 a Rn. 72.

143 P. Kirchhof, Jura 1983, 505, 506.

144 P. Kirchhof, Besteuerungsgewalt und Grundgesetz, S. 3ff.; ders., VVDStRL 39 (1981), 213, 227ff., ders., Jura 1983, 505, 506; Isensee, Festschrift Ipsen, S. 409, 416.

145 BVerfGE 52, 294, 300; 55, 274, 300; 72, 330, 388; 78, 249, 266; 93, 319, 342; 105, 185, 193f.; BVerfG, 2 BvL 1/99 vom 17.07.2003; Absatz-Nr. 117, www.bverfg.de/entscheidungen/ls20030717 2bvl000199.html (Stand: 04/2004).

146 BVerfGE 67, 256, 288f.; 78, 249, 266; 93, 319, 342; 105, 185, 193f.; BVerfG, 2 BvL 1/99 vom 17.07.2003; Absatz-Nr. 117, www.bverfg.de/entscheidungen/ls200307172bvl000 199.html; BVerfG, 2 BvL 9/98 vom 19.03.2003, Absatz-Nr. 48, www.bverfg.de/entscheidungen/ls20030319 2 bvl000998.html (jew. Stand: 04/2004); Siekmann in Sachs, vor Art. 104 a Rn. 45; Vogel, Gedenkschrift Martens, S. 265, 267; Schumacher, NJW 2000, 3096, 3098; Becker, DÖV 2003, 177, 178.

Anlass erhoben werden, müssen von steuerlichen Abgaben unterscheidbar sein und die Lastengleichheit der Abgabepflichtigen wahren[147].

2. Rechtsgrundlage der Abgabenerhebung -Vorbehalt des Gesetzes

Die staatliche Erhebung von Abgaben setzt eine entsprechende gesetzliche Ermächtigung voraus[148]. Diese Selbstverständlichkeit ist an dieser Stelle in Erinnerung zu rufen, weil sich die Abgabenerhebung in der Tradition des deutschen Abgabenrechts lange Zeit auf eine vertragsähnliche Verständigung zwischen Souverän und Abgabenpflichtigen stützte und weil das Geldvermögen gegenüber staatlichen Zugriffen anfälliger zu sein scheint als das Eigentum an konkreten Sachgütern[149]. Art. 20 III GG unterwirft die gesamte Staatsgewalt dem Recht und begründet den Vorbehalt des Gesetzes. Alle wesentlichen staatlichen Entscheidungen sind danach dem demokratisch legitimierten Gesetzgeber vorbehalten[150]. Diese Errungenschaft wurde insbesondere für das Recht der Abgabenbewilligung erstritten.
In einem durch Grundrechte bestimmten Verfassungsstaat muss der Gesetzgeber aber auch seinerseits eine entsprechende Gesetzgebungshoheit besitzen[151]. Art. 70ff., 105 GG weisen diese Kompetenzen, je nach Sachmaterie, unterschiedlichen bundesstaatlichen Ebenen zu. Art. 105 GG regelt die Steuerhoheit, wonach dem Bund eine ausschließliche Gesetzgebungskompetenz für Zölle und Finanzmonopole zusteht. Für alle übrigen Steuern besitzt er eine konkurrierende Gesetzgebungskompetenz, wenn ihm entweder das jeweilige Aufkommen dieser Steuer zufließt' oder die Notwendigkeit einer bundeseinheitlichen Regelung gemäß Art. 72 II GG besteht. Aufgrund der tatsächlich wenig begrenzenden Wirkung begründet diese Vorschrift die Dominanz des Bundes in

---

[147] So auch die neuere Rspr. des BVerfG 93, 319, 342; 105, 185, 193f.; BVerfG, 2 BvL 1/99 vom 17.07.2003; Absatz-Nr. 117f., www.bverfg.de/entscheidungen/ls200307172bvl000199 .html; BVerfG, 2 BvL 9/98 vom 19.03.2003, Absatz-Nr. 48, www.bverfg.de/entscheidungen /ls20030319 2 bvl000998.html (jew. Stand: 04/2004).
[148] Degenhart, Staatsrecht I, Rn. 278; Hesse, Grundzüge des Verfassungsrechts, Rn. 200ff.; Katz, Staatsrecht, Rn. 192ff.; Stern, Staatsrecht I, S. 802f.; P. Kirchhof, Jura 1983, 505, 507.
[149] Kirchhof, Jura 1983, 505, 507.
[150] BVerfGE 98, 218, 251; 40, 237, 248; 49, 89, 126; Sachs in Sachs, Art. 20 Rn. 113; Herzog in Maunz/Dürig, Art. 20 Rn. 55; Antoni in Seifert/Hömig, Art. 20 Rn. 9; Degenhart, Staatsrecht I, Rn. 201/208, 278; Hesse, Grundzüge des Verfassungsrechts, Rn. 201; Stern, Staatsrecht I, S. 802, 805f.; Wehr, JuS 1997, 419, 420; Zu der Frage, ob der Grundsatz des Gesetzesvorbehalts nur auf Art. 20 III GG oder auch auf das Demokratieprinzip zu stützen ist, Jarass in Jarass/Pieroth, Art. 20, Rn. 44.
[151] BVerfGE 8, 274, 317; 18, 315, 328; 29, 402, 409; 37, 1, 16; 67, 256, 274; 78, 249, 266ff.; 81, 156, 184ff.; 82, 159, 182.

der Steuergesetzgebung[152]. Den Ländern ist ausdrücklich nur die Befugnis zur Gesetzgebung über örtliche Verbrauch- und Aufwandsteuern vorbehalten, und selbst dies nur mit der Einschränkung, dass sie nicht mit bundesgesetzlich geregelten Steuern gleichartig sein dürfen. Ansonsten steht ihnen allein die Einwirkungsmöglichkeit über den Bundesrat offen[153].

Im Gegensatz dazu beruht das Gesetzgebungsrecht für nichtsteuerliche Abgaben auf der Sachkompetenz der allgemeinen Gesetzgebungsregeln[154]. Hintergrund dieser Zuordnung ist der Zweck dieser Abgaben, das entsprechende Sachgebiet zu fördern und zu regeln[155]. Eine Sachmaterie, deren Regelung nicht dem Bund zugewiesen ist, fällt gemäß Art. 70 i.V.m. Art. 30 GG in den Zuständigkeitsbereich der Länder. Deren Gesetzgebungskompetenz, z.B. für das Kommunalrecht, umfasst dann auch die Befugnis zur Regelung der sachverbundenen Abgaben wie etwa der Kommunalabgaben.

Entsprechend ist die Verwaltungshoheit für staatliche Abgaben, also die Kompetenz zur Durchführung abgabenrechtlicher Aufgaben, zuzuordnen. Art. 108 GG regelt die Verwaltungshoheit in Bezug auf Steuern, während die Verwaltung nichtsteuerlicher Abgaben der allgemeinen Kompetenzzuweisung gemäß Art. 30, 83ff. GG unterliegt[156].

Zusammenfassend regeln die speziellen Normen der Finanzverfassung die formelle Zuständigkeit der bundesstaatlichen Ebenen zur Gesetzgebung und Verwaltung in Bezug auf Steuern, während hinsichtlich der nichtsteuerlichen Abgaben eine Annexkompetenz zu den allgemeinen Gesetzgebungs- und Verwaltungszuständigkeiten in Art. 30, 70ff. bzw. 83ff. GG die jeweilige staatliche Ebene legitimiert.

---

[152] Siekmann in Sachs, Art. 105 Rn. 5f.; Wendt in HStR IV, § 104 Rn. 22; Stern, Staatsrecht II, S. 1114; Schneider, VBlBW 1988, 161, 165.

[153] Tipke, Steuerrecht, S. 54f.; Stern, Staatsrecht II, S. 1122.

[154] BVerfGE 4, 7, 13; BVerfG, 2 BvL 9/98 vom 19.03.2003, Absatz-Nr. 42; www.bverfg.de/entscheidungen/ls20030319 2 bvl000998.html; BVerfG, 2 BvL 1/99 vom 17.07.2003; Absatz-Nr. 109, www.bverfg.de/entscheidungen/ls20030717 2bvl000199.html (jew. Stand: 04/2004).

[155] Brockmeyer in Schmidt-Bleibtreu/Klein, Art. 105 Rn. 9a; Degenhart in Sachs, Art. 70 Rn. 37a; Fischer-Menshausen in v.Münch/Kunig, Art. 105 Rn. 6b; Jachmann in v.Mangoldt/Klein/Starck, Art. 105 Rn. 7; Selmer/Brodersen, DVBl. 2000, 153, 153f.; Schneider, VBlBW 1988, 161, 164f.. Auf eine Annexkompetenz abgestellend P. Kirchhof, HStR IV, § 88 Rn. 210; Wilke, Gebührenrecht, S. 162; F. Kirchhof, Die Höhe der Gebühr, S.132.

[156] Schneider, VBlBW 1988, 161, 166.

§ 2 Resümee

Der Staat Bundesrepublik Deutschland finanziert sich vorwiegend aus öffentlichen Abgaben. Zu unterscheiden ist zwischen steuerlichen und nichtsteuerlichen Abgaben, letztere vor allem in der Form von Gebühren, Beiträgen und Sonderabgaben. Jede Abgabenerhebung muss auf einer rechtmäßig durch den Gesetzgeber erlassenen Ermächtigung beruhen. Das Grundgesetz normiert einen Steuerstaat und legt bei der Finanzierung staatlicher Aufgaben das Schwergewicht auf die Steuermittel. Die Belastung eines Bürgers mit nichtsteuerlichen Abgaben kann nur in engen Grenzen und unter besonderen Voraussetzungen erfolgen.

Indem die Finanzverfassung ihre ausdrücklichen Regelungen auf die Steuern begrenzt und zwischen Steuern und Nichtsteuern differenziert, ist eine entsprechende Klassifizierung einer Abgabe von entscheidender Bedeutung. Die Kriterien für die verfassungsrechtliche Beurteilung von Abgaben hängen wesentlich von deren Rechtsnatur ab[157].

---

[157] So auch Jarass, DÖV 1989, 1013, 1013.

B. Abgabensystematische Einordnung der UMTS-Versteigerungserlöse

Die verfassungsrechtliche Beurteilung der UMTS-Versteigerungserlöse erfordert mithin eine Kategorisierung ihrer Rechtsnatur. Damit wird zwar noch keine Antwort auf die Rechtmäßigkeit oder Rechtfertigung dieser Einnahme gegeben, wohl aber der Maßstab bestimmt, nach dem diese zu beurteilen ist. Nur wenn es sich um eine Steuer handelte, könnte der Staat ihre Erhebung auf die Vorschriften der Finanzverfassung stützen und die Beeinträchtigungen der Steuerschuldner mit dem Finanzierungsbedürfnis allgemeiner staatlicher Aufgaben rechtfertigen. Handelte es sich um eine nichtsteuerliche Abgabe, muss im Einzelfall betrachtet werden, ob ihre Erhebung auf andere Weise gerechtfertigt werden kann.

Vor einer finanzverfassungsrechtlichen Einordnung ist aber zu klären, ob es sich bei den UMTS-Erlösen überhaupt um eine öffentlich-rechtlich zu beurteilende Abgabe im verfassungsrechtlichen Sinne handelt.

§ 1 Öffentlich-rechtliche Abgabe oder privatrechtlicher Veräußerungserlös

Unter öffentlich-rechtlichen Abgaben sind alle Geldzahlungspflichten zu verstehen, die ein erhebungsberechtigtes Gemeinwesen den Bürgern endgültig, einseitig und hoheitlich auferlegt[158]. Demgegenüber fallen vom Bürger freiwillig erbrachte Geldleistungen, insbesondere vertraglich vereinbarte Geldzahlungen, nicht unter den verfassungsrechtlichen Abgabenbegriff[159]. „Versteigerungen“ oder „Versteigerungserlöse“ finden sich sowohl in privatrechtlichen als auch in öffentlich-rechtlichen Gestaltungszusammenhängen. Daher erfolgt auch die Einordnung der UMTS-Versteigerungserlöse uneinheitlich.

Einzelne Stimmen sehen in ihnen einen freiwillig zu entrichtenden Kaufpreis für die erworbenen Lizenzen[160]. Das höchste Gebot und der Zuschlag eines Versteigerungsverfahrens begründeten ein vertragsähnliches Austauschverhältnis von Angebot und Annahme, zumal der Zahlungspflichtige über die Höhe

[158] Vogel/Waldhoff in BK, Vorbem. z. Art. 104 a-115 Rn. 376; Fischer-Menshausen in v.Münch/Kunig, Art. 105 Rn. 6a; Arndt, Steuerrecht, S. 3; Schneider, VBlBW 1988, 161, 161; P. Kirchhof, Jura 1993, 505, 506.

[159] Wilke, Gebührenrecht, S. 8ff.; Kreft, DVBl. 1977, 369; 376f.; P. Kirchhof, Jura 1983, 505, 506; Schneider, VBlBW 1988, 161, 161.

[160] Selmer/Gersdorf, Leitsätze zu Verfassungsfragen des UMTS-Versteigerungsverfahrens und seiner Erlöse; unveröffentl. Manuskript, S. 1; ähnlich auch Gramlich, CR 2000, 101, 106 und zumindest hinsichtlich der Begrifflichkeit Klöck, RTkom 2000, 280, 286.

der Zahlungspflicht mitentscheide[161]. Ähnlich argumentiert auch Degenhart, der zur Begründung der Grundrechtsbindung des Versteigerungsverfahrens darauf abstellt, dass der Staat das Telekommunikationswesen privatisiert habe. Dem damit einhergehenden Entstaatlichungsgebot widerspreche es, wenn Lizenzen weiterhin unter Erhebung von Abgaben vergeben und wie ehemals Monopolrechte abgegolten würden[162].

In Übereinstimmung mit der ganz überwiegend vertretenen Ansicht[163] führt der Entgeltcharakter, den die Versteigerungserlöse als Gegenleistung für die Lizenzerteilung aufweisen aber nicht zwingend zu deren privatrechtlicher Qualifizierung. Vor allem in Gestalt der Vorzugslasten existieren traditionell öffentlich-rechtliche Abgabenformen, die einen Leistungs- und Gegenleistungsbezug aufweisen. Ein Blick auf den mitwirkungsbedürftigen Verwaltungsakt zeigt, dass auch die Möglichkeit der Einflussnahme durch den Bürger ein einseitig hoheitliches Handeln nicht ausschließt. Für die Abgrenzung zwischen privatrechtlichen Vereinbarungen und öffentlich-rechtlichen Abgabenerhebungen ist vielmehr entscheidend, ob der Einzelne eine freiwillige und gleichberechtigte Einwirkungsmöglichkeit auf den Inhalt einer Regelung besitzt[164] oder ob er lediglich zwischen seiner Zustimmung und der Ablehnung einer nicht erwünschten Regelung wählen kann[165].

Bei dem hier zu untersuchenden Versteigerungsverfahren steht von vornherein fest, dass der Staat die Lizenzen an den höchstbietenden Interessenten erteilt. Der einzelne Bieter kann durch die Abgabe eines neuen Gebots ein bestehendes Gebot erhöhen oder auf eine solche Erhöhung verzichten. In letzterem Fall verharrt die von ihm zu entrichtende Summe zwar auf dem erreichten Stand, bei einem erhöhten Angebot eines anderen Bieters scheidet er aber unweigerlich aus dem Verfahren aus und hat keinen Vorteil aus dieser Form der Einflussnahme. In seinem eigenen Interesse an einem möglichst geringen Entgelt

---

161 Selmer/Gersdorf, Leitsätze zu Verfassungsfragen des UMTS-Versteigerungsverfahrens und seiner Erlöse; unveröffentl. Manuskript, S. 1.

162 Degenhart, K&R 2001, 32, 37.

163 Korioth, UMTS-Gutachten, S. 59f.; Becker, Die Verwaltung 35 (2002), 1, 12f.; Hufeld, JZ 2002, 871, 876; Arndt, K&R 2001, 23, 24ff.; Koenig, K&R 2001, 42, 43ff.; Kötter, DVBl. 2001. 1556, 1560; Schumacher, NJW 2000, 3096, 3096ff.; Varadinek, CR 2001, 17, 17ff.; Storr, K&R 2002, 67, 67ff.; Tiedtke, UR 2001, 528, 529; Schwarz, RTkom 2001, 141, 141ff.; Hidien, UR 2002, 165, 166; Beese/Naumann, MMR 2000, 145, 145ff.; Gramlich, CR 1999, 752, 753ff.; Ehlers, K&R 2001, 1, 2ff.; Müller-Terpitz, K&R 2002, 75, 77; Sachs, K&R 2001, 13, 13ff.

164 Peine, Verwaltungsrecht, Rn. 250; Maurer, Verwaltungsrecht, § 14 Rn. 19.

165 Maurer, Verwaltungsrecht, § 14 Rn. 19.

kann er keinen Einfluss auf die Festsetzung der zu entrichtenden Summe nehmen. Sie wird allein durch das unabhängige und unbeeinflussbare Zusammenwirken aller Bieter und die staatliche Entscheidung für ein Versteigerungsverfahren bestimmt. Diese Alternativlosigkeit, entweder mitzubieten oder aus dem Verfahren auszuscheiden, schließt die freiwillige Einflussnahme als negatives Begriffsmerkmal der Abgabe aus[166].

Die UMTS-Auktion entschied über die Vergabe von Mobilfunklizenzen. Unter einer solchen Lizenz ist, wie sich §§ 3 Nr. 7, 6, 8 TKG entnehmen lässt, eine gewerberechtliche Erlaubnis zu verstehen, die im Rahmen eines präventiven Verbots mit Erlaubnisvorbehalt erteilt wird[167]. Mit ihr sind für den einzelnen Lizenznehmer Rechtspflichten zur privatrechtlichen Erbringung von Telekommunikationsleistungen verbunden. Als Überwachungs- und Zuteilungsaufgabe ist die Vergabe von Lizenzen Teil der Regulierung im Bereich der Telekommunikation[168]. Art. 87 f II 2 GG und § 2 I TKG geben ausdrücklich vor, dass es sich bei diesen Regulierungsmaßnahmen, wie regelmäßig bei der Erteilung von Genehmigungen und Lizenzen, um hoheitliche Aufgaben des Bundes handelt. Daran hat auch die Privatisierung des Telekommuikationssektors nichts geändert[169].

Im Vorfeld der eigentlichen Versteigerung findet zudem ein Zulassungsverfahren statt[170]. Der Staat eröffnet oder versagt den Interessenten dabei einseitig hoheitlich und ohne Möglichkeit der Einflussnahme die Teilnahme am Versteigerungsverfahren. Spätestens bei einer Einbeziehung dieses Vorgangs in eine Gesamtbetrachtung der Lizenzvergabe drängt sich der subordinative Charakter des Verhältnisses von Ersteigerer und Versteigerer auf, so dass nicht von einer gleichberechtigten, vertraglichen Vereinbarung ausgegangen werden kann. Die Lizenzerteilung ergeht, auch wenn sie im Rahmen eines Versteigerungsverfah-

---

[166] So auch Korioth, UMTS-Gutachten, S. 60.

[167] Schütz in Beckscher Kommentar, § 6 Rn. 3; Spoerr in Trute/Spoerr/Bosch, § 6 Rn. 39; Etling-Ernst, TKG, § 8 Rn. 2; Breuer, Festschrift Maurer, S. 25, 28; Kloepfer, Informationsrecht, § 11 Rn. 96; Korioth, UMTS-Gutachten, S. 23; Schulz, Lizenzvergabe bei Frequenzknappheit, S. 14f.; Spoerr/Deutsch, DVBl. 1997, 300, 304; Storr, K&R 2002, 67, 68; Hidien, UR 2002, 165, 166; Hufeld, JZ 2002, 871, 871; Kämmerer, NVwZ 2002, 161, 163; differenzierter Manssen in Manssen, § 8 Rn. 10.

[168] Vgl. Begründung des TKG-Gesetzentwurfes, BT-Drs. 12/7269, S. 5; Windthorst in Sachs, Art.87 f Rn. 31; Badura in BK, Art. 87 f Rn. 13ff.; Korioth, UMTS-Gutachten, S. 23; Schmidt, NJW 1998, 200, 203; Grzeszick, ZUM 1997, 911, 913f.; ders., DVBl. 1997, 878, 879f.; Helf, CR 1997, 331, 332; Schwintowski, CR 1997, 630, 630; Spoerr/Deutsch, DVBl. 1997, 300, 304; Storr, K&R 2002, 67, 68; Wuermeling/Felixberger, CR 1997, 555, 556f.

[169] Becker, Die Verwaltung 35 (2002), 1, 13.

[170] Vgl. Einleitung C.

rens erfolgt, durch einen Verwaltungsakt bzw. eine Allgemeinverfügung gemäß § 35 VwVfG (vgl. § 73 I 2 TKG) und löst die damit verbundenen öffentlich-rechtlichen Folgen aus[171]. Die von den Lizenznehmern zu erbringende (Gegen-) Leistung ist als öffentlich-rechtliche Abgabe im finanzverfassungsrechtlichen Sinn anzusehen.

§ 2 Gesetzessystematische Einordnung der Versteigerungserlöse

Vor einer Subsumtion der Versteigerungserlöse unter die Merkmale der einzelnen Abgabenarten sollen das zugrunde liegende Gesetz und die Entstehungsgeschichte dieses Gesetzes auf Anhaltspunkte hin untersucht werden, die eine bestimmte Eingruppierung nahe legen.

I. Regelungen im Gesetzestext

Die Zuteilung von Telekommunikationslizenzen und das dabei gewählte Versteigerungsverfahren beruhen auf dem TKG. In § 16 I S. 1 TKG wird im Zusammenhang mit der Erteilung einer Lizenz ausdrücklich von einer anfallenden „Gebühr" gesprochen. Daraus ziehen einige Stimmen in der Literatur den Schluss, dass es sich bei den Versteigerungserlösen ebenfalls um Gebühren im Sinne des allgemeinen Gebührenrechts handeln müsse[172]. Dabei bleibt unberücksichtigt, dass der allgemeine Sprachgebrauch des Gesetzgebers für die verfassungsrechtliche Qualifizierung einer Abgabe nicht ausschlaggebend sein kann. Könnte er die Erhebung einer Abgabe allein durch die Bezeichnung im Gesetzestext wahlweise auf Art. 105ff. GG oder auf die Sachgesetzgebungskompetenzen der Art. 73ff. GG stützen, bestünde die Gefahr, dass eine an sich gegenleistungsfreie Abgabe im Gewand einer nichtsteuerlichen Abgabe erhoben und die Finanzverfassung dadurch ausgehöhlt würde. Mit dem Bild des BVerfG gesprochen, würde eine freie Wahl des Gesetzgebers "einen der am sorgfältigsten behauenen Ecksteine aus dem Gefüge der bundesstaatlichen Verfassung herausbrechen"[173]. Die Entscheidung, wann eine Steuer und wann eine andere Einnahme vorliegt, muss sich allein nach dem materiellen Gehalt der Abgabe richten[174].

---

[171] Ehlers, K&R 2001, 1, 2ff.; Sachs, K&R 2001, 13, 13ff.; Hufeld, JZ 2002, 871, 876; Korioth, UMTS-Gutachten; S. 60.

[172] Grzeszick, DVBl. 1997, 878, 883 unter Bezugnahme auf BT-Drs. 13/3609, S. 40; Gramlich, CR 2000, 101, 105f.; Koenig/Schäfer, K&R 1998, 243, 244; Degenhart, K&R 2001 32, 34.

[173] BVerfGE 55, 274, 302 in Anlehnung an Friauf, Festschrift Hauberichs, S. 103, 107.

[174] BVerfGE 7, 244, 251; 14, 312, 319; 49, 343, 353; 55, 274, 304f.

Selbst wenn man den Gesetzestext als bloße Auslegungshilfe heranziehen wollte, verhinderte im vorliegenden Fall die Gesetzesformulierung einen Rückschluss auf die Einordnung der Versteigerungserlöse als Gebühr. Gemäß § 16 II TKG fällt eine Gebühr im Sinne des § 16 I 1 TKG nämlich gerade nicht an, wenn der Erlös einer Versteigerung über der Gebührenhöchstgrenze der einschlägigen Lizenzgebührenverordnung[175] liegt[176]. Der Erlös für eine UMTS-Lizenz von durchschnittlich DM 16 Mrd. (€ 8,18 Mrd.) überstieg die Gebührenhöchstgrenze des § 16 I 1 TKG bei weitem[177], so dass genau die Regelung des § 16 II TKG eingreift und eine Gebühr im Sinne des § 16 TKG nicht zu erheben war. Entsprechendes gilt hinsichtlich der Frequenzzuteilungsgebühren gemäß § 48 I S. 3 i.V.m. § 16 II TKG. Der einfache Gesetzestext kann keine Anhaltspunkte oder Auslegungshilfen für die Klassifizierung der Versteigerungserlöse geben.

II. Entstehungsgeschichte

In der Gesetzesbegründung der Bundesregierung zu § 15 TKG-E (jetzt § 16 TKG) finden sich Ausführungen zu der bereits erwähnten Lizenzgebühr gemäß § 16 I TKG, deren Höhe sich an den Maßstäben des § 3 VwKostG zu orientieren habe. Eine ausdrückliche Bezeichnung der Rechtsnatur des Versteigerungserlöses findet sich aber nicht. Im Rahmen des Versteigerungsverfahrens gemäß § 11 IV TKG unterstellen die Gesetzesmaterialien dessen verfassungsmäßige Unbedenklichkeit, unterlassen aber ebenfalls eine Einordnung oder Bewertung der daraus zu erzielenden Erlöse[178].

Der Bundesrat äußerte sich in seiner Stellungnahme zum Entwurf des TKG über die Verwendung der aus der Lizenzvergabe zu erzielenden Einnahmen. Er regte an, sie einem Sonderfonds zuzuführen, aus dem Projekte zur flächendeckenden Verfügbarkeit von Telekommunikationsdiensten zu finanzieren seien[179]. Eine derart gruppennützige Verwendung der Erlöse hätte einen Anhaltspunkt für deren Einordnung als Sonderabgabe erlauben können. Die Bundesregierung reagierte aber ablehnend auf jegliche Zweckbindung und führte aus, dass die Versteigerung dazu diene, den wirtschaftlichen Wert der

---

175 Telekommunikations-Lizenzgebührenverordnung (TKLGebV) vom 28.06.1997 (BGBl. I S. 1936); vgl. auch Möstl, NVwZ 2001, 735, 736.

176 Kritisch zu dieser Regelung Jenny in Heun, S. 230.

177 Schütz in Beckscher Kommentar, Anh. § 16 Rn. 1ff.; Spoerr in Trute/Spoerr/Bosch, § 16 Rn. 2ff.; Storr, K&R 2002, 67, 69.

178 Begründung des TKG-Versteigerungsverfahrens, BT-Drs. 13/3609, S. 39f.

179 BR-Drs. 80/96, S. 39.

Lizenz zu ermitteln und nicht dazu bestimmt sei, ein inhaltliches Interesse zu fördern[180]. In der endgültigen Gesetzesfassung unterblieb jegliche Zweckbindung. Weitere Aussagen bezüglich der Zuordnung oder Verwendung der Versteigerungserlöse sind nicht zu erkennen. Ohnehin könnte die formelle haushaltsmäßige Behandlung der Abgaben für ihre verfassungsrechtliche Qualifikation nicht unmittelbar von Belang sein.

Im Ergebnis ist weder die Formulierung des einfachen Gesetzestextes, noch dessen Entstehungsgeschichte dazu in der Lage, Hinweise auf die vorliegende Abgabenart zu geben. Eine Einordnung der UMTS-Versteigerungserlöse ist daher anhand einer Abgrenzung der verschiedenen Abgabenformen vorzunehmen.

§ 3 Versteigerungserlöse als steuerliche Abgabe

Zunächst könnten die UMTS-Versteigerungserlöse begrifflich als Steuer einzuordnen sein[181]. Weil das Grundgesetz keine ausdrückliche Steuerdefinition enthält, wird davon ausgegangen, dass es den zur Zeit seiner Entstehung üblichen, gesetzlich definierten Steuerbegriff übernommen hat. Daher sind die in § 3 I AO normierten Steuermerkmale heranzuziehen[182], die im Wesentlichen auf dem tradierten Steuerbegriff des § 1 I RAO beruhen[183]. Die Gesetzesvorschriften der AO oder der RAO dienen aber allein als Hilfsmittel zum Auffinden des historischen Begriffs der Steuer und können Verfassungsnormen aus normhierarchischen Gründen nicht selbständig inhaltlich festlegen[184].

---

[180] BT-Drs. 13/4438, S. 9, 32.

[181] So i. Erg. Grossekettler, der die Erhebung der Versteigerungserlöse in Ifo Schnelldienst 30/2000, 13, 13, für eine Quasiverbrauchssteuer hält.

[182] BVerfGE 72, 330, 433; 65, 324, 344; 55, 274, 299; 49, 343, 353; 38, 61, 79f.; 29, 402, 408f.; 7, 244, 251; 3, 407, 435; Fischer-Menshausen in v.Münch/Kunig, Art. 105 Rn. 6a; Maunz in Maunz/Dürig, Art. 105 Rn. 2; Heun in Dreier, Art. 105 Rn. 10ff.; Siekmann in Sachs, vor Art. 104 a Rn. 49; Jachmann in v.Mangoldt/Klein/Starck, Art. 105 Rn. 3; Vogel/Waldhoff in BK, Vorbem. z. Art. 104 a-115 Rn. 342, 352, 360ff.; Birk in Hübschmann/Hepp/Spitaler, AO/FGO, § 3 Rn. 14-16; Heimlich, Verleihungsgebühr, S. 27; F. Kirchhof, Die Höhe der Gebühr, S. 15; ders., DVBl. 1987, 554, 555; ders., NVwZ 1987, 1031, 1033; Pietzcker, DVBl. 1987, 774, 780.

[183] Vgl. RGBl. 1931, I, S. 161ff.; allerdings ergänzt durch den Zusatz, dass die Erzielung von Einnahmen auch Nebenzweck der Erhebung sein kann, Schneider, VBlBW 1988, 161, 162.

[184] Vor allem würde eine Novellierung des § 3 AO den verfassungsrechtlichen Steuerbegriff nicht ändern; P. Kirchhof in Achterberg/Püttner, Kap 6/2, Rn. 156; Vogel/Waldhoff in BK, Vorbem. z. Art. 104 a-115 Rn. 373; Heun in Dreier, Art. 105 Rn. 12; Stern, Staatsrecht II, S. 1098; Häde, Finanzausgleich, S. 141; grundlegend Leisner, Von der Verfassungsmäßigkeit der Gesetze zur Gesetzmäßigkeit der Verfassung, S. 35.

Mit dieser Auslegungshilfe sind Steuern einmalige oder laufende Geldforderungen, die keine Gegenleistung für eine besondere Leistung darstellen, sondern von einem öffentlich-rechtlichen Gemeinwesen zur Erzielung von nicht zweckgebundenen Einkünften allen auferlegt werden, bei denen der Tatbestand zutrifft, an den das Gesetz die Leistungspflicht knüpft[185].
Die UMTS-Versteigerungserlöse stellen Geldleistungen dar, die primär zur Schuldentilgung des Bundes genutzt wurden. Die facettenreichen Verwendungsdiskussionen im Nachgang der Versteigerung dokumentieren eindrucksvoll, dass diese Verwendung nicht vorbestimmt war und die Einkünfte nicht zweckgebunden waren[186].
Die Erlöse wurden von der RegTP auf der Grundlage des TKG festgesetzt und eingefordert. Diese Behörde stellt gemäß Art. 87 f II 2 GG im Rahmen der unmittelbaren Bundesverwaltung eine Bundesoberbehörde im Geschäftsbereich des Bundesministeriums für Wirtschaft dar, § 66 I TKG[187]. Sie ist als öffentlich-rechtliche Einrichtung anzusehen, die das Gemeinwesen repräsentiert.
Nach der Gesetzesbegründung dient die Erhebung der Versteigerungserlöse dazu, den wirtschaftlichen Wert einer Frequenz und den effizientesten Anbieter zu ermitteln[188]. Auch wenn der Steuerbegriff voraussetzt, dass eine Steuer dem Zweck zu dienen hat, staatliche Einnahmen zu erzielen, kann diese Absicht auch lediglich Nebenzweck eines primär verfolgten sachlichen Interesses sein[189]. Die Gesetzesbegründung steht der Fiskalwirkung der Versteigerungserlöse mithin nicht entgegen.
Allerdings wurde der Versteigerungserlös nur von den Bietern erhoben, die im Versteigerungsverfahren reüssiert haben. Er wird keiner Gesamtheit von Staatsbürgern auferlegt, sondern nur den Telekommunikationsunternehmen, die sich zur Teilnahme am Versteigerungsverfahren entschlossen hatten, zu diesem zugelassen wurden und letztlich eine Lizenz erhielten. Ferner wurden sie nicht unabhängig von einer Tätigkeit oder einem Verhalten auf Seiten des Staates

---

[185] BVerfGE 7, 244, 251; 29, 402, 408; 38, 61, 79; 49, 343, 353ff.; 55, 274, 298; 67, 256, 274f.; 72, 330, 433; 78, 249, 267; 91, 186, 201; Fischer-Menshausen in v.Münch/Kunig, Art. 105 Rn. 7; Vogel in HStR IV, § 87 Rn. 54.
[186] Vgl. Einleitung A.
[187] Geppert in Beckscher Kommentar, § 66 Rn. 4; Trute in Trute/Spoerr/Bosch, § 66 Rn. 5ff.; Müller/Schuster, MMR 1999, 507, 507; Windthorst in Sachs, Art. 87 f Rn. 29ff.
[188] Begründung des TKG-Versteigerungsverfahrens, BT-Drs. 13/3609, S. 39.
[189] BVerfGE 38, 61, 80; 84, 239, 274; 93, 121, 147f.; 98, 106, 118; Ruhe in Seifert/Hömig, Art. 105 Rn. 2; Siekmann in Sachs, vor Art. 104 a Rn. 58ff.; Jachmann in v.Mangoldt/Klein/Starck, Art. 105 Rn. 6; Heun in Dreier, Art. 105 Rn. 15ff.; Stober, JA 1988, 250, 253.

erbracht, sondern allein aufgrund des vorherigen Lizenzzuschlags und der damit einhergehenden Frequenzzusage[190].

Wenn sich die Abgabenpflicht auf die bestimmte Gruppe von sechs Steuerpflichtigen begrenzt, denen zuvor eine besondere Leistung des Staates zuteil wurde, liegt darin keine gegenleistungslose Gemeinlast, sondern eine gegenleistungsabhängige Sonderlast. Die UMTS-Versteigerungserlöse stellen keine Steuer dar, so dass sich der Staat zu ihrer Rechtfertigung nicht auf die Vorgaben der Finanzverfassung berufen konnte[191].

§ 4 Versteigerungserlöse als nichtsteuerliche Abgabe

Lehnt man eine Einordnung der UMTS-Erlöse als Steuer ab, so sind sie zwangsläufig als nichtsteuerliche Abgabe zu betrachten. Zu diesem Ergebnis gelangt auch das BVerfG, welches sich anlässlich der Klage einzelner Bundesländer mit der ausschließlich bundesseitigen Vereinnahmung der Versteigerungserlöse zu befassen hatte[192]. Das Gericht verzichtet in dieser Entscheidung, wie in seiner neueren Rechtsprechung insgesamt, auf eine weitere Untergliederung nichtsteuerlicher Abgaben und stellt an jede Erscheinungsform die gleichen verfassungsrechtlichen Anforderungen[193].

Dennoch geht das Gericht weiterhin von der Existenz verschiedener nichtsteuerlicher Abgabentypen aus und verfällt selbst immer wieder in die bekannten Kategorien der dargestellten Systematik[194]. Das Grundgesetz erwähnt mit der Gebühr in Art. 74 Nr. 22, 80 II GG schließlich selbst eine konkrete nichtsteuerliche Abgabe. Zudem erscheint eine weitergehende Kategorisierung hinsicht-

---

[190] Siehe zu der Voraussetzung der Gegenleistungsabhängigkeit Teil 1 B. § 4, 4.

[191] So auch Kloepfer, Informationsrecht, § 11 Rn. 102; Ritgen, AöR 127 (2002), 351, 366ff.; Becker, Die Verwaltung 35 (2002), 1, 15; Hufeld, JZ 2002, 871, 876; Kötter, DVBl. 2001, 1556, 1560; Arndt, K&R 2001, 23, 25; Storr, K&R 2002, 67, 74; Korioth, UMTS-Gutachten, S. 63.

[192] BVerfGE 105, 185, 193f.; ebenso die ganz überwiegende Ansicht in der Lit.: Arndt, K&R 2001, 23, 28ff.; Storr, K&R 2002, 67, 74f.; Schumacher, NJW 2000, 3096, 3098; Degenhart, K&R 2001, 32, 34; Hidien, UR 2002, 165, 167; Becker, JA 2002, 752, 754.

[193] BVerfGE 93, 319, 345, 346.

[194] So verneint das BVerfG im Wasserpfennigbeschluss (BVerfGE 93, 319, 345, 346) zwar die Notwendigkeit einer weiteren Kategorisierung, verweist aber darauf, dass die Wasserentnahmeabgaben entgeltlich erhoben würden und spricht von einer individuell zurechenbaren öffentlichen Leistung. Damit verwendet es auch weiterhin einen Teil der üblichen Definition der Gebühr; vgl. Meyer, NVwZ 2000, 1000, 1002. Im Urteil zu den in Baden-Württemberg erhobenen Rückmeldeabgaben ordnet es diese sogar ausdrücklich als Gebühr ein; BVerfG, 2 BvL 9/98 vom 19.03.2003, Absatz-Nr. 43, www.bverfg.de/entscheidungen/ls20030319 2 bvl000998.html (Stand: 04/2004).

lich der Rechtfertigung dieser Abgaben - zumindest im Rahmen einer wissenschaftlichen Auseinandersetzung - sinnvoll. Regelmäßig sind die verschiedenen anerkannten oder anzuerkennenden Rechtfertigungsgründe nämlich einem gewissen Abgabentyp zuzuordnen. Mit der Einordnung einer Abgabe ergibt sich dann zugleich eine entsprechende Rechtfertigung, so dass auch eine Systematisierung der Rechtfertigungsgründe möglich wird. Ferner muss der einfache Gesetzgeber auf eine Kategorisierung nichtsteuerlicher Abgaben zurückgreifen, wenn er die Verwaltung zur Erhebung einzelner Abgabenarten, nicht aber zu jedweder Abgabenbelastung ermächtigen will[195]. Häufig kann die Beantwortung von Folgefragen nicht für alle nichtsteuerlichen Abgabenarten einheitlich erfolgen, sondern es lassen sich Parallelen innerhalb einzelner nichtsteuerlicher Abgabenarten bzw. einzelner Rechtfertigungsgründe erkennen, die eine Zuordnung erforderlich machen.
Hinsichtlich der hier zu untersuchenden UMTS-Versteigerungserlöse ist eine konkrete Einordnung erforderlich, um insbesondere die im weiteren Verlauf der Untersuchung relevant werdenden Fragen nach der Rechtfertigung und der Ertragshoheit dieser nichtsteuerlichen Abgabe zu beantworten[196].

I. Versteigerungserlöse als Sonderabgabe

Scheitert die Einordnung der UMTS-Versteigerungserlöse als Steuer unter anderem wegen der fehlenden Gemeinlastigkeit, so kommt eine Einordnung als Sonderabgabe in Betracht. Sonderabgaben zeichnen sich nach der Rechtsprechung des BVerfG dadurch aus, dass sie nur einer begrenzten homogenen Gruppe von Abgabenpflichtigen auferlegt werden. Allerdings müssen diese eine besondere Sachnähe und eine spezifische Verantwortung in Bezug auf die zu finanzierende Aufgabe aufweisen. Ferner werden Sonderabgaben unabhängig von einer staatlichen Gegenleistung erhoben und ihr Ertrag ist gruppennützig, also im Sinne des zu finanzierenden Zwecks, einzusetzen[197].

---

[195] Vgl. z.B. die Gemeindeordnungen und Kommunalabgabengesetze der Länder mit ihren Ermächtigungen zur Erhebung von Verwaltungs- und Benutzungsgebühren; z.B. § 8 NGO, §§ 4ff. Nds.KAG; §§ 4ff. KAG NRW; §§ 5ff. BayKAG.
[196] Vgl. Teil 1 C. § 2 und Teil 3.
[197] BVerfGE 55, 274, 300ff.; 57, 274, 306; 67, 256, 275ff.; 78, 249, 267ff.; 82, 159, 178ff.; 91, 186, 201; 93, 319, 344; BVerfG, 2 BvL 1/99 vom 17.07.2003; Absatz-Nr. 110ff., 124ff., www.bverfg.de/entscheidungen/ls20030717 2bvl000199.html (Stand: 04/2004); Heun in Dreier, Art. 105 Rn. 24ff.; Siekmann in Sachs, vor Art. 104 a Rn. 146; Jachmann in v.Mangoldt/Klein/Starck, Art. 105 Rn. 14f.; Vogel/Waldhoff in BK, Vorbem. z. Art. 104 a-115 Rn. 437ff.; P. Kirchhof in HStR IV, § 88 Rn. 227ff.; ders., Jura 1983, 505, 509.

Zwar wurden die UMTS-Versteigerungserlöse nur den erfolgreichen Bietern und damit einer begrenzten Gruppe von Abgabenpflichtigen auferlegt. Eine Einordnung als Sonderabgabe scheitert aber an der Art ihrer Verwendung. Für die Tilgung von Bundesschulden, wozu sie vollständig verwandt wurden[198], obliegt den zahlungspflichtigen Telekommunikationsunternehmen ebenso wenig eine besondere Sachnähe oder Verantwortung wie für die allgemeinen Staatsaufgaben, die mit den dadurch eingesparten Zinsaufwendungen finanziert wurden. Neben einer gruppennützigen Verwendung[199] fehlt es den UMTS-Versteigerungserlösen an einer Gegenleistungsfreiheit[200], so dass in ihnen keine Sonderabgabe zu erkennen ist[201].

II. Versteigerungserlöse als Beitrag

Um die Versteigerungserlöse als Beitrag einordnen zu können, müssten sie eine Geldleistung darstellen, die der Staat zur vollen oder teilweisen Deckung des Aufwandes erhebt, der ihm bei der Vorhaltung einer öffentlichen Einrichtung entsteht. Beitragspflichtig sind diejenigen, denen die Herstellung, Anschaffung oder der Bestand dieser Einrichtung einen besonderen Vorteil gewährt. Es ist nicht notwendig, dass sie diese Vorteile wirklich wahrnehmen, allein die bestehende Möglichkeit dazu reicht aus. Zwischen staatlicher Leistung und Gegenleistung besteht also keine unmittelbare, sondern nur eine mittelbare Verknüpfung[202].

Unabhängig von den konkreten Anforderungen an eine Gegenleistung in diesem Kontext[203] nehmen die erfolgreichen Bieter die zugeteilten UMTS-Lizenzen konkret in Anspruch und nutzen die entsprechenden Funkfrequenzen tatsächlich für den Mobilfunkverkehr. Selbst wenn sich die entsprechende Technik noch im Aufbau befindet, haben sich die Unternehmen mit der Abgabe ihrer Gebote schon für die Inanspruchnahme der Frequenzen entschieden. Sie erhalten bereits von diesem Zeitpunkt an nicht nur eine potentielle, sondern

---

198 Siehe Einleitung.

199 Ausführlich Becker, DÖV 2003, 177, 181.

200 Siehe Teil 1 B. § 3.

201 So auch Kloepfer, Informationsrecht, § 11 Rn. 102; Becker, Die Verwaltung 35 (2002), 1, 19; ders., DÖV 2003, 177, 181; Kötter, DVBl. 2001, 1556, 1562.

202 BVerfGE 42, 223, 228; 91, 207, 224; 92, 91, 108, 115; BVerwGE 25, 147, 149; 39, 100, 107; 66, 330, 334; 72, 212, 219; Siekmann in Sachs, vor Art. 104 a Rn. 70; Jachmann in v.Mangoldt/Klein/Starck, Art. 105 Rn. 11; Heun in Dreier, Art. 105 Rn. 20f.; Wilke, Gebührenrecht, S. 117ff.; Patzig, DÖV 1981, 729, 735; Schneider, VBlBW 1988, 161, 163; Axer, GewArch 1996, 453, 455f.

203 Siehe ausführlich Teil 1 B. § 4, 4.

eine exklusive und tatsächliche Nutzungsmöglichkeit. Es besteht eine unmittelbare Verknüpfung zwischen der staatlichen Lizenzerteilung und der Erhebung der Versteigerungserlöse, die mithin keinen Beitrag darstellen.

III. Versteigerungserlöse als Gebühr

Lassen sich die UMTS-Versteigerungserlöse keiner der bislang erörterten Abgaben zuordnen, kommt eine begriffliche Einordnung als Gebühr in Betracht[204].

Der Begriff der Gebühr ist ein seit jeher in der Staatswissenschaft kontrovers diskutiertes Problem. Bereits in den Anfängen des Gebührenrechts bemängelte man seine uneinheitliche Verwendung. Lorenz von Stein beklagte im Jahre 1885, dass „fast jeder unter Gebühren etwas anderes verstehe“[205]. Erstmals prägte Karl-Heinrich Rau den Terminus der Gebühr um 1850. Er definierte sie als „Auflage, die aus einer besonderen Berührung der Bürger mit der Regierung gefordert wird und daher als Vergütung für eine einzelne mit Kosten verbundene Maßregel der vollziehenden Gewalt erscheint“. Der Staat erhebe sie, „wenn der Bürger von gewissen Staatsanstalten Gebrauch macht, wenn ihm eine Begünstigung zuteil wird, oder wenn sonst eine Staatsbehörde sich mit seinen Angelegenheiten beschäftigen muss“[206]. Vor Rau unterschieden weder Gesetzgebung noch Rechtsprechung oder Literatur zwischen Steuern, Gebühren und anderen öffentlichen Abgaben[207]. In der Folgezeit galt die Gebühr als ein dem Bürger einseitig auferlegtes, öffentlich-rechtliches Entgelt[208] und als eine öffentlich-rechtliche Gegenleistung für die besondere Inanspruchnahme einer

---

204 Eine entsprechende Einordnung findet sich bei Korioth, UMTS-Gutachten, S. 68; Arndt, K&R 2001, 23, 28ff.; Schumacher, NJW 2000, 3096, 3098; Kämmerer, NVwZ 2002, 161, 163 sowie -wenn auch ohne weitergehende Begründung- bei Degenhart, K&R 2001, 32, 34; Storr, K&R 2002, 67, 73; Hidien, UR 2002, 165, 167; Becker, JA 2002, 752, 754; allg. hinsichtlich der Versteigerungserlöse aus § 11 IV TKG Gramlich, CR 2000, 101, 106; Grzeszick, DVBl. 1997, 878, 883 unter Bezugnahme auf die Gesetzesmaterialien, BT-Drs. 13/3609, S. 40.

205 v.Stein, Lehrbuch der Finanzwissenschaft, S. 248; vgl. auch die Zusammenstellung entsprechender Unmutsbekundungen bei Bohley, Gebühren und Beiträge, S. 1: "zwielichtiger Begriff von chamäleonhaftem Charakter“, „saloppe Namensgebung“, „babylonische Sprachverwirrung“.

206 Rau, Grundzüge der Finanzwissenschaften (3.A.), 1850, zit. nach Meisel, Gebührenlehre, in: Gerloff/Meisel, Handbuch der Finanzwissenschaft, S. 397.

207 Ehlers, FinArch 13 (1896), 439, 440; Toepfer, FinArch 26 (1909), 491, 500ff.; vgl. Heimlich, Verleihungsgebühr, S. 32.

208 Fleiner, Institutionen des Deutschen Verwaltungsrechts, S. 425; O.Mayer; Dt. VerwR, Bd. 1 (3. A.), S. 315, 330.

öffentlichen Verwaltung oder Anstalt[209]. Ähnliche Definitionsversuche unternahmen Rechtsprechung[210] und Gesetzgebung dieser Zeit[211]. Bis heute sind die genauen Voraussetzungen und Begriffsbestimmungen nicht abschließend geklärt.

Will man daher feststellen, welche Merkmale eine Gebühr erfüllen muss, ist zunächst zu untersuchen, welche Aussagen oder Vorgaben das Grundgesetz über den Gebührenbegriff enthält. Allein aus der Erwähnung der Gebühren in Art. 74 I Nr. 22 und 80 II GG kann keine einheitliche grundgesetzliche Definition abgeleitet werden. Hieraus ist allenfalls zu schließen, dass der Verfassungsgeber die Existenz der Rechtsfigur Gebühr anerkennt[212]. Zwar ist in der Literatur vereinzelt von einem „verfassungsrechtlichen Gebührenbegriff" die Rede[213]. Dieser wird in einer derart uneingeschränkten Form aber von der ganz überwiegenden Anzahl der Stimmen verneint[214]. Auch die Rechtsprechung des BVerfG äußert sich diesbezüglich. So heißt es schon in der für das Gebührenrecht grundlegenden Entscheidung zum nordrhein-westfälischen Gebührengesetz aus dem Jahre 1979: „Das Grundgesetz enthält ... keinen eigenständigen Gebührenbegriff,..."[215]. In seiner Rechtsprechung zu den in Baden-Württemberg und Hessen erhobenen Wasserentnahmeentgelten bekräftigt das Gericht 1995 diese Aussage ausdrücklich[216].

Diese an sich eindeutige Festlegung schließt aber nicht aus, dass es einzelne Gebührenmerkmale gibt, die auf einer verfassungsrechtlichen Grundlage basieren. Denn in der genannten Entscheidung zum nordrhein-westfälischen Gebührengesetz heißt es lediglich, dass kein Gebührenbe-griff bestehe, aus

---

209 Jellinek, Verwaltungsrecht, S. 387.

210 RFHE 7, 266, 267; PrOVGE 17, 210, 212; 18, 23, 27; 29, 58, 63; 31, 53, 56; 32, 93, 94; 50, 69, 72; 62, 136, 145; HambOVG JW 1928, 3290, 3290; ThürOVG RVBl. 1932, 636, 636f.

211 Art. 3 Nr. 1 des Bayrischen Gesetzes über das Gebührenwesen vom 11.11.1899, GVBl. für das Kgr. Bayern, S. 904; § 1 des Preußischen Verwaltungsgebührengesetzes vom 29.09. 1923, PrGS, S. 455. Vgl. insges. zur Entwicklung der Gebühr, Heimlich, Verleihungsgebühr, S. 34; Meyer, Gebühren für die Nutzung von Umweltressourcen, S. 43ff.; jew.m.w.N.

212 P. Kirchhof in HStR IV, § 88 Rn. 183.

213 Meßerschmidt, Umweltabgaben als Rechtsproblem, S. 198; Wendt, Die Gebühr als Lenkungsmittel, S. 47; Vogel, Festschrift Geiger, S. 518, 519f.; Friauf, Festschrift Uni Köln, S. 679, 694; Sander, DVBl. 1990, 18, 23.

214 Heimlich, Verleihungsgebühr, S. 83ff.; Meyer, Gebühren für die Nutzung von Umweltressourcen, S. 47ff.; P. Kirchhof, HStR IV, § 88 Rn. 185; F. Kirchhof, DVBl. 1987, 545, 555; jew.m.w.N.

215 BVerfGE 50, 217, 225.

216 BVerfGE 93, 319, 345.

dem sich „unmittelbar Prüfungsmaßstäbe" für die Verfassungsmäßigkeit von Gebührenmaßstäben, -sätzen oder -höhen ergäben[217]. Diese Beschränkung auf die Gebührenhöhe, nicht aber auf den Gebührenbegriff, darf nicht verkannt werden. Auch hinsichtlich der Wasserentnahmeentgelte bestreitet das Gericht nicht die Existenz von verfassungsfesten Einzelelementen der Gebühr. Im Gegenteil verlangt es, dass sich nichtsteuerliche Abgaben aus finanzverfassungsrechtlichen Gründen von der Steuer deutlich unterscheiden müssen[218]. Es scheint daher geboten, zur Ermittlung der Begriffsmerkmale einer Gebühr an den verfassungsrechtlichen Begriff der Steuer anzuknüpfen. Die Festlegung des Steuerbegriffs enthält nämlich zugleich eine Aussage darüber, welche Abgaben gerade keine Steuern sein sollen. Das Merkmal, welches diese Abgrenzung erfüllt, muss also zwangsläufig auf der Ebene des Grundgesetzes angesiedelt und verfassungsfest sein[219]. Auch wenn das Grundgesetz keine ausdrückliche Gebührendefinition enthält, ist ihm auf diesem Wege die verfassungsrechtliche Definition eines einzelnen Gebührenmerkmals zu entnehmen.

1. Gegenleistungsabhängigkeit als begriffliches Gebührenmerkmal

Steuern und Gebühren unterscheiden sich primär hinsichtlich ihres die Abgabenpflicht begründenden Tatbestandes. Während die Steuer keine Gegenleistung für eine staatlich erbrachte Leistung darstellt und voraussetzungslos an der allgemeinen Leistungsfähigkeit des Abgabenschuldners partizipiert, knüpft die Gebühr an eine Staatsleistung an, die dem Gebührenschuldner individuell zurechenbar ist[220]. Diese der Gebühr unbestritten anhängende Gegenleistungsabhängigkeit grenzt sie von der Steuer ab[221] und besitzt damit Verfassungsrang[222].

---

[217] BVerfGE 50, 217, 225.

[218] BVerfGE 93, 319, 343; ebenso schon BVerfGE 78, 249, 266f.

[219] So auch Meyer, Gebühren für die Nutzung von Umweltressourcen, S. 47ff.; Murswiek, Die Entlastung der Innenstädte, S. 23; Wendt, Die Gebühr als Lenkungsmittel, S. 47; Clausen, Das gebührenrechtliche Kostendeckungsprinzip, S. 80; Horn, Feldes- und Förderabgabe, S. 83f.; Meßerschmidt, Umweltabgaben als Rechtsproblem, S. 198.

[220] Siehe Teil 1 A. § 1 V. 1. b. aa.

[221] Siekmann in Sachs, vor Art. 104 a Rn. 67; Pieroth in Jarass/Pieroth, Art. 105 Rn. 12; Jarass, DÖV 1989, 1013, 1015. Zwar erfolgt durch dieses Merkmal auch eine Unterscheidung zwischen Steuer und Beitrag, dieser lässt sich durch die Mittelbarkeit der Gegenleistung aber hinreichend deutlich von der Gebühr abgrenzen, vgl. Teil 1 B. § 4. II.

[222] So auch Heimlich, Verleihungsgebühr, S. 85; Wendt, Die Gebühr als Lenkungsmittel, S. 38f., 47; Selmer/Brodersen/Nicolaysen, Straßenbenutzungsabgaben, S. 55f.; Meßerschmidt, Umweltabgaben als Rechtsproblem, S. 198; Horn, Feldes- und Förderabgabe, S. 80ff.; Friauf, Festschrift Uni Köln, S. 679, 694; F. Kirchhof, Die Höhe der Gebühr, S. 23;

Im Ergebnis besteht keine positive Definition eines verfassungsrechtlichen Gebührenbegriffs. Das Merkmal der speziellen Gegenleistungsabhängigkeit hat aber, vermittelt über den Verfassungsbegriff der Steuer, Verfassungsrang und wird daher von allen in Rechtsprechung und Literatur vertretenen Gebührenbegriffen unbestritten als Merkmal der Gebühr anerkannt[223]. Das Grundgesetz enthält, wenn auch keinen positiv, so doch zumindest einen negativ zu bestimmenden verfassungsrechtlichen Gebührenbegriff.

2. Kostenbezug als begriffliches Gebührenmerkmal

Eine Vielzahl der in Rechtsprechung und Literatur vertretenen Gebührenbegriffe fordern als weiteres Begriffsmerkmal und zusätzliche Voraussetzung der Gebühr einen sogenannten Kostenbezug[224]. Andere Stimmen vertreten Gebührenbegriffe, die dieses Merkmal ablehnen und sich allein auf das Gebührenmerkmal der Gegenleistungsabhängigkeit zurückziehen[225].

a. Kostenbezug voraussetzende Gebührenbegriffe

Über lange Zeit setzte die Mehrzahl der in der Literatur vor- und nachkonstitutionell vertretenen Gebührenbegriffe bei unterschiedlicher Herleitung und verschiedener systematischer Konstruktion voraus, dass dem Staat bei der gebührenpflichtigen Leistung Kosten entstanden seien.

---

ders., DVBl. 1987, 554, 555; ders., NVwZ 1987, 1031, 1033; Arndt, WiVerw 1990, 1, 20, 29; Pietzcker, DVBl. 1987, 774, 775; Kloepfer, AöR 97 (1972), 232, 240.

[223] BVerfGE 50, 217, 226; 85, 337, 346; 91, 207, 223; 93, 319, 345; 97, 332, 344; BVerfG, 2 BvL 9/98 vom 19.03.2003, Absatz-Nr. 44, www.bverfg.de/entscheidungen/ls20030319 2 bvl000998.html (Stand: 04/2004); Wagner, Finanzwissenschaften, S. 25f.; v.Stein, Lehrbuch der Finanzwissenschaft, S. 250, 273; Wendt, Die Gebühr als Lenkungsmittel, S. 47ff.; Kisker, Der bergrechtliche Förderzins, S. 18f.; Leisner, Gedächtnisschrift Peters, S. 730, 743; Kreft, Begriffliche Abgrenzung von Steuer und Gebühr, S. 47ff.; Kisker, Der bergrechtliche Förderzins, S. 43; Heimlich, Verleihungsgebühr, S. 28; Vogel, Festschrift Geiger, S. 518; Kreft, DVBl. 1977, 369, 370ff.; Wilke, Gebührenrecht, S. 48ff.; Murswiek, NuR 1994, 170, 174f.

[224] Wagner, Finanzwissenschaften, S. 25f.; Wendt, Die Gebühr als Lenkungsmittel, S. 54ff.; Raecke, Das Kostendeckungsprinzip, S. 15ff.; Wilke, Gebührenrecht, S. 89; Leisner, Gedächtnisschrift Peters, S. 730, 730ff.; Kreft, Die begriffliche Abgrenzung von Steuer und Gebühr, S. 46ff., 72ff., 207f.; ders., DVBl. 1977, 369, 371ff.; Weyreuther, UPR 1988, 161, 164; Arndt, WiVerw 1990, S. 1, 22; Stephan, Jura 1970, 867, 870.

[225] v.Stein, Lehrbuch der Finanzwissenschaft, S. 273; Heimlich, Verleihungsgebühr, S. 113; Meyer, Gebühren für die Nutzung von Umweltressourcen, S. 67ff.; Drömann, Nichtsteuerliche Abgaben im Steuerstaat, S. 191; Sacksofsky, Umweltschutz durch nichtsteuerliche Abgaben, S. 106; Vogel, Festschrift Geiger, S. 518, 536; F. Kirchhof, DVBl. 1987, 554, 555; Kloepfer, AöR 97 (1972), 232, 238; Murswiek, NuR 1994, 170, 173ff.

aa. Materieller Gebührenbegriff

Dazu zählt der materielle Gebührenbegriff, der auf eine vorkonstitutionelle Strömung in der Gebührenauseinandersetzung zurückgeht und als deren exponiertester Vertreter Adolf Wagner[226] gilt. Rudolf Wendt hat diesen Begriff später maßgeblich weiterentwickelt[227].

Diese und andere Autoren halten ein weiteres Begriffselement für erforderlich, um die Gebühr von der Steuer abzugrenzen. Im gebührenrechtlichen Sinne könnten Zahlungen nur dann als Gegenleistung gelten, wenn sie zuvor entstandene Kosten des Staates kompensieren. Erst durch diese Ausgleichsfunktion werde eine Abgabe zur Gebühr. Die Gebührenerhebung sei stets nur bis zur Höhe der entstandenen Kosten legitimiert. Darüber hinausgehende, kostenunabhängige und fungible Staatseinnahmen zu beschaffen, sei allein der Steuer vorbehalten[228]. Wenn eine erhobene Gebühr die tatsächlichen Kosten übersteige, sei der Gebührenüberschuss als Steuer anzusehen, der kostendeckende Teil bleibe Gebühr[229]. Gerhart Kreft bezeichnet einen solchen Teil des Abgabenaufkommens vermittelnd als „Gebührensteuer"[230]. Im Ergebnis sei die Verbindung von Kosten und Gebührenrechtfertigung eine materielle Voraussetzung für die Einordnung einer Abgabe als Gebühr.

bb. Monopolistischer Gebührenbegriff

Auf diesem materiellen Ansatz basiert auch der später von Kreft vertretene monopolistische Gebührenbegriff[231]. Er definiert Gebühren als Geldleistungen, die der Kostendeckung individuell zurechenbarer Leistungen dienen, die aus

---

[226] Wagner, Finanzwissenschaften, S. 25f.

[227] Wendt, Die Gebühr als Lenkungsmittel, S. 54ff.

[228] Kruse in Tipke/Kruse, § 3 AO Rn. 15; Puwalla, Qualifikation von Abgaben, S. 110ff.; Horn, Feldes- und Förderabgabe, S. 118ff., 132f.; Kisker, Der bergrechtliche Förderzins, S. 18f.; Raecke, Das Kostendeckungsprinzip, S. 15ff.; Leisner, Gedächtnisschrift Peters, S. 730, 743; Wendt, Die Gebühr als Lenkungsmittel, S. 54; Weyreuther, UPR 1988, 161, 164; Ambos, DVBl. 1961, 180, 180; Stein, DÖV 1960, 288, 289; Arndt, WiVerw 1990, 1, 22; i.Erg. auch Becker, DÖV 2003, 177, 180.

[229] Kruse in Tipke/Kruse, § 3 AO Rn. 15; Kruse, Steuerrecht, S. 39; ähnlich für die bergrechtliche Förderabgabe, Kühne, DB 1982, 1693, 1696. Vgl. zu der Auseinandersetzung, wann eine Gebühr in eine Steuer umschlagen soll, Ambos, DÖV 1961, 180, 180; Oberläuter, DÖV 1961, 412, 413; Wendt, Die Gebühr als Lenkungsmittel, S. 74; Weyreuther, UPR 1988, 161, 164.

[230] Kreft, Begriffliche Abgrenzung von Steuer und Gebühr, S. 47ff.; Kisker, Der bergrechtliche Förderzins, S. 43.

[231] Kreft, DVBl. 1977, 369, 370ff.

staatlich abgeleiteten Ausschließlichkeitspositionen erwachsen[232]. Damit schränkt er den materiellen Gebührenbegriff durch eine weitere Voraussetzung ein. Neben der Gegenleistungsabhängigkeit und der Kostenfunktion soll ein staatliches Monopol in Bezug auf die erbrachte Leistung bestehen. Dies sei erforderlich, um die Gebühr neben der Steuer auch vom Verwaltungspreis abzugrenzen[233]. Unabhängig von dem Erfordernis einer Monopolleistung setzt aber auch dieser Ansatz notwendig einen Kostenbezug für die Anerkennung einer Abgabe als Gebühr voraus.

cc. Formaler Gebührenbegriff Wilkes

Der sogenannte formale Gebührenbegriff wurde vor allem von Dieter Wilke entwickelt. Er definiert die Gebühr als hoheitlich auferlegte Geldleistung für eine staatlicherseits erbrachte, individuell zurechenbare Gegenleistung[234]. Das „Formale" an dieser Begriffsbestimmung ist darin zu sehen, dass eine Abgabe schon als Gebühr anzuerkennen sei, wenn ihr eine individuell zurechenbare Staatsleistung gegenüberstehe, die nach ihrer äußeren, also formalen, Fassung die Funktion der Gegenleistung einnehme. Der Inhalt der staatlichen Leistung sowie ihr angemessenes Verhältnis zur Gegenleistung seien für die begriffliche Bestimmung unerheblich und würden erst bei der Frage der Rechtmäßigkeit der Gebührenerhebung relevant[235]. Danach könnte man davon ausgehen, dass Wilkes Gebührenbegriff konsequenterweise keinen Kostenbezug voraussetzt.
Allerdings brechen Wilke und seine Gefolgschaft mit ihrem formalen Ansatz, indem sie im zweiten Teil ihres Definitionsversuchs eine Gebührenfunktion annehmen. Eine Gebühr werde erhoben, um „die Kosten der erbrachten Staatsleistung zu decken". Eine Abgabe, die diesem Zweck nicht diene bzw. nicht

---

232 Kreft, DVBl. 1977, 369, 375; unpräziser noch ders., Begriffliche Abgrenzung von Steuer und Gebühr, S. 209.

233 Kreft, DVBl. 1977, 369, 370ff.; ders., Begriffliche Abgrenzung von Steuer und Gebühr, S. 134ff., 191ff.

234 Wilke, Gebührenrecht, S. 50, 89, 105, 195. Diese Begriffsbildung wurde zeitweilig vom Bundesverfassungsgericht übernommen (siehe Teil 1 B. § 4 III. 2. c.) und hatte sich auch in der Lit. durchgesetzt: Clausen, Das gebührenrechtliche Kostendeckungsprinzip, S. 83; Murswiek, Die Entlastung der Innenstädte, S. 23; Selmer/Brodersen/Nicolaysen, Straßenbenutzungsabgaben, S. 56f.; P. Kirchhof in HStR IV, § 88 Rn. 192f.; F. Kirchhof, Die Höhe der Gebühr, S. 13; Kloepfer, AöR 97 (1972), 232, 239ff.; Hendler, AöR 115 (1990), 602, 604ff.; Heun, DVBl. 1990, 666, 673f.; Jarass, DÖV 1989, 1013, 1016; Kloepfer/Follmann, DÖV 1988, 573, 580; Pietzcker, DVBl. 1987, 774, 778; Stephan, Jura 1970, 867, 870; i.Erg. auch Friauf, Festschrift Uni Köln, S. 679, 695, obwohl er seine Darlegung selbst als materielle Betrachtungsweise bezeichnet.

235 Wilke, Gebührenrecht, S. 48ff., 90ff., 109, 283.

dienen könne, sei begrifflich nicht als Gebühr anzuerkennen[236]. Durch diese Konstruktion setzt auch der so verstandene formale Gebührenbegriff im Ergebnis einen Kostenbezug voraus und beschränkt sich nicht allein auf das formale Bestehen einer Leistung-Gegenleistung-Beziehung. Dennoch ist Wilkes formaler Ansatz dogmatisch nicht mit dem materiellen Gebührenbegriff zu verwechseln. Nach den materiellen Ansätzen ist eine Gebühr in der Höhe der Kosten oder des Vorteils zu bemessen, während Wilke zwar Kosten verlangt, die Höhe der Gebühr bei einer begrifflichen Einordnung aber nicht für ausschlaggebend hält[237].

b. Kostenbezug nicht voraussetzende Gebührenbegriffe

Andere Stimmen vertreten Gebührenbegriffe, die einen Kostenbezug nicht voraussetzen[238]. So gab es neben der Strömung um Adolf Wagner auch vorkonstitutionell schon eine Richtung in der gebührenrechtlichen Auseinandersetzung, die sich hinsichtlich der Gegenleistung allein auf einen dem Gebührenpflichtigen zugewandten Nutzen bezog. Als deren Vertreter gilt Lorenz von Stein, für den sich eine Gebühr daraus rechtfertigt, dass die Verwaltung im Interesse und zum Nutzen des Bürgers Staatsanlagen oder Leistungen eines Staatsorgans zur Verfügung stellt, wofür dieser Ersatz in Form der Abgabe zu leisten habe. Das Entstehen von Kosten soll allenfalls für die Höhe einer Gebühr relevant sein, aber keine allgemeine Voraussetzung dieses Abgabentypus darstellen[239]. Dieser Ansatz kann sich in seinem Kern schon auf die antiken und mittelalterlichen Abgabenformen wie den census bzw. das Regalienwesen berufen[240].

---

236 Wilke, Gebührenrecht, S. 89; P. Kirchhof in HStR IV, § 88 Rn. 192f.; F. Kirchhof, Die Höhe der Gebühr, S. 13; Pietzcker, DVBl. 1987, 774, 778; Selmer/Brodersen/Nicolaysen, Straßenbenutzungsabgaben, S. 56f.; Kloepfer, AöR 97 (1972), 232, 239ff.; Hendler, AöR 115 (1990), 602, 604ff.; Heun, DVBl. 1990, 666, 673f.

237 Vgl. zu der Interpretation Wilkes aus heutiger Sicht Heimlich, Verleihungsgebühr, S. 101; Meyer, Gebühren für die Nutzung von Umweltressourcen, S. 68; Murswiek, NuR 1994, 170, 174f.

238 Sander spricht in diesem Zusammenhang in DVBl. 1990, 18, 22 von einem erweiterten Gebührenbegriff.

239 v.Stein, Lehrbuch der Finanzwissenschaft, S. 250, 273, 274; v.Heckel, Gebühren, in Handwörterbuch der Staatswissenschaften, S. 514; Leisner, Gedächtnisschrift Peters, S. 730, 731.

240 Vgl. v.Stein, Lehrbuch der Finanzwissenschaft, S. 250f., 327ff.; Ehlers, FinArch 13 (1896), 439, 444f.

aa. Streng formaler Gebührenbegriff

Teile der Literatur wenden sich gegen die von Wilke in den formalen Gebührenbegriff aufgenommene Kostenfunktion und die darin liegende Einschränkung der rein formalen Begriffsbestimmung. Gerade in neuerer Zeit mehren sich die Stimmen, die unter der Bezeichnung des streng formalen Gebührenbegriffs den Kostenbezug als Begriffsmerkmal unmissverständlich verneinen[241]. Für die begriffliche Einordnung einer Abgabe als Gebühr seien ausschließlich die Elemente Leistung, Gegenleistung und ihre Beziehung zueinander vorauszusetzen. Die Funktion der Kostendeckung sei im Rahmen der sachlichen Rechtfertigung einer Gebühr erst auf der Ebene der Rechtmäßigkeit zu behandeln[242]. Der Staat könne eine Abgabe also begrifflich auch als Gebühr erheben, wenn ihm durch die zugrundeliegende Gegenleistung keine Kosten entstanden seien.

bb. Doppelgliedriger Gebührenbegriff

Der von Vogel entwickelte doppelgliedrige Gebührenbegriff stellt keine direkte Gegenposition zu den formalen oder materiellen Ansätzen dar. Er wendet sich den Rechtfertigungsmöglichkeiten der Gebührenerhebung zu und knüpft an die erbrachte Staatsleistung selbst an[243]. Gebührenfähig seien zum einen Leistungen, die dem Gebührenschuldner einen Vorteil einräumen und zum anderen Handlungen, durch deren Erbringung dem Hoheitsträger vom Gebührenschuldner zu verantwortende Kosten entstehen[244]. Werde eine Gebühr infolge einer Kostenprovokation erhoben, sei die Entstehung von Kosten deren begriffsnotwendige Voraussetzung. Knüpfe die Erhebung einer Gebühr aber an den Ausgleich eines staatlich zugewandten Vorteils, werde nicht notwendigerweise den Zweck der Kostendeckung verfolgt, so dass der Gebührenbe-griff diese Funktion zumindest dann auch nicht voraussetze[245].

---

[241] Die Bezeichnung des streng formalen Gebührenbegriffs stammt von Heimlich, Verleihungsgebühr, S. 113ff. und beschreibt die reine Form des formellen Gebührenverständnisses.

[242] Heimlich, Verleihungsgebühr, S. 113ff.; Drömann, Nichtsteuerliche Abgaben im Steuerstaat, S. 277ff.; Meyer, Gebühren für die Nutzung von Umweltressourcen, S. 67ff.; dies., NVwZ 2000, 1000, 1003; vgl. auch F. Kirchhof, DVBl. 1987, 554, 555; Murswiek, NuR 1994, 170, 173ff.; ders., NVwZ 1996, 417, 419; Schmidt, NVwZ 1991, 36, 38; Jakob/Zugmaier, S. 11, 26.

[243] Vogel, Festschrift Geiger, S. 518, 530ff.

[244] Sacksofsky, Umweltschutz durch nichtsteuerliche Abgaben, S. 106.

[245] Vogel//Waldhoff in BK, Vorbem. z. Art. 104 a-115 Rn. 69; Vogel, Festschrift Geiger, S. 518, 530ff.; Schneider in AK, Art. 105 (3.A.), Rn. 11; Sacksofsky, Umweltschutz durch nichtsteuerliche Abgaben, S. 106.

c. Kostenbezug im Gebührenbegriff des BVerfG

In seiner Entscheidung zum nordrhein-westfälischen Gebührengesetz aus dem Jahre 1979 definierte das Bundesverfassungsgericht die Gebühren als „öffentlich rechtliche Geldleistungen, die aus Anlass individuell zurechenbarer, öffentlicher Leistungen dem Gebührenschuldner durch eine öffentlich-rechtliche Norm oder sonstige hoheitliche Maßnahme auferlegt werden und dazu bestimmt sind, in Anknüpfung an diese Leistungen deren Kosten ganz oder teilweise zu decken“[246]. Es folgte mit dieser Begriffsbildung bis in die Einzelheiten der formalen Begriffsbestimmung Wilkes und verlangte neben der Gegenleistungsabhängigkeit einen staatlichen Kostenaufwand.

Mitunter erschien dennoch zweifelhaft, ob das Gericht diese beiden Aspekte tatsächlich kumulativ voraussetzte. In einigen Urteilen grenzte es die Gebühr nämlich allein anhand des Gegenleistungscharakters von der Steuer ab[247]. Andere Entscheidungen stellten aber klar, dass der Zweck, die Kosten der individuell zurechenbaren Leistung zu decken, die Gebühr von der Steuer unterscheide[248]. Das Gericht setzte die Funktion der Kostendeckung mithin voraus und billigte ihr damit Verfassungsrang zu.

Die jüngere Rechtsprechung des Bundesverfassungsgerichts vollzieht hinsichtlich des Kostenbezugs einen Wandel. Bereits in der Entscheidung zur Erhebung einer Feuerwehrabgabe aus dem Jahre 1995 erwähnt das Gericht den Kostendeckungszweck der Gebühr nicht mehr ausdrücklich[249]. Im Rahmen der Entscheidung zu den in Baden-Württemberg und Hessen erhobenen Wasserentnahmeabgaben aus dem selben Jahr bricht es dann endgültig mit der Kostenfunktion. Dort heißt es, die in der Entscheidung aus dem Jahre 1979 vorgenommene Umschreibung der Gebühr sei auf den zu entscheidenden Fall einer Verwaltungsgebühr zugeschnitten gewesen und „nicht als eine abschließende verfassungsrechtliche Definition“ jedes Gebührentypus zu verstehen[250]. Das Gericht enthielt sich damit einer abschließenden Definition, erkannte mit den Wasserabgaben aber Gebühren an, die keinen Kostenbezug aufweisen[251]. Ausdrücklich lehnt das BVerfG den Kostenbezug in seiner Entscheidung zu der in Baden-

---

[246] BVerfGE 50, 217, 226 ebenso BVerfGE 85, 337, 346; 91, 207, 223; 97, 332, 344.

[247] BVerfGE 7, 244, 254; 20, 257, 269; 29, 343, 352f.; entspr.für den Beitrag BVerfGE 14, 312, 317f.

[248] BVerfGE 50, 217, 226; so auch schon BVerfGE 18, 392, 396f.; dennoch unklar in BVerfGE 91, 207, 223.

[249] BVerfGE 92, 91, 115.

[250] BVerfGE 93, 319, 345.

[251] BVerfGE 93, 319, 345.

Württemberg erhobenen Rückmeldegebühr aus dem Jahre 2003 ab. Sei eine Abgabe wegen ihrer Gegenleistungsabhängigkeit als Gebühr zu qualifizieren, „so bleibe es bei ihrer formalen Zuordnung ... unabhängig davon ob die Bemessung der Gebühr sachlich gerechtfertigt oder möglicherweise unzulässig überhöht sei“[252]. Eines „materiellen“ Gebührenverständnisses bedürfe es wegen der sonstigen verfassungsrechtlichen Anforderungen an eine Gebührenerhebung, insbesondere der Begrenzungs- und Schutzfunktion der Finanzverfassung, nicht[253]. Damit legt sich das Gericht in der Kontroverse um den Gebührenbegriff ausdrücklich auf ein streng formales Gebührenverständnis fest, das auf einen Kostenbezug verzichtet.

d. Diskussion

Die Kontroverse um die Anerkennung des Kostenbezuges als begriffliches Gebührenmerkmal soll im Folgenden geführt werden, weil ihr Ergebnis für eine Einordnung der UMTS-Erlöse bedeutsam sein wird.

aa. Trennung zwischen Begrifflichkeit und Rechtmäßigkeit

Der äußerlich markanteste Unterschied zwischen den Gebührenbegriffen, die allein auf den Gegenleistungsbezug abstellen, und denen, die zusätzlich einen Kostenbezug voraussetzen, besteht in der Beurteilung des Verhältnisses zwischen Begrifflichkeit und Rechtmäßigkeit.

Grundsätzlich herrscht in jeder rechtlichen Kategorie eine Symmetrie der Begrifflichkeiten, nach der rechtliche Akte in rechtmäßiger und rechtswidriger oder in wirksamer und unwirksamer Form auftreten. Damit besteht stets eine Trennung zwischen Begriff und Rechtmäßigkeit. Als Beispiele können der unwirksame Vertrag, der dennoch ein Vertrag ist, der rechtswidrige Verwaltungsakt, der dennoch ein Verwaltungsakt ist, oder das verfassungswidrige Gesetz, welches dennoch ein Gesetz ist, gelten. Jeweils erfolgt die begriffliche Einordnung unabhängig von der Rechtmäßig- oder Verfassungsmäßigkeit[254].

Setzte man einen Kostenbezug als begriffliches Gebührenmerkmal voraus, durchbräche man diese Systematik. Mit der Kostenhöhe würde eine materielle Rechtmäßigkeitsanforderung auf der Ebene der Begrifflichkeit geprüft. Sämtli-

---

252 BVerfG, 2 BvL 9/98 vom 19.03.2003, Absatz-Nr. 44, www.bverfg.de/entscheidungen/ls 20030319 2 bvl000998.html (Stand: 04/2004); offengelassen noch in BVerfGE 97, 332, 343.

253 BVerfG, 2 BvL 9/98 vom 19.03.2003, Absatz-Nr. 44, www.bverfg.de/entscheidungen/ls 20030319 2 bvl000998.html (Stand: 04/2004).

254 So auch Meyer, Gebühren für die Nutzung von Umweltressourcen, S. 64; Murswiek, Die Entlastung der Innenstädte, S. 23; Heimlich, Verleihungsgebühr, S. 74f.

che Abgaben, die der Staat nicht vollständig zur Deckung entstandener Aufwendungen erhebt, schieden von vornherein aus dem Gebührenbegriff aus, ohne sich je einer Rechtmäßigkeitsprüfung unterzogen zu haben. Eine materiell rechtswidrige Gebühr könnte sich allenfalls noch bei Verfahrensfehlern ergeben. Der Begriff der Gebühr erführe eine erhebliche Verengung[255].
Die Vertreter dieser Annahme berufen sich auf die vom BVerfG entwickelte Dogmatik zu den Sonderabgaben. Hier habe das Gericht auch materielle Anforderungen an die begriffliche Bejahung dieses Abgabentyps gestellt und eine Differenzierung zwischen Begriff und Rechtmäßigkeit unterlassen. Dies solle für alle nichtsteuerlichen Abgaben gelten[256]. Verzichte man auf einen Kostenbezug, weite man den Gebührenbegriff derart aus, dass es dem allgemeinen Sprachgebrauch und der traditionellen Wortbedeutung widerspreche[257]. Allerdings werden Sonderabgaben voraussetzungslos geschuldet und treten dadurch zwangsläufig in Konkurrenz zur Steuer[258]. Zum Schutz der Finanzverfassung muss daher schon auf der begrifflichen Ebene eine Abgrenzung zu anderen Abgabenarten erfolgen, was die dargestellten materiellen Anforderung gewährleisten. Gebühren werden hingegen nicht voraussetzungslos erhoben, sondern knüpfen an den konkreten Abgabentatbestand der Gegenleistung an. Auf diese Weise ist eine Abgrenzung zu Steuern auf der begrifflichen Ebene möglich, ohne dass man gezwungen wäre, ein weiteres Begriffsmerkmal heranzuziehen[259]. Der Gebührenbe-griff kann allein durch das Merkmal der Gegenleistungsabhängigkeit markante Konturen gewinnen, sofern man es hinreichend eng auslegt. Daneben ist eine Eingrenzung der Gebührenerhebung in mannigfaltiger Form auf der Rechtmäßigkeitsebene möglich. Der Kostenbezug ist nicht erforderlich, um ein Ausufern des Abgabentyps der Gebühr zu verhindern. Es ist damit kein Grund ersichtlich, die Symmetrie zwischen Begrifflichkeit und Rechtmäßigkeit zu durchbrechen und den Gebührenbegriff ohne Not einzuengen[260].

---

[255] So auch Murswiek, Die Entlastung der Innenstädte, S. 23; Meyer, Gebühren für die Nutzung von Umweltressourcen, S. 64.
[256] Vogel, Festschrift Geiger, S. 518, 530; Wilke, Gebührenrecht, S. 50ff.; Kreft, DVBl. 1977, 369, 372.
[257] Friauf, Festschrift Uni Köln, S. 679, 695; Wendt, Die Gebühr als Lenkungsmittel, S. 54ff.
[258] BVerfGE 55, 274, 298; BVerfG, 2 BvL 1/99 vom 17.07.2003; Absatz-Nr. 123, www.bverfg.de/entscheidungen/ls20030717 2bvl000199.html (Stand: 04/2004).
[259] So auch BVerfG, 2 BvL 9/98 vom 19.03.2003, Absatz-Nr. 44, www.bverfg.de/ entscheidungen/ls20030319 2 bvl000998.html (Stand: 04/2004).
[260] So auch Meyer, Gebühren für die Nutzung von Umweltressourcen, S. 69.

bb. Konkurrenz zur Steuerverfassung

Die Vertreter der kostenabhängigen Gebührenbegriffe wollen eine Umgehung der Finanzverfassung verhindern. Ohne die Kostenfunktion könne der Gesetzgeber eine an sich steuerliche Abgabe durch die Ausgestaltung des Abgabentatbestandes beliebig qualifizieren. Es sei ihm möglich, an sich nur durch Steuern zu gewinnende fungible Staatseinnahmen im Gewand der Gebühr zu erheben und so ein zweites, mit der grundgesetzlichen Steuerverfassung konkurrierendes Finanzsystem zu schaffen. Durch die Aufnahme des Kostenbezuges in den Gebührenbegriff begrenze man den Spielraum des Gesetzgebers bereits auf der begrifflichen Ebene. Er werde faktisch gebunden, eine Gebühr nur in Korrespondenz mit der zugrundliegenden staatlichen Leistung zu erheben und deren Erlöse entsprechend zu verwenden[261].

Tatsächlich ist der Kostenbezug nicht in der Lage, diese Wirkung zu gewährleisten. Sowohl materiell begriffene Gebühren als auch rechtmäßige formell begriffene Gebühren sind faktisch an die Kosten einer staatlichen Gegenleistung gebunden. Selbst andere Abgabenarten, wie Zwecksteuern, Beiträge oder Sonderabgaben korrespondieren mit schon erfüllten oder noch zu erfüllenden, aber bereits umrissenen, staatlichen Aufgaben[262]. Wenn die Bindung an entstandene Kosten nahezu jeder Abgabenart eigen ist, kann sie nicht als Unterscheidungskriterium zwischen Steuern und Gebühren dienen und den Gesetzgeber damit auch nicht in der beabsichtigten Form beschränken.

Die Schutz- und Begrenzungsanforderungen der Finanzverfassung sind allein für rechtmäßig erzielte Einnahmen relevant. Eine Gebühr, die ungerechtfertigt oder in unzulässiger Höhe erhoben wird, darf als rechtswidrige Gebühr nicht im Staatshaushalt verbleiben. Sie bewirkt kein dauerhaftes Aufkommen und kann nicht in Konkurrenz zur Steuer treten oder auf andere Weise die Finanzverfassung verletzen. Es ist mithin vollkommen ausreichend, den Schutz der Finanzverfassung auf der Ebene der Recht- und Verfassungsmäßigkeit zu gewährleisten[263].

---

[261] Wendt, Die Gebühr als Lenkungsmittel, S. 54; Kreft, Die begriffliche Abgrenzung von Steuer und Gebühr, S. 18f.; Kisker, Der bergrechtliche Förderzins, S. 16; Bohley, Gebühren und Beiträge, S. 113; Kruse in Tipke/Kruse, § 3 AO Rn. 15; P. Kirchhof in Bartlsperger, S. 225, 241; Leisner, Gedächtnisschrift Peters, S. 730, 732; Arndt, WiVerw 1990, 1, 20; Heun, DVBl. 1990, 666, 673f.; Sander, DVBl. 1990, 18, 23; Kreft, DVBl. 1977, 369, 373.

[262] So auch Heimlich, Verleihungsgebühr, S. 109, der unter Bezugnahme auf Wilke, Gebührenrecht, S. 52, von einem haushaltsrechtlichen Mitteltausch spricht.

[263] So auch Meyer, Gebühren für die Nutzung von Umweltressourcen, S. 64, 71; Wieland, Die Konzessionsabgabe, S. 266.

Die einzige Funktion, die ein Gebührenbegriff bei Zugrundelegung eines funktionalen Gebührenverständnisses[264] erfüllen soll, ist die Abgrenzung zu anderen Abgaben. Wenn dies durch die Kostendeckung nicht erreichbar ist, sondern ausschließlich durch die Gegenleistungsabhängigkeit erfolgt, kann auch nur dieses Merkmal auf der begrifflichen Ebene Platz finden. Damit lässt der Gebührenbegriff dem Gesetzgeber auf der begrifflichen Ebene zwar einen weiten Gestaltungsspielraum, wie er eine Abgabenerhebung benennen will. Dagegen ist auf der Ebene der Rechtmäßigkeit in jedem Einzelfall zu überprüfen, ob eine ausreichende Rechtfertigung vorliegt und die Vorgaben der Finanzverfassung gewahrt werden[265].

Ein kostenabhängiger Gebührenbegriff, bei dem von der wirtschaftlichen Bedeutung einer Abgabe auf deren abgabenrechtliche Einordnung geschlossen würde[266], ist zur Unterscheidbarkeit einer Gebühr von der Steuer weder zweckdienlich noch erforderlich[267].

cc. Kostenübersteigende Gebühren

Für einen kostenabhängigen Gebührenbegriff wird zudem die Problematik der kostenüberschießenden Gebührenerhebung angeführt. Um den über die staatlichen Kosten hinausgehenden Teil einer Abgabe begrifflich nicht mehr als Gebühr sondern als Steuer zuordnen zu können, müsse die Kostenhöhe bereits auf der begrifflichen Ebene eine Rolle spielen[268].

Die Gegenleistungsunabhängigkeit kostenüberschreitender Gebührenanteile kommt in der Tat der Wirkung einer Steuer gleich[269]. Die Wirkung einer Gebühr kann für ihre Begriffsbestimmung aber nicht von entscheidender Bedeutung sein. Auch andere Auswirkungen, wie etwa die Lenkungswirkung,

---

[264] Zum funktionalen Gebührenverständnis, welches weitgehend unbestritten von Rspr. und Lit. vorausgesetzt wird, Heimlich, Verleihungsgebühr, S. 72ff.

[265] So i. Erg. auch BVerfG, 2 BvL 9/98 vom 19.03.2003, Absatz-Nr. 44, 64, www.bverfg.de/entscheidungen/ls20030319 2 bvl000998.html (Stand: 04/2004); Sacksofsky, Umweltschutz durch nichtsteuerliche Abgaben, S. 112.

[266] So schon O. Mayer, Dt.VerwR, Bd.2 (2. A.), S. 505.

[267] So i.Erg. auch Murswiek, NuR 1994, 170, 174; Drömann, Nichtsteuerliche Abgaben im Steuerstaat, S. 285; Heimlich, Verleihungsgebühr, S. 102ff., 120ff.; Wieland, Die Konzessionsabgabe, S. 266; Meyer, Gebühren für die Nutzung von Umweltressourcen, S. 64 und auch schon O.Mayer, Dt.VerwR, Bd.2 (2.A.), S. 505.

[268] Wendt, Die Gebühr als Lenkungsmittel, S. 207; Kreft, Die begriffliche Abgrenzung von Steuer und Gebühr, S. 208; ders., DVBl. 1977, 369, 372f.; Sander, DVBl. 1990, 18, 19; Arndt, BB 1992 (Beil. 8), S. 1, 4.

[269] So auch Hansjürgens, Umweltabgaben im Steuersystem, S. 112 (Fn. 51); Meyer, Gebühren für die Nutzung von Umweltressourcen, S. 65.

sind Steuern und Gebühren gemein, ohne dass sie in den Gebührenbegriff aufgenommen würden.
Setzt man den Kostenbezug begrifflich voraus, führt dies zu einer nachträglichen Aufspaltung einheitlich erhobener Abgaben. Dies wäre ebenso unpraktikabel wie überflüssig. Der als Steuer qualifizierte überschießende Gebührenanteil wäre in einer zusätzlichen Prüfung an den Maßstäben der Art. 105ff. GG zu beurteilen. Diesen Anforderungen könnte er mangels einer Ermächtigung regelmäßig nicht standhalten. Würde man ihn weiterhin als Gebühr ansehen, wäre im Rahmen der Rechtmäßigkeitsprüfung festzustellen, dass er in der kostenübersteigenden Höhe keine Rechtfertigung erfährt und daher eine rechtswidrige Gebühr darstellt[270]. Die bundesstaatliche Finanzverfassung würde dadurch nicht gefährdet, eine einheitliche Prüfung und die Trennung zwischen Begrifflichkeit und Rechtmäßigkeit aber gewahrt[271].
Zudem sind die Kosten einer staatlichen Leistung häufig nicht eindeutig bestimmbar. Insbesondere in der Betriebswirtschaftslehre ist die Berechnung von Kosten ein außerordentlich umstrittenes Gebiet[272]. Der genaue Umschlagpunkt einer Gebühr in eine Steuer wäre daher nicht eindeutig festzustellen[273]. Um eine verlässliche Zuordnung zu gewährleisten, haben derartige wirtschaftliche Betrachtungen nicht schon im Rahmen der begrifflichen Einordnung, sondern erst bei der Frage der Rechtmäßigkeit ihren Platz. Das Problem der kostenübersteigenden Gebühr ist keine Frage des Gebührenbegriffs, sondern der Gebührenrechtfertigung[274].
Die Konzeption einer Gebührensteuer, als welche der kostenübersteigende Abgabenteil mitunter klassifiziert wird, kann ebenfalls nicht überzeugen. Sie verkennt den verfassungsrechtlichen Steuerbegriff, dessen unbestrittenes Merkmal die Gegenleistungslosigkeit ist. Die Gebührensteuer würde nur erhoben, wenn eine staatliche Gegenleistung bestünde und wäre zumindest

[270] So auch Drömann, Nichtsteuerliche Abgaben im Steuerstaat, S. 292; Meyer, Gebühren für die Nutzung von Umweltressourcen, S. 65; Heimlich, Verleihungsgebühr, S. 109f.; Murswiek, NuR 1994, 170, 174.
[271] Dieser Gedanke liegt wohl auch der neueren Rechtsprechung des BVerfG zugrunde, die Anforderungen an nichtsteuerliche Abgaben allein auf der Ebene der Rechtmäßigkeit stellt, vgl. BVerfGE 93, 319, 342f., 347; 96, 357, 359f.; BVerfG, 2 BvL 9/98 vom 19.03.2003, Absatz-Nr. 49ff., www.bverfg.de/entscheidungen/ls20030319 2 bvl000998.html (Stand: 04/2004).
[272] Vgl. hierzu Diederlich, Allgemeine Betriebswirtschaftslehre, S. 504ff.
[273] So auch Meyer, Gebühren für die Nutzung von Umweltressourcen, S. 64.
[274] Ähnlich Lerche/Pestalozza, Die bergrechtliche Förderabgabe im System des horizontalen Finanzausgleichs, S. 85; Meyer, Gebühren für die Nutzung von Umweltressourcen, S. 66.

nicht in Gänze gegenleistungsunabhängig[275]. Sie beruht auf der unzulässigen Spaltung eines einheitlichen Abgabentatbestandes in zwei Komponenten und löst kein Problem[276]. Ihre Anforderungen bleiben unklar und eine Umgehung der Finanzverfassung wird nicht verhindert. Im Ergebnis ist F. Kirchhof zuzustimmen, wenn er formuliert, dass eine überhöhte Gebühr nicht wegen ihres Umfangs unvermittelt in eine andere Abgabeart hineinwachse, sondern dann vielmehr rechtswidrig werde, aber Gebühr bleibe[277].

dd. Historische Perspektive

Ferner wird die historisch gewachsene Vorstellung von der Gebühr als kostenausgleichende Gegenleistung für einen kostenbezogenen Gebührenbegriff angeführt. Den Regelungen der §§ 2 FAG, 1 RAO liege ebenso ein materieller Gebührenbegriff zugrunde wie der Rechtsprechung des Reichsfinanzhofes und des Preußischen Oberverwaltungsgerichts. Das Grundgesetz habe ein materielles Verständnis der Gegenleistungsfunktion vorgefunden und übernommen[278]. Die Ausgleichsfunktion der Gebühr lässt sich historisch fast durchgängig nachweisen. Damit ist sie allerdings nicht zwangsläufig als allgemein anerkanntes Begriffsmerkmal anzusehen. Stets versuchten starke Bestrebungen, den Gebührenbegriff von bestimmten Gebührenfunktionen zu entkoppeln und lehnten insbesondere die Aufnahme der Kostendeckungsfunktion lange Zeit ab[279].

Der klassische Gebührenbegriff stützte sich darauf, dass dem Gebührenpflichtigen ein Vorteil zugute kommt, der über denjenigen hinausgeht, den alle Bürger durch das Vorhandensein einer Staatsgewalt erhalten[280]. Dazu ist die Entstehung entsprechender Kosten aber nicht zwangsläufig, wie etwa das mittelalterliche Regalienwesen oder die Matrikularbeiträge deutlich machen[281].

---

[275] So i.Erg. auch Lerche/Pestalozza, Die bergrechtliche Förderabgabe im System des horizontalen Finanzausgleichs, S. 79.

[276] So auch Meyer, Gebühren für die Nutzung von Umweltressourcen, S. 65.

[277] F. Kirchhof, DVBl. 1987, 554, 555; BVerfG, 2 BvL 9/98 vom 19.03.2003, Absatz-Nr. 44, www.bverfg.de/entscheidungen/ls20030319 2 bvl000998.html (Stand: 04/2004); ähnlich auch schon Sondervotum Geiger/Rink/Wand zu BVerfGE 31, 337, 344.

[278] Wendt, Die Gebühr als Lenkungsmittel, S. 54, 57, 64 m.w.N.

[279] Ehlers, FinArch 13 (1896), 439, 463ff.; Gerlach, S. 4f.; v.Schall, S. 104 (Fn. 2); Strutz, S. 624; aktuell auch Heimlich, Verleihungsgebühr, S. 97 m.w.N.

[280] v.Stein, Lehrbuch der Finanzwissenschaft, S. 273ff.; v.Heckel, Gebühren, in Handwörterbuch der Staatswissenschaften, S. 514; Leisner, Gedächtnisschrift Peters, S. 730, 731; Meyer, Gebühren für die Nutzung von Umweltressourcen, S. 44f. m.w.N.

[281] Vgl. Teil 1 A. § 1 I.

Würde man die Kostenfunktion als zwingendes Merkmal des historisch gewachsenen Gebührenbegriffs ansehen, blieben die so verstandenen klassischen Gebühren unberücksichtigt[282]. Zu einer ausdrücklichen Bezugnahme auf die Kostendeckung kam es erst durch die preußische Gesetzgebung[283]. Allein deshalb von einem historisch gewachsenen, allgemein verfassungsrechtlich anerkannten Begriffsmerkmal zu sprechen, erscheint schwer nachvollziehbar.
Im Ergebnis besteht kein historischer Gebührenbegriff, der die Kostendeckungsfunktion voraussetzte. Das Grundgesetz hat zwar einen althergebrachten Gebührenbegriff inkorporiert. Dieser enthält aber genauso wenig das Element der Ausgleichsfunktion wie das der Kostendeckung oder anderer Gebührenfunktionen[284].

ee. Offenheit des Gebührenbegriffs - Individualschutz des Gebührenschuldners

Für ein formales, keinen Kostenbezug voraussetzendes Begriffsverständnis spricht das Bedürfnis eines Höchstmaßes an dogmatischer Offenheit und gebührenrechtlicher Flexibilität. Das auch im Gebührenrecht zu beachtende Primat der Politik zwingt dazu, den Gebührengesetzgeber nicht über Gebühr begrifflich einzuengen. Im Rahmen der verfassungsrechtlichen Grenzen muss er grundsätzlich frei gestalten können[285].
Die Vertreter eines Kostenbezugs sehen in einer zu ausgeweiteten Flexibilität des Gebührengesetzgebers die Gefahr einer unverhältnismäßigen und gleichheitswidrigen Belastung der Gebührenschuldner. Erforderlich seien feste, voraussehbare Gebührensätze, die nur ein Gebührenbegriff gewährleisten könne, der an die Kosten der Gegenleistung anknüpfe[286]. Sie verkennen dabei, dass die Frage der individuellen Belastung des Einzelnen zutreffend auf der Rechtmäßigkeitsebene Berücksichtigung zu finden hat. Hier ist zu fragen, ob die Erhebung einer konkreten Gebühr gerechtfertigt ist und ob die jeweilige Höhe angemessen ist[287]. Spielte der Individualschutz bereits auf der Begriffsebene eine Rolle, könnte derselbe Sachverhalt bei verschiedenen Abgaben-

[282] So i.Erg. auch Heimlich, Verleihungsgebühr, S. 97f.; Drömann, Nichtsteuerliche Abgaben im Steuerstaat, S. 280f., Meyer, Gebühren für die Nutzung von Umweltressourcen, S. 44ff., 69; Murswiek, NuR 1994, 170, 173.
[283] Vgl. etwa § 4 II und § 6 III preuß KAG; PrOVGE 28, 74, 76; 35, 26, 28; vgl. auch Meyer, Gebühren für die Nutzung von Umweltressourcen, S. 46f. m.w.N.
[284] So auch Heimlich, Verleihungsgebühr, S. 98.
[285] So auch Heimlich, Verleihungsgebühr, S. 116, 118.
[286] Raecke, Das Kostendeckungsprinzip, S. 22; Kreft, DVBl. 1977, 369, 373; jew.m.w.N.
[287] So auch Heimlich, Verleihungsgebühr, S. 120.

schuldnern zu unterschiedlichen Abgabenformen führen. Um dies zu vermeiden, hat die begriffliche Einordnung stets losgelöst vom Einzelfall in abstrakt-genereller Weise zu erfolgen.
Wenn der Kostenbezug auf der begrifflichen Ebene keine Funktion erfüllt, liegt es nahe, einen Gebührenbegriff anzunehmen, der den Gebührengesetzgeber nicht unnötig einengt. Ansätze, die neben dem Kostenbezug noch weitere Anforderungen an die Anerkennung einer Gebühr stellen, können daher erst recht nicht überzeugen. So sind die Absichten, die der monopolistische Gebührenbegriff mit einer Einengung auf Monopolsituationen verfolgt, ebenso durch das Merkmal der Gegenleistungsabhängigkeit oder die Prüfung der Rechtmäßigkeit zu berücksichtigen. Zudem führte er zu so paradoxen Ergebnissen, dass ein Postporto zu der Zeit, als die Post im alleinigen Bundesbesitz war und ein Briefmonopol besaß, eine Gebühr darstellte. Die gleiche Gegenleistung würde heute, allein aufgrund veränderter Organisationsformen, als „Preis" gelten. Weil das Postmonopol zunächst nur in Bezug auf die Paketbeförderung fiel, hätte das Briefporto weiterhin eine Gebühr dargestellt, das Paketporto aber einen Preis. Eine solche Differenzierung wäre ebenso lebensfremd wie grundgesetzwidrig. Art. 80 II GG spricht nämlich ausdrücklich von Gebühren für die Benutzung von Einrichtungen des Postwesens. Den Anforderungen der Rechtssicherheit hält eine derart undurchschaubare Abgabeneinordnung nicht stand[288].
Im Rahmen der zunehmenden Privatisierung von Verwaltungsleistungen würde der Anwendungsbereich der Gebühr fortschreitend reduziert und auf den „Preis" umgelenkt. Warum eine bestimmte faktische Wettbewerbssituation Auswirkungen auf den Rechtsbegriff der Gebühr haben soll, ist nicht ersichtlich.

3. Resümee

Dem Grundgesetz ist allein die Gegenleistungsabhängigkeit als gebührenrechtliches Begriffsmerkmal zu entnehmen. Darüber hinaus können keine weiteren Anforderungen abgeleitet werden. Es spricht vieles dafür, in den Gebührenbegriff nicht mehr Kriterien aufzunehmen, als die Verfassung vorgibt. Nur so kann er verfassungsfest sein[289] und die nötige Rechtsklarheit und Rechtssicherheit gewährleisten, damit nicht nach 150 Jahren rechtswissenschaftlicher Arbeit

[288] Ähnlich und mit weiteren Beispielen aus dem Bereich der Abfallentsorgung und des Rundfunkwesens, Heimlich, Verleihungsgebühr, S. 96ff.
[289] So auch Meyer, Gebühren für die Nutzung von Umweltressourcen, S. 59; Heimlich, Verleihungsgebühr, S. 114.

noch immer die Klage Lorenz von Steins berechtigt ist, dass jeder unter Gebühren etwas anderes verstehe[290].

Damit ist jeder Gebührenbegriff abzulehnen, der einen Kostenbezug oder weitere Begriffsmerkmale voraussetzt und die Gebühr damit unbegründet einengt. Alle damit verfolgten Ziele und Absichten finden entweder schon durch das Kriterium der Gegenleistung, welches im Einzelfall eng auszulegen ist, oder auf der Ebene der Rechtmäßigkeit Berücksichtigung. Allein aus diesem Grund sind der materielle und der darauf aufbauende monopolistische Gebührenbegriff abzulehnen. Der grundsätzlich formelle Ansatz Wilkes bemüht sich zwar zutreffend, den Gebührenbe-griff von anderen Anforderungen als der Gegenleistungsabhängigkeit frei zu halten, setzt aber durch die Aufnahme der Gebührenfunktion einen Kostenbezug auf der Begriffsebene voraus und kann aus diesem Grunde nicht überzeugen.

Im Ergebnis sind die Gebührenbegriffe anzunehmen, die, wie der streng formale oder auch der doppelgliedrige Ansatz, allein die Gegenleistungsabhängigkeit als Gebührenmerkmal ansehen.

[290] v.Stein, Lehrbuch der Finanzwissenschaft, S. 248.

4. Subsumtion der Versteigerungserlöse unter den Gebührenbegriff

Aufgrund des so verstandenen Gebührenbegriffs sind die UMTS-Versteigerungserlöse auf ihre Gegenleistungsabhängigkeit zu untersuchen.
Eine formal begründete Gegenleistung müsste grundsätzlich jedes staatliche Handeln, Dulden oder Unterlassen umfassen. Weil dieses Merkmal aber das einziges Abgrenzungskriterium einer Gebühr darstellt, verlangt es eine erhöhte Aufmerksamkeit. Die Abhängigkeit der staatlichen Leistung von der Gegenleistung muss hervortreten und ausdrücklich feststellbar sein. Leistung und Gegenleistung müssen so fest miteinander verbunden sein, dass die Gebühr gerade um der Leistung willen zu erbringen ist[291]. Es muss eine besondere Austauschbeziehung bestehen, die den Gebührenschuldner in einer Weise aus der Allgemeinheit heraushebt, die ihn von denen unterscheidet, die nicht Empfänger einer Leistung und damit nur steuerpflichtig sind[292]. Die Leistung muss gegenüber der Gegenleistung also kausal und individuell zurechenbar sein. So kann der Befürchtung begegnet werden, dass eine Abgabe begrifflich als Gebühr anerkannt wird, obwohl sie offensichtlich rechtswidrig ist oder in Konkurrenz zur Steuer steht.
Zur Beurteilung dieser Anforderungen in Bezug auf die UMTS-Versteigerungserlöse ist zunächst zu klären, an welche staatlich erbrachte Leistung diese anknüpfen.

a. Staatliche Leistung für die erbrachten Versteigerungserlöse

Die rechtswissenschaftliche Literatur unterscheidet zwischen verschiedenen Leistungsformen, an die eine Gebührenpflicht anknüpfen kann und damit auch zwischen unterschiedlichen Gebührenarten. Für die verfassungsrechtliche Beurteilung oder die Einordnung einer Abgabe ist eine solche Differenzierung nicht erforderlich. Mit ihr gehen jedoch verschiedene Rechtfertigungsversuche einher, so dass sie dennoch hilfreich sein kann. Die staatliche Leistung kann entweder in einer Zurverfügungstellung einer öffentlichen Einrichtung (Benutzungsgebühr), in einer dem Gebührenschuldner individuell gewidmeten

[291] Meyer, Gebühren für die Nutzung von Umweltressourcen, S. 81; Sacksofsky, Umweltschutz durch nichtsteuerliche Abgaben, S. 209; Vogel/Walter in BK, Art. 105 Rn. 44.
[292] Wilke, Gebührenrecht, S. 86ff.; Bohley, Gebühren und Beiträge, S. 26ff.; Münch, Kollektive Güter und Gebühren, S. 53; Meyer, Gebühren für die Nutzung von Umweltressourcen, S. 80f.; Sacksofsky, Umweltschutz durch nichtsteuerliche Abgaben, S. 207; Drömann, Nichtsteuerliche Abgaben im Steuerstaat, S. 219ff. m.w.N.

Verwaltungstätigkeit (Verwaltungsgebühr) oder in einer Übertragung eines subjektiven öffentlichen Rechts (Verleihungsgebühr) liegen[293].

aa. Zurverfügungstellung einer öffentlichen Einrichtung

Mit der Zuteilung einer UMTS-Lizenz und der darin liegenden Möglichkeit UMTS-Frequenzen zu nutzen, könnte die RegTP eine öffentliche Einrichtung zur Verfügung gestellt haben, so dass die Versteigerungserlöse eine Benutzungsgebühr darstellten.

Eine solche Einrichtung setzt einen primär sachgebundenen Produktions- oder Dienstleistungsapparat voraus, den der Staat nicht vorfindet, sondern selbst erschafft. Ansonsten bestünden keine staatlichen Aufwendungen, die durch eine Gebühr auszugleichen wären[294]. Mit den hier zugrundeliegenden UMTS-Lizenzen und -Frequenzen stellt der Staat den Empfängern die Ressource Luftraum zur Nutzung für einen bestimmten Zweck zur Verfügung. Dieses Gut und die davon betroffenen Rechte findet der Staat vor, sie stellen nicht das Produkt einer Leistung oder Dienstleistung dar. Die RegTP eröffnet den Abgabenpflichtigen keine staatliche Einrichtung, so dass in der UMTS-Lizenzverleihung keine mit einer Benutzungsgebühr auszugleichende Leistung liegt[295].

bb. Individuell gewidmete Verwaltungstätigkeit

Die staatliche Leistung könnte in der Tätigkeit der RegTP bei der Zuteilung der UMTS-Lizenzen liegen, so dass die Versteigerungserlöse als Verwaltungsgebühr anzusehen wären.

Mit einer solchen Gebühr gleicht der Staat die Kosten der Inanspruchnahme einer bestimmten Amtshandlung oder einer sonstigen administrativen Tätigkeit

---

[293] Vgl. zu dieser dreigliedrigen Aufteilung der Gebührenarten Vogel/Waldhoff in BK, Vorbem. z. Art.104 a-115 Rn. 422; Siekmann in Sachs, vor Art. 104 a Rn. 71f.; Heun in Dreier, Art. 105 Rn. 19; Vogel in HStR IV, § 87 Rn. 46; P. Kirchhof, ebend., § 88 Rn. 186; ders., Jura 1983, 505, 511; Heimlich, Verleihungsgebühr, S. 29; Wilke, Gebührenrecht, S. 111; Kruse, Steuerrecht, S. 40; Grote in Kodal/Krämer, Straßenrecht, S. 699; Maiwald, GewArch 1993, 45, 46; Becker, JA 2002, 752, 753; ders., DÖV 2003, 177, 178f.; Arndt, WiVerw 1990, 1, 23f.; jew.m.w.N auf z.T. str. Einzelelemente der Begriffsbildung.

[294] F. Kirchhof, Die Höhe der Gebühr, S. 26; ders., DVBl. 1987, 554, 557; P. Kirchhof, Jura 1983, 505, 511; Sacksofsky, Umweltschutz durch nichtsteuerliche Abgaben, S. 92f., 198; Arndt, WiVerw 1990, 1, 28; Weyreuther, UPR 1988, 161, 164.

[295] So auch Arndt, K&R 2001, 23, 29; Kloepfer, Informationsrecht, S. 487.

von einem im Wesentlichen personell bestimmten Verwaltungsapparat aus[296]. Hinsichtlich der UMTS-Lizenzen bestand eine Leistung der Verwaltung darin, ein Vergabeverfahren zu organisieren und durchzuführen. Für diese Amtshandlung kann die RegTP eine Verwaltungsgebühr gemäß § 16 I TKG erheben[297]. Vorliegend verhinderte allerdings § 16 II TKG aber eine entsprechende Vereinnahmung[298], so dass die Versteigerungserlöse keine Gebühr im Sinne der §§ 16 I TKG, darstellen. Sie bemessen sich nicht nach dem Verwaltungsaufwand, sondern nach dem jeweils höchsten Gebot. Darin soll sich der in Geld ausgedrückte Nutzungsvorteil für den Lizenznehmer widerspiegeln[299]. Die Kosten, die mit der Arbeit der RegTP bei der Vergabe der Lizenzen für den Staat entstanden sind, finden dabei keine Berücksichtigung. Damit ist in den Versteigerungserlösen zumindest zum ganz überwiegenden Teil auch kein Pendant zu der in § 16 I TKG geregelten Verwaltungsgebühr zu sehen. Die Verwaltungshandlung der Auswahl und der Zuteilung kommt als auszugleichende staatliche Leistung mithin nicht in Betracht[300].

cc. Verleihung eines subjektiven Rechts

Die staatliche Leistung könnte schließlich darin liegen, dass die RegTP den Lizenzempfängern das Recht einräumt, ein UMTS-Netz zu betreiben und die dazu erforderlichen UMTS-Frequenzen zu nutzen. Der Versteigerungserlös wäre als sogenannte Verleihungs- oder Konzessionsgebühr einzuordnen.
Ein solcher Gebührentyp liegt vor, wenn einzelne Grundrechtsträger einen privilegierten Zugang zu Gütern der Allgemeinheit erhalten und dadurch einen besonderen Vorteil erfahren, den die Erhebung einer Abgabe auszugleichen beabsichtigt[301]. Im Unterschied zu den bereits dargestellten Gebührenarten ist nicht der Verwaltungsvorgang oder die Inanspruchnahme einer bestimmten

---

296 F. Kirchhof, Die Höhe der Gebühr, S. 25; ders., DVBl. 1987, 554, 555; Sacksofsky, Umweltschutz durch nichtsteuerliche Abgaben, S. 92; Heimlich, Verleihungsgebühr, S. 29.
297 Schütz in Beckscher Kommentar, § 16 Rn. 1 a, der ausdrücklich zur Rechtsverleihung als staatlicher Leistung abgrenzt.
298 Siehe Teil 1 B. § 2 I.
299 Begründung des TKG-Versteigerungsverfahrens in BT-Drs. 13/3609, S. 39.
300 So auch Arndt, K&R 2001, 23, 29; Kämmerer, NVwZ 2002, 161, 162.
301 Siekmann in Sachs, Vorbem. Art. 104 a Rn. 72; Vogel/Walter in BK, Art. 105 Rn. 40; Kloepfer, Umweltrecht, § 5 Rn. 288; Meßerschmidt, Umweltabgaben als Rechtsproblem, S. 198; F. Kirchhof, Die Höhe der Gebühr, S. 24ff.; ders., DÖV 1992, 233, 233; Kruse in Tipke/Kruse, § 3 AO Tz. 20; Kruse, Steuerrecht, S. 40; Wolff/Bachof, Verwaltungsrecht I, S. 312; Schneider, VBlBW 1988, 161, 163; Arndt, WiVerw 1990, 1, 25f.; vgl. auch BVerfGE 93, 319, 319ff.

Einrichtung zu entgelten, sondern der durch die Verleihung eines Rechts eingeräumte Sondervorteil an einem nicht erst vom Staat geschaffenen Gut[302]. Die rechtswissenschaftliche Literatur bezeichnet diesen Gebührentyp mitunter auch als Ressourcennutzungsgebühr[303] oder Duldungsgebühr[304]. Mit diesen unterschiedlichen Begriffen gehen verschiedene Belastungsgründe einher, an die eine Gebührenerhebung anknüpfen soll. Zum einen wird die staatliche Leistung schon in der Verleihung des jeweiligen Rechts gesehen[305], zum anderen soll erst die tatsächliche Inanspruchnahme des Allgemeingutes oder die staatliche Duldung seiner Nutzung heranzuziehen sein[306]. Die Abgrenzung dieser Ansätze ist bislang nicht abschließend geklärt.

Wenn der Staat ein öffentliches Gut der freien wirtschaftlichen Betätigung entzieht, liegt darin, dass er es wieder zur Verfügung stellt, eine staatliche Leistung. Allein der Gestattungsakt eröffnet die Nutzung und privilegiert die Begünstigten. Die tatsächliche Ressourcennutzung, die der Bürger im Anschluss daran vornimmt, erfolgt vollkommen unabhängig von staatlicher Einflussnahme und ist daher nicht als eigene staatliche Leistung anzusehen. Insbesondere wenn der Staat die Vorteilsgewährung in einer einmaligen Zahlungsverpflichtung abgelten will, kann er im Vorhinein nicht an die ungewisse zukünftige Inanspruchnahme anknüpfen. Bei einer Vielzahl knapper Güter, wie etwa dem der Funkfrequenzen, ist die tatsächliche Nutzung zudem äußerst schwierig zu bemessen. Gleiches gilt für ein Anknüpfen an die Duldung des Staates. Auch hier erfolgt zuvor die Rechtsverleihung als staatliche Leistung und allein zu diesem Zeitpunkt ist, unabhängig vom Ausmaß des Duldens,

---

302 Heimlich, Verleihungsgebühr, S. 233; Horn, Feldes- und Förderabgabe, S. 195f.

303 F. Kirchhof, NVwZ 1987, 1031, 1031ff.; ders., DVBl. 1987, 554, 554ff.; Pietzcker, DVBl. 774, 774; Friauf, Festschrift Uni Köln, S. 679, 679ff.; Wieland, Die Konzessionsabgabe, S. 298ff.; v.Mutius/Lünenbürger, DVBl. 1995, 1205, 1205; Sanden, UPR 1996, 181, 181; Heimlich, Verleihungsgebühr, S. 212ff.; Drömann, Nichtsteuerliche Abgaben im Steuerstaat, S. 17; Sacksofsky, Umweltschutz durch nichtsteuerliche Abgaben, S. 95; Hendler, NuR 1989, 22, 22.

304 Grundlegend Murswiek, NuR 1994, 170, 170; ders., NVwZ 1996, 417, 417; Kluth, NuR 1997, 105, 105; Meyer, Gebühren für die Nutzung von Umweltressourcen, S. 181; dies., NVwZ 2000, 1000, 1003f.

305 Drömann, Nichtsteuerliche Abgaben im Steuerstaat, S. 22ff.; Heimlich, Verleihungsgebühr, S. 218ff.; Wieland, Die Konzessionsabgabe, S. 298ff.; Sacksofsky, Umweltschutz durch nichtsteuerliche Abgaben, S. 95; F. Kirchhof, NVwZ 1987, 1031, 1035; ders., DVBl. 1987, 554, 558.

306 Murswiek, NuR 1994, 170, 170; ders., NVwZ 1996, 417, 417; Kluth, NuR 1997, 105, 105; Meyer, Gebühren für die Nutzung von Umweltressourcen, S. 182ff.; dies., NVwZ 2000, 1000, 1003f.

eine einmalige Gebühr zu erheben. Als abzuschöpfender Vorteil ist im Ergebnis das Recht zur Inanspruchnahme eines Gutes der Allgemeinheit zu sehen und dem Ansatz der Verleihungs- oder der Konzessionsgebühr zu folgen[307]. Mit der Erteilung der UMTS-Lizenzen verleiht die RegTP den erfolgreichen Auktionsteilnehmern das Recht, eine bestimmte Telekommunikationstätigkeit aufzunehmen und in diesem Zusammenhang ein bestimmtes Allgemeingut, nämlich die dazu erforderlichen Mobilfunkfrequenzen, exklusiv zu nutzen. Allein in der Einräumung dieses Rechts und des damit einhergehenden Sondervorteils ist die staatliche Leistung zu sehen, die der Erhebung der UMTS-Versteigerungserlöse gegenübersteht.

Die Anerkennung einer solchen Verleihungsgebühr wird in der rechtswissenschaftlichen Diskussion kontrovers diskutiert. Viele Stimmen lehnen es ab, allein in der Rechtsgewährung einen Gebührentatbestand zu erkennen[308]. Nach dem hier vertretenen streng formalen Gebührenbegriff kann dies der Anerkennung einer Abgabe als Gebühr aber nicht entgegenstehen. Auf der begrifflichen Ebene kommt es allein darauf an, dass die Gebühr an eine staatliche Leistung anknüpft. Sofern diese, was im Folgenden zu untersuchen ist, kausal für die Abgabenerhebung und dem Abgabenpflichtigen individuell zurechenbar ist, liegt eine Gebühr, speziell eine Verleihungsgebühr, vor.

b. Kausalität zwischen Leistung und Gegenleistung

Eine kausale Verbindung zwischen einer staatlichen Leistung und einer Gebührenerhebung als Gegenleistung existiert, wenn die Leistungspflicht akzessorisch mit dem Erfüllen der Gegenleistung verbunden ist und mit dieser steht und fällt. Es muss eine Abhängigkeit bestehen, wie sie im Zivilrecht in § 320 I BGB Ausdruck findet[309]. Diese Verknüpfung muss sich ferner im Tatbestand des zugrundeliegenden Abgabengesetzes manifestieren, damit der Staat eine Gebühr nicht voraussetzungslos, wie eine Steuer, erheben kann[310].

---

307 Dementsprechend ist auch die diesbezügliche Rechtsprechung des BVerfG zu interpretieren. In BVerfGE 93, 319, 344, 346 führt das Gericht aus, dass ein Wasserentnahmeentgelt „für“ die Leistung der „Eröffnung der Möglichkeit der Wasserentnahme“ erhoben wird. Die tatsächliche Inanspruchnahme dient dabei lediglich als Maßstab der Gebührenhöhe.

308 P. Kirchhof, HStR IV, § 88 Rn. 187; Pietzcker, DVBl. 1987, 774, 775; Friauf, Festschrift Uni Köln, S. 679, 683f.; ausführlich Teil 1 C. § 1 II. m.w.N.

309 Sacksofsky, Umweltschutz durch nichtsteuerliche Abgaben, S. 209; Meyer, Gebühren für die Nutzung von Umweltressourcen, S. 81f.; Wilke, Gebührenrecht, S. 88.

310 Meyer, Gebühren für die Nutzung von Umweltressourcen, S. 81, 108; Sacksofsky, Umweltschutz durch nichtsteuerliche Abgaben, S. 209; vgl. zu der vorliegend erfüllten Anforderung, dass der Abgabenschuldner durch die Zahlung auch einen Anpruch auf die

§ 16 I TKG legt fest, dass Lizenzen gegen Gebühren erteilt werden. Daraus ginge eine Abhängigkeit der Lizenzerteilung von der Gebührenbegleichung hervor. Weil die UMTS-Versteigerungserlöse wegen der Einschränkung des § 16 II TKG aber nicht auf der Grundlage des § 16 I TKG erhoben wurden[311], kann diese Norm keine entsprechende Kausalität manifestieren. Eine ausdrückliche gesetzliche Formulierung, welche die Lizenzerteilung an die Erhebung der Versteigerungserlöse knüpft, lässt sich im TKG nicht finden. Einer solchen bedarf es vorliegend aber auch nicht, denn das in § 11 IV TKG vorgeschriebene Versteigerungsverfahren setzt selbstverständlich und wesensnotwendig voraus, dass der Ersteigerer die Erlöse nur in Abhängigkeit eines erteilten Zuschlags und damit vorliegend nur bei gleichzeitiger Zuteilung einer UMTS-Lizenz zu entrichten hat. Ohne die Verleihung der Lizenz und die Zusicherung der Frequenz hätten die Telekommunikationsunternehmen die Versteigerungssumme nicht bieten und begleichen müssen, so dass deren Erbringung mit der Lizenzübertragung steht und fällt. Zwischen der staatlichen Leistung der Rechtsverleihung und der Zahlung der Versteigerungserlöse besteht eine unmittelbare Abhängigkeit und ein kausaler Zusammenhang.

c. Individuelle Zurechenbarkeit

Neben der Kausalität von Leistung und Gegenleistung betrifft die individuelle Zurechenbarkeit das Verhältnis zwischen Leistungserbringer und Gebührenschuldner. Sie ist gegeben, wenn eine Leistung sich vorteilhaft oder nachteilig auf den Betroffenen auswirkt, in seinem Interesse liegt oder von ihm veranlasst ist[312]. Zwischen Staat und Bürger als Gebührenschuldner und Gegenleistungsempfänger muss eine Verbindung existieren, die über die allgemeine Verbindung von Bürger und Staat hinausgeht[313]. Weil Gebührengläubiger und

---

staatliche Leistung erhalten muss Vogel/Walter in BK, Art. 105 Rn. 44; Voigt, DVBl. 1980, 985, 986; Kloepfer, JZ 1983, 742, 745.

311 Siehe Teil 1 B. § 2 I.

312 Wilke, Gebührenrecht, S. 86ff.; Bohley, Gebühren und Beiträge; S. 26ff.; Münch, Kollektive Güter und Gebühren, S. 53; Meyer, Gebühren für die Nutzung von Umweltressourcen, S. 83f.; Sacksofsky, Umweltschutz durch nichtsteuerliche Abgaben, S. 207; Drömann, Nichtsteuerliche Abgaben im Steuerstaat, S. 219ff.; Menger/Erichsen, VerwArch 56 (1965), 75, 80; jew.m.w.N.

313 So können beispielsweise Abgaben für den Bereich der militärischen Verteidigung, der Außen- oder Währungspolitik und der allgemeinen polizeilichen Arbeit nicht als individuell zurechenbar angesehen werden. Sie kommen zwar dem Einzelnen zugute, schaffen aber keine Sonderbeziehung, sondern begünstigen alle Bürger in gleicher Weise; vgl. Sacksofsky, Umweltschutz durch nichtsteuerliche Abgaben, S. 207; Hendler, AöR 115 (1990), 577, 601;

-schuldner durch dieses Merkmal erst bestimmt werden, muss es den Gebührenpflichtigen klar erkennen lassen und den Staat als Leistungserbringer individualisieren[314].
Mit der UMTS-Lizenzverleihung verschafft die RegTP den Empfängern ein Rechtsposition, für die sie den durch die Versteigerung ermittelten Geldbetrag entrichten. Zwischen der RegTP und dem Lizenzempfänger wird eine Bindung geschaffen, in der jeder Partner eine Leistung zu erbringen hat. Der Staat setzt die Höhe des für eine Lizenz zu entrichtenden Entgelts nicht einseitig fest, sondern ermittelt es durch die Gebote der Bieterunternehmen. Auch dadurch besteht zwischen dem Staat und den Abgabenschuldnern eine enge Sonderverbindung, die über die übliche Bürger-Staat-Beziehung hinausgeht. Die jeweilige Leistungserbringung macht den Lizenzempfänger als Schuldner und die RegTP als Gläubigerin der Gebühr deutlich. Insgesamt liegt die Lizenzverleihung im Interesse der erfolgreichen Bieter, wirkt sich positiv auf diese aus und schafft eine Sonderverbindung zwischen ihnen und der Verwaltung, so dass sie individuell zurechenbar ist.

IV. Ergebnis

Zusammenfassend ist die Erteilung des in der UMTS-Lizenz liegenden subjektiv-öffentlichen Rechts als Gegenleistung für die Erhebung der Versteigerungserlöse anzusehen. Sie war für die Abgabenerhebung kausal und ist den Pflichtigen individuell zurechenbar. Die UMTS-Versteigerungserlöse sind begrifflich als nichtsteuerliche Abgaben in Form von Gebühren, speziell als Verleihungsgebühren, anzuerkennen[315]. Dass dem Staat bei der Rechtsverleihung lediglich zu vernachlässigende Kosten entstanden sind, steht dem nicht entgegen. Der Kostenbezug stellt kein Begriffsmerkmal der Gebühr dar.

Meyer, Gebühren für die Nutzung von Umweltressourcen, S. 83; Drömann, Nichtsteuerliche Abgaben im Steuerstaat, S. 219ff. m.w.N.

[314] Meyer, Gebühren für die Nutzung von Umweltressourcen, S. 86ff., will die genaue staatliche Ebene, welche die Leistung zu erbringen hat, erkennen können, während Sacksofsky, Umweltschutz durch nichtsteuerliche Abgaben, S. 208, es für die Abgrenzung zur Steuer zu Recht ausreichen lässt, dass der Vorteil vom Staat und nicht von privater Seite erbracht wurde.

[315] So i. Erg. auch Arndt K&R 2001, 23, 28ff.; Schumacher, NJW 2000, 3096, 3098; Degenhart, K&R 2001, 32, 34; Hidien, UR 2002, 165, 167; Storr, K&R 2002, 67, 73; Kämmerer, NVwZ 2002, 161, 163; Becker, JA 2002, 752, 754; ders., Die Verwaltung 35 (2002), 1, 14; ders., DÖV 2003, 177, 178; anders Kötter, DVBl. 2001, 1556, 1562f.; Hufeld, JZ 2002, 871, 876f., die in den UMTS-Erlösen eine sonstige Abgabe sehen, oder Klöck, RTkom 2000, 280, 286, der von einem (Kauf-) Preis ausgeht.

Mit dieser Einordnung kann die Frage der formellen Kompetenz des Bundes zur Regelung und Erhebung der Versteigerungserlöse beantwortet werden: Eine diesbezügliche Ermächtigung ergibt sich aus einem Annex zu seiner Gesetzgebungskompetenz bei der Regulierung des Telekommunikationsmarktes gemäß Art. 73 Nr.7 GG. Die Berechtigung zur gebührenrechtlichen Verwaltungstätigkeit und damit auch zur Gebührenerhebung folgt aus seiner Verwaltungskompetenz für diese Materie gemäß Art. 87 f II 2, III GG.
Die Ausgangsfrage, wie der Staat materiell dazu kommt, für die Verleihung von Lizenzen Abgaben zu erheben, ist mit dieser formellen Einordnung noch nicht beantwortet. Dazu hat vielmehr eine Prüfung auf der Ebene der Rechtmäßigkeit stattzufinden.

C. Rechtmäßigkeit der Erhebung der UMTS-Versteigerungserlöse

Um die Rechtmäßigkeit der Erhebung der UMTS-Versteigerungserlöse beurteilen zu können, ist zunächst zu untersuchen, welche Anforderungen an die Rechtmäßigkeit einer nichtsteuerlichen Abgabe in Form der Verleihungsgebühr zu stellen sind.

§ 1 Rechtmäßigkeitsanforderungen an nichtsteuerliche Abgaben in Form der Verleihungsgebühren

Das Steuerstaatsprinzip des Grundgesetzes erfordert, dass der Staat nichtsteuerliche Abgaben nur ausnahmsweise unter besonderen Voraussetzungen erheben darf. Sie müssen auf einem über die allgemeine Staatsfinanzierung hinausgehenden, rechtfertigenden Grund beruhen, um von der Steuer unterscheidbar zu sein und die Lastengleichheit der Abgabenpflichtigen zu wahren[316]. Eine Vielzahl der in der rechtswissenschaftlichen Diskussion erhobenen Stimmen bestreitet, dass eine Abgabenerhebung für die Verleihung eines Rechts diese Voraussetzungen erfüllen könne.

I. Die Diskussion um die Verleihungsgebühr

Die Diskussion um die Verleihungsgebühren hat ihre historischen Wurzeln im Mittelalter. Neben dem zunehmenden Aufkommen von steuer- oder steuerähnlichen Dauerschuldverhältnissen wurden in dieser Zeit Erträge aus Monopol- und Hoheitsrechten des Reiches und der Territorialherrschaft akquiriert. Beispielsweise erhob der mittelalterliche „Staat" Zölle und Marktgebühren sowie Einkünfte aus Münz- oder Bergregalen[317]. Bereits zu dieser Zeit erzielte man also mit der Zuteilung oder Ablösung von Rechten staatliche Einnahmen. Unter dem Grundgesetz wurden die Existenz und die Problematik der Verleihungsgebühren lange Zeit entweder gar nicht[318] oder ohne weitere Erörterung nur der Vollständigkeit halber erwähnt[319]. Erst im Zusammenhang mit der Einführung der bergrechtlichen Feldes- und Förderabgabe durch das BBergG

---

[316] Siehe Teil 1 A. § 1 V. c.

[317] Häuser, Abriss der geschichtlichen Entwicklung der öffentlichen Finanzen, S. 29; Tautscher, Geschichte der deutschen Finanzwissenschaft, S. 384ff.; P. Kirchhof in HStR IV, § 88 Rn. 3; Friauf, Festschrift Uni Köln, S. 679, 684; Wilke, Gebührenrecht, S. 314.

[318] Maunz in Maunz/Dürig, Art. 104 a Rn. 8; Birk in AK (2.A.), Art. 105 Rn. 11; Schneider in AK (3.A.), Art. 105 Rn.11; Tipke/Lang, Steuerrecht (11.A.), S. 72; Arndt, Steuerrecht, S. 10f.; Birk, Steuerrecht (2.A.), § 4 Rn. 9ff.

[319] Wolff/Bachof, VerwR I, S. 312; F. Kirchhof, Die Höhe der Gebühr, S. 29; Vogel/Walter in BK, Art. 105 Rn. 40; Kimminich, DÖV 1976, 649, 651; Stober JA 1988, 250, 254.

im Jahre 1982[320] rückte sie ins rechtswissenschaftliche Blickfeld. Zwar stand dabei zunächst die praktische Frage im Vordergrund, ob die so erzielten Einnahmen in den horizontalen Finanzausgleich einzustellen seien[321]. Aus diesem Anlass diskutierte die Literatur aber auch über die grundsätzliche verfassungsrechtliche Zulässigkeit dieses Gebührentyps[322]. Einen erneuten Auftrieb erhielt die Auseinandersetzung anlässlich der von vielen Ländern erhobenen Abwasserabgaben oder Wasserpfennige[323], sowie der Lizenzentgelte für die Zulassung von Sonderabfallentsorgern in Niedersachsen[324].
Das BVerfG hatte über die verfassungsrechtliche Zulässigkeit von Verleihungsgebühren ausdrücklich noch nicht zu entscheiden. Daher finden sich konkrete diesbezügliche Äußerungen nur äußerst selten in seiner Rechtsprechung. Im Rahmen seiner 1986 ergangenen Entscheidung über die finanzausgleichsrechtliche Berücksichtigung der bergrechtlichen Förderabgabe nahm das Gericht selbst keine Einordnung vor[325]. Eine Zuordnung als Verleihungsgebühr findet sich aber im Rahmen eines abweichenden Sondervotums des Richters Niebler[326]. Am ausführlichsten befasste sich das Gericht mit dieser Abgabenart im Zusammenhang mit zwei Verfassungsbeschwerden gegen den baden-württembergischen Wasserpfennig und die hessische Grundwasserabgabe[327].

---

320 Vgl. Kremer/Neuhaus, Bergrecht, Rn. 153.

321 Friauf, JA 1984, 618, 627 m.w.N.

322 Boldt/Weller, BBergG, vor § 30, Rn. 4ff.; Piens/Schulte/Vitzthum, BBergG, § 31 Rn. 2f.; Kisker, Der bergrechtliche Förderzins, S. 8ff.; Nicolaysen, Bewilligung und Förderabgabe nach dem BBergG, S. 34ff.; P. Kirchhof, Der Verfassungsauftrag zum Länderfinanzausgleich, S. 77ff.; Lerche/Pestalozza, Die bergrechtliche Förderabgabe im System des horizontalen Finanzausgleichs, S. 67ff.

323 Kritisch: P. Kirchhof, Verfassungsrechtliche Beurteilung der Abwasserabgaben des Bundes, S. 17; ders. in HBdStR IV, § 88 Rn. 187; ders., ZIP 1984, 1423, 1427; Weyreuther, UPR 1988, 161, 164; Pietzcker, DVBl. 1987, 774, 774ff.; Heun DVBl. 1900, 666, 673; Hofmann, VBlBW 1988, 426, 428; Becker, DÖV 2003, 177, 180.
Befürwortend: F. Kirchhof, DVBl. 1987, 554, 554ff.; ders., NVwZ 1987, 1031, 1035ff.; ders., DÖV 1992, 233, 237; ders., DVBl. 1994. 1101, 1104; ders., UTR 16 (1992), 101, 112; Henneke, Jura 1990, 113, 114; Horn, Feldes- und Förderabgabe, S. 187ff.; Wieland, Die Konzessionsabgabe, S. 305f.; Kloepfer, Umweltrecht, § 5 Rn. 288; Forsthoff, Lehrbuch des Verwaltungsrechts, S. 396; Meßerschmidt, Umweltabgaben als Rechtsproblem, S. 198, 202; ders., DVBl. 1987, 925, 932; Nicolaysen, Bewilligung und Förderabgabe nach dem BBergG, S. 36; Kühne, DB 1982, 1693, 1696; eingeschränkt befürwortend: Hendler, AöR 115 (1990), 577, 605; Tipke/Lang, S. 49; Arndt, WiVerw 1990, 1, 25; Hendler, NuR 1989, 22, 24.

324 Kloepfer, UPR 1997, 81, 81ff.; Wieland, WUR 1991, 128, 128ff.; Kloepfer/Follmann, DÖV 1988, 573, 574ff.

325 BVerfGE 72, 330, 410ff.

326 Sondervotum Niebler zu BVerfGE 72, 330, 433ff.

327 BVerfGE 93, 319, 319ff.

Das entsprechende Urteil aus dem Jahre 1995 kann als grundlegend für die verfassungsrechtliche Entwicklung der Verleihungsgebühr angesehen werden. Ebenso wie in den darauf folgenden Entscheidungen[328] nennt das BVerfG die Verleihungsgebühr zwar nicht ausdrücklich, es zeigt aber, dass es sie unter bestimmten Kriterien anerkennt[329]. Aus dieser Chronologie wird ersichtlich, dass sich die Diskussion um Verleihungsgebühren weitestgehend im Bereich des Umweltrechts und der Nutzung von natürlichen Ressourcen wie Wasser, Stein u.Ä. bewegt. Im Folgenden ist zu untersuchen, welche Erkenntnisse aus dieser Auseinandersetzung gewonnen werden können und ob diese auf den Bereich der Telekommunikationslizenzen übertragbar sind. Am anschaulichsten nähert man sich dieser Frage anhand der gegen diesen Abgabentyp geäußerten Kritikpunkte und Bedenken.

II. Bedenken gegen die Anerkennung einer Verleihungsgebühr

Vor allem vor der Entscheidung des BVerfG über die genannten Wasserentnahmeabgaben hielt die Mehrzahl der Literaturstimmen die Erhebung einer Verleihungsgebühr für verfassungswidrig. Auch danach taten sich viele Stimmen noch schwer, sie als dritten Gebührentyp neben Verwaltungs- und Benutzungsgebühren anzuerkennen[330]. Begründet wird diese ablehnende Haltung mit unterschiedlichen Argumenten: Einerseits stützt man sich auf die bereits ausführlich dargelegte Begrifflichkeit der Gebühr. Für die Vertreter eines Gebührenbegriffes, der an die Höhe der Gebühr anknüpft und einen entspre-

---

[328] BVerfGE 97, 332, 343; BVerfG, 2 BvL 9/98 vom 19.03.2003, Absatz-Nr. 59, 76ff., www.bverfg.de/entscheidungen/ls20030319 2 bvl000998.html (Stand: 04/2004). In der Entscheidung über die hier zu untersuchenden UMTS-Versteigerungserlöse (BVerfGE 105, 185, 193) hatte das BVerfG nur deren Verteilung im Finanzausgleich zu beurteilen und konnte eine Einordnung offenlassen.

[329] Heimlich, Verleihungsgebühr, S. 214; ders., DÖV 1997, 996, 996ff.; Murswiek, NVwZ 1996, 421, 422ff.; Meyer, NVwZ 2000, 1000, 1002ff.; Kluth, NuR 1997, 105, 105ff.; Euler, BB 1998, 1087, 1088; obwohl inhaltlich kritisch, auch v.Mutius/Lünenbürger, NVwZ 1996, 1061, 1062; Sanden, UPR 1996, 181, 183; Raber, NvWZ 1997, 219, 222; jew.m.w.N.

[330] Zu den Gegnern dieser Abgabe zählen insbes.: Pietzcker, DVBl. 1987, 774, 775; Friauf, Festschrift Uni Köln, S. 679, 683f.; P. Kirchhof in HStR IV, § 88 Rn. 187; ders., Verfassungsrechtliche Beurteilung der Abwasserabgaben des Bundes, S. 17; ders., ZIP 1984, 1423, 1427; Weyreuther, UPR 1988, 161, 164; Heun, DVBl. 1900, 666, 673; Hofmann, VBlBW 1988, 426, 428; Sander, DVBl. 1990, 18, 22f.; Schulte, NJW 1981, 88, 91; Manssen, DÖV 1996, 12, 16; Morgenthaler, SächsVBl. 1994, 97, 99f.; v.Mutius/Lünenbürger, DVBl. 1995, 1205, 1207f.; Selmer, UTR 16 (1992), 15, 43f. (insbes. Fn. 145); Becker, Die Verwaltung 35 (2002), 1, 17ff.; ders., DÖV 2003, 177, 180; Hansjürgens, StuW 1993, 20, 32f.; Kluth, WiB 1995, 318, 322f.; ders., NuR 1997, 105, 107; Raber, NVwZ 1997, 219, 222.

chenden Kostenbezug voraussetzt, scheidet eine Anerkennung der Verleihungsgebühr schon begrifflich aus. Durch die Einräumung eines Rechts entstehen dem Staat keine Kosten, die durch eine Gebühr auszugleichen wären[331]. Legt man aber den hier vertretenen streng formalen Gebührenbegriff zugrunde und verneint das Erfordernis eines Kostenbezugs, steht die Begrifflichkeit der Anerkennung einer Verleihungsgebühr nicht entgegen. Daneben stützt sich die Kritik auf das Prinzip des Steuerstaates und auf die gleichheits- und freiheitsrechtlichen Gewährleistungen der Grundrechte.

1. Freiheitsrechtliche Gewährleistungen

Das Grundgesetz gewähre den Individuen umfangreiche Grundrechte, die ihnen neben vielen anderen Freiheiten auch eine unabhängige wirtschaftliche Betätigung eröffneten. Diese zwängen den Staat zu einer Rechtsgewährung „umsonst" und ohne „Fiskalvorbehalt"[332]. Durch die Anerkennung der Verleihungsgebühr erhielte der Gesetzgeber die Möglichkeit, beliebige freiheitsausübende Tätigkeiten unter Erlaubnisvorbehalt zu verbieten und nur gegen Entgelt wieder zu gestatten, ohne dafür aber eine bezifferbare Leistung zu erbringen[333]. Eine Möglichkeit, diese Gebühren dem Grunde nach einzugrenzen oder der Höhe nach sachgerecht zu bemessen, bestünde nicht[334]. Die Verleihungsgebühr mache eine Rechtsgewährung von einer Geldzahlung abhängig und beschränke eine freie wirtschaftliche Betätigung. Der Staat verkaufe Verfassungsrechte[335] und erhebe einen „Preis für die Freiheit"[336].

---

331 Speziell in Bezug auf die Anerkennung der Verleihungsgebühr: Friauf, Festschrift Uni Köln, S. 679, 682; Jarass, DÖV 1989, 1013, 1016; Weyreuther, UPR 1988, 161, 164; Sander, DVBl. 1990, 18, 23; Becker, Die Verwaltung 35 (2002), 1, 17ff.; ders., DÖV 2003, 177, 180; Boldt/Weller, BBergG, vor § 30 Rn. 6; Piens/Schulte/Vitzthum, BBergG, § 31 Rn. 2.

332 P. Kirchhof in HStR IV, § 88 Rn. 187, 204; ders., Jura 1983, 505, 512; ders., Der Verfassungsauftrag zum Länderfinanzausgleich, S. 77, 79; ders., Verfassungsrechtliche Grenzen von Umweltabgaben, S. 13f.; Birk, Steuerrecht (2.A.), § 4 Rn. 12; ähnlich Gosch, StuW 1991, 201, 208.

333 P. Kirchhof in HStR IV, § 88 Rn. 187; Friauf, Festschrift Uni Köln, S. 679, 683f.; Pietzcker, DVBl. 1987, 774, 778; Jarass, DÖV 1989, 1013, 1016; Weyreuther, UPR 1988, 161, 165; Hofmann, VBlBW 1988, 426, 428; Raber, NVwZ 1997, 219, 221.

334 Pietzcker, DVBl. 1987, 774, 778; Jarass, DÖV 1989, 1013, 1016.

335 Friauf, Festschrift Uni Köln, S. 679, 682; P. Kirchhof in HStR IV, § 88 Rn. 187; ders., Jura 1983, 505, 512; ders., Der Verfassungsauftrag zum Länderfinanzausgleich, S. 79; ders., Verfassungsrechtliche Grenzen von Umweltabgaben, S. 17; ders., Verwalten durch „mittelbares" Einwirken, S. 115; Donner/Fischer, Umweltschutz durch Abgaben, S. 366, 372; Pietzcker, DVBl. 1987, 774, 777f.; Heun, DVBl. 1990, 666, 674.

336 Friauf, Festschrift Uni Köln, S. 679, 683f.; P. Kirchhof in HStR IV, § 88 Rn. 187.

Im Gegensatz zu den Staaten der Antike und des Mittelalters, in denen die Veräußerung von Hoheitsrechten durchaus üblich gewesen sei, stehe der moderne, freiheitliche Rechtsstaat diesem Zweck ablehnend gegenüber. Der demokratische Gedanke der Volkssouveränität hindere ihn, das Staatsvolk als ausbeutbares Herrschaftsobjekt zu behandeln. Die Verleihungsgebühr bedeute einen Rückfall in ein „vormodernes Regaliensystem“[337], stelle einen Fremdkörper oder Anachronismus dar und sei ein veraltetes und konsequenterweise ausgestorbenes Abgabeninstrument[338].

2. Gleichheitsrechtliche Gewährleistungen

Die im Grundgesetz verankerten Gleichheitsrechte schrieben eine grundsätzlich gleichmäßige Heranziehung der Steuerbürger zur Finanzierung des allgemeinen Staatshaushaltes vor. Die Verleihungsgebühr belaste die ihr unterworfenen Abgabensubjekte im Gegensatz zu anderen Empfängern von Rechten und im Gegensatz zu anderen Abgabenschuldnern jedoch doppelt: Zum einen erhebe der Staat Steuern auf einen aus der Rechtsverleihung hervorgehenden Gewinn, zum anderen werde durch die Verleihungsgebühr schon die Erwartung einer Gewinnerzielung im Vorhinein abgeschöpft. Die Erträge beider Abgaben kämen dem allgemeinen Staatshaushalt zugute[339]. Durch die Erhebung einer Verleihungsgebühr erfolge die staatliche Erteilung von Rechten anhand der Differenzierungskriterien „arm und reich“. Damit schaffe der Staat ein gleichheitswidriges Zwei-Klassen-Recht[340].

3. Steuerstaatliche Gewährleistungen

Durch eine bloße Rechtsverleihung erbringe der Staat keine relevante Leistung für den Bürger, so dass eine Verleihungsgebühr nicht zu deren Ausgleich dienen könne. Er sei vollständig finanzwirksam und stehe dem Staat ungebunden zur Begleichung seiner allgemeinen Aufgaben zur Verfügung. Weil ausschließlich die Steuer derart fungible Finanzmittel gewähre, sei die Verlei-

---

337 Friauf, Festschrift Uni Köln, S. 679, 684.

338 P. Kirchhof, Jura 1983, 505, 511; ders. in HStR IV, § 88 Rn. 187; Friauf, Festschrift Uni Köln, S. 679, 682.

339 Friauf, Festschrift Uni Köln, S. 679, 682f., 693ff.; Balmes, DStZ 1990, 198, 201; Schneider, VBlBW 1988, 161, 163; Arndt, WiVerw 1990, 1, 35.

340 Friauf, Festschrift Uni Köln, S. 679, 693; P. Kirchhof in HStR IV, § 88 Rn. 187.

hungsgebühr hinsichtlich ihrer Verwendbarkeit von dieser nicht zu unterscheiden[341].

Ebenso könne die Verleihungsgebühr hinsichtlich des Abgabentatbestandes nicht von der Steuer unterschieden werden. Der moderne Staat habe sich auf die Erfüllung öffentlicher Versorgungsaufgaben beschränkt, während er das Wirtschaften den Privaten überlasse. Deren wirtschaftliche Leistung diene als Anknüpfungspunkt für die Erhebung von Steuern[342]. Durch die Erhebung von Verleihungsgebühren werde ein vermuteter wirtschaftlicher Vorteil abgeschöpft, der aus einer wirtschaftlichen Leistung resultieren soll. Dieselbe wirtschaftliche Leistung sei sowohl das Zugriffsobjekt der Verleihungsgebühr als auch der Steuer. Sie stehe damit im Widerspruch zum verfassungsrechtlich vorgegebenen Steuerstaatsprinzip[343] und unterlaufe die sorgfältig ausbalancierte Begrenzung der Finanzverfassung[344].

Ferner durchbreche sie den Grundsatz, dass hoheitliche Entscheidungsprozesse und staatliche Einnahmeerzielung streng auseinanderzuhalten seien[345]. Der Rechtsstaat könne Genehmigungen nur aufgrund verwaltungsrechtlicher Anforderungen oder gesetzlich vorgegebener Sachkriterien verleihen[346]. Bei der Erhebung von Verleihungsgebühren falle die Verwaltungsentscheidung über eine Rechtsverleihung jedoch aufgrund der Absicht des Staates, Finanzmittel zu erhalten[347]. Diese Vermengung verwaltungsrechtlicher und fiskalpoli-

---

341 P. Kirchhof in HStR IV, § 88 Rn. 187; ders., Jura 1983, 505, 512; ders., Verfassungsrechtliche Beurteilung der Abwasserabgabe des Bundes, S. 17; Friauf, Festschrift Uni Köln, S. 679, 682f., 686; Weyreuther, UPR 1988, 161, 164; Pietzcker, DVBl. 1987, 774, 778; Selmer, UTR 16 (1992), 15, 43f.; Sander, DVBl. 1990, 18, 23; Heun, DVBl. 1990, 666, 674; Hofmann, VBlBW 1988, 426, 428; Becker, DÖV 2003, 177, 180.

342 Friauf, Festschrift Uni Köln, S. 679, 682f.

343 Arndt, K&R 2001, 23, 27; Pietzcker, DVBl. 1987, 774, 778; Selmer, UTR 16 (1992), 15, 43; Firauf, Festschrift Uni Köln, S. 679, 681ff., 695f. Neben der Konkurrenz zur Steuer könnten Verleihungsgebühren auch in einer solchen zur Sonderabgabe stehen. Auch in diesem Kontext betont das BVerfG, dass Einnahmen zur allgemeinen Finanzierung staatlicher Aufgaben ausschließlich durch die verfassungsrechtlich normierten Steuern erhoben werden dürfen und sonstige gegenleistungsfreie Abgaben an strenge Voraussetzungen gebunden seien, Jarass, DÖV 1989, 1013, 1016.

344 Friauf, Festschrift Jahrreiß, S. 45, 45ff.; Kloepfer/Follmann, DÖV 1988, 573, 581; Arndt, BB 1992 (Beil. 8), 1, 4; ders., WiVerw 1990, 1, 29; v.Mutius/Lünenbürger, NVwZ 1996, 1061, 1063; ders., DVBl. 1995, 1205, 1207.

345 Vgl. Teil 1 A. § 1 V. 1. c.

346 P. Kirchhof, Jura 1983, 505, 506; ders., Besteuerungsgewalt und Grundgesetz, S. 3ff.; ders., VVDStRL 39 (1981), 213, 227ff.; Isensee, Festschrift Ipsen, S. 409, 416.

347 P. Kirchhof in HStR IV, § 88 Rn. 187; ders., Der Verfassungsauftrag zum Länderfinanzausgleich, S. 79; ders., Verfassungsrechtliche Beurteilung der Abwasserabgabe des Bundes,

tischer Erwägungen führe zu einer „Kommerzialisierung der Verwaltung"[348]. Die Summe dieser Erwägungen begründet die Ablehnung der Verleihungsgebühren durch weite Teile der Literatur[349].

III. Rechtmäßigkeitsanforderungen an die Erhebung von Verleihungsgebühren

Die Befürworter einer Verleihungsgebühr argumentieren teilweise rein pragmatisch mit einer tatsächlichen Notwendigkeit eines solchen Gebührentatbestandes. Vor allem im Umweltbereich seien Verleihungsgebühren als notwendiges Mittel einer effektiven Umweltpolitik erforderlich[350]. Allein der politische Wunsch, ein zusätzliches Lenkungs- oder Finanzierungsmittel zu besitzen, kann die dargelegten rechtsdogmatischen Bedenken aber nicht entkräften. Im Folgenden ist vielmehr zu untersuchen, ob die einzelnen gegen die Zulässigkeit der Verleihungsgebühr erhobenen Argumente widerlegt werden können bzw. welche zusätzlichen Anforderungen an die Rechtmäßigkeit dieser Gebühr zu stellen sind, um sie mit der Verfassung in Einklang zu bringen.

1. Sachliche Rechtfertigung zur Sicherung freiheitsrechtlicher Gewährleistungen

Wenn der Staat die Wahrnehmung einer wirtschaftlichen Betätigung (Art. 14 I GG), die Ausübung eines Berufs (Art. 12 I GG) oder zumindest die allgemeine Handlungsfreiheit (Art. 2 I GG) zunächst verbietet und durch die Aufhebung dieses Verbots wieder gestattet, beschränkt er damit die zugrundeliegenden Freiheiten. Er greift ein weiteres Mal in diese Gewährleistungen ein, wenn er die Inanspruchnahme von einer Geldzahlung abhängig macht[351]. Allerdings

---

S. 17; ders., Jura 1983, 505, 512; Friauf, Festschrift Uni Köln, S. 679, 686; Siekmann in Sachs, vor Art. 104 a Rn. 73; vgl. auch die entsprechenden Bedenken des Bundestages zu einem Wasserentnahmeentgelt im WHG, BT-Drs. 2/3536, S. 7.

[348] Krüger, DVBl. 1955, 518, 520; P. Kirchhof, Der Verfassungsauftrag zum Länderfinanzausgleich, S. 79; ders., Verwalten durch mittelbares Einwirken, S. 115f.; ders., Verfassungsrechtliche Grenzen von Umweltabgaben, S. 13f.; ders., Die Entgeltlichkeit der Straßenbenutzung, in: Ein Vierteljahrhundert Straßenrechtsgesetzgebung, S. 225, 228; Friauf, Festschrift Uni Köln, S. 679, 687f.; Pietzcker, DVBl. 1987, 774, 778.

[349] Einige Literaturstimmen ordnen sie als Sonderabgaben ein und messen sie an den daran zu stellenden Anforderungen, Friauf, Festschrift Uni Köln, S. 679, 696; Heun, DVBl. 1990, 666, 673; Jarass, DÖV 1989, 1013, 1016.

[350] Murswiek, NuR 1994, 170, 171; Köck, JZ 1993, 59, 60; Kloepfer, Umweltrecht, § 5 Rn. 253ff.

[351] Vgl. zur Grundrechtsverletzung durch Abgaben Vogel in HStR IV, § 87 Rn. 82ff., 87ff. und zur Grundrechtsverletzung durch Erlaubnisvorbehalte ausführlich Teil 2 B. § 1.

liegt nicht in jedem Grundrechtseingriff zwangsläufig auch eine unzulässige Freiheitsverletzung. Entsprechend der allgemeinen Grundrechtsdogmatik können Eingriffe im Rahmen der jeweiligen Grundrechtsschranken legitimiert werden. Entscheidend ist also nicht, dass eine Freiheit beeinträchtigt wird, sondern allein, ob und wie dies gerechtfertigt werden kann[352].

Um die Belastung eines Abgabenpflichtigen durch eine nichtsteuerliche Abgabe und damit auch durch eine Verleihungsgebühr zu rechtfertigen, reicht es nicht aus, dass diese an eine besondere staatliche Leistung anknüpft. Vor den Grundrechten und der Finanzverfassung muss vielmehr ein sachlicher Grund ihre Erhebung tragen. In seiner Entscheidung über die in Baden-Württemberg und Hessen erhobenen Wasserentnahmeabgaben stellt dies auch das BVerfG ausdrücklich fest. Für die Zulässigkeit jeder nichtsteuerlichen Abgabe sei entscheidend, dass sie die Anforderungen erfülle, „die sich aus der Begrenzungs- und Schutzfunktion" der Finanzverfassung ergäben[353]. Neben der im folgenden noch zu erörternden Sicherstellung der Belastungsgleichheit und der Vollständigkeit des Haushaltsplans müsse sie vor allem einen sachlichen Rechfertigungsgrund aufweisen und hinreichend von der Steuer unterscheidbar sein. In seiner Entscheidung über die in Baden-Württemberg erhobenen Rückmeldegebühren bestätigt das Gericht diese Anforderungen und zählt als mögliche Rechtfertigungsgründe den Aufwandsausgleich, den Lenkungszweck, einen sozialen Zweck oder den Vorteilsausgleich auf[354].

a. Rechtfertigung mit dem Aufwandsausgleich

Im Namen des Aufwandsausgleichs werden unter dem Grundgesetz traditionell die erwähnten Benutzungs- und Verwaltungsgebühren erhoben. Als Rechtfertigung dient das Ziel, auf Verwaltungsseite entstandene Aufwendungen oder Lasten auszugleichen[355]. Wenn der Bürger eine staatliche Leistung veranlasst oder in Anspruch nimmt, ist er dafür verantwortlich, dass dem Staat Aufwendungen entstehen. Es ist daher sachgerecht, ihm diese in Form einer Gebühr

---

352 So auch Kämmerer, NVwZ 2002, 161, 163.

353 BVerfGE 93, 319, 345; ebenso BVerfG, 2 BvL 9/98 vom 19.03.2003, Absatz-Nr. 57, www.bverfg.de/entscheidungen/ls20030319 2 bvl000998.html; BVerfG, 2 BvL 1/99 vom 17.07.2003, Absatz-Nr. 118ff., www.bverfg.de/entscheidungen/ls20030717 2 bvl000 199.html (jew. Stand: 04/2004).

354 BVerfG, 2 BvL 9/98 vom 19.03.2003, Absatz-Nr. 57, www.bverfg.de/entscheidungen/ ls20030319 2 bvl000998.html (Stand: 04/2004).

355 Vogel in HStR IV, § 87 Rn. 46; P. Kirchhof, ebend., § 88 Rn. 186; ders., Jura 1983, 505, 511; Wilke, Gebührenrecht, S. 111; Kruse, Steuerrecht, S. 40; Grote in Kodal/Krämer, Straßenrecht, S. 699; Maiwald, GewArch 1993, 45, 46; Arndt, WiVerw 1990, 1, 23f.

aufzuerlegen[356]. Entspricht die Höhe der Gebühr der Höhe der angefallenen Kosten, rechtfertigt dieser Aspekt eine Beschränkung der Grundrechtsträger. Zugleich gewährleistet er die Unterscheidbarkeit dieser Gebühren von der Steuer. Sie gleichen nur zuvor entstandene Kosten aus und stehen dem Staat - im Unterschied zu den Steuern - nicht zur Bewältigung allgemeiner Aufgaben zur Verfügung. Bei den vorliegend zu betrachtenden Verleihungsgebühren verursacht die mit der Abgabenerhebung korrespondierende Rechtsverleihung aber keine relevanten Kosten oder Aufwendungen, deren Ausgleich einen Grundrechtseingriff legitimieren könnte. Mit dem Ansatz des Aufwandsausgleichs ist dieser Gebührentyp mithin nicht zu rechtfertigen.

b. Rechtfertigung mit dem Lenkungszweck oder sozialen Zwecken

Ob ein Lenkungszweck die Erhebung einer Abgabe legitimieren kann, war lange Zeit umstritten[357]. Heute besteht weitgehend Einigkeit darüber, dass der kostenübersteigende Teil einer Gebühr gerechtfertigt sein kann, wenn der Staat das Verhalten der Gebührenschuldner in einer staatspolitisch erwünschten Weise beeinflussen will[358]. Der Lenkungszweck selbst stellt aber keinen Gebührenerhebungsgrund dar. Er ist lediglich ein zulässiges Bemessungskriterium und kann den Rahmen der Gebührenhöhe unabhängig von der Kostenäquivalenz erweitern[359]. Das verfolgte Lenkungsziel muss vor den Grundrechten des Gebührenbelasteten zudem selbst eine Rechtfertigung erfahren, weil in ihm eine über die rein finanzielle Belastung hinausgehende Freiheitsbeschrän-

---

[356] Friauf, Festschrift Uni Köln, S. 679, 688; Selmer/Brodersen/Nicolaysen, Straßenbenutzungsabgaben, S. 57; Vogel, Festschrift Geiger, S. 518, 530ff.; ders. in HStR IV, § 87 Rn. 46; P. Kirchhof, ebend., § 88 Rn. 188, 193ff.; Heimlich, Verleihungsgebühr, S. 131f.; Weyreuther, UPR 1997, 261, 261; Murswiek, NuR 1994, 170, 174.

[357] Vgl. noch BVerwGE 12,162, 170; BayVGH, BayVBl 1985, 250; Siekmann in Sachs, vor Art. 104a Rn. 83ff.; Leisner, Gedächtnisschrift Peters, S. 730, 745; Stober, JA 1988, 250, 255; jew.m.w.N.

[358] P. Kirchhof in HStR IV, § 88 Rn. 190; Meyer, Gebühren für die Nutzung von Umweltressourcen, S. 203ff.; Murswiek, Die Entlastung der Innenstädte, S. 60ff.; Selmer/Brodersen/Nicolaysen, Straßenbenutzungsabgaben, S. 59ff.; Kloepfer, AöR 97 (1972), 232, 232ff.; Arndt, WiVerw 1990, 1, 20ff.; Hendler, VBlBW 1991, 124, 126ff.; Wendt, Die Gebühr als Lenkungsmittel, S. 156; jew.m.w.N.; entspr. BVerfGE 50, 217, 226f.; 93, 319, 345; 97, 332, 345f.; 99, 280, 296; 105, 73, 112f.; BVerfG, 2 BvL 9/98 vom 19.03.2003, Absatz-Nr. 60, www.bverfg.de/entscheidungen/ls20030319 2 bvl000998.html (Stand: 04/2004).

[359] P. Kirchhof in HStR IV, § 88 Rn. 189ff., 207.

kung liegt[360]. Die mit der Erhebung einer Verleihungsgebühr einhergehende Beeinträchtigung der Grundrechtsträger ist also nicht allein durch eine mögliche Lenkungsfunktion zu rechtfertigen[361]. So erwähnt auch das BVerfG in seiner „Wasserpfennig"-Entscheidung die Lenkungsfunktion, stützt die Abgabenerhebung im Ergebnis aber nicht darauf[362].
Entsprechend können die durch das BVerfG neuerdings erwähnten sozialen Zwecke eine bestimmte Ausgestaltung von Gebührenregelungen, etwa die Abstufung der Gebührenhöhe nach der Leistungsfähigkeit der Gebührenpflichtigen, rechtfertigen[363]. Sie stellen für sich gesehen aber keinen eigenständigen Rechtfertigungsgrund dar, auf den man die Erhebung einer Verleihungsgebühr oder einer anderen Abgabe stützen könnte.

c. Rechtfertigung mit der Vorteilsausgleichung

Als selbständiger und unabhängiger Rechtfertigungsgrund einer Verleihungsgebühr kann der sogenannte Vorteilsausgleich dienen[364], den auch das BVerfG in seiner neueren Rechtsprechung ausdrücklich anerkennt[365]. Wenn der Staat einem Grundrechtsträger einen Vorteil einräumt, soll er diesen durch die Auferlegung einer Gebühr wieder ausgleichen dürfen[366]. In dem Recht zur

---

360 Murswiek, Die Entlastung der Innenstädte, S. 63; Meyer, Gebühren für die Nutzung von Umweltressourcen, S. 216ff., 236f.; Krause, Die Nahverkehrsabgabe, S. 93; Heimlich, Verleihungsgebühr, S. 129, 159, 208; Drömann, Nichtsteuerliche Abgaben im Steuerstaat, S. 303; Kluth, NuR 1997, 105, 108f.; Mußgnug, Zeitschrift für Bergrecht 1993, 168, 173f.

361 Siekmann in Sachs, vor Art. 104 a Rn. 78 m.w.N.

362 BVerfGE 93, 319, 339, 345; entspr. BVerfG, 2 BvL 9/98 vom 19.03.2003, Absatz-Nr. 63, www.bverfg.de/entscheidungen/ls20030319 2 bvl000998.html (Stand: 04/2004).

363 BVerfG, 2 BvL 9/98 vom 19.03.2003, Absatz-Nr. 61, www.bverfg.de/entscheidungen/ls20030319 2 bvl000998.html (Stand: 04/2004).

364 Teilweise ohne die Verleihungsgebühr selber anzuerkennen, Pietzcker, DVBl. 1987, 774, 777; Arndt, WiVerw 1990, 1, 25f.; Hendler, AöR 115 (1990), 577, 603; ders., NuR 1989, 22, 24; Heun, DVBl. 1990, 666, 673; Kühne, DB 1982, 1693, 1696; Sanden, UPR 1996, 181, 183; Wieland, Die Konzessionsabgabe, S. 235, 258, 304; Vogel, Festschrift Geiger, S. 518, 530ff.; ders. in HStR IV, § 87 Rn. 46; Drömann, Nichtsteuerliche Abgaben im Steuerstaat, S. 33f.; Meyer, Gebühren für die Nutzung von Umweltressourcen. S. 203; Murswiek, NuR 1994, 170, 174; Heimlich, DÖV 1997, 996, 999.

365 BVerfGE 93, 319, 344, 346; BVerfG, 2 BvL 9/98 vom 19.03.2003, Absatz-Nr. 59, www.bverfg.de/entscheidungen/ls20030319 2 bvl000998.html (Stand: 04/2004).

366 BVerfGE 93, 319, 347; BVerfG, 2 BvL 9/98 vom 19.03.2003, Absatz-Nr. 59, www.bverfg.de/entscheidungen/ls20030319 2 bvl000998.html (Stand: 04/2004); Vogel, Festschrift Geiger, S. 518, 530ff.; P. Kirchhof in HStR IV, § 88 Rn. 190; F. Kirchhof, Die Verwaltung 21 (1988), 137, 152; Meyer, Gebühren für die Nutzung von Umweltressourcen, S. 176; Henseler, S. 81; Murswiek, Die Entlastung der Innenstädte, S. 59, 65; ders., NuR 1990, 289, 296; ders., NuR 1994 170, 175f.; Matthiesen, NWVBl. 1987, 74, 76f.;

Nutzung oder zum Verbrauch öffentlicher Güter liegt regelmäßig ein wirtschaftlicher Wert, dessen Zuwendung für den Begünstigten einen Vorteil begründet[367]. Durch die Rechtsverleihung will der Staat ihm zwar den darin liegenden Leistungsgegenstand zuwenden, die damit einhergehende Vermögensverbesserung aber regelmäßig vorenthalten. Sie privilegierte ihn gleichheitswidrig gegenüber anderen Grundrechtsträgern, denen eine solche Verbesserung nicht zuteil wird. Die Erhebung einer entsprechenden Gebühr neutralisiert den gleichheitswidrigen Vermögensvorteil und versetzt die Grundrechtsträger wertmäßig wieder auf das gleiche Ausgangsniveau[368].
Neben dieser gleichheitsstiftenden Funktion spricht der jedem staatlichen Handeln zugrunde liegende Aufopferungsgrundsatz für das Erfordernis einer solchen Abschöpfung. Danach muss der Staat Sonderopfer und Beeinträchtigungen, die er nicht der Allgemeinheit, sondern einzelnen Grundrechtsträgern auferlegt, durch Entschädigungen kompensieren. Wenn dieser Grundsatz hinsichtlich staatlich bedingter Verminderungen privaten Vermögens gilt, liegt es nahe, ihn entsprechend anzuwenden, wenn der Staat privates Vermögen vermehrt, ohne dass dies unmittelbar der Allgemeinheit dient[369].
Ferner ist der Staat dem Gemeinwohl verpflichtet. Diese Bindung verbietet es, im Interesse Einzelner zu Lasten der Allgemeinheit zu wirken. Der Nutzen Einzelner kann nur dann Ziel staatlicher Tätigkeit sein, wenn er zumindest auch im Gemeinwohlinteresse liegt, also einen Nebenzweck zum gemeinwohlorien-

---

Meßerschmidt, UTR 3 (1987), 83, 98; Puwalla, Qualifikation von Abgaben, S. 106, 138; Drömann, Nichtsteuerliche Abgaben im Steuerstaat, S. 302f.; Schollmeier, WUR 1991, 1, 3; Stallknecht, Lizenz und Lizenzentgelt, S. 195; Hansjürgens, Umweltabgaben im Steuersystem, S. 107; ders., StuW 1993, 20, 32; Heimlich, Verleihungsgebühr, S. 132ff.; Wieland, WUR 1991, 128, 133; Krause, Die Nahverkehrsabgabe, S. 79f., 85; Weyreuther, UPR 1988, 161, 162ff.; Heun, DVBl. 1990, 666, 674; Ritgen, AöR 127 (2002), 351, 384f.

[367] F. Kirchhof, DVBl. 1987, 554, 555; Vogel, Festschrift Geiger, S. 518, 530, 536; Wieland, WUR 1991, 128, 133; Meyer, Gebühren für die Nutzung von Umweltressourcen. S. 177.

[368] So auch Heimlich, Verleihungsgebühr, S. 135ff.; Murswiek, Die Entlastung der Innenstädte, S. 65; Meyer, Gebühren für die Nutzung von Umweltressourcen, S. 176; Drömann, Nichtsteuerliche Abgaben im Steuerstaat, S. 304; Stallknecht, Lizenz und Lizenzentgelt, S. 196; Horn, Feldes- und Förderabgabe, S. 135f.; Kisker, Der bergrechtliche Förderzins, S. 20; Hendler, AöR 115 (1990), 577, 604; Wieland, WuR 1991, 128, 133; Leisner, Gedächtnisschrift Peters, S. 730, 744.

[369] Meyer, Gebühren für die Nutzung von Umweltressourcen, S. 178; Hendler, AöR 115 (1990), 577, 604.

tierten Hauptzweck darstellt. Der aus einem staatlichen Handeln resultierende individuelle Vorteil eines Einzelnen ist für die staatlichen Organe disponibel[370]. Schließlich ist die Rechtfertigung einer Gebühr durch den Gedanken des Vorteilsausgleichs kein vollkommen unbekannter, neuer Ansatz, sondern lag schon der historischen Begründung der Gebühr bei Wagner und von Stein zugrunde[371]. Sie entspricht der klassischen Funktion der Gebühr, wie sie in ihrer Bezeichnung als „Entgelt“ und als Gegenleistung für einen besonderen Vorteil zum Ausdruck kommt. Auch vom Preußischen Oberverwaltungsgericht wurde der Vorteilsausgleich als Rechtfertigung anerkannt, so dass die gegenwärtige Gesetzespraxis diesen Rechtfertigungsansatz vorkonstitutionell vorgefunden hat[372].

Festzuhalten ist, dass es grundsätzlich gerechtfertigt sein kann, wenn der Staat mit einer Gebühr einen privaten Vorteil abschöpft, der bei einem Gebührenschuldner durch die Inanspruchnahme einer öffentlichen Leistung entstanden ist. Damit stellt sich die Verleihungsgebühr nicht zwangsläufig als unzulässiger Preis für die Freiheit dar, sondern kann durch den Gedanken der Vorteilsausgleichung legitimiert und damit rechtmäßig erhoben werden. Im Gegensatz zum mittelalterlichen Regalienwesen dient sie nicht primär der Beschaffung von staatlichen Fiskalmitteln sondern dem Vorteilsausgleich und ist nur im engen Rahmen der rechtsstaatlich garantierten Grundrechtsschranken zu erheben. Weil ihre Erlöse, vermittelt über den demokratischen Staat, der Allgemeinheit zugute kommen und nicht bei einem individuellen Herrscher verbleiben, ist sie nicht als Fremdkörper im Grundrechtsstaat, sondern vielmehr als dessen fortentwickelte, gleichheitsstiftende Ausprägung anzusehen.

aa. Vorteilsgewährung durch eine Rechtsverleihung an einem staatlich bewirtschafteten Gut der Allgemeinheit

Um die Erhebung einer Verleihungsgebühr auf diese Weise mit dem Vorteilsausgleichsgedanken zu rechtfertigen, müsste der Abgabenschuldner tatsächlich einen der Gebührenhöhe entsprechenden Vorteil erhalten haben. Dieser Klarstellung bedarf es, weil nicht in jeder Handlungsmöglichkeit oder Inanspruchnahme zwangsläufig ein abschöpfbarer Vorteil liegt. Zwar ist ein solcher

---

370 F. Kirchhof, DVBl. 1987, 554, 557; Meyer, Gebühren für die Nutzung von Umweltressourcen, S. 178; Heimlich, Verleihungsgebühr, S. 141ff.; Weyreuther, UPR 1988, 161, 162; ebenso BVerfGE 78, 249, 277, ähnlich auch P. Kirchhof, Festschrift Friauf, S. 669, 678.

371 Siehe Teil 1 B. § 4 III.

372 PrOVGE 29, 58, 63; vgl. Vogel, Festschrift Geiger, S. 518, 530ff.; Heimlich, Verleihungsgebühr, S. 132.

gegeben, wenn einem Grundrechtsträger eine Begünstigung zuteil wird, die ihm einen besonderen Nutzen bringt oder ihn in eine günstige Lage versetzt[373]. Diese Begünstigung muss aber vom Staat herrühren bzw. durch ihn eingeräumt werden, wenn er dafür eine Kompensation verlangt.

Die staatliche Einräumung von Vorteilen erfolgt insbesondere durch die Gewährung von Rechten. Sie können sich darauf beziehen, Handlungen vorzunehmen oder Güter zu nutzen. Verleihen kann sie der Staat aber nur, wenn das Verhalten oder das Gut tatsächlich seiner Verantwortung, Kompetenz und Kontrolle unterliegt. In Bezug auf die Nutzung von Gütern muss ihm deren Bewirtschaftung und Verwaltung zukommen. Ist ein Gut einem einzelnen Grundrechtsträger zuzuweisen, übernimmt dieser auch dessen Bewirtschaftung. Dabei zu erwerbende, privatrechtliche Vorteile sind nicht unmittelbar grundrechtsrelevant und bedürfen keiner staatlichen Organisation. Nur wenn ein Gut den Grundrechtsträgern als Gesamtheit zuzuordnen ist, fällt dessen Bewirtschaftung und die davon umfasste Verteilung dem Staat zu. Sie ist damit primär bei Gütern der Allgemeinheit anzutreffen[374]. Handelt es sich aber um freie Güter, wie beispielsweise das Wasser, die grundsätzlich in ausreichendem Maße für jedermann vorhanden und zugänglich sind, bedarf es des Staates nicht, um eine sachgerechte Inanspruchnahme zu organisieren. Er ist nur gefragt, wenn überwiegende Interessen der Allgemeinheit zu gewährleisten sind, eine Kollision verschiedener Nutzungsabsichten besteht oder das Allgemeingut nur begrenzt verfügbar und damit knapp ist. In diesen Fällen ist ein sachgerechter Interessenausgleich allein durch eine staatliche Regulierung zu erreichen. Eine Rechtsverleihung kann also von vornherein nur dann einen Vorteil begründen, wenn sie ein Gut der Allgemeinheit betrifft, das einer staatlichen Verwaltung und Bewirtschaftung unterliegt[375]. So wird beispielsweise Grundwasser in Deutschland staatlich bewirtschaftet, um die damit zusammenhängenden natürlichen Lebensgrundlagen zu bewahren, die verschiedenen Nutzungsinteressen in Einklang zu bringen, die Bevölkerung

---

373 Köbler, Juristisches Wörterbuch, S. 473.

374 Mitunter wird in diesem Zusammenhang auch an den Begriff der öffentlichen Sache angeknüpft; Sacksofsky, Umweltschutz durch nichtsteuerliche Abgaben, S. 203; Lorenz, NVwZ 1989, 812, 812ff.; Hendler, NuR 1989, 22, 24.

375 So i. Erg. auch BVerfGE 93, 319, 339, 345; Meyer, NVwZ 2000, 1000, 1003; Murswiek, NuR 1994, 170, 176; ders., NVwZ 1996, 417, 419; ders., JZ 1988, 985, 992f.; ders., DVBl. 1994, 77, 81ff.; F. Kirchhof, DVBl. 1987, 554, 555; Heimlich, DÖV 1997, 996, 999.

ausreichend zu versorgen und vor Gefahren für die Gesundheit, etwa aufgrund von Hochwasser oder Verunreinigungen des Trinkwassers, zu schützen[376].

bb. Materielle Erweiterung der Rechtsstellung

Der Staat darf aufgrund eines vermeintlichen Regulierungsbedürfnisses aber nicht jedes Allgemeingut unter seine Bewirtschaftung stellen, um sich die entsprechende Nutzungsgestattung dann mittels der Verleihungsgebühr entgelten zu lassen. Ansonsten könnte er, wie von den Kritikern dieses Gebührentyps befürchtet, Güter wie Luft und Sonnenlicht seiner Gewalt unterziehen und so kreative Abgabenschöpfungen wie eine Qualitätsluftgebühr für alpine Touristen oder eine Sonnenlichtgebühr an besonders sonnenreichen Orten mit der Vorteilseinräumung rechtfertigen[377]. Um dies zu verhindern, sind die Anforderungen an einen kompensierbaren Vorteil enger zu fassen.

Will der Staat ein Gut seiner Bewirtschaftung unterziehen und dessen Nutzung beeinflussen, verfügt er über zwei Bewirtschaftungsmechanismen: Zum einen kann er ein präventives Verbot mit Erlaubnisvorbehalt verhängen, zum anderen ein repressives Verbot mit Befreiungsvorbehalt erlassen. Ein präventives Verbot ist zu wählen, wenn eine Tätigkeit oder ein Vorhaben verfassungsrechtlich gewährleistet ist. Der Staat besitzt lediglich die Möglichkeit, im Einzelfall einen Verstoß gegen materiellrechtliche Vorschriften zu verhindern. Den Regelfall stellt die Erlaubnis als Aufhebung des jeweiligen Verbotes dar. Mit einem repressiven Verbot sollen Tätigkeiten oder Vorhaben hingegen grundsätzlich unterdrückt werden, weil sie gefährlich oder unerwünscht sind. Lediglich wenn sich aus der abstrakt-generellen Verbotsregelung Härten im Einzelfall ergeben, kann unter Verhältnismäßigkeitsgesichtspunkten eine Ausnahmebewilligung (Dispens) ergehen. Da kein verfassungsrechtlicher Anspruch auf das jeweilige Verhalten besteht, bleibt das Verbot der Regelfall und der Dispens die Ausnahme[378].

---

[376] Vgl. § 1 a WHG; § 2 II Nds.WG; zur staatlichen Bewirtschaftung von Wasser auch BVerfGE 10, 89, 113; 58, 300, 341; 93, 319, 339.

[377] Tipke/Lang, S. 49, Birk, Festschrift Ritter, S. 41, 51 mit weiteren fiktiven Beispielen.

[378] BVerfGE 20, 150, 157; 38, 348, 367; 49, 89, 145; 58, 300, 346f.; 80, 137, 161f.; Maurer, Verwaltungsrecht, § 9 Rn. 55; Forsthoff, Lehrbuch des Verwaltungsrechts, S. 267f.; Wieland, Die Konzessionsabgabe, S. 117; Heimlich, Verleihungsgebühr, S. 239; Meyer, Gebühren für die Nutzung von Umweltressourcen, S. 144; Drömann, Nichtsteuerliche Abgaben im Steuerstaat, S. 311; Stallknecht, Lizenz und Lizenzentgelt, S. 185; kritisch in Bezug auf die Unterscheidung dieser Mechanismen Gromitsaris, DÖV 1997, 401, 402; Rupp, NJW 1966, 2037, 2039; Schwabe, JuS 1973, 133, 134.

Während der Staat mit der Erlaubnis eines präventiv verbotenen Verhaltens lediglich die ohnehin bestehende Rechts- und Anspruchslage eines Grundrechtsträgers bestätigt, verleiht er mit einem Dispens von einem repressiven Verbot ein noch nicht bestehendes Recht und erweitert die Rechtsstellung des Empfängers in materiell-rechtlicher Weise. Allein in diesen Fällen erhält der Begünstigte einen Vorteil, den ihm die Grundrechte nicht ohnehin gewähren und der ihn gegenüber anderen Grundrechtsträgern, denen der Staat keinen Dispens erteilte, privilegiert. Nur dann besitzt er einen über eine Gebührenerhebung abschöpfbaren und kompensierbaren Sondervorteil[379]. Er kann also nicht jedes Recht an einem Allgemeingut von einer Gebühr abhängig machen, sondern nur ein solches, dessen Verleihung die Rechtslage des Begünstigten materiell-rechtlich erweitert[380].

Auch das BVerfG stellt in Bezug auf die Rechtfertigung von Wasserentnahmeentgelten fest, dass die Nutzung von Grundwasser aus dem Bereich des grundrechtlich geschützten Verhaltens herausgenommen und repressiv verboten worden sei, indem sie seit langem einer öffentlich-rechtlichen Regelung unterliege und ein Anspruch auf die Erteilung einer Erlaubnis nicht bestehe. Der Dispens von diesem Verbot erweitere die Rechtsstellung des Begünstigten und sei als Sondervorteil abzuschöpfen[381]. Hinsichtlich der entworfenen Beispielsfälle ergibt sich damit, dass zumindest Art. 2 I GG das prinzipielle Recht gewährt, Luft und Sonne in Anspruch zu nehmen. Unterstellt, eine Bewirtschaftung von Qualitätsluft oder Sonnenlicht erschiene geboten, könnte allein ein präventives Verbot mit Erlaubnisvorbehalt erforderlich und angemessen sein. Ein repressives Verbot stünde aufgrund der verfassungsrechtlichen Gewährleistung von vornherein im Widerspruch zu den Freiheitsrechten. Die Erlaubnis einer präventiv verbotenen Luft- oder Sonnennutzung erweiterte die Rechtsstellung der Begünstigten aber nicht materiell-rechtlich, so dass kein

---

379 So i. Erg. auch Meyer, Gebühren für die Nutzung von Umweltressourcen, S. 143ff.; Drömann, Nichtsteuerliche Abgaben im Steuerstaat, S. 311ff.; Heimlich, Verleihungsgebühr, S. 238ff., 247ff.; ders., DÖV 1997, 996, 999; Sacksofsky, Umweltschutz durch nichtsteuerliche Abgaben, S. 219ff.; F. Kirchhof, DVBl. 1987, 554, 559; Kisker, Der bergrechtliche Förderzins, S. 8ff.; Sander, DVBl. 1990, 18, 22; Wieland, Die Konzessionsabgabe, S. 121; Ritgen, AöR 127 (2002), 351, 387ff.; Kämmerer, NVwZ 2002, 161, 163.

380 So auch Drömann, Nichtsteuerliche Abgaben im Steuerstaat, S. 315; F. Kirchhof, DVBl. 1987, 554, 558f.; Murswiek, NVwZ 1996, 417, 419; Heimlich, DÖV 1997, 996, 999; Meyer, Gebühren für die Nutzung von Umweltressourcen, S. 143; F. Kirchhof, DVBl. 1987, 554, 558f.

381 BVerfGE 93, 319, 339, 34; ähnlich schon BVerfGE 58, 300, 346.

abschöpfbarer Sondervorteil bestünde und eine entsprechende Gebührenerhebung verfassungswidrig wäre.

cc. Wirtschaftlicher Bezug und Messbarkeit

Um die Möglichkeiten des Staates, sich mit Hilfe der Verleihungsgebühr Finanzmittel zu beschaffen, noch weiter zu begrenzen, fordern Teile der Literatur, dass ein abzuschöpfender Sondervorteil einen wirtschaftlichen Bezug aufweisen und wirtschaftlich messbar sein müsse[382].

In der Tat setzt die Kompensation eines Sondervorteils voraus, dass Zuwendung und Abschöpfung miteinander vergleichbar sind. Nur auf diese Weise ist zu gewährleisten, dass die Gebühr den Wert des zugewandten Vorteils nicht überschreitet und der Gebührenpflichtige nicht gleichheitswidrig benachteiligt wird[383]. Vergleichbar sind Vorteil und Ausgleich aber nur, wenn sie sich in einer einheitlichen Maßeinheit ausdrücken lassen. Weil der Ausgleich in Form einer Gebühr erfolgt, die regelmäßig nur wirtschaftlich zu bemessen ist, muss auch der Vorteil dieses Kriterium erfüllen. Damit wird zugleich der Einwand entkräftet, die Verleihungsgebühr sei ihrer Höhe nach nicht begrenzbar. Jede Abgabe , die messbar ist, kann auch begrenzt werden.

Ferner macht es die Abgrenzung einer Gebühr von der Steuer erforderlich, dass die Verleihungsgebühr nicht an die allgemeine Leistungsfähigkeit des Gebührenschuldners anknüpft. Könnte man den abzuschöpfenden Vorteil aber nicht wirtschaftlich messen, wäre nicht auszuschließen, dass die Verleihungsgebühr dessen Wert übersteigt und damit die Leistungsfähigkeit des Schuldners belastet[384]. Der durch eine Verleihungsgebühr abzuschöpfende Sondervorteil muss mithin wirtschaftlich messbar sein.

dd. Weitere Anforderungen ?

Vereinzelte Stimmen stellen weitere Anforderungen an die Rechtfertigung einer Verleihungsgebühr. So könne ein ausgleichbarer Sondervorteil nur bestehen, wenn der Begünstigte durch die Rechtsverleihung ein staatliches

[382] Heimlich, Verleihungsgebühr, S. 265ff.; i.Erg. auch Drömann, Nichtsteuerliche Abgaben im Steuerstaat, S. 321ff.; Arndt, WiVerw 1990, 1, 26f.; F. Kirchhof, Die Höhe der Gebühr, S. 29f.; ders., DVBl. 1987, 554, 559f.; Hendler, AöR 115 (1990), 577, 602; ders., NuR 1989, 22, 24.

[383] Ausführlich zur Bedeutung des wirtschaftlichen Wertes hinsichtlich der Unterscheidbarkeit von Gebühren und Steuern Teil 1 C. § 1 III. 3. b.

[384] So auch Heimlich, Verleihungsgebühr, S. 266ff.; Drömann, Nichtsteuerliche Abgaben im Steuerstaat, S. 324f.; jew.m.w.N.

Monopolrecht erwerbe[385] oder Zugriff auf eine der Allgemeinheit zugeordnete, sich mit der Nutzung aber verbrauchende Ressource erhielte[386].
Welchen Unterschied es für den Sachverhalt der Vorteilsausgleichung machen soll, ob der Staat durch ein Monopolrecht einem einzigen Grundrechtsträger einen Vorteil gewährt oder diesen Vorteil einer begrenzten Zahl von Begünstigten zuwendet, ist nicht ersichtlich. Entscheidend ist, dass das Recht nicht für jedermann zugänglich und verfügbar ist. Die Frage, wie viele Rechte der Staat vergibt, kann allenfalls für deren Wert beachtlich sein, aber keine allgemeine Prämisse für die Rechtfertigung einer Verleihungsgebühr darstellen[387].
Ebenso unerheblich ist die Frage, ob sich das Gut, zu welchem der Begünstigte einen Zugang erhält, durch die Nutzung verbraucht. Gleichgültig, ob es beim Berechtigten unverbraucht bestehen bleibt, der Begünstigte beim Verbrauch ein Äquivalent erhält oder der Verbrauch ohne Äquivalent eintritt: So oder so liegt in der Zurverfügungstellung und der Nutzungsmöglichkeit des Gutes ein wirtschaftlicher Wert. Dieser stellt für den Begünstigten einen exklusiven Sondervorteil dar, der abschöpfbar ist. Auch die Frage des Verbrauchs kann ausschließlich für die quantitative Bemessung des Vorteils erheblich sein, nicht aber für dessen Entstehung. Die Verschaffung eines Monopolrechts oder eines Rechts auf Nutzung einer sich verbrauchenden Ressource ist keine Voraussetzung für die Annahme eines abschöpfbaren Sondervorteils.

ee. Zwischenergebnis

Zusammenfassend kann der Staat einen mit jeder Gebührenerhebung einhergehenden Eingriff in die Freiheitsrechte rechtfertigen, wenn er dem Gebührenschuldner zuvor einen Sondervorteil zugeteilt hat, den die Gebühr kompensieren soll. Ein solcher ist gegeben, wenn der Begünstigte das Recht erhält, ein staatlich bewirtschaftetes Gut der Allgemeinheit zu nutzen und seine Rechtsstellung dadurch materiell-rechtlich und wirtschaftlich messbar erweitert wird. Unter diesen Voraussetzungen sind die gegen die Verleihungsgebühr erhobenen, freiheitsrechtlichen Bedenken nicht aufrecht zu erhalten.

---

[385] Kreft, DVBl. 1977, 369, 370ff.; ders., Begriffliche Abgrenzung von Steuer und Gebühr, S. 134ff., 191ff.; Degenhart, Rechtsfragen der Versteigerung der UMTS-Lizenzen, unveröffentl. Zusammenfassung einer rechtsgutachterlichen Stellungnahme, S. 2f.

[386] Degenhart, Rechtsfragen der Versteigerung der UMTS-Lizenzen, unveröffentl. Zusammenfassung einer rechtsgutachterlichen Stellungnahme, S. 2f.

[387] Vgl. Stellungnahme zum monopolistischen Gebührenbegriff, Teil 1 B. § 4 III. 2. d. ee.

2. Belastungsgleichheit und Vollständigkeit des Haushaltsplans zur Sicherung gleichheitsrechtlicher Gewährleistungen

Wie jedes staatliche Handeln muss die Erhebung von Abgaben dem Gleichheitsgrundsatz gemäß Art. 3 I GG entsprechen. Die Schutz- und Begrenzungsfunktion der Finanzverfassung verlangt, dass nichtsteuerliche Abgaben die Belastungsgleichheit der Gebührenpflichtigen wahren[388]. Belastet der Staat einen Grundrechtsträger neben der Steuerpflicht mit einer Verleihungsgebühr, während er andere davon verschont, behandelt er die Abgabensubjekte ungleich. Nicht jede Ungleichbehandlung führt aber zu einer Verletzung des Gleichheitsgrundsatzes, sondern sie kann durch einen sachgerechten Differenzierungsgrund legitimiert werden. Regelmäßig dient der Rechtfertigungsgrund für Freiheitseingriffe auch als Differenzierungsgrund für Gleichheitsbeeinträchtigungen[389].

Der Staat erhebt eine Verleihungsgebühr nur von Abgabensubjekten, denen er zuvor ein Recht verliehen und damit einen Sondervorteil eingeräumt hat. Im Unterschied zu anderen Steuerpflichtigen, denen er einen solchen vorenthielt, privilegierte er sie damit gleichheitswidrig. Als dem Gemeinwohl verpflichteter Staat trifft ihn die Aufgabe, und wenn er nicht in anderer Weise dafür Sorge trägt, die Pflicht, das geschaffene Gerechtigkeitsgefälle wieder einzuebnen. Dem kommt er durch die Erhebung der Verleihungsgebühr nach und gewährleistet damit die Gleichbehandlung der Grundrechtsträger[390]. Verleihungsgebührenpflichtige werden im Vergleich zu anderen Steuerpflichtigen also nur zusätzlich belastet, wenn sie zuvor zusätzlich begünstigt wurden. Die Begünstigung liegt in der Verleihung eines materiell-rechtlichen und wirtschaftlich messbaren Sondervorteils und nicht in einer vagen Gewinnerwartung. Weil die individuelle Zahlungsfähigkeit der Abgabenschuldner dabei ohne Bedeutung ist, nimmt der Staat keine Differenzierung nach reich und arm vor[391]. Die

---

[388] BVerfGE 91, 186, 202; 93, 319, 343; BVerfG, 2 BvL 9/98 vom 19.03.2003, Absatz-Nr. 51, www.bverfg.de/entscheidungen/ls20030319 2 bvl000998.html; BVerfG, 2 BvL 1/99 vom 17.07.2003; Absatz-Nr. 120, www.bverfg.de/entscheidungen/ls20030717 2 bvl000199.html (jew. Stand: 04/2004).

[389] BVerfGE 55, 274, 302; 93, 319, 343; Meyer, Gebühren für die Nutzung von Umweltressourcen, S. 177ff.; Heimlich, Verleihungsgebühr, S. 304; Drömann, Nichtsteuerliche Abgaben im Steuerstaat, S. 312ff.; Wieland, Die Konzessionsabgabe, S. 237f.; F. Kirchhof, DVBl. 1987, 554, 560f.; zur Rechtfertigung von Gleichheitsverstößen Teil 2 B. § 3 I. 3. a. m.w.N.

[390] So auch Heimlich, Verleihungsgebühr, S. 141ff., Weyreuther, UPR 1988, 161, 162; ähnlich auch P. Kirchhof, Festschrift Friauf, S. 669, 678.

[391] So auch F. Kirchhof, DVBl. 1987, 554, 557.

Existenz eines Sondervorteils stellt einen sachgerechten Differenzierungsgrund für die unterschiedliche Abgabenerhebung dar. Die Verleihungsgebühr führt zu keinem Gleichheitsverstoß, sondern gewährleistet einen gleichheitsorientierten Ausgleich der Vermögensverhältnisse der Grundrechtsträger.
Zu diesem Zweck dient auch der aus dem Steuerstaatsprinzip hervorgehende Verfassungsgrundsatz der Vollständigkeit des Haushaltsplans (Art. 110 I GG). Neben der Sicherung des Budgetrechts gewährleistet er, dass keine Einnahmen und Ausgabenkreisläufe außerhalb der staatlichen Haushalte existieren. Das gesamte staatliche Finanzvolumen muss der Planung und Entscheidung von Parlament und Regierung unterliegen, um alle Einnahmen und Ausgaben den erforderlichen Kontroll- und Rechenschaftsverfahren zu unterwerfen. Der Haushaltsplan garantiert, dass das Parlament in regelmäßigen Abständen den vollen Überblick über das verfügbare Finanzvolumen und über die dem Bürger auferlegte Abgabenlast erhält. Er macht damit eine ungleiche Belastung oder eine Doppelbelastung der Abgabenschuldner sichtbar und trägt dazu bei, sie zu vermeiden[392]. Auch das BVerfG setzt die Beachtung dieses Grundsatzes als Anforderung an jede nichtsteuerliche Abgabe voraus[393].
Sofern die Verleihungsgebühr mit der Existenz eines Sondervorteils einen hinreichenden Differenzierungsgrund aufweist und die Vollständigkeit des Haushaltsplans gewährleistet, können die gegen sie erhobenen gleichheitsrechtlichen Bedenken nicht überzeugen.

3. Unterscheidbarkeit von der Steuer zur Sicherung steuerstaatlicher Gewährleistungen

Das aus der Finanzverfassung hervorgehende Steuerstaatsprinzip erfordert, dass eine nichtsteuerliche Abgabe hinreichend von einer steuerlichen Abgabe unterscheidbar sein muss und nicht in Konkurrenz zu dieser stehen darf[394].

---

392 Siekmann in Sachs, Art. 110 Rn. 48; Heun in Dreier, Art. 110 Rn. 15; Fischer-Menshausen in v.Münch/Kunig, Art. 110 Rn. 9; Kisker in HStR IV, § 89 Rn. 66; Arndt, K&R 2001, 23, 27.

393 BVerfGE 55, 274, 303; 82, 159, 178; 91, 186, 202f.; 93, 319, 343, 347; BVerfG, 2 BvL 9/98 vom 19.03.2003, Absatz-Nr. 52, www.bverfg.de/entscheidungen/ls20030319 2 bvl000998.html; BVerfG, 2 BvL 1/99 vom 17.07.2003; Absatz-Nr. 121, www.bverfg.de/entscheidungen/ls20030717 2bvl000199.html (jew. Stand: 04/2004).

394 BVerfGE 93, 319, 347; BVerfG, 2 BvL 9/98 vom 19.03.2003, Absatz-Nr. 50, www.bverfg.de/entscheidungen/ls20030319 2 bvl000998.html; BVerfG, 2 BvL 1/99 vom 17.07.2003; Absatz-Nr. 119, www.bverfg.de/entscheidungen/ls20030717 2bvl000199.html (jew. Stand: 04/2004); Sacksofsky, Umweltschutz durch nichtsteuerliche Abgaben, S. 192ff.;

a. Unterscheidbarkeit dem Grunde nach

Bei der Beurteilung der Unterschiede zwischen Steuern und Verleihungsgebühren ist zwischen dem Erhebungsgrund und der Verwendung der Erlöse zu differenzieren. Nach dem Grundsatz der Non-Affektation dient nämlich nicht nur das Steueraufkommen, sondern auch der Erlös der nichtsteuerlichen Abgaben - abgesehen von den Sonderabgaben - der Finanzierung und Deckung der gesamten Staatsaufgaben[395]. Hinsichtlich der Verwendung des Erlöses besteht zwischen Steuern und Gebühren damit kein Unterschied, so dass dieser Aspekt einer Unterscheidbarkeit auch nicht entgegenstehen kann. Die von den Gegnern der Verleihungsgebühr diesbezüglich vorgebrachte Kritik ist mithin nicht stichhaltig.

Was eine Vorzugslast von einer Steuer trennt und auch eine Verleihungsgebühr von der Steuer trennen muss, ist der besondere Grund ihrer Erhebung. Eine Steuer bedarf keines besonderen Anlasses, sondern knüpft an die allgemeine Leistungsfähigkeit des Abgabenpflichtigen an und greift auf einen tatsächlich erzielten wirtschaftlichen Erfolg zu. Die Erhebung einer Verleihungsgebühr knüpft hingegen an die staatliche Leistung der Rechtsverleihung an einem Allgemeingut an und greift auf den damit einhergehenden konkreten Sondervorteil zu. Dabei handelt es sich um zwei verschiedene Erhebungsgründe, die in zwei unterschiedlichen Abgabenarten ihren Ausdruck finden[396]. Durch die Verleihung eines Rechts nimmt der Staat eine eigene Leistung vor, durch die beim Begünstigten noch kein wirtschaftlicher Erfolg entsteht, der durch eine Steuer abzugelten wäre. Er verleiht mit dem Zugang zu einem Allgemeingut allein eine Vermögensposition, die irgendwann zu einem Gewinn führen und die Leistungsfähigkeit steigern kann. Sie ist aber strikt von einem tatsächlich bereits realisierten Gewinn zu unterscheiden. Diesen kann der Staat vollkommen unabhängig von einer staatlichen Leistung abschöpfen, wenn er die Verleihungsgebühr längst vereinnahmt und der Steuer das Feld überlassen hat. Während die Steuer dauerhaft und unabhängig von staatlichen Leistungen

---

Drömann, Nichtsteuerliche Abgaben im Steuerstaat, S. 195ff.; F. Kirchhof, DVBl. 1987, 554, 557; Heimlich, DÖV 1997, 996, 1000.

[395] Vgl. § 8 BHO, § 7 HGrG; allg. BVerfGE 93, 319, 348; P. Kirchhof in HStR IV, § 88 Rn. 208; Siekmann in Sachs, Art. 110 Rn. 47; Heun in Dreier, Art. 110 Rn. 17; Fischer-Menshausen in v.Münch/Kunig, Art. 110 Rn. 13; Vogel/Waldhoff in BK, Vorbem. z. Art. 104 a-115 Rn. 383.

[396] So i.Erg. auch Wieland, Die Konzessionsabgabe, S. 305; Heimlich, Verleihungsgebühr, S. 267ff.; Drömann, Nichtsteuerliche Abgaben im Steuerstaat, S. 362ff.; Meyer, Gebühren für die Nutzung von Umweltressourcen, S. 160ff.; F. Kirchhof, DVBl. 1987, 554, 557.

erhoben wird, kompensiert die Verleihungsgebühr allein die im Zeitpunkt der Rechtsverleihung einmalig erfolgte Vermögenserweiterung des Begünstigten[397].

Sofern die Verleihungsgebühr allein zum Ausgleich eines Sondervorteils erhoben wird, kann der Vorwurf, sie knüpfe an dasselbe Zugriffsobjekt wie die Steuer an, nicht überzeugen.

b. Unterscheidbarkeit der Höhe nach

Für eine umfassende Unterscheidbarkeit zwischen Steuer und Verleihungsgebühr reicht das Anknüpfen an unterschiedliche Zugriffsobjekte nicht aus. Ein den Wert einer Rechtsverleihung übersteigender Gebührenteil würde keinen Bezug zu einer Gegenleistung aufweisen und träte in Konkurrenz zur Steuer[398]. Mithin ist für eine Abgrenzung der Abgabenarten und deren vollständige Rechtfertigung eine Begrenzung der Gebührenhöhe erforderlich[399]. Als dafür zu nutzende Mechanismen werden das Kostendeckungsprinzip und das Äquivalenzprinzip genannt.

Das vom BVerfG entworfene Kostendeckungsprinzip stellt als Höchstgrenze einer Gebührenerhebung generalisierend auf eine Gesamtkostendeckung ab und begrenzt die Gebührenhöhe auf die dem Staat mit der auszugleichenden Leistung tatsächlich oder mutmaßlich entstandenen Kosten[400]. Bei der Anknüpfung einer Gebühr an die Erteilung einer Erlaubnis oder eines Rechts nahmen Rechtsprechung und Literatur von einer strengen Einhaltung dieses Prinzips aber Abstand und lassen inzwischen gänzlich von ihm ab. Es handele sich, wie das BVerfG klarstellt, um keinen allgemeinen, bei jeder Gebühr zu beachtenden Grundsatz, sondern dieser finde nur Anwendung, wenn eine Gebühr mit dem Aufwandsausgleich gerechtfertigt werde und der Gesetzgeber es ausdrücklich[401] vorschreibe[402]. Eine Verleihungsgebühr wird mit der Vorteilsausglei-

---

[397] So i.Erg. auch Drömann, Nichtsteuerliche Abgaben im Steuerstaat, S. 362ff.; Wieland, Die Konzessionsabgabe, S. 305; Heimlich, Verleihungsgebühr, S. 267f.

[398] Vgl. zur Problematik kostenübersteigender Gebühren auf der begrifflichen Ebene Teil 1 B. § 4 III. d. cc.

[399] So auch BVerfG, 2 BvL 9/98 vom 19.03.2003, Absatz-Nr. 53, www.bverfg.de/ entscheidungen/ls20030319 2 bvl000998.html (Stand: 04/2004); 97, 332, 343; 93, 319, 343f., 347.

[400] BVerfGE 50, 217, 226; 97, 332, 345f.; BVerwGE 12, 162, 164f.; 87, 154, 168f.; Jachmann in v.Mangoldt/Klein/Starck, Art. 105 Rn. 10; F. Kirchhof, Die Höhe der Gebühr, S. 93ff.; Wieland, Die Konzessionsabgabe, S. 314ff.; P. Kirchhof in HStR IV, § 88 Rn. 200; ders., Jura 1983, 505, 512.

[401] Vgl. etwa § 3 Satz 2 Bundesverwaltungskostengesetz oder die Kommunalabgabengesetze der Länder; z. B. § 9 II KAG BW; § 7 II KAG RPf.; § 2 II KAG SH.

chung legitimiert, bei der dem Staat keine relevanten Kosten entstehen. Das Kostendeckungsprinzip ist auf diesen Gebührentyp nicht anwendbar[403].
Als weiteres Begrenzungsprinzip führt das BVerfG das Äquivalenzprinzip an[404]. Es gründet auf den im Rechtsstaatprinzip verankerten Verhältnismäßigkeitsgedanken, der den Gebührengesetzgeber bei der hoheitlichen Festlegung einer Abgabe bindet. Die Beziehung zwischen der staatlichen Leistung und der erhobenen Gebühr darf nicht außer Verhältnis stehen, sondern muss eine angemessene Relation aufweisen[405]. In neueren Entscheidungen verwendet das BVerfG den Begriff des Äquivalenzprinzips mitunter nicht mehr ausdrücklich, sondern knüpft an den allgemeinen Verhältnismäßigkeitsgrundsatz an. Die inhaltlichen Anforderungen ändert es damit aber nicht[406].
An diesem Maßstab ist im Rahmen der Unterscheidung einer Verleihungsgebühr von einer Steuer zu beurteilen, ob die erhobene Abgabe dem tatsächlichen Wert des abzuschöpfenden staatlichen Sondervorteils entspricht. Sofern dies der Fall ist, kann eine umfassende Unterscheidbarkeit bejaht und die Steuerstaatlichkeit gewahrt werden[407].

---

402 BVerfGE 93, 319, 345; ebenso Siekmann in Sachs, vor Art. 104 a Rn. 82; Birk in Hübschmann/Hepp/Spitaler, AO/FGO, § 3 Rn. 152; Meyer, Gebühren für die Nutzung von Umweltressourcen, S. 198f.; Murswiek, NVwZ 1996, 417, 419f.; ders., NuR 1994, 170, 175; Möstl, NVwZ 2001, 735, 737; Schneider, VBlBW 1988, 161, 163; Zimmermann, DVBl. 1989, 901, 905; ausführlich Clausen, Das gebührenrechtliche Kostendeckungsprinzip, S. 69ff.

403 Die Verleihungsgebühr u.a. damit aber ablehnend, Arndt, K&R 2001, 23, 30; Jarass, DÖV 1989, 1013, 1016; Friauf, Festschrift Uni Köln, S. 679, 695f.; P. Kirchhof in HStR IV, § 88 Rn.187.

404 BVerfGE 20, 257, 270; 50, 217, 226f.; 83, 363, 392; 91, 207, 223ff.; BVerfG, 2 BvL 9/98 vom 19.03.2003, Absatz-Nr. 62, www.bverfg.de/entscheidungen/ls20030319 2 bvl000998. html (Stand: 04/2004).

405 Siekmann in Sachs, vor Art. 104 a Rn. 81; Jachmann in v.Mangoldt/Klein/Starck, Art. 105 Rn. 10; Clausen, Das gebührenrechtliche Kostendeckungsprinzip, S. 70ff.; F. Kirchhof, Die Höhe der Gebühr, S. 77ff.; Heimlich, Verleihungsgebühr, S. 160ff.; P. Kirchhof in HStR IV, § 88 Rn. 199; ders., Jura 1983, 505, 512; Stober, JA 1988, 250, 254f.

406 BVerfGE 91, 207, 223ff.; 93, 319, 345; Siekmann in Sachs, vor Art. 104 a Rn. 81; Jachmann in v.Mangoldt/Klein/Starck, Art. 105 Rn. 10; Clausen, Das gebührenrechtliche Kostendeckungsprinzip, S. 70ff.; F. Kirchhof, Die Höhe der Gebühr, S. 77ff.; P. Kirchhof in HStR IV, § 88 Rn. 199; ders., Jura 1983, 505, 512; vgl. zur Differenzierung der Begrifflichkeiten ausführlich Heimlich, Verleihungsgebühr, S. 160ff.

407 BVerfGE 93, 319, 347; BVerfG, 2 BvL 9/98 vom 19.03.2003, Absatz-Nr. 62, www.bverfg.de/ entscheidungen/ls20030319 2 bvl000998.html (Stand: 04/2004).

c. Trennung von Verwaltungsentscheidung und Fiskalinteresse

Der von den Kritikern der Verleihungsgebühr erhobene Vorwurf, ihre Erhebung missachte die einzuhaltende Trennung zwischen verwaltungsrechtlichen Anforderungen und fiskalischen Interessen, kann solange nicht gelten, wie die Rechtsverleihung und die Festsetzung bzw. Erhebung einer Verleihungsgebühr auf zwei unterschiedlichen Stufen erfolgt[408]. Auf der ersten Stufe ist nur über eine Zulassung zur Nutzung eines entsprechenden Gutes zu entscheiden. Wie jede Verwaltungsentscheidung, in deren Folge eine Gebühr erhoben wird, ist die dabei zu treffende Auswahl von fiskalischen Interessen vollkommen frei. Erst auf der zweiten Stufe, auf der ein Gebührenbescheid ergeht, werden fiskalische Interessen berührt. Die Grundsatzentscheidung über die Zulassung des jeweiligen Gebührenschuldners ist dann bereits gefallen. Diese Trennung der Erwägungen, die sich schon aus den rechtsstaatlichen Regeln für die Ermessensausübung ergibt, greift grundsätzlich bei jeder Gebührenerhebung und damit auch bei der Verleihungsgebühr ein. Die Gefahr, dass die Verwaltung nach sachfremden Gesichtspunkten entscheidet, ist bei dieser Gebührenart daher nicht größer als bei jeder anderen Abgabenerhebung[409]. Ihr kann mit den allgemeinen Anforderungen an die Zulässigkeit einer Verwaltungsentscheidung begegnet werden.

Im Ergebnis können auch die gegen eine Verleihungsgebühr erhobenen abgabensystematischen Bedenken, die eine Umgehung des Steuerstaatsprinzips befürchten, entkräftet werden, sofern sie dem Grunde und der Höhe nach von der Steuer unterscheidbar sind und unter Beachtung rechtstaatlicher Anforderungen erhoben wird[410].

IV. Resümee

Die Kritik, die gegen die Anerkennung einer Verleihungsgebühr erhoben wird, ist in vielen Aspekten nachvollziehbar und berechtigt. Sie kann allerdings entkräftet werden, wenn man den Staat bei ihrer Erhebung an strenge Rechtmä-

---

[408] Meyer, Gebühren für die Nutzung von Umweltressourcen, S. 166; F. Kirchhof, DVBl. 1987, 554, 556.

[409] So auch Meyer, Gebühren für die Nutzung von Umweltressourcen, S. 166; F. Kirchhof, DVBl. 1987, 554, 556. Wieland, Die Konzessionsabgabe, S. 304, hält diese Gefahr sogar für geringer, denn der Amtswalter könne aus seiner Entscheidung selbst keinen Vorteil ziehen.

[410] So i.Erg. auch Heimlich, Verleihungsgebühr, S. 295ff.; Wieland, Die Konzessionsabgabe, S. 319; Meyer, Gebühren für die Nutzung von Umweltressourcen, S. 216ff.; Sacksofsky, Umweltschutz durch nichtsteuerliche Abgaben, S. 225ff.; Meßerschmidt, Umweltabgaben als Rechtsproblem, S. 160ff.; Ritgen, AöR 127 (2002), 351, 369f.; F. Kirchhof, DVBl. 1987, 554, 560; Murswiek, NVwZ 1996, 417, 420f.

ßigkeitsanforderungen bindet, wie sie Verfassungsrechtsprechung und die überwiegende Literaturmeinung inzwischen weitestgehend übereinstimmend definieren.
Um die mit der Gebührenbelastung einhergehenden Grundrechtseingriffe zu rechtfertigen, muss die Verleihungsgebühr, wie jede andere belastende Maßnahme auch, sachlich gerechtfertigt sein. Dazu kann der Gedanke der Vorteilsausgleichung herangezogen werden: Wenn ein Grundrechtsträger durch eine staatliche Leistung gleichheitswidrig einen Sondervorteil erhält, soll der Staat diesen durch die Auferlegung einer Gebühr zumindest finanziell kompensieren. Ein auszugleichender Sondervorteil ist zu bejahen, wenn ein Grundrechtsträger das Recht verliehen bekommt, ein staatlich bewirtschaftetes Gut der Allgemeinheit exklusiv zu nutzen und sich seine bisherige Rechtsstellung dadurch materiell und wirtschaftlich messbar erweitert.
Dem Gleichheitsgedanken entsprechend hat die Verleihungsgebühr stets die Belastungsgleichheit der Bürger zu gewährleisten. Dabei kann die Existenz des verliehenen Sondervorteils als hinreichender Differenzierungsgrund dienen. Ferner dient der Grundsatz der Vollständigkeit des Haushaltsplans diesem Interesse, so dass die Erlöse aus der Verleihungsgebühr im Budget der vereinnahmenden staatlichen Ebene Erwähnung finden müssen.
Mit der Anerkennung der Verleihungsgebühr ist eine neue Antwort auf die Frage der Begrenzung einer Gebührenerhebung erforderlich. Ging man bislang davon aus, dass Vorzugslasten in enger Abhängigkeit zu staatlicherseits entstandenen Aufwendungen erhoben werden, so bestand aufgrund dieser Kopplung keine Gefahr, dass sich der Staat dadurch allgemeine, in Konkurrenz zur Steuer stehende Einnahmen verschafft. Verleihungsgebühren setzen keine derartigen Aufwendungen voraus, so dass sich die Konkurrenzsituation neu stellt. Sie sind ihrem Grunde nach einer strengen Abgrenzungskontrolle zu unterziehen. Ihre Höhe hat dem Wert der korrespondierenden staatlichen Vorteilsverleihung zu entsprechen.
Werden diese Anforderungen erfüllt, bestehen gegen die Rechtmäßigkeit einer Verleihungsgebühr keine Bedenken. Selbst ein Großteil der Stimmen, die diesen Gebührentyp im Grundsatz ablehnen und in ihm eine Gefahr für das freiheitliche, rechtsstaatliche System erblicken, betrachten ihn in der dargestellten Konstellation und unter den genannten Voraussetzungen als vertretbar, unter Umständen sogar als erforderlich[411].

[411] So seien Verleihungsgebühren - trotz genereller Ablehnung - als Vorzugslasten anzuerkennen, wenn der Staat ein konstitutives, wirtschaftlich nutzbares Recht aus seinem Bereich übertrage. In diesem Falle entstehe eine staatliche Belastung und für den Begünstigten, ohne

Nach alledem sind Verleihungsgebühren nicht allein im Bereich des Umweltrechts anzusiedeln, in dem sie bislang ausschließlich diskutiert wurden. Der Gleichheitsgedanke bei der Vergabe von Gütern der Allgemeinheit ist immer von Relevanz, wenn einzelne Grundrechtsträger an ihnen teilhaben und andere davon ausgeschlossen werden. Zwangsläufig erhalten Einzelne dabei einen Vorteil, der anderen versagt bleibt. Durch die Erhebung einer Verleihungsgebühr kann der Staat diesen abschöpfen und die gleichberechtigte Ausgangssituation wiederherstellen.

---

eigenes Zutun, ein unbeabsichtigter bzw. unverdienter Vermögensvorteil. Weil erst das staatliche Rechtsregime diesen begründe, dürfe die öffentliche Hand ein pauschaliertes Entgelt für die erwartete Nutzung, eine typisierende Vorauszahlung auf den Nutzungsvorteil, verlangen; vgl. Friauf, Festschrift Uni Köln, S. 679, 683; Selmer, UTR 16 (1992), 15, 43f.; Pietzcker, DVBl. 1987, 774, 779; Jarass, DÖV 1989, 1013, 1016; Heun, DVBl. 1990, 666, 674; P. Kirchhof in HStR IV, § 88 Rn.187; ders., Jura 1983, 505, 512.

§ 2 Rechtmäßigkeitsanforderungen an die UMTS-Versteigerungserlöse

Setzt man die genannten Anforderungen für die Rechtmäßigkeit einer Verleihungsgebühr voraus, so sind auch die Versteigerungserlöse, die gemäß § 11 IV TKG für UMTS-Mobilfunklizenzen erzielt wurden, daran zu messen.

Die Erhebung dieser Abgaben ist nach dem Abschluss des Versteigerungsverfahrens auf ein breites öffentliches Echo gestoßen[412]. Auch Teile der Rechtswissenschaft haben sich der dabei relevanten Fragen angenommen. Insbesondere die nachträglich wieder verworfene Absicht des Bieterunternehmens 'MobilCom', gerichtlich gegen die UMTS-Auktion vorzugehen, sorgte für eine Befassung diverser Gutachter mit diesem Vorgang[413]. Diese Stimmen gehen in der Regel aber nicht auf finanzverfassungsrechtliche Aspekte ein, sondern widmen sich prozessualen Erwägungen[414], dem Versteigerungsverfahren an sich[415] oder dem Umgang mit den erzielten Versteigerungserlösen[416]. Finanzverfassungsrechtliche Gesichtspunkte beleuchtet zunächst ein Beitrag von Arndt[417]. In einem Rechtsgutachten für die Länder Bayern, Hessen und Baden-Württemberg[418], das der Vorbereitung ihrer Klage vor dem BVerfG diente[419], äußerte sich auch Korioth zu diesen Aspekten. Später nahmen weitere Stimmen zumindest beiläufig auf diese Fragestellungen Bezug[420].

Im Folgenden sind die Merkmale der UMTS-Versteigerungserlöse unter die einzelnen Voraussetzungen der Rechtmäßigkeit einer Verleihungsgebühr zu subsumieren. In diesem Kontext erfolgt zugleich eine Auseinandersetzung mit der gegen ihre konkrete Erhebung gerichteten Kritik.

I. Sachliche Rechtfertigung der Versteigerungserlöse

Wenn der Staat den Grundrechtsträgern durch §§ 6 I, 8 I TKG den Aufbau und den Betrieb eines UMTS-Funknetzes zunächst verbietet und dieses Verbot

---

412 Siehe Einleitung.

413 Siehe FAZ vom 20.10.2000, S. 24 und Einleitung.

414 Schulz, Lizenzvergabe bei Frequenzknappheit, S. 47ff.; Ehlers, K&R 2001, 1, 1ff.; Sachs, K&R 2001, 13, 13ff.; Varadinek, CR 2001, 17ff.; Müller-Terpitz, K&R 2002, 75, 75ff.

415 Siehe ausführlich Teil 2.

416 Siehe ausführlich Teil 3.

417 Rechtsgutachten für die Mobilcom GmbH, später veröffentlicht in K&R 2000, 23, 23ff.

418 Korioth, UMTS-Gutachten, S. 60ff.

419 BVerfGE 105, 185, 185ff.; vgl. ausführlich Teil 3 A. § 2 II.

420 Breuer, Festschrift Maurer, S. 25, 42ff.; Becker, Die Verwaltung 35 (2002), 1, 10ff.; Schwarz, RTkom 2001, 141, 141ff.; Klöck, RTkom 280, 285; Möstl, NVwZ 2001, 735, 736, 737f.; Storr, K&R 2002, 67, 74f.; Varadinek, CR 2001, 17, 17ff.; Luttermann, K&R, 2000, 473, 477.

durch die Erteilung einer UMTS-Lizenz aufhebt, beschränkt er ihre unternehmerischen Freiheiten gemäß Art. 12 I, Art. 14 I und Art. 2 I GG. Dadurch, dass er die Erteilung der UMTS-Lizenz zudem von der Zahlung der Versteigerungserlöse abhängig macht, greift er ein weiteres Mal in diese Grundrechte ein. Dieses Vorgehen könnte gerechtfertigt gewesen sein, sofern sein Verhalten auf einem hinreichenden sachlichen Grund beruhte. Teile der Literatur lehnen dies ab und unterstellen, dass es ihm bei der UMTS-Lizenzvergabe ausschließlich um die Erzielung staatlicher Finanzmittel gegangen sei[421].

Dem Staat entstanden durch die Verleihung der UMTS-Lizenzen keine nennenswerten Kosten oder Aufwendungen, die durch eine Gebühr auszugleichen wären[422]. Mithin scheidet der Aufwandsausgleich als Rechtfertigungsgrund aus. Die Lizenzversteigerung soll gemäß § 11 IV 1 TKG dazu dienen, den leistungsstärksten Anbieter zu ermitteln, um eine möglichst effiziente Frequenznutzung für die Öffentlichkeit zu gewährleisten[423]. Zur Erreichung dieses Zieles wirkt die Erhebung der Erlöse lenkend auf die Bieterunternehmen ein. Diese Lenkungsfunktion stellt aber, ebenso wie die Verfolgung sozialer Zwecke, keinen ausreichenden unmittelbaren und eigenständigen Rechtfertigungsgrund für eine Gebührenerhebung dar, so dass sich der Blick auf eine Rechtfertigung unter dem Aspekt der Vorteilsausgleichung verengt. Dazu müsste die RegTP den Gebührenpflichtigen mit der UMTS-Lizenz ein Recht zur privilegierten Teilhabe an einem staatlich bewirtschafteten Gut der Allgemeinheit verliehen haben. Dies müsste für die Begünstigten einen wirtschaftlich messbaren Sondervorteil darstellen, der ihre Rechtsstellung materiell erweitert.

1. Rechtsverleihung an einem staatlich bewirtschafteten Gut der Allgemeinheit

Zunächst ist festzustellen, ob eine UMTS-Lizenz ein Recht an einem Gut der Allgemeinheit enthält, das einer staatlichen Bewirtschaftung unterliegt. Unter

---

[421] Demmel in Manssen, § 47 Rn. 38f.; Degenhart, K&R 2001, 32, 34; zuvor schon allg. bezüglich dieses Verfahrens: Ruhle/Geppert, MMR 1998, 175, 181; Grzeszick, DVBl. 1997, 878, 883; Beese/Naumann, MMR, 2000, 145, 147.

[422] Auch die befürchteten Steuermindereinnahmen, die aufgrund der Abschreibungsmöglichkeiten der Lizenzkosten erwartet wurden (siehe Einleitung C.), können keine staatliche Last begründen. Steuererwartungen stellen lediglich prognostizierte Werte und keine rechtlich fundierten Positionen dar, die als Lasten auszugleichen wären. Mögliche Mindereinnahmen könnten zudem nicht unmittelbar auf die Lizenzerteilung zurückgeführt und schon gar nicht im Vorhinein kompensiert werden. Ferner wären den Ländern entstehende Lasten nicht durch Einnahmen des Bundes auszugleichen.

[423] Siehe Begründung des TKG-Versteigerungsverfahrens in BT-Drs. 13/3609, S. 39.

Güter der Allgemeinheit fallen insbesondere knappe natürliche Ressourcen[424]. Damit sind alle vorgefundenen und von Natur aus bestehenden Güter umfasst, die nicht das Produkt einer staatlichen Maßnahme oder Handlung darstellen[425]. Knappheit besteht, wenn sie nicht in ausreichender Form vorhanden sind, um von allen, die danach verlangen, in Anspruch genommen zu werden[426].
Mit den UMTS-Mobilfunklizenzen wurde den Gebührenpflichtigen das Recht verliehen, ein UMTS-Netz zu betreiben und die dafür erforderlichen Funkfrequenzen zu nutzen. Diese Frequenzen stellen einen Spek-tralbereich elektromagnetischer Wellen dar und dienen der Übertragung von Daten im deutschen Hoheitsgebiet. Sie sind nicht staatlich geschaffen oder produziert und von sich aus keinem Einzelindividuum zuzuordnen. Folglich ist in ihnen eine natürliche Ressource zu erkennen[427]. Aufgrund technisch-physikalischer Gegebenheiten und der darauf beruhenden internationalen und nationalen Rahmenbedingungen sind UMTS-Frequenzen nur in begrenzter Anzahl verfügbar und damit knapp. Sie stellen knappe natürliche Ressourcen dar, die als Güter der Allgemeinheit einzuordnen sind[428]. Aufgrund des tatsächlichen und im TKG normierten Zusammenhangs zwischen Frequenz und Lizenz erstreckt sich diese Qualifizierung auch auf die UMTS-Lizenzen[429].
Ihre Vergabe erfolgt nach den im TKG getroffenen Regelungen und ihre Nutzung ist in der ebenfalls dort normierten Frequenzordnung, dem Frequenzbereichszuweisungs- und dem Frequenznutzungsplan gemäß §§ 44ff. TKG, erfasst. Einen Auftrag zur staatlichen Regulierung des Telekommunikations-

---

[424] So BVerfGE 93, 319, 345 und i.Erg. Meyer, Gebühren für die Nutzung von Umweltressourcen, S. 140; Murswiek, NuR 1994, 170, 176; ders., NVwZ 1996, 417, 419. Gegen die Annahme, dass eine Knappheit etwa bei Wasser gegeben ist, Euler, BB 1998, 1087, 1088ff.

[425] BVerfGE 93, 319, 345.

[426] Badura, Festschrift Friauf, S. 529, 531; Dreizehntes Hauptgutachten der Monopolkommission 1998/1999, BT-Drs. 14/4002, S. 57.

[427] Spoerr in Trute/Spoerr/Bosch, vor § 44 Rn. 6; Korehnke/Grotelüschen in Beckscher Kommentar, vor § 44 Rn. 12ff.; Schulz, Lizenzvergabe bei Frequenzknappheit, S. 19f.; Ritgen, AöR 127 (2002), 351, 353; Luttermann, K&R, 2000, 473, 474.

[428] So i.Erg. auch Korioth, UMTS-Gutachten, S. 29f.; Breuer, Festschrift Maurer, S. 25, 40; Becker, Die Verwaltung 35 (2002), 1, 6; Ritgen, AöR 127 (2002), 351, 359; Varadinek, CR 2001, 17, 18; Kötter, DVBl. 2001, 1556, 1559; Hidien, UR 2002, 165, 165; Degenhart, K&R 2001, 32, 34; Arndt, K&R 2001, 23, 24; Kötter, DVBl. 2001, 1556, 1556; Schumacher, NJW 2000, 3096, 3096ff.; Hufeld, JZ 2001, 871, 872f.; Kämmerer, NVwZ 2002, 161, 161.

[429] Vgl zum Zusammenhang zwischen Lizenz- und Frequenzknappheit ausführlich Teil 2 B. § 2 III.

marktes enthält Art. 87 I f GG. Die Zuteilung dieser knappen Allgemeingüter vollzieht sich also im Rahmen einer staatlichen Bewirtschaftung[430].

2. Vorteilhaftigkeit der Rechtsverleihung

Um in dieser Rechtsverleihung einen durch die Versteigerungserlöse auszugleichenden Vorteil erkennen zu können, müsste den Lizenznehmern im Unterschied zu anderen Grundrechtsträgern ein besonderer Nutzen entstanden sein.

a. Kritik an der Vorteilhaftigkeit der Lizenzverleihung

Vereinzelte Stimmen in der Literatur sehen in der Verleihung einer UMTS-Lizenz keinen Vorteil. Allein darauf eine Gebührenerhebung zu stützen, verstoße gegen den Verfassungsgrundsatz der Abgabenerhebung nach der Leistungsfähigkeit[431]. Die Partizipation des Staates am Erfolg seiner Bürger müsse sich nach deren aktuellen und tatsächlichen Möglichkeiten richten. Dieses Prinzip gelte sowohl für steuerliche als auch für nichtsteuerliche Abgaben[432]. Die bei der UMTS-Versteigerung erfolgreichen Telekommunikationsunternehmen hätten zum Zeitpunkt der Lizenzverleihung noch keinen wirtschaftlichen Gewinn und damit auch noch keinen zusätzlichen Nutzen erzielt. Vielmehr müssten sie große Teile der Lizenzkosten am Kapitalmarkt beschaffen und hätten im Nachgang der Auktion mit erheblichen finanziellen Problemen zu kämpfen. Wenn der Staat in dieser Situation die Versteigerungserlöse erhebe, schöpfe er lediglich die vage und äußerst ungewisse Hoffnung auf einen Vorteil ab, die nicht ihrer tatsächlichen Leistungsfähigkeit entspreche. Selbst wenn die UMTS-Technologie in der Zukunft wirtschaftliche Gewinne erziele, steigere sich die Leistungsfähigkeit der Anbieter erst zum Zeitpunkt ihrer Entstehung und unterliege dann der steuerlichen Partizipation[433].

Die UMTS-Versteigerungserlöse führten zu einer unsachgemäßen Risikoverteilung zwischen Bürger und Staat. Durch ihre Erhebung verlagere der Staat die Gewinnabschöpfung vor, so dass der Abgabenpflichtige nicht nur das Risiko seines privatwirtschaftlichen Erfolges trage, sondern zusätzlich das Risiko des Staates, bei einem Misserfolg der Lizenznutzung keine Steuereinnahmen generieren zu können[434].

---

[430] So auch Spoerr in Trute/Spoerr/Bosch, vor § 44 Rn. 1, 6; Korehnke/Grotelüschen in Beckscher Kommentar, vor § 44 Rn.1ff., 34ff.; anders Breuer, Festschrift Maurer, S. 25, 45f.

[431] Arndt, K&R 2001, 23, 26ff.

[432] Arndt, K&R 2001, 23, 26f. mit Verweis auf Tipke, Die Steuerrechtsordnung I, S. 491f.

[433] Arndt, K&R 2001, 23, 27.

[434] Arndt, K&R 2001, 23, 27.

Die vorgezogene Belastung mit den UMTS-Erlösen entziehe dem Lizenznehmer die Grundlage seiner wirtschaftlichen Tätigkeit und gefährde einen potentiellen Erfolg[435]. Bleibe dieser aus, bestünden Rückerstattungsansprüche gegen den Staat. Er habe die bereits erhobenen Abgaben über die zivilrechtlichen Grundsätze des Wegfalls der Geschäftsgrundlage zurückzuzahlen. Allein dadurch sei die mit der Abschöpfung eines nicht existenten Gewinns erfolgte Risikoverschiebung und Verletzung des Leistungsfähigkeitsgrundsatzes im Nachhinein zu heilen[436].

b. Vorteilhaftigkeit der Lizenzverleihung

In Übereinstimmung mit der überwiegenden Ansicht in der Literatur können diese Bedenken nicht überzeugen[437]: Das Leistungsfähigkeitsprinzip findet primär auf steuerliche Abgaben Anwendung. Will man auch nichtsteuerliche Abgaben daran messen, ist deren jeweilige Funktion zu berücksichtigen[438]. Erhebt der Staat eine Abgabe, um einen zugewandten Sondervorteil auszugleichen, beantwortet sich die Frage nach der Leistungsfähigkeit des Abgabenschuldners von selbst. Hat er durch die Zuwendung einen tatsächlichen Vermögensvorteil erlangt, verstärkt dieser auch seine Leistungsfähigkeit. Ist ihm ein solcher nicht entstanden, bleibt seine Leistungsfähigkeit unverändert. Sofern den Schuldnern der UMTS-Versteigerungserlöse mit der Lizenzverleihung also ein quantifizierbarer Sondervorteil zuteil wurde, steht die Abgabenbelastung, die diesem Vorteil entspricht, dem Leistungsfähigkeitsprinzip nicht entgegen.
Die Vorteilhaftigkeit einer UMTS-Lizenz ist am anschaulichsten durch eine vergleichende Betrachtung der Vermögensentwicklung der erfolgreichen Bieterunternehmen und der unterlegenen Bieterunternehmen zu ermitteln. Die begünstigten Unternehmen erhalten mit der Lizenz und den damit einhergehenden Frequenzen den Zugang zu einer Branche, die Experten, trotz konjunktureller Schwankungen, als eine der gewinnträchtigsten der nächsten Jahrzehnte ansehen[439]. Mit dem Zeitpunkt der Lizenzerteilung können sie UMTS-

---

[435] Arndt, K&R 2001, 23, 27f.; ähnlich Brümmerhoff, Ifo Schnelldienst 30/2000, 15, 15.
[436] Arndt, K&R 2001, 23, 31f.
[437] Ritgen, AöR 127 (2002), 351, 395ff; Klöck, RTkom 2000, 280, 281; Kämmerer, NVwZ 2002, 161, 163f.
[438] Zur Anwendbarkeit auf Gebühren Birk, Steuerrecht, Rn. 33ff., 19ff.; Crezelius, Steuerrecht II, S. 21f.
[439] Trotz der Probleme des Telekommunikationssektors in den Jahren nach der UMTS-Auktion verzeichnete die Mobilfunkbranche stets Zuwachsraten, vgl. FAZ vom 20.03.2003, S. 20; FAZ vom 02.02.2002, S. 14; FAZ vom 23.08.2002, S. 19; FAZ Beilage M-Business vom 28.03.2001, S. 1; so auch Klöck, RTkom 2000, 280, 281.

Dienstleistungen und Produkte entwickeln, um sie am späteren Markt anzubieten und abzusetzen. Sie können diese bereits bewerben, um sich so oder auf andere Weise eine aussichtsreiche Marktposition zu sichern. Mit der Lizenz bekommen sie die Chance, abhängig von ihrem eigenen Auftreten und ihren eigenen Angeboten, einen wirtschaftlichen Erfolg zu erzielen. Den Bewerbern, die keinen Zuschlag für eine Lizenz erhalten, kommen diese Möglichkeiten nicht zugute. Mit der Lizenzzuteilung besteht für sie vielmehr die Gewissheit, keinen unmittelbaren Zugang zu der dritten Generation der Mobiltelekommunikation zu besitzen und auf diesem Markt keine aktive Rolle einnehmen zu können. Allein haben sie keine Chance, Produkte oder Dienstleistungen auf UMTS-Basis zu entwickeln und anzubieten. Eine Aussicht, entsprechende wirtschaftliche Gewinne zu erzielen, besteht nicht[440]. Die Situation der Unternehmen, die eine Lizenz erhalten haben, erscheint damit vorteilhafter als die der Unternehmen, die keine UMTS-Lizenz besitzen.
Quantifizierbar wird dieser Vorteil bei einer Betrachtung der konkreten Vermögenspositionen der Bieterunternehmen. Neben der abstrakten Gewinnaussicht halten die erfolgreichen Bieter die zugeteilten Lizenzen und Frequenzen konkret in ihrem Vermögen. Sie stellen Aktivposten in ihren Bilanzen dar und sind gegebenenfalls wertzuberichtigen. Bei der Beschaffung von Fremdkapital, etwa zur Begleichung der Versteigerungserlöse, sind sie, bzw. die ihnen innewohnende Gewinnerwartung, als Sicherheit für die Kreditwirtschaft heranzuziehen und gewissermaßen zu „beleihen". Zumindest würden Unternehmen ohne eine Lizenz, abgesehen von anderen Sicherheiten, keine entsprechenden Fremdfinanzierungsmöglichkeiten eingeräumt[441]. Die Lizenznehmer können die für eine Lizenz aufgewandten Versteigerungserlöse sowie die sonstigen Investitionen in den UMTS-Netzaufbau im Rahmen ihrer Steuerveranlagung abschreiben und so die staatliche Partizipation an ihrem Geschäftsergebnis reduzieren[442]. Ferner ist der Wert eines Unternehmens, welches eine Lizenz besitzt, deutlich höher anzusetzen, als der eines Unternehmens ohne Lizenz. Dies bestätigt die Entwicklung der Börsenkurse erfolgreicher Bieterunternehmen im Verlauf und in der Folgezeit der Auktion[443].

---

[440] So auch Ritgen, AöR 127 (2002), 351, 369, 386.

[441] Vgl. zur Lizenz als Kreditsicherungsmittel Zimmer, CR 2002, 13, 15ff.; Hey/Hartung, K&R 2000, 533, 534ff.

[442] Siehe Einleitung C. und ausführlich Teil 3 B. § 1 III. 1.

[443] Mit dem Zuschlag für eine UMTS-Lizenz stiegen zumindest vorübergehend die Börsenkurse der potentiellen Lizenzerwerber, vgl. FAZ vom 18.08.2000, S. 25: „Nach dem Ende der Auktion steigen die Kurse".

Noch anschaulicher ist die Vermögensbewertung, wenn man zumindest theoretisch den Verkauf der ersteigerten Frequenzen in Betracht zieht. Bei deren Weiterveräußerung im Anschluss an die Auktion hätte der Lizenznehmer mit an Sicherheit grenzender Wahrscheinlichkeit einen beachtlichen Erlös erzielt. Unbeschadet der begrenzten Möglichkeiten einer Lizenzveräußerung, welche die Lizenzbedingungen und das TKG (§ 9) den Unternehmen lassen[444], macht diese Betrachtung deutlich, welchen beachtlichen Vermögenswert ein Lizenzinhaber bereits zum Zeitpunkt der Lizenzzuteilung in seinem Vermögen wiederfindet.

Selbst wenn sich die wirtschaftlichen Erwartungen an die UMTS-Technik im Nachhinein nicht erfüllen und die gesamten Investitionen für die Lizenznehmer zu einem Flop würden, hätten sie die beschriebenen Vorteile wie Abschreibungsmöglichkeiten, Fremdkapitalbeschaffung und mögliche Veräußerungsgewinne schon in Anspruch nehmen können. Zudem besaßen sie zumindest die Chance auf einen wirtschaftlichen Erfolg, die anderen Unternehmen versagt blieb, obwohl sie von diesen vielleicht erfolgreicher genutzt worden wäre. Mithin erhält ein begünstigter Bieter bereits zum Zeitpunkt der Lizenzerteilung einen Vorteil, den ein Unternehmer ohne UMTS-Lizenz nicht besitzt. Er erhöht seine Leistungsfähigkeit in entsprechendem Umfang und stellt nicht bloß eine vage Gewinnhoffnung dar. Seine Abschöpfung steht dem Leistungsfähigkeitsprinzip nicht entgegen und die entsprechend begründeten Bedenken können nicht überzeugen.

Der Vorwurf, die Annahme eines Sondervorteils und die damit einhergehenden Lizenzgebühren führten zu einer ungerechtfertigten Verschiebung der Risikoverteilung zwischen Bürger und Staat, lässt sich ebenfalls anhand einer vergleichenden Betrachtung, diesmal hinsichtlich der verschiedenen Alternativen der Risikotragung, beurteilen: Die erfolgreichen Bieterunternehmen besaßen die Verpflichtung, die Versteigerungserlöse unmittelbar im Anschluss an die Lizenzerteilung zu begleichen. Sie investierten in beachtlichem Umfange in den Aufbau der UMTS-Netze und die Entwicklung anzubietender UMTS-Produkte und Dienstleistungen. Weil sie einen Großteil der dafür erforderlichen Beträge am Kapitalmarkt beschaffen mussten, entstanden ihnen erhebliche Finanzierungskosten für Zins und Tilgung. Diese Belastungen existieren, obwohl ein von den Bieterunternehmen erwarteter Erfolg der UMTS-Technik auch ausbleiben oder zumindest nicht im erhofften Umfange eintreten kann.

---

[444] Vgl. Neumaier, RTkom 2001, 149, 150ff.; zur Freigabe des Handels mit UMTS-Lizenzen Wirtschaftswoche 03/2003, S. 12ff.; FAZ vom 16.01.2003.

Tatsächlich mehren sich die Stimmen, die ein wirtschaftliches Angebot von UMTS-Leistungen nicht für möglich halten[445]. Auch technische Entwicklungsprobleme oder individuelle, unternehmerische Fehlleistungen der einzelnen Lizenzempfänger können zu einem Misserfolg führen. Das Risiko damit einhergehender wirtschaftlicher Verluste tragen allein die Lizenznehmer.
Wie sähe die Risikoverteilung aber aus, wenn man in der UMTS-Lizenz keinen Sondervorteil sähe und der Staat daher keine Lizenzabgaben erhöbe? Träte ein Misserfolg der UMTS-Technik ein oder führte individuelles unternehmerisches Unvermögen zu einem Ausbleiben wirtschaftlicher Gewinne, bliebe dies für den Lizenznehmer, zumindest hinsichtlich staatlicher Belastungen, folgenlos. Weil er keine Aufwendungen für den Erhalt der Lizenzen zu erbringen hätte, entstünde ihm auch kein Schaden, sofern er dadurch keine Erträge erwirtschaftete. Auch eine finanzielle Belastung durch eine spätere Besteuerung müsste er mangels entsprechender Gewinne nicht befürchten. Seine möglichen Fehleinschätzungen oder sein persönliches Unvermögen führten zu keinen staatlicherseits motivierten, finanziellen Nachteilen. Allein die Kosten, die er selbst für die Entwicklung von UMTS-Leistungen aufgebracht hätte, müsste er tragen. Damit erlangte der begünstigte Unternehmer neben dem in der Lizenz liegenden Vermögenszuwachs einen zweiten Vorteil gegenüber dem Unternehmer, der keine Lizenz erhielt. Ihm würde gewissermaßen die Folgenlosigkeit eines wirtschaftlichen Misserfolges garantiert und damit ein unternehmerischer Joker gewährt.
Diese Risikoverteilung bestünde, obwohl die UMTS-Lizenznehmer sich freiwillig und mit der Möglichkeit erheblicher individueller Einflussnahme auf dieses wirtschaftliche Feld begaben. Sie konnten die Chancen auf eine Gewinnerzielung im Vorfeld der Versteigerung und vor Abgabe jedes neuen Gebotes durch Prognosen und Kalkulationen selbst errechnen und einschätzen. Nur auf der Basis ihrer eigenen, unabhängigen und frei entwickelten Gewinnbeurteilungen, die sie aufgrund transparenter Information vornahmen, gingen sie die Verpflichtung ein, die Versteigerungserlöse zu begleichen. Wenn sie in derart freier Verantwortung zu dem Entschluss kommen, eine Lizenz erhalten und das damit verbundene Risiko eines wirtschaftlichen Misserfolges tragen zu wollen, so besteht für den Staat keine Notwendigkeit, ihnen dieses Risiko abzunehmen. Bei den zugrundeliegenden Lizenzen handelt es sich um Rechte an Gütern der Allgemeinheit. Es besteht ein großes Interesse daran, diese in effizienter Weise zu nutzen und zum Wohle der Allgemeinheit zur Verfügung zu stellen. Auch

---

[445] Siehe Einleitung C.

die gewählte Art der Lizenzvergabe soll gerade sicherstellen, dass die Begünstigten in der Lage sein werden, die Frequenzen optimal einzusetzen, wirtschaftlich und sparsam zu nutzen sowie die verfassungsrechtlich begründeten und im TKG formulierten Regulierungsziele zu erfüllen[446]. Mit einem unentgeltlichen Zugang zum UMTS-Markt und der damit einhergehenden vorteilhaften Risikoverteilung verlöre der Lizenznehmer aber jegliche Motivation, das zugeteilte Gut dementsprechend zu nutzen. Bliebe ein Erfolg aus, läge das Gut der Allgemeinheit brach und niemand könnte es nutzen, so dass der Allgemeinheit erheblicher Schaden entstünde. Hätte der Lizenznehmer seinen Vorteil zuvor durch eine Gebühr für die Allgemeinheit auszugleichen, wäre er zumindest selbst Geschädigter seiner eigenen Untätigkeit oder seiner Fehleinschätzungen. Aufgrund des Risikos, Verluste zu erwirtschaften, schaffte man einen Anreiz und einen Mechanismus, die wirtschaftlich potentesten und effizientesten Anbieter ausfindig zu machen[447].

Dass ein Unternehmer das Risiko des Betretens eines neuen Marktes selbst zu tragen hat, ist ein üblicher marktwirtschaftlicher Prozess. Die Gefahr des Scheiterns und des Misserfolges ist einem an Wettbewerb und Marktwirtschaft orientierten System dabei immanent. Der Unternehmer, der die UMTS-Lizenzen entgeltlich erwerben muss, trägt nicht mehr und nicht weniger als sein eigenes unternehmerisches Risiko, wie er dies bei jeder anderen Art der Investition auch zu tragen hätte. Eine ausgeglichene Verteilung der Chancen und Gefahren entsteht erst mit der Annahme eines Sondervorteils, den der Staat durch die Erhebung der Versteigerungserlöse ausgleicht[448].

Damit kann auch der Vorwurf, der Staat würde den Abgabenpflichtigen im Vorhinein die Grundlage ihrer wirtschaftlichen Tätigkeit entziehen, nicht aufrechterhalten werden. Auch wenn die Telekommunikationsunternehmen heute unter den hohen Belastungen der UMTS-Kosten leiden, war diese Investition die notwendige Voraussetzung, um überhaupt einen Zugang zum UMTS-Markt und damit die Chance auf einen späteren wirtschaftlichen Erfolg zu erhalten. Beim Betreten neuer Märkte ist es geradezu symptomatisch, dass die Unternehmen zunächst in Vorleistung treten, um den Kunden attraktive Angebote zu unterbreiten. So stellt sich heraus, wer die finanzielle Potenz besitzt, auf diesen Märkten zu bestehen. Dass auch die Kosten öffentlicher Leistungen bereits vor deren tatsächlicher Inanspruchnahme entstehen, ist

---

[446] Vgl. Begründung des TKG-Versteigerungsverfahrens, BT-Drs. 13/3609, S. 39. Zu den Regulierungszielen siehe Art. 87 f I GG, § 2 I TKG.

[447] So i.Erg. auch Kruse, Lizenzierung und Wettbewerb im Mobilfunk, S. 143.

[448] So auch Ritgen, AöR 127 (2002), 351, 395ff.

gerade bei der Abgabenform der Gebühr ein regelmäßig anzutreffendes Prinzip. So müssen beispielsweise die Benutzungsgebühren für einen Standplatz auf dem Wochenmarkt auch entrichtet werden, wenn der Betreffende auf diesem Markt keinen Umsatz macht oder die Verwaltungsgebühren für die Ausstellung eines Gewerbescheins auch dann beglichen werden, wenn das Gewerbe zum Flop wird. Dass die für eine UMTS-Lizenz investierten Kosten ungleich höher sind als bislang bekannte und akzeptierte staatliche Vorabbelastungen mag das Risiko für die Lizenznehmer unverhältnismäßig hoch erscheinen lassen, beruht aber auf demselben Prinzip. Zudem geht mit dem Erhalt einer Lizenz eine ungleich höhere Gewinnerwartung einher, was die Bieterunternehmen selbst durch ihre entsprechend hohen Gebote im Versteigerungsverfahren zum Ausdruck gebracht haben.

Nach alledem kann auch die Forderung nach einer Rückerstattung der Versteigerungserlöse beim Ausbleiben wirtschaftlicher Gewinne nicht überzeugen. Ein abschöpfbarer Sondervorteil entstünde auch bei einem Misserfolg der UMTS-Technik, denn bereits in der Lizenzverleihung und der damit einhergehenden Chance auf eine Gewinnerzielung liegt ein kompensierbarer wirtschaftlicher Wert. Die tatsächliche Gewinnrealisierung ist dafür unerheblich und wirkt sich lediglich auf die spätere Erhebung von Steuereinnahmen aus. Unabhängig davon, ob das an sich zivilrechtliche Institut des Wegfalls der Geschäftsgrundlage auf die vorliegende Fallgestaltung Anwendung findet, soll es Fälle regeln, in denen eine unvorhersehbare Verschiebung der Vertragsrisiken eintritt und so eine schwere Äquivalenzstörung besteht[449]. Dass es bei der Lizenzvergabe keine Sicherheit und auch keine auf beiden Seiten als sicher vorausgesetzte Annahme gab, mit der Lizenzerteilung unabwendbar einen wirtschaftlichen Gewinn zu erzielen, liegt vorliegend auf der Hand. Von Beginn an gab es Stimmen, die einen Erfolg der UMTS-Generation kritisch hinterfragten[450]. Den Betroffenen musste klar sein, dass sie mit dem Erwerb einer Lizenz ein durch die Bestimmung ihres Versteigerungsgebotes selbst bemessenes unternehmerisches Risiko eingehen[451]. Allein im Ausbleiben des wirtschaftlichen Erfolges liegt kein unvorhersehbares Ereignis. Die Voraussetzungen eines Rückerstattungsanspruchs liegen nicht vor.

---

449 Westermann/Bydlinski, BGB-Schuldrecht AT, Rn. 12/13; Fikentscher, Schuldrecht, Rn. 175.

450 Siehe Einleitung C.

451 So auch der Präsident der RegTP, Matthias Kurth, in FAZ vom 16.08.2002, S. 17: „Wir haften nicht, wenn Unternehmen sich täuschen".

Zusammenfassend graben die Kritiker der UMTS-Erlöse die schon überwunden geglaubten Argumente gegen die Anerkennung einer Verleihungsgebühr erneut aus. Durch die Erhebung von Verleihungsgebühren und damit auch durch die Vereinnahmung der UMTS-Erlöse will der Staat keine Gewinnpartizipation vorziehen, sondern allein den in der Lizenz liegenden Vorteil abschöpfen[452]. Diese Abschöpfung muss zwangsläufig zu dem Zeitpunkt erfolgen, zu dem der Vorteil und die damit einhergehende Ungleichbehandlung der Grundrechtsträger entstehen. Sie kann nicht erst dann erfolgen, wenn durch diesen Vorteil ein zusätzlicher wirtschaftlicher Gewinn erzielt wurde, an dem der Staat mit der Erhebung von Steuern partizipiert. Die Empfänger einer UMTS-Lizenz erhalten mithin ein Recht an einem staatlich bewirtschafteten Gut der Allgemeinheit, durch das ihnen zum Zeitpunkt der Rechtsverleihung ein Vorteil entsteht.

3. Materielle Erweiterung der Rechtsstellung des Lizenznehmers

Um als Anknüpfungspunkt für die Erhebung einer Verleihungsgebühr zu dienen, müsste der festgestellte Vorteil die Rechtsstellung der Begünstigten materiell erweitert haben. Davon wäre auszugehen, wenn die UMTS-Lizenz einen Dispens von einem repressiven Verbot gewährte, also ein Recht enthielte, auf das die Berechtigten keinen verfassungsrechtlichen Anspruch besäßen.

Grundsätzlich ist die Unternehmertätigkeit, auch im lizenzpflichtigen Bereich der UMTS-Telekommunikation, Ausdruck verfassungsrechtlich gesicherter Freiheitsausübung. Andererseits stehen mit Funkfrequenzen Güter zur Verteilung an, deren ordnungsgemäße Bewirtschaftung im öffentlichen Interesse geboten ist[453]. Gemäß § 8 I TKG „wird" die in § 6 I TKG vorausgesetzte Lizenz für das Betreiben von Übertragungswegen daher in einer gebundenen Entscheidung erteilt, sofern keiner der in Abs. III enumerativ aufgezählten Versagungsgründe vorliegt[454]. Rechtssystematisch liegt ein präventives Verbot mit Erlaubnisvorbehalt vor[455]. Es soll eine entsprechende Betätigung nicht per se unterbinden, sondern gewährleisten, dass in Bereichen, die für die Grundversorgung der Bevölkerung von Bedeutung sind, nur Unternehmen aktiv werden, die gewisse gewerberechtliche Mindestvoraussetzungen erfüllen. Prinzipiell besitzt der Begünstigte also einen verfassungsrechtlichen Anspruch auf die

---

452 So auch Ritgen, AöR 127 (2002), 351, 395ff.

453 Schütz in Beckscher Kommentar, § 6 Rn. 3; siehe ausführlich auch Teil 2 B. § 3 III. 2. d. aa.

454 Spoerr in Trute/Spoerr/Bosch, § 8 Rn. 57; Schütz in Beckscher Kommentar, § 6 Rn. 3; differenziert Manssen in Manssen, § 8 Rn. 10.

455 Siehe Teil 1 B. § 1.

Erteilung einer Lizenz. Sie gewährt ihm keinen Dispens von einem Verbot und erweitert seine Rechtsstellung nicht in materieller Weise.
Diese Feststellung kann jedoch nur für die grundsätzliche Vergabe von Telekommunikationslizenzen gelten. Im vorliegend zu untersuchenden Fall handelt es sich um UMTS-Mobilfunkfrequenzen, die nur begrenzt zur Verfügung stehen. Sofern die Nachfrage das Angebot übersteigt, kann der allgemeine Anspruch auf Lizenzerteilung nicht umfassend erfüllt werden. Der RegTP kann lediglich eines der in § 11 TKG normierten Vergabeverfahren durchführen, um einigen Interessenten die Nutzung zu gewähren, andere aber von ihr auszuschließen[456]. Die Versagung einer UMTS-Lizenz erfolgte also nicht aus präventiven Gründen und es bestand kein unbeschränkter verfassungsrechtlicher Anspruch auf ihre Erteilung. Die Begünstigten erhielten einen Dispens von einem Verbot, der ihre Rechtsstellung materiell erweiterte.

4. Wirtschaftlicher Bezug und Messbarkeit

Um eine Abgabenerhebung zu rechtfertigen, müsste der in der UMTS-Lizenz liegende Sondervorteil einen wirtschaftlichen Bezug aufweisen.
Durch das Betreiben eines UMTS-Netzes und das Angebot entsprechender Dienste beabsichtigen die Lizenznehmer, einen wirtschaftlichen Gewinn zu erzielen. Die Lizenzen sind grundsätzlich wirtschaftlich nutzbar. Sie stellen einen konkreten Vermögensgegenstand und eine individuelle Position in den Bilanzen der begünstigten Unternehmen dar[457]. Die Höhe des in ihnen liegenden wirtschaftlichen Wertes richtet sich nach den Anschaffungskosten, gegebenenfalls korrigiert um notwendige Wertberichtigungen. Dabei orientierte sich der Staat am Marktwert, also dem Preis, den die Marktteilnehmer im freien Wettbewerb für eine Lizenz zu entrichten bereit waren, und führte zu dessen Ermittlung ein Versteigerungsverfahren durch. Der Wert der Mobilfunklizenzen orientiert sich damit unmittelbar an den wirtschaftlichen Marktverhältnissen und ist wirtschaftlich messbar.

5. Zwischenergebnis

Zusammenfassend wurde den erfolgreichen Bieterunternehmen mit einer UMTS-Lizenz das Recht verliehen, ein staatlich bewirtschaftetes Gut der Allgemeinheit zu nutzen. Sie erhielten einen wirtschaftlich messbaren Sondervorteil, der ihre Rechtsstellung materiell erweiterte. Der wirtschaftliche Wert

---

[456] Manssen in Manssen § 11 Rn.1; Geppert in Beckscher Kommentar § 11 Rn. 1; Spoerr in Trute/Spoerr/Bosch, § 11 Rn. 26.
[457] Siehe Teil 1 C. § 2 I. 2. b.

dieses Sondervorteils bildete das Potential, das der Staat durch die Erhebung der Versteigerungserlöse gerechtfertigt abschöpfen konnte[458]. Damit widerlegt er zugleich den Vorwurf, es ginge ihm bei der Vereinnahmung der Erlöse ausschließlich um eine willkommene Einnahmequelle für seinen chronisch defizitären Staatshaushalt. Selbst wenn die UMTS-Erlöse dem Staat erhebliche fiskalische Vorteile brachten, war dies lediglich eine legitime Nebenfolge zum Hauptzweck der Vorteilsabschöpfung.

II. Gewährleistung der Belastungsgleichheit

Die Erhebung der UMTS-Versteigerungserlöse hätte die Belastungsgleichheit gewahrt, wenn hinreichende Differenzierungsgründe für eine mögliche Ungleichbehandlung der Abgabenpflichtigen vorgelegen hätten.
Manche Stimmen in der Literatur warfen der Erlöserhebung eine willkürliche Ungleichbehandlung verschiedener Abgabenpflichtiger vor. Der Staat habe in der Vergangenheit von keiner anderen steuerpflichtigen Wirtschaftsbranche „außersteuerliche Vorabschöpfungen künftig erhoffter Gewinne" verlangt[459]. Augenscheinlich sei dies bei einem Vergleich der UMTS-Auktion mit der Vergabe der GSM-900-Lizenzen oder der Vergabe von Konzessionen für das private Fernsehen. Obwohl auch hier zum Vergabezeitpunkt abzusehen gewesen sei, dass die Lizenznehmer erhebliche Gewinne erzielen würden, habe der Staat erst durch die Besteuerung der Gewinne an deren wirtschaftlichem Erfolg partizipiert. Mit den UMTS-Erlösen verlange er von einer willkürlich ausgewählten Gruppe neben Steuern zusätzliche Beträge zur Deckung des allgemeinen Haushalts, während er andere Steuerpflichtige, die wirtschaftlich hierzu ebenso in Betracht kämen, davon verschone[460].
In diesen Bedenken setzt sich die dogmatische Verkennung der Verleihungsgebühren, der die Kritiker einer Lizenzversteigerung unterliegen, fort. Der Staat beabsichtigt mit der Erhebung der UMTS-Versteigerungserlöse keine Gewinnpartizipation, sondern verfolgt die Abschöpfung des in der UMTS-Lizenz liegenden Sondervorteils. Daher wurden Grundrechtsträger, die keine Lizenz erhielten, nicht mit den Versteigerungserlösen belastet. Der Lizenzerhalt stellt ein ausreichendes Differenzierungskriterium für die Ungleichbehandlung der Abgabensubjekte dar. Die Lizenzunternehmen können die entrichteten Versteigerungserlöse bei einer späteren Steuerveranlagung gewinnmindernd abschrei-

[458] So i. Erg. auch Spoerr in Trute/Spoerr/Bosch, § 11 Rn. 30f.; Korioth, UMTS-Gutachten, S. 69f.; Schumacher, NJW 2000, 3096, 3099; Storr, K&R 2002, 67, 68f.
[459] Arndt, K&R 2001, 23, 28.
[460] Arndt, K&R 2001, 23, 28.

ben, so dass sie, ebenso wie andere Steuerpflichtige, nicht doppelt belastet werden. Die Belastungsgleichheit zwischen den mit der UMTS-Lizenzgebühr belasteten und den von dieser verschonten Grundrechtsträgern bleibt gewahrt[461].

Hinsichtlich des Vergleichs der UMTS-Lizenzvergabe mit vorherigen Lizenzvergaben ist zu erwähnen, dass die RegTP im Oktober 1999, also schon vor der UMTS-Auktion, eine Versteigerung von Frequenzen aus dem GSM-1800 Standard durchgeführt hat[462]. Dabei vergab sie die zur Verfügung stehenden 2 x 10,4 MHz Frequenzen, die für ein weiteres bundesweites Netz nicht ausreichten, als Komplementärfrequenzen unter den bereits lizenzierten GSM-Betreibern, § 47 V 2 i.V.m. § 11 IV TKG. Bereits im September 1996 hatte die RegTP diverse regionale Frequenzen für den Funkrufdienst ERMES versteigert[463]. Diese Auktionen blieben wegen der relativ geringen Versteigerungserlöse weitgehend unbeachtet, was für ihre rechtliche Würdigung aber keine Relevanz besitzt.

Sowohl die angesprochenen GSM-900-Lizenzen als auch die Lizenzen für den privaten Rundfunk wurden mittels eines Ausschreibungsverfahrens vergeben und unterscheiden sich von der UMTS-Lizenzversteigerung damit hinsichtlich der Vergabeart. Auch im Rahmen einer Ausschreibung werden Lizenzen aber nicht kostenlos zugeteilt, sondern ihr Marktwert wird durch eine Gebühr abgeschöpft. Dieser definiert sich, anders als bei einer Versteigerung, aber nicht unter Rückgriff auf die Einschätzungen der Marktteilnehmer, sondern allein auf der Grundlage einer behördlichen Schätzung.

Dass der Marktwert der damals vergebenen Lizenzen und der hier zugrunde liegenden UMTS-Lizenzen erheblich differiert, drängt sich unabhängig von den verschiedenen Verfahrensarten auf. Die Vergabe von GSM-900-Lizenzen unterscheidet sich der Sache nach erheblich von der UMTS-Auktion. Die

---

461 So i.Erg. auch Spoerr in Trute/Spoerr/Bosch, § 11 Rn. 30f.; Korioth, UMTS-Gutachten, S. 73f.; Schumacher, NJW 2000, 3096, 3099; Storr K&R 2002, 67, 68f. Zu der gleichheitsrechtlichen Problematik, dass verschiedene Bieter für die identischen Lizenzen zumindest geringfügig variierende Kosten zu tragen hatten, Kötter, DVBl. 2001, 1556, 1564.

462 RegTP, Entscheidung der Präsidentenkammer vom 14.04.1999 über das Verfahren zur Vergabe weiterer Frequenzen im Bereich 1800 MHz für Mobilfunkanwendungen nach dem GSM-1800-Standard, Abl. RegTP 1999, S. 1251, 1251ff.; Entscheidung der Präsidentenkammer vom 21.06.1999 über die Bedingungen der Vergabe weiterer Frequenzen für Mobilfunkanwendungen nach dem GSM-1800-Standard, Abl. RegTP 1999, S. 1751, 1751ff.; vgl. Beese/Naumnann, MMR 2000, 145, 148ff.; Schuster/Müller, MMR 2000, 26, 26; Gramlich, CR 1999, 752, 752ff.

463 Ruhle/Geppert, MMR 1998, 175, 175ff.; Gramlich, CR 1999, 752, 752ff.; Beese/Naumnann, MMR 2000, 145, 148ff.; Koenig/Neumann, ZRP 2002, 252, 252f.

Lizenznehmer werden zwar in der gleichen Branche tätig, die UMTS-Technik stellt aber nicht die bloße Weiterentwicklung des GSM-Standards dar. Ihr liegt vielmehr eine grundsätzlich neue Technik zugrunde, aufgrund derer die Verbraucher neue Endgeräte benötigen und völlig neue Nutzungsmöglichkeiten erhalten. Die Netzbetreiber müssen ein neues Funknetz installieren und neue Strukturen für den Vertrieb der UMTS-Dienste aufzubauen. GSM- und UMTS-Standard bewegen sich in unterschiedlichen Märkten[464]. Hinsichtlich des privaten Fernsehens befindet sich der Lizenznehmer in einer vollkommen anderen Branche, die auf unterschiedlichen sachlichen Grundlagen basiert. Gerade im Hinblick auf das duale Rundfunksystem, die verfassungsrechtlich gewährte Presse- und Informationsfreiheit sowie die erforderliche Binnenpluralität sind hier Belange erheblich, die bei Telekommunikationslizenzen keine Rolle spielen. Das Gleichheitsgebot und die Anforderungen an eine zu gewährleistende Belastungsgleichheit schreiben keine völlige Gleichbehandlung aller möglichen Vorfälle in allen möglichen Wirtschaftszweigen vor. Vielmehr soll nur im Grundsatz Gleiches auch gleich behandelt werden[465]. Zwischen der UMTS-Auktion und der Vergabe von GSM-900-Lizenzen oder Lizenzen für den privaten Rundfunk bestehen hinreichende Differenzierungsgründe, so dass die RegTP nicht zwingend identische Verfahren oder gar identische Marktwerte der jeweiligen Lizenzen ansetzen musste.

Zusammenfassend kann festgestellt werden, dass der Staat auch bei früheren Lizenzvergaben Abschöpfungsgebühren erhob und eine unterschiedliche Behandlung der Abgabenpflichtigen allein hinsichtlich der Vergabeverfahren besteht. Sie wird durch hinreichende sachliche Differenzierungsgründe gerechtfertigt. Entsprechendes gilt für Ungleichbehandlungen im Verhältnis zu ande-

---

[464] Aus diesem Grund ist § 11 II 2 TKG nicht erfüllt, wonach ein Versteigerungsverfahren nicht durchgeführt werden darf, wenn eine Lizenz für den gleichen sachlichen und räumlichen Markt zuvor im Wege einer Ausschreibung vergeben wurde. Zu dieser Einschätzung gelangt auch die RegTP, die den Mobilfunk der dritten Generation als sachlich anderen Markt im Vergleich zum Mobilfunk der zweiten Generation ansieht, RegTP, Entscheidung der Präsidentenkammer vom 10.Mai 1999 über das Verfahren der Vergabe von Lizenzen für UMTS, Abl. RegTP 1999, S. 1519, 1519; ebenso RegTP, Entscheidung der Präsidentenkammer vom 18.02.2000 über die Festlegung und Regeln im Einzelnen zur Vergabe von Lizenzen für UMTS, S. 2, 13f.; anders die Einschätzungen einiger Marktteilnehmer im Rahmen der Anhörung zum Versteigerungsverfahren, vgl. RegTP, Entscheidung der Präsidentenkammer vom 10.Mai 1999 über das Verfahren der Vergabe von Lizenzen für UMTS, Abl. RegTP 1999, S. 1519, 1520.

[465] BVerfGE 49, 148, 165; 72, 141, 150; 76, 256, 329; 78, 249, 287; 84, 133, 158; 87, 234, 255; 95, 39, 45; 95, 267, 316; 97, 271, 290; 103, 310, 318; 105, 73, 110f.

ren Abgabenpflichtigen. Die Erhebung der UMTS-Versteigerungserlöse wahrte die Belastungsgleichheit der Abgabenschuldner.

III. Vollständigkeit des Haushaltsplans

Um der Vollständigkeit des Haushaltsplans gerecht zu werden, müsste der Bund die Erlöse aus der UMTS-Auktion in seinem Haushaltsplan veranschlagt haben.

Der Haushaltsgesetzgeber vereinnahmte die Versteigerungerlöse unter dem Einzeletat der RegTP im Bundeshaushalt 2000[466] und setzte sie - vergleichbar mit den Bundesbankgewinnen, die über den Haushaltsansatz hinausgehen - unmittelbar zur Tilgung fälliger Bundesschulden ein[467]. Entgegen dem grundsätzlich geltenden Bruttoprinzip stellte er sie netto in die Haushaltsrechnung des Bundes ein[468]. Nach dem Bruttoprinzip, das als Ausfluss des Vollständigkeitsgrundsatzes gilt, sind alle Einnahmen und Ausgaben voneinander getrennt und unsaldiert in voller Höhe zu veranschlagen, um eine vollständige Transparenz zu gewährleisten. Soweit durch einen Verstoß gegen das Bruttoprinzip nicht die Vollständigkeit des Haushaltes beeinträchtigt wird, wird diesem Prinzip aber kein Verfassungsrang zugebilligt, so dass sachlich begründete Ausnahmen zulässig sind[469].

Vorliegend beeinflussen die netto gestellten Versteigerungserlöse das formelle Rechnungsergebnis des Bundes weder in seinem Volumen noch hinsichtlich der Nettokreditaufnahme. In den Aufzeichnungen des Statistischen Bundesamtes zum Ergebnis der öffentlichen Haushalte für das Jahr 2000 wirken sie sich sowohl auf der Einnahmenseite als auch auf der Ausgabenseite aus[470]. Mittelbare Auswirkungen brachten allein die ersparten Zinsaufwendungen, die der Gesetzgeber investiven Zwecken zuführte[471]. Auch diese Ausgaben fanden im Haushaltsplan aber vollständig Erwähnung[472]. Ferner machen die umfangreich

---

466 Vgl. BMF, Volks- und Finanzwirtschaftliche Berichte, Bundeshaushalt, Sollbericht 2001, S. 8ff.

467 Siehe Einleitung.

468 Korioth, UMTS-Gutachten, S. 73f.

469 Heun in Dreier, Art. 110 Rn. 18; Brockmeyer in Schmidt-Bleibtreu/Klein, Art. 110 Rn. 12 a; Siekmann in Sachs, Art. 110 Rn. 49; Kisker in HStR IV, § 89 Rn. 64.

470 Gesamtrechnung der öffentlichen Haushalte des Statistischen Bundesamtes, vgl. www.destatis.de/basis/d/fist/fist02.htm (Stand: 08/2003); BMF, Finanzbericht 2002, S. 53; Korioth, UMTS-Gutachten, S. 73f.

471 Siehe Einleitung.

472 BMF, Volks- und Finanzwirtschaftliche Berichte, Bundeshaushalt, Sollbericht 2001, S. 28.

geäußerten Begehrlichkeiten aus den Reihen der Abgeordneten und Ressortminister[473] deutlich, dass dem Gesetzgeber und der Regierung bezüglich der Verwendung dieser Mittel keine Planungs-, Kontroll- und Rechenschaftsbefugnisse vorenthalten blieben. Unabhängig von der Nettostellung nahm der Bund die Erlöse umfassend in seine Haushaltsrechnung auf und wahrte die Vollständigkeit des Haushaltsplans[474].

IV. Unterscheidbarkeit von der Steuer

Die UMTS-Versteigerungserlöse müssten in hinreichender Deutlichkeit von einer Steuer unterscheidbar sein.

1. Unterscheidbarkeit dem Grunde nach

Die Unterscheidbarkeit hat zunächst dem Grunde nach zu bestehen. Wie hinsichtlich jeder Verleihungsgebühr verneinen deren Kritiker dies auch in Bezug auf die UMTS-Versteigerungserlöse. Als zeitlich vorgezogene Gewinnpartizipation besäßen sie denselben Erhebungsgrund wie eine Steuer[475]. Im Rahmen der Diskussion über die Verwendung der UMTS-Erlöse habe nahezu jeder Vorschlag die Finanzierung allgemeiner Staatsaufgaben zum Inhalt gehabt, was primäre Aufgabe der Steuer sei[476]. Die dabei geführten Verteilungskämpfe und die von den Ländern geforderte Beteiligung hätten den erheblichen Einfluss dieser Einnahmen auf den Bundeshaushalt und das föderale Abgabenverteilungssystem deutlich gemacht. Ein solcher könne nur der Steuer zustehen, so dass eine Konkurrenz zu dieser existiere[477].
Wie der allgemeinen Kritik an Verleihungsgebühren ist auch diesen Vorwürfen entgegenzuhalten, dass eine Unterscheidung steuerlicher und nichtsteuerlicher Abgaben nie auf der Ebene der Abgabenverwendung zu gewährleisten ist, weil diesbezüglich kein Unterschied zwischen Steuern und Gebühren existiert[478]. Von Steuern unterscheiden sich die UMTS-Erlöse durch ihre Gegenleistungsabhängigkeit auf der Erhebungsebene. Sie kompensieren den in der UMTS-Lizenz liegenden Sondervorteil und dienen nicht der gegenleistungslosen

[473] Siehe Einleitung.
[474] Anders Kötter, DVBl. 2001, 1556, 1566, der einen zusätzlichen Parlamentsbeschluss über die Verwendung der Erlöse für erforderlich hält.
[475] Arndt, K&R 2001, 23, 27f.
[476] Breuer, Festschrift Maurer, S. 25, 44; Arndt, K&R 2001, 23, 26.
[477] Arndt, K&R 2001, 23, 28.
[478] Siehe Teil 1 C. § 1 III 3. a.

Gewinnpartizipation. Das verfassungsrechtlich geforderte Unterscheidungsmerkmal ist zwischen UMTS-Gebühren und Steuern gewährleistet.

2. Unterscheidbarkeit der Höhe nach

Um die Unterscheidbarkeit der vollen Höhe nach zu gewährleisten, müsste der Wert der zugewandten UMTS-Lizenzen der Höhe der Versteigerungserlöse entsprechen.

Die Höhe der Versteigerungsgebote belief sich auf eine Summe von nahezu DM 100 Mrd. (€ 51, 13 Mrd.). Den konkreten Wert einer UMTS-Lizenz zu bestimmen, bereitet hingegen Probleme. Er ist nicht anhand tatsächlicher Kriterien wie Materialwert, Verarbeitungskosten oder Neuanschaffungspreis festzusetzen. Lizenzen gewähren vielmehr das Recht, ein Allgemeingut zu nutzen. Als Maßstab kann daher allein die Nutzungsmöglichkeit dienen. Zum Zeitpunkt einer Rechtsverleihung steht noch nicht fest, wie die tatsächliche Nutzung eines Gutes verläuft und welche Erfolge oder eben auch Misserfolge sie erzielt. Ihr Wert kann sich nur an den theoretischen Nutzungserwartungen orientieren. Hinsichtlich einer UMTS-Lizenz hängt die Gewinnerwartung damit von der Entwicklung der nutzbaren UMTS-Leistungen, vom Marktverhalten der Verbraucher und Mitbewerber, vom Stand der technischen Entwicklungen, von der allgemeinen konjunkturellen Lage der Mobilfunkbranche sowie einer Vielzahl weiterer Faktoren ab. Diese Kriterien können im Vorhinein allein anhand von Schätzungen und Prognosen beurteilt werden, von denen mithin auch der Wert einer UMTS-Lizenz abhängt.

Ein Bericht des UMTS-Forums sowie eine Vielzahl weiterer Beurteilungen sahen die jährlichen Einnahmen europäischer Dienstleister aus den UMTS-Lizenzen schon vor der Auktion bei einer Größenordnung zwischen einer und sieben Milliarden Euro[479]. Andere Beobachter stellten dies in Frage und prognostizierten weitaus geringere Gewinnerwartungen. Teilweise befürchteten Analysten sogar, dass die UMTS-Technik vollständig zum Flop werde und keine Gewinne erwirtschafte[480]. Diese uneinheitlichen Erwartungen machen die Schwierigkeit deutlich, einen einigermaßen verlässlichen Wert der Lizenzen zu bestimmen. Es liegt nahe, sich dabei nicht auf die Seite einer einzelnen Ansicht zu schlagen und auf dieser Grundlage eine isolierte Festsetzung vorzunehmen.

[479] Zitiert nach Korioth, UMTS-Gutachten, S. 5. Nach einem Bericht des UMTS-Forums könnte UMTS sogar Billionen-Umsätze erwirtschaften, www.welt.de/daten/2001/05/09/0509wt252293.htx?search=umts&searchHILI=1 (Stand: 08/2003); www.umts-forum.org/reports.html (Stand: 08/2003); FAZ vom 17.05.2001, S. 30.

[480] Siehe Einleitung C.

Auch der Versuch, aus den einzelnen Prognosen einen Mittelwert zu definieren, wäre wenig hilfreich, weil er selbst von keiner Erwartung getragen würde und eine entsprechende Entwicklung daher unwahrscheinlich wäre.

Sinnvoll ist es in einer solchen Situation vielmehr, die Interessen und Einschätzungen der künftigen Netzbetreiber zugrunde zu legen und den Wert einer Lizenz ausschließlich anhand ökonomischer Aspekte zu bewerten[481]. Dies geschieht in Form der Orientierung der Abgabenhöhe an den Versteigerungsgeboten der Lizenzbewerber. Es ist anzunehmen, dass die Telekommunikationsunternehmen vor der Abgabe jedes Versteigerungsgebotes eine betriebswirtschaftliche Kalkulation anhand der genannten Kriterien vorgenommen haben und nur einen solchen Betrag aufzuwenden bereit waren, für den sie eine Deckung zu erwirtschaften glaubten. Da sie als potentielle Netzbetreiber über das Maximum an Informationen verfügen, wann und wie eine Lizenz effizient zu betreiben ist, muss ihre Beurteilung jeder anderen Einschätzung vorgezogen werden.

In diesem Sinne liegt auch nach der Begründung der Bundesregierung das Ziel der Lizenzversteigerung darin, den wirtschaftlichen Knappheitspreis der Frequenzen zu ermitteln[482]. Diese auf der ökonomischen Logik basierende Erwartung der marktlichen Allokationswirkung des Preises ist dem Versteigerungsverfahren immanent und wird von der betriebswirtschaftlichen Wissenschaft getragen[483]. In der Theorie gewährleiste eine Versteigerung die Ermittlung des „wahren“ Marktwertes, der dem tatsächlichen Nutzungswert am nächsten komme. In der rechtswissenschaftlichen Diskussion um Lizenzversteigerungen ist diese theoretische Einschätzung umstritten[484]. Sie setzt zudem

---

[481] So auch Korioth, UMTS-Gutachten, S. 73.

[482] BT-Drs. 13/3609, S. 39; BT-Drs. 13/4438, S. 32 und BR-Drs. 80/96, S. 39.

[483] Fehl/Oberender, Grundlagen der Mikroökonomie, S. 34; Stobbe, Mikroökonomie, S. 652; Herberg, Preistheorie, S. 178; R. Weber, Wirtschaftsregulierung in wettbewerbspolitischen Ausnahmesituationen, S. 260, 311ff.; Lenhard, Die Regulierung des Mobilfunks, S. 121ff.; Lindstädt, Die Versteigerung der deutschen UMTS-Lizenzen, S. 8f.; i.Erg. auch Spoerr in Trute/Spoerr/Bosch, § 11 Rn. 32.

[484] Befürwortend: Spoerr in Trute/Spoerr/Bosch, § 11 Rn. 32; Hahn in Scheuerle/Mayen, § 11 Rn. 36; Korioth, UMTS-Gutachten, S. 31ff.; Ritgen, AöR 127 (2002), 351, 379ff.; Spoerr/Deutsch, DVBl. 1997, 300, 307; Varadinek, CR 2001, 17, 24; Klöck, RTkom 2000, 280, 287; Storr, K&R 2002, 67, 70; Kämmerer, NVwZ 2002, 161, 165. Ablehnend: Rummer, NJW 1988, 225, 233; Berg, Der Staat 15 (1976), 1, 26ff.; Koenig, Die öffentlich-rechtliche Verteilungslenkung, S. 411f.; Geppert in Beckscher Kommentar, § 11 Rn. 16; Demmel in Manssen, § 47 Rn. 38; Breuer, Festschrift Maurer, S. 25, 38; Becker, Die Verwaltung 35 (2002), 1, 8f.; Schumacher, NJW 2000, 3096, 3097; Koenig/Schäfer, K&R 1998, 243, 246ff.; Ruhle/Geppert, MMR 1998, 175, 180; Beese/Naumann, MMR 2000, 145,

voraus, dass durch das jeweilige Versteigerungsverfahren ein objektives und theoretisch optimales Bieterverhalten gewährleistet werden kann. In der Praxis bestehe aber die Gefahr, dass externe Faktoren oder subjektive Nebeninteressen der Bieter eine reine Marktorientierung der Gebote negativ beeinflussen und stören. Eine genaue Untersuchung dieser Vergabeart sowie ihrer praktischen Umsetzung soll im Rahmen einer gesonderten Prüfung in Teil 2 der Arbeit erfolgen. An dieser Stelle ist zunächst von der grundsätzlichen Geeignetheit des UMTS-Versteigerungsverfahrens zur Ermittlung des objektiven Wertes der UMTS-Lizenzen und damit zur Festsetzung der konkreten Gebührenhöhe auszugehen.
Auch unter Berücksichtigung der ansonsten großzügigen Handhabung des Äquivalenzprinzips besteht angesichts der technisch-kommerziellen Entwicklungsmöglichkeiten der Lizenzen kein grobes Missverhältnis zwischen staatlicher Gewährung und erbrachter Gegenleistung. Diese Annahme unterstellt, entsprechen die UMTS-Versteigerungserlöse dem Wert der UMTS-Lizenzen und wurden in voller Höhe abhängig von einer Gegenleistung erhoben. Sie unterscheiden sich dem Grunde und der Höhe nach von der Abgabenart der Steuer.

3. Trennung von Verwaltungsentscheidung und Fiskalinteresse

Um eine hinreichende Trennung zwischen Verwaltungsentscheidungen und Fiskalinteressen zu gewährleisten, müsste die RegTP die Auswahl der UMTS-Lizenznehmer und die Festsetzung und Erhebung der Versteigerungserlöse auf zwei verschiedenen Stufen vorgenommen haben.
Tatsächlich erhielt der Bewerber eine UMTS-Lizenz, der das höchste Versteigerungsgebot abgab. Wie bei jeder Versteigerung fielen Auswahlentscheidung und die Abgabenauferlegung dabei auf einer Stufe zusammen. Im Rahmen eines Versteigerungsverfahrens beeinflusst der Staat hingegen weder die Auswahlentscheidung noch die Festsetzung einer Abgabe. Es ist einem solchen Verfahren vielmehr immanent, dass die fiskalischen Interessen wie auch die verwaltungsrechtlichen Auswahlentscheidungen allein in den Händen der Bieter liegen, die sie ausschließlich durch ihre unabhängig abzugebenden Gebote beeinflussen.
So richtete sich auch im Rahmen der UMTS-Versteigerung der Zuschlag und die Höhe der zu entrichtenden Abgabe ausschließlich nach der Höhe des von

---

147; Arndt, K&R, 2001, 23, 30; Grzeszick, DVBl. 1997, 878, 883f.; Scherer, NJW 1996, 2953, 2958 (Fn. 32).

den erfolgreichen Bietern abgegebenen Gebots. Die Einflussnahme des Staates beschränkte sich auf die Entscheidung für ein solches Verfahren, dessen Ausgestaltung und die Zulassung der Interessenten. Wenn die Versteigerung einen sachgerechten Mechanismus zur Bestimmung eines objektiven Markt- und Nutzungswertes darstellt, kann ihre Wahl keine objektiven Verwaltungsanforderungen verletzen. Das Zulassungsverfahren nach §§ 11 IV 2, 8 III Nr. 2 TKG stellt lediglich Mindestanforderungen an die Auktionsteilnehmer und verfolgt ausschließlich sachlich begründete Verwaltungsinteressen. Eine Vorentscheidung über die Höhe der zu erhebenden Abgaben fällt dabei noch nicht. Ferner gewährleisten die allgemeinen Rechtmäßigkeitsanforderungen an staatliches Handeln die dabei zu berücksichtigenden rechtsstaatlichen Anforderungen.

Dadurch, dass die RegTP sich für eine Versteigerung der UMTS-Lizenzen entschied, gab sie die Auswahl der Lizenzempfänger und die Festsetzung der Lizenzgebühren mehr als bei jedem anderen Verfahren aus den Händen des Staates in die der Marktteilnehmer. Damit gewährleistete sie eine größtmögliche Trennung zwischen verwaltungsrechtlichen Anforderungen und staatlichen Fiskalinteressen.

V. Ergebnis

Zusammenfassend kann der Gedanke der Vorteilsausgleichung die Erhebung der UMTS-Versteigerungserlöse sachlich rechtfertigen. Die Belastungsgleichheit der Abgabenschuldner und die Vollständigkeit des Haushaltsplans wurden gewahrt. Sowohl dem Grunde als auch der Höhe nach unterscheiden sich die Erlöse von der Steuer und verwaltungsrechtliche Anforderungen stehen nicht hinter Fiskalinteressen zurück. Die Erhebung erfüllt die Anforderungen der Freiheits- und Gleichheitsrechte der Grundrechtsträger und wahrt das Steuerstaatsprinzip. Die Versteigerungserlöse stellen aus finanzverfassungsrechtlicher Sicht eine rechtmäßig erhobene nichtsteuerliche Abgabe in Form der Verleihungsgebühr dar.

Die Ausgangsfrage, wie der Staat dazu komme, für die Lizenzvergabe eine derartige Abgabe zu erheben, kann nun beantwortet werden: Mit der Zuteilung einer UMTS-Lizenz erhalten die Empfänger einen wirtschaftlichen Wert, der aus Gütern resultiert, die an sich der Allgemeinheit zustehen. Allen anderen Grundrechtsträgern, die keine Lizenz erhalten, bleibt der Zugang zu diesen Allgemeingütern und der darin liegende Wert versagt. Mithin erhalten die Lizenznehmer einen gleichheitswidrigen Sondervorteil. Durch die Erhebung der Lizenzgebühren schöpft der Staat diesen Vorteil ab und stellt die Lizenzempfänger wirtschaftlich wieder mit allen anderen Grundrechtsträgern gleich. Er erhebt die UMTS-Lizenzerlöse, um eine gleichheitswidrige Bevorteilung der Lizenzempfänger zu kompensieren und eine vermögensmäßige Gleichbehandlung aller Grundrechtsträger zu gewährleisten. Die auffällige Höhe der Gebühr erklärt sich dadurch, dass die UMTS-Lizenzen nach der Einschätzung der Marktteilnehmer ein entsprechendes Gewinnpotential besitzen und einen entsprechend hohen Wert aufweisen. Um die beabsichtigte Gleichstellung der Grundrechtsträger vollständig zu gewährleisten, ist dieser in seiner vollen Höhe zu kompensieren. Anders als eingangs plakativ dargestellt, erhebt der Staat die Versteigerungserlöse also nicht „für Luft" oder um willkommene staatliche Einnahmen zu erzielen, sondern zum gleichheitsstiftenden Ausgleich eines gleichheitswidrig verliehenen Vorteils.

TEIL 2 - GEBOTE FÜR LIZENZEN - VERFASSUNGSRECHTLICHE VEREINBARKEIT EINER LIZENZENVERSTEIGERUNG

Nachdem im ersten Teil der Arbeit festgestellt wurde, dass der Staat die Verleihung einer Lizenz von der Erhebung einer Gebühr abhängig machen kann, soll im Folgenden erörtert werden, ob er sich bei der Festsetzung der Gebührenhöhe und der Auswahl der Lizenzbewerber einer Versteigerung bedienen darf.

A. Versteigerungen im deutschen Recht

Eine Versteigerung stellt ein Vergabeverfahren dar, bei dem die Interessenten eines zu vergebenden Gutes innerhalb eines bestimmten Zeitraumes Preisgebote abgeben, die sie dafür zu entrichten bereit sind. Der Versteigerer nimmt das höchste Gebot per Zuschlag an und übereignet das Gut an diesen Bieter. Die Bewerber, deren Gebote hinter dem Höchstgebot zurückbleiben, gehen leer aus[485].

Grundsätzlich hindert das deutsche Recht niemanden, ein Gut im Wege einer Versteigerung zu veräußern. Einschränkungen unterliegt nur, wer dabei gewerbsmäßig vorgeht[486]. Neben freiwilligen (Privat-)Auktionen hat der Gesetzgeber in bestimmten Sachzusammenhängen ein Versteigerungsverfahren ausdrücklich vorgeschrieben. Dies geschieht bezüglich beweglicher oder unbeweglicher Sachen sowie hinsichtlich von Rechten (z.B. §§ 383ff., 489, 966 II, 979ff. 1219ff., 1235ff. BGB, §§ 373, 376 HGB). Einen Sonderfall gesetzlich normierter Versteigerungen stellen die Zwangsversteigerungen (nach ZPO, ZVG, etc.) dar. Sie „versilbern" Vermögenswerte eines Schuldners und begleichen die privat- oder öffentlich-rechtlichen Geldforderungen seiner Gläubiger[487].

---

485 Marx/Arens, Der Auktionator, § 34 b GewerbeO Rn. 12; Schneider, Auktionsrecht, S. 71; Bleutge in Landmann/Rohmer, GewerbeO, § 34b Rn. 6a; Schalhorn, DB 1972, 2453, 2453; Kräkel, Auktionstheorie, S. 13 mit Darstellung der verschiedenen Auktionsformen.

486 Vgl. § 34b VII GewerbeO; Verordnung über gewerbsmäßige Versteigerungen (Versteigerungsverordnung) vom 01.06.1976 (BGBl. I S. 1345); Bleutgen in Landmann/Rohmer, GewerbeO, § 34 b Rn. 39ff.; Marx/Arens, Der Auktionator, § 34 b GewerbeO Rn. 7, 18; Gramlich, CR 1999, 752, 753.

487 Gramlich, CR 1999, 752, 753; Bleutgen in Landmann/Rohmer, GewerbeO, § 34 b Rn. 6aff.

Im Wirtschaftsverwaltungsrecht waren Versteigerungen lange Zeit unbekannt[488]. Bei der Vergabe knapper Kontingente bevorzugte man Ausschreibungsverfahren, also die staatliche Zuteilung nach im Vorhinein festgesetzten sachlichen Kriterien. Einer Versteigerung wurde vorgehalten, sie wandele knappe Güter zu Handelsgütern, obwohl ihre Verteilung durch einen staatlichen Hoheitsakt zu erfolgen habe[489]. In Umsetzung europarechtlicher Vorgaben normierte der Gesetzgeber erstmals für die Vergabe knapper Telekommunikationslizenzen ein verwaltungsrechtliches Versteigerungsverfahren in § 11 IV TKG[490]. Seinen bislang bedeutendsten[491] Anwendungsfall fand es bei der Vergabe von UMTS-Mobilfunklizenzen. Aus diesem Anlass wiederholten die Kritiker ihre grundsätzlichen Bedenken gegen dieses Vergabeverfahren und fragten, ob ein gemeinwohlverpflichteter demokratischer Rechtsstaat die Sachentscheidung über die Verteilung begrenzter Ressourcen verweigern dürfe, um das Feld dem Wettlauf von Geschäftsinteressen und Finanzkraft zu überlassen. Die sachlichen Interessen der Telekommunikationsbürger, wie die Sicherung des Daten- und Fernmeldegeheimnisses, eine effiziente und störungsfreie Frequenznutzung, die flächendeckende Grundversorgung und ein chancengleicher, funktionsfähiger Wettbewerb blieben dabei unberücksichtigt[492]. Daneben stellten sie auch die Rechtmäßigkeit der konkreten Gestaltung und Durchführung der UMTS-Auktion in Frage[493].

Vorliegend soll das im TKG vorgesehene Versteigerungsverfahren zunächst abstrakt auf seine Vereinbarkeit mit der Verfassung untersucht werden (dazu B.). Ist diese zu bejahen, richtet sich der Blick auf die konkrete UMTS-Auktion (dazu C.).

---

[488] Beese/Naumann, MMR 2000, 145, 145; Koenig/Schäfer, K&R 1998, 243, 243; Ruhle/Geppert, MMR 1998, 175, 175; Faber, GewArch 2002, 264, 265; mit Hinweis auf das Jagdrecht Storr, K&R 2002, 67, 68.

[489] Grundsätzlich kritisch gegenüber Versteigerungen, Berg, Der Staat 15 (1976), 1, 26f.; Koenig, Die öffentlich rechtliche Verteilungslenkung, S. 163ff., 408ff.; jew. m.w.N.

[490] Siehe Begründung des TKG-Versteigerungsverfahrens, BT-Drs. 13/3609, S. 52; Kämmerer, NVwZ 2002, 161, 161; Hess, Das Versteigerungsverfahren nach dem TKG, S. 12.

[491] Siehe zu den zuvor auf dieser Grundlage versteigerten Lizenzen Teil 1, C. § 2 II.

[492] So zusammenfassend Schmidt-Jortzig in FAZ vom 09.10.2000, S. 16. Ebenso Grzeszick, DVBl. 1997, 878, 883f.; ders., ZUM 1997, 911, 912; Scherer, NJW 1996, 2953, 2958 (Fn. 32).

[493] Arndt, K&R 2001, 23, 28; Degenhart, K&R 2001, 32, 41; Koenig, K&R 2001, 41, 43ff.; Ehlers, K&R 2001, 1, 1ff.; Sachs, K&R 2001, 13, 13ff.; Varadinek, CR 2001, 17, 17ff.; Schumacher, NJW 2000, 3096, 3100; Schwarz, RTkom 2001, 141, 141.

B. Verfassungsrechtliche Vereinbarkeit einer Versteigerung von Telekommunikationslizenzen gemäß § 11 IV TKG

Die Versteigerung von Telekommunikationslizenzen gemäß Art. 11 IV TKG bewegt sich im Umfeld der Lizenzvoraussetzung gemäß § 6 I TKG und der Verknappung von Lizenzen gemäß § 10 S. 1 TKG. § 6 I TKG setzt für die Aufnahme bestimmter Tätigkeiten im Bereich der Telekommunikation eine Lizenz voraus und verhindert damit deren ungehinderte Ausübung. § 10 S. 1 TKG gestattet es, die Zahl dieser Lizenzen zu begrenzen. Wenn die Nachfrage das verbleibende Angebot übersteigt, versagt er einigen Bewerbern damit zwangsläufig die von der Lizenzierung umfassten Aktivitäten. Schon diese Normierungen könnten die Grundrechte potentieller Anbieter aus Art. 12 I, 14 I, 2 I GG, jeweils i.V.m. Art. 19 III GG verletzen. Auf die konkrete Vergabeart der Lizenzen käme es nicht mehr an. Ob sie im Wege einer Versteigerung, einer Ausschreibung oder eines anderen Verfahrens erfolgte, in jedem Fall wäre ihr der verfassungsrechtliche Boden entzogen[494]. Zunächst sind daher die Lizenzierung gemäß § 6 I TKG (dazu § 1) und die Lizenzverknappung gemäß § 10 S. 1 TKG (dazu § 2) auf ihre Vereinbarkeit mit der Verfassung hin zu untersuchen. Daran anschließend ist festzustellen, ob das Vergabeverfahren einer Versteigerung gemäß § 11 IV TKG mit dem Grundgesetz im Einklang steht (dazu § 3).

§ 1 Vereinbarkeit der Lizenzierung (§ 6 TKG) mit Art. 12 I i.V.m. 19 III GG als Abwehrrecht

§ 6 I TKG unterwirft den Betrieb von Übertragungswegen für die Öffentlichkeit und das Angebot von Sprachtelefonie einem Lizenzsierungszwang[495]. Dadurch könnten die betroffenen Grundrechtsträger in ihrer Berufs- bzw. Unternehmensfreiheit gemäß Art. 12 I i.V.m. 19 III GG verletzt sein.

I. Schutzbereich des Art. 12 I i.V.m. 19 III GG

Art 12 I GG sichert als einheitliches Grundrecht die Wahl und die Ausübung des Berufs[496]. Er gewährt den Grundrechtsträgern die Freiheit, jede Tätigkeit, für die sie sich geeignet glauben, zur Grundlage ihrer Lebensführung zu

---

[494] Korioth, UMTS-Gutachten, S. 23.

[495] Zur Lizenzierung nach dem TKG Nolte, CR 1996, 459, 459ff.

[496] BVerfGE 7, 377, 400ff.; Scholz in Maunz/Dürig, Art. 12 Rn. 14; Breuer in HStR VI, § 147 Rn. 902; jew.m.w.N.; a.A. Rittstieg in AK (3.A.), Art. 12 Rn. 54.

machen[497]. Unter die freie Berufswahl fällt die Entscheidung, überhaupt einen Beruf zu ergreifen[498] sowie die Auswahl eines bestimmten Berufs[499]. Die freie Berufsausübung schützt die berufliche Betätigung an sich, insbesondere deren Form, Mittel, Umfang und Inhalt[500].

Eine inländische juristische Person des Privatrechts kann sich gemäß Art. 19 III GG nur dann auf Art. 12 I GG berufen, wenn sie eine Erwerbstätigkeit ihrem Wesen und ihrer Art nach in gleicher Weise ausüben kann wie eine natürliche Person[501]. Wegen der Individualität des Berufes könnte man annehmen, dass Art. 12 I GG allein auf natürliche Personen anwendbar sei. Allerdings schützt die Berufsfreiheit die Tätigkeit, eine Erwerbszwecken dienende Beschäftigung auszuüben. Sie knüpft damit an das Verhalten und nicht an die Grundrechtsträger an. Auch wenn die im Rahmen von § 6 I TKG betroffenen Telekommunikationsunternehmen ihr Engagement nicht im Sinne einer Lebensaufgabe begreifen, üben sie, wie eine natürliche Person, eine solche, Erwerbszwecken dienende Tätigkeit aus und können sich dabei auf Art. 12 I GG berufen[502].

Sachlich umfasst das Schutzgut des Art. 12 I GG in dieser Konstellation die Unternehmensfreiheit sowie die Unternehmerfreiheit der assoziierten Personen[503]. Darunter fällt insbesondere die Freiheit, ein Gewerbe zu gründen und zu

---

[497] BVerfGE 13, 181, 181ff.; 54, 301, 313; 75, 284, 292; Schmidt-Bleibtreu in Schmidt-Bleibtreu/Klein, Art. 12 Rn. 5a; Scholz in Maunz/Dürig, Art. 12 Rn. 5; Wieland in Dreier, Art. 12 Rn. 28; Gubel in v.Münch/Kunig, Art. 12 Rn. 2.

[498] BVerfGE 58, 358, 364; 68, 256, 267.

[499] Hömig in Seifert/Hömig, Art. 12 Rn. 5; Jarass in Jarass/Pieroth, Art. 12 Rn. 8; Schmalz, Grundrecht, Rn. 706; Bleckmann, Staatsrecht II, § 33 Rn. 32.

[500] BVerfGE 85, 360, 372f.; Wieland in Dreier, Art. 12 Rn. 25; Jarass, in Jarass/Pieroth, Art. 12 Rn. 44; Gubelt in v.Münch/Kunig; Art. 12 Rn. 38; Breuer in HStR VI, § 147 Rn. 919.

[501] BVerfGE 21, 261, 266; 22, 380, 383; 30, 292, 312; 50, 290, 363; 53, 366, 386; 65, 196, 210; 74, 129, 148; 95, 173, 181; 97, 228, 253; BVerwGE 75, 109, 114; 97, 12, 22f.; BGHZ 124, 224, 225; Wieland in Dreier, Art. 12 Rn. 64; Jarass in Jarass/Pieroth, Art. 12 Rn. 9; Tettinger in Sachs, Art. 12 Rn. 22; Hömig in Seifert/Hömig, Art. 12 Rn. 2; Bleckmann, Staatsrecht II, § 33 Rn. 33f. Nach a.A. ist die juristische Person als bloßes „Organisationsmittel" ihrem Wesen nach prinzipiell ungeeignet, Träger der Berufsfreiheit zu sein, Rittstieg in AK (3.A.), Art. 12 Rn.158.

[502] Demmel in Manssen, § 47 Rn. 23; Degenhart, K&R 2001, 32, 33; Spoerr/Deutsch, DVBl. 1997, 300, 305; Storr, K&R 2002, 67, 71; Klöck, RTkom 2000, 280, 286; v.Arnauld, DÖV 1998, 437, 437; Stern/Dietlein, ArchTP 1998, 309, 317ff.; kritisch in Bezug auf die Deutsche Telekom AG Gersdorf in v.Mangoldt/Klein/Starck, Art. 87 f Rn. 84.

[503] BVerfGE 14, 263, 282; Hinsichtlich der Schutzintensität differenziert das BVerfG zwischen Klein- und Mittelbetrieben, bei denen sich der personale Bezug des Grundrechts in der Person des Eigentümerunternehmers verwirklichen könne und Großunternehmen, bei denen dieser weiter in den Hintergrund trete. Es begrenzt die Unternehmerfreiheit dadurch aber nicht auf kleine und mittlere Unternehmen; vgl. Bleckmann, Staatsrecht II, § 33 Rn. 34

betreiben sowie die freie Entscheidung, sich auf bestimmten Märkten oder Marktbereichen zu betätigen[504]. Die Erbringung der von § 6 I TKG unter eine Lizenz gestellten Telekommunikationsdienstleistungen ist insbesondere nach der Privatisierung des Telekommunikationsmarktes auf die Erzielung von Gewinn gerichtet und als unternehmerische Betätigung anzuerkennen. Die Entscheidung, eine solche Tätigkeit aufzunehmen und auf dem Telekommunikationsmarkt oder einem bestimmten Teil dieses Marktes aktiv zu werden, ist damit durch Art. 12 I GG geschützt. Der Schutzbereich des Art. 12 I i.V.m. Art. 19 III GG ist in personeller und sachlicher Hinsicht eröffnet[505].

II. Eingriff

Ein Eingriff in Art. 12 I GG liegt vor, wenn ein staatlicher Akt die genannte Freiheit mit berufsregelnder Tendenz behindert, erschwert oder unmöglich macht. Berufsregelnde Tendenz besitzen Maßnahmen, die sich objektiv unmittelbar auf einen oder mehrere Berufe beziehen und diese subjektiv ganz oder teilweise unterbinden oder beschränken wollen[506].
Die Lizenzierungspflicht gemäß § 6 I TKG stellt ein Verbot mit Erlaubnisvorbehalt dar[507]. Sofern kein gesetzlich normierter Versagungsgrund vorliegt, besteht ein gesetzlicher Anspruch auf Lizenzierung gemäß § 8 I 3 TKG. Wird einem potentiellen Anbieter eine Lizenz versagt, kann er die jeweiligen Dienstleistungen nicht erbringen. Der Zugang zum betroffenen Telekommunikationsmarkt und die entsprechende unternehmerische Betätigung werden ihm unmöglich. Die Lizenzpflicht wirkt sich damit unmittelbar auf seine unterneh-

---

und in Bezug auf den Telekommunikationssektor Storr, K&R 2002, 67, 71; Korioth, UMTS-Gutachten, S. 38, die von einer geringeren grundrechtlichen Wertigkeit ausgehen.

[504] BVerfGE 30, 292, 312; 50, 290, 362ff.; Wieland in Dreier, Art. 12 Rn. 64; Bleckmann, Staatsrecht II, § 33 Rn. 34; Breuer in HStR VI, § 147 Rn. 23 m.w.N. d. Rspr.

[505] So i.Erg. auch die Begründung des TKG-Versteigerungverfahrens (BT-Drs. 13/3609, S. 34); Breuer, Festschrift Maurer, S. 25, 39; Schulz, Lizenzvergabe bei Frequenzknappheit, S. 32f.; Ruffert, AöR 124 (1999), 237, 262; Becker, Die Verwaltung 35 (2002), 1, 6; Faber, GewArch 2002, 264, 266; Leo/Schellenberg, ZUM 1997, 188, 190; Schütz/Nüsken, MMR 1998, 523, 525; Hufeld, JZ 2002, 871, 872. Dem steht nicht entgegen, dass die Ausübung dieser Tätigkeiten vor der Privatisierung des Telekommunikationssektors staatlich erbracht wurde. Es war gerade deren Ziel, dass die Aufgaben nun von individuellen Grundrechtsträgern erfüllt werden. Unstrittig sind die TK-Unternehmen zumindest aktiv grundrechtsfähig, vgl. Gersdorf in v.Mangoldt/Klein/Starck, Art. 87 f Rn. 83.

[506] BVerfGE 13, 185, 186f.; 80, 209, 223f.; Jarass in Jarass/Pieroth, Art. 12 Rn. 11; Tettinger in Sachs, Art. 12 Rn. 71; Pieroth/Schlink, Staatsrecht II, Rn. 889; Schmalz, Grundrechte, Rn. 708; Katz, Staatsrecht, Rn. 637.

[507] Siehe Teil 1 B. § 1.

merische Betätigung aus. Diese Beschränkungen sind subjektiv beabsichtigt, um die mit dem Erlaubnisvorbehalt aufgestellten Anforderungen an Lizenzbewerber zu gewährleisten. § 6 I TKG greift objektiv und subjektiv berufsregelnd in die unternehmerische Freiheit möglicher Telekommunikationsanbieter ein[508].

III. Rechtfertigung

Art. 12 I GG stellt sowohl die Ausübung als auch die Wahl eines Berufes unter den Vorbehalt des Gesetzes[509]. § 6 I TKG könnte daher in der Lage sein, diesen Eingriff in die Unternehmensfreiheit zu rechtfertigen. Das setzt voraus, dass er seinerseits mit der Verfassung im Einklang steht. Er müsste insbesondere verhältnismäßig sein, also ein legitimes Ziel verfolgen und zu dessen Erreichung geeignet, erforderlich sowie angemessen sein[510].

Der lizenzpflichtige Bereich gemäß § 6 I TKG deckt sich im Wesentlichen mit dem Umfange der staatlichen Monopole, wie sie vor der Liberalisierung des Telekommunikationsmarktes bestanden[511]. Wenn auch den Staat diesbezüglich keine Erfüllungspflichten mehr treffen, obliegen ihm dennoch gewisse Regulierungsaufgaben, die insbesondere Art. 87 f GG aufstellt und §§ 8 III, 2 II TKG konkretisieren. Zu deren Erfüllung bedient er sich der Lizenzierung gemäß § 6 I TKG. Unter Berücksichtigung der normierten Versagungsgründe dient diese der präventiven Gefahrenabwehr, der Gewährleistung der Bevölkerungsversorgung mit Telekommunikation sowie der Förderung des Wettbewerbs im privatisierten Telekommunikationsmarkt[512].

Wenn der Staat die Zulassung zum Telekommunikationsmarkt von sachlichen und personellen Voraussetzungen abhängig macht, verhindert er das Auftreten von Anbietern, welche die Sicherheit, die Versorgung und den Wettbewerb zu

---

508 So i. Erg. auch Schütz in Beckscher Kommentar, § 6 Rn. 3; Varadinek, CR 2001, 17, 22, 23; Gramlich, CR 2000, 101, 102; Faber, GewArch 2002, 264, 266; Storr, K&R 2002, 67, 68f.; Grzeszick, DVBl. 1997, 878, 881; Degenhart, K&R 2001, 32, 33f.; Kämmerer, NVwZ 2002, 161, 165.

509 BVerfGE 7, 377, 401f.; 54, 237, 246; Scholz in Maunz/Dürig, Art. 12 Rn. 15; Tettinger in Sachs, Art. 12 Rn. 55; Wieland in Dreier, Art. 12 Rn. 89; Manssen, Staatssrecht I, Rn. 464.

510 Vgl. BVerfGE 71, 206, 218; 78, 38, 54; 78, 232, 245; Manssen, Staatsrecht I, Rn. 642 ff.; Schmalz, Grundrechte, Rn. 155ff.

511 Schütz in Beckscher Kommentar, § 6 Rn. 1; Schulz, Lizenzvergabe bei Frequenzknappheit, S. 13.

512 Schütz in Beckscher Kommentar, § 6 Rn. 3; Schulz, Lizenzvergabe bei Frequenzknappheit, S. 16; Ritgen, AöR 127 (2002), 351, 360; Grzeszick, DVBl. 1997, 878, 880; Spoerr/Deutsch, DVBl. 1997, 300, 306; Storr, K&R 2002, 67, 70; ders., Der Staat als Unternehmer, S. 411ff.

gefährden drohen. Die Lizenzierung ist in der Lage, die mit ihr verfolgten Ziele zu fördern und damit geeignet.
Erforderlich ist eine Regelung, wenn keine Möglichkeit besteht, die Betroffenen weniger zu belasten, ohne die Verfolgung der Ziele zu vernachlässigen[513]. Nach der vom BVerfG entwickelten Drei-Stufen-Theorie können Eingriffe im Bereich der Berufs- oder Unternehmensfreiheit entweder auf der Stufe einer Berufsausübungsregelung oder einer subjektiven bzw. objektiven Berufswahlregelung erfolgen[514]. Die Einordnung hängt davon ab, ob eine Regelung lediglich die Modalitäten einer Berufsausübung betrifft, oder die Wahl eines gesamten Berufs ausschließt. Unter Zuhilfenahme der sogenannten Berufsbildlehre ist dabei ausschlaggebend, ob der geregelte Bereich nach der allgemeinen Verkehrsanschauung ein eigenes Berufsbild oder nur einen Teil eines übergeordneten Berufsbildes darstellt[515].
§ 6 I TKG entscheidet darüber, ob ein Anbieter auf dem Telekommunikationsmarkt Leistungen erbringen darf, regelt aber keinen speziellen Fall einer Lizenzerteilung. Er umfasst Lizenzen, die eine existierende Gestattung nur ergänzen und damit nicht über die Aufnahme eines bestimmten Berufs entscheiden. In diesen Fällen wirkt er sich lediglich als Berufsausübungsregelung aus. Ebenso betrifft er Lizenzen, die den Zugang zu einem bestimmten Telekommunikationsmarkt erst eröffnen. Dabei ermöglicht oder versagt er die Aufnahme eines ganzen Berufsbildes und begründet eine Berufswahlregelung. Aufgrund der abstrakten Formulierung des § 6 TKG muss eine allgemeine Verfassungsmäßigkeitsprüfung den Eingriff rechtfertigen können, der die maximale Beeinträchtigung darstellt. Eine weniger stark belastende Maßnahme wäre dann ohnehin legitimiert. Mithin stellt die Lizenzierung, wie regelmäßig ein Erlaubnisvorbehalt für die Berufsaufnahme, eine Berufswahlregelung dar. Ob es sich um eine subjektive oder eine objektive Regelung handelt, hängt von den jeweiligen Ansatzpunkten ab. Subjektive Zulassungsschranken liegen vor, wenn die Lizenzierung an Voraussetzungen anknüpft, die in der Person oder dem Unternehmen selbst wurzeln. Eine objektive Zulassungsregel ist gegeben,

---

[513] Manssen, Grundrechte, Rn. 629ff.; Schmalz, Grundrechte, Rn. 158.
[514] BVerfGE 7, 377, 405ff.; 46, 120, 138; 77, 84, 105; Tettinger in Sachs, Art.12 Rn. 100 ff.; Hömig in Seifert/Hömig, Art. 12 Rn. 11; Scholz in Maunz/Dürig, Art. 12 Rn. 319; Breuer in HStR VI, § 148 Rn. 7.
[515] Jarass in Jarass/Pieroth, Art. 12 Rn. 25 ff.; Gubelt in v.Münch/Kunig, Art. 12 Rn. 12, 37ff.; Wieland in Dreier, Art. 12 Rn. 77; Schmalz, Grundrechte, Rn. 717; Bleckmann, Staatsrecht II, § 33 Rn. 45; kritisch Ipsen, JuS 1990, 634, 635 m.w.N.

wenn die Kriterien außerhalb der Person oder des Unternehmens liegen und von diesen nicht zu beeinflussen sind[516].

Gemäß § 8 III 2a TKG knüpft die Lizenzvergabe an die Zuverlässigkeit, Leistungsfähigkeit und Sachkunde des Lizenzbewerbers an. Bei diesen Kriterien handelt es sich um in der Person bzw. dem Unternehmen des Bewerbers liegende Voraussetzungen. Darüber hinaus darf gemäß § 8 III 2b TKG keine Gefahr für die öffentliche Sicherheit und Ordnung vorliegen, worin zunächst eine objektive Voraussetzung gesehen werden könnte. Allerdings wollte der Gesetzgeber mit dieser unglücklichen Formulierung lediglich zum Ausdruck bringen, dass Eigenschaften und Verhaltensweisen des Lizenzbewerbers auch mit den sonstigen Vorschriften der Rechtsordnung in Einklang stehen müssen[517]. Dabei sind nur Rechtsverstöße zu beachten, die der Lizenzbewerber in seiner Person oder in seinem Unternehmen begeht, so dass keine Generalklausel für die Abwehr jeglicher Gefahren vorliegt. Damit ist die Lizenzierung gemäß § 6 TKG als subjektive Berufwahlregelung einzuordnen[518].

Erforderlich wäre sie, wenn eine weniger belastende Berufsausübungsregelung die verfolgten Ziele in gleicher Effektivität erreichen könnte. Als Alternative zu einer Lizenzierung könnte die RegTP allen Bewerbern den Zugang zum Telekommunikationsmarkt gestatten und lediglich die Art und Weise, wie sie Dienste zu erbringen haben, an bestimmte Vorgaben knüpfen. Auch dadurch würde Gefahren, die von schlecht erbrachten Leistungen für die Sicherheit der Telekommunikationskunden ausgehen, begegnet. Allerdings müsste sie die Anbieter dabei permanent überwachen und ein beobachtetes Fehlverhalten umgehend unterbinden. Dies zu gewährleisten, wäre äußerst aufwendig und in umfassender Weise nur bedingt möglich. Die Gefahr, dass sich eine Vielzahl von Marktteilnehmern aufgrund qualitativ schlechter Dienstangebote nicht behaupten könnten und dadurch zumindest vorübergehende Versorgungslücken entstünden, die auch einen funktionierenden Wettbewerb gefährdeten, wäre nicht auszuschließen. Eine Vorgehensweise, die sich lediglich als Berufsausübungsregelung darstellte, kann also bei weitem nicht so effektiv sein wie das vom Gesetzgeber gewählte Mittel, die schwarzen Schafe unter den Bewerbern von vornherein herauszufiltern. Mithin ist die Lizenzierung als subjektive Berufswahlregelung erforderlich.

---

516 Scholz in Maunz/Dürig, Art. 12 Rn. 345; Schmidt-Bleibtreu in Schmidt-Bleibtreu/Klein, Art. 12 Rn. 11f.; Wieland in Dreier, Art. 12 Rn. 70ff., 75ff.; Schmalz, Grundrechte, Rn. 720, 721; Manssen, Grundrechte, Rn. 549ff., 555ff.; Bleckmann, Staatsrecht II, § 33 Rn. 46.

517 Begründung des TKG-Versteigerungsverfahrens, BT-Drs. 13/3609, S. 38.

518 So auch Ritgen, AöR 127 (2002), 351, 374.

Um angemessen zu sein, dürfte die mit der Lizenzierung einhergehende Grundrechtsbeeinträchtigung nicht außer Verhältnis zu den verfolgten Zielen stehen[519]. Nach der vom BVerfG entwickelten Stufenlehre sind die Anforderungen an die Angemessenheit umso höher, je stärker die Berufsfreiheit betroffen ist[520]. Während Berufsausübungsregelungen schon durch vernünftige Allgemeinwohlerwägungen und objektive Berufswahlbeschränkungen erst durch überragend wichtige Gemeinschaftsgüter zu rechtfertigen sind, muss die vorliegende subjektive Berufswahlbeschränkung den Schutz wichtiger Güter der Allgemeinheit verfolgen[521].

Das Ziel, eine Grundversorgung der Bevölkerung mit Telekommunikation zu gewährleisten, leitet sich unmittelbar aus Art. 87 f GG ab und kann im Rahmen der Daseinsvorsorge sozialstaatlich geboten sein. Auch das Gebot, im privatisierten Bereich der Telekommunikation Wettbewerb herzustellen, geht auf Art. 87 f GG zurück und legt die Grundlage für alle anderen mit der Privatisierung verfolgten Interessen[522]. Die Gefahrenabwehr soll die Funktionsfähigkeit ausgewählter Bereiche des Fernsprechnetzes sowie den Schutz des Verbrauchers vor möglichen wirtschaftlichen oder gesundheitlichen Schädigungen gewährleisten. Diese Ziele stellen bedeutende Werte dar, die zu erfüllen die Verfassung dem Staat aufgibt. In ihnen sind somit wichtige Güter der Allgemeinheit zu sehen. Dagegen sind die Anforderungen, die an die Lizenzbewerber gestellt werden, auch im Vergleich zu anderen Erlaubnisvorbehalten, äußerst gering. Eine Lizenz bekommt nur versagt, wem offensichtlich elementare Voraussetzungen für den Telekommunikationsbetrieb, wie Fachkunde, Zuverlässigkeit und Leistungsfähigkeit, fehlen. Diese Minimalanforderungen beeinträchtigen die Grundrechtsträger in minimaler Weise.

Die Versorgung und der Schutz der Bevölkerung sind als Gemeinschaftsinteressen daher in der Lage, einen durch die Lizenzpflicht bestehenden Eingriff in die Unternehmensfreiheit des Art. 12 I i.V.m. 19 III GG zu rechtfertigen.

---

[519] Schmalz, Grundrechte, Rn. 159ff.; Manssen, Staatsrecht I, Rn. 633ff.

[520] BVerfGE 7, 377, 406ff.; Scholz in Maunz/Dürig, Art. 12 Rn. 339; Gubelt in v.Münch/Kunig, Art. 12 Rn. 53, 65; Tettinger in Sachs, Art. 12 Rn. 103; Breuer in HStR VI, § 148 Rn. 38; Schmalz, Grundrechte, Rn. 719ff.; Vgl. zur Durchlässigkeit dieser Kategorien BVerfGE 11, 30, 41; 12, 144, 147.

[521] BVerfGE 7, 378 LS 6c; 63, 266, 286; 71, 183, 196f.; 80, 1, 29; 84, 133, 151; 85, 248, 259; 94, 352, 359.

[522] Gersdorf in v.Mangoldt/Klein/Starck, Art. 87 f Rn. 53; Windthorst in Sachs, Art. 87 f Rn. 25; Fehling, AöR 121 (1996), 59, 81f.

IV. Zwischenergebnis

Die Lizenzierung von Telekommunikationslizenzen gemäß § 6 I TKG steht mit der Unternehmensfreiheit des Art. 12 I i.V.m. 19 III GG im Einklang. Allein um die Versorgung und die Sicherheit der Bevölkerung sowie einen funktionierenden Wettbewerb zu gewährleisten, schaltet sich der Staat überhaupt in den Telekommunikationsbereich ein und überlässt diesen Markt nicht dem freien Spiel der Kräfte.

Auch gegen andere Grundrechte verstößt § 6 I TKG nicht. Der Schutzbereich von Art. 14 I GG sichert nach der ständigen Rechtsprechung des BVerfG im Gegensatz zum Erwerbsschutz des Art. 12 GG nur das „Erworbene", also den Bestand der Vermögensgüter zum Zeitpunkt einer belastenden Maßnahme[523]. § 6 I TKG regelt den Erwerb von Telekommunikationslizenzen, die zuvor nicht im Vermögen des Begünstigten standen, so dass Art. 14 I GG nicht betroffen ist[524]. Art. 2 I GG ist nach allgemeiner Meinung gegenüber Art. 12 I GG subsidiär[525] und tritt hinter diesem zurück[526].

§ 2 Vereinbarkeit der Beschränkung der Anzahl zu vergebender Lizenzen (§ 10 S. 1 TKG) mit Art. 12 I GG i.V.m. 19 III GG als Abwehrrecht

§ 10 S. 1 TKG gestattet der RegTP, die Anzahl der nach § 6 I TKG zu vergebenden Lizenzen zu beschränken, wenn die erforderlichen Frequenzen nicht in ausreichendem Umfange zur Verfügung stehen. Dadurch könnten die Lizenzbewerber in ihrer Unternehmensfreiheit gemäß Art. 12 I i.V.m. 19 III GG verletzt sein.

I. Eingriff in den Schutzbereich

Mit einer Reduzierung der Lizenzen begrenzt die RegTP die Chancen der Bewerber, eine Lizenz zu erhalten und eine Tätigkeit im lizenzpflichtigen Telekommunikationsmarkt aufzunehmen oder auszuüben. Weil es sich dabei

---

523 Vgl. zum Verhältnis des Art. 12 GG zu Art. 14 GG BVerfGE 30, 292, 334f.; 85, 360, 383; 88, 366, 377.

524 Vgl. zu der in diesem Zusammenhang mitunter erwähnten Wettbewerbsfreiheit, die keine eigenständige Freiheitsgewährleistung beschreibt, Schulz, Lizenzvergabe bei Frequenzknappheit, S. 36f.

525 BVerfGE 58, 358, 363; 68, 193, 216, 223; 70, 1, 32; 77, 84, 118; 87, 153, 169.

526 Vgl. auch die sich jew. auf Art. 12 I GG ggf. i.V.m. Art. 3 I GG beschränkenden Untersuchungen bei Degenhart, K&R 2001, 32, 41; Varadinek, CR 2001, 17, 22; Schumacher, NJW 2000, 3096, 3100; Storr, K&R 2002, 67, 68; Gramlich, CR 1999, 752, 764; Zimmer, CR 2002, 13, 15; Faber, GewArch 2002, 264, 266ff.; Klöck, RTkom 2000, 280, 286; Korioth, UMTS-Gutachten, S. 22.

um einen von Art. 12 I i.V.m. 19 III GG geschützten Bereich handelt, versagt sie der Anzahl von Interessenten, welche die Zahl der zur Verfügung stehenden Lizenzen übersteigt, eine Inanspruchnahme ihrer Unternehmensfreiheit. Aufgrund der Knappheit an Frequenzen geschieht dies gezielt und mit berufsregelnder Tendenz. § 10 S. 1 TKG begründet einen Eingriff in die unternehmerische Freiheit gemäß Art. 12 I i.V.m. 19 III GG[527].

II. Rechtfertigung in Knappheitssituationen

Beruht ein Grundrechtseingriff darauf, dass eine Ressource nicht in ausreichendem Maße zur Verfügung steht, richten sich die Rechtfertigungsanforderungen nach der Ursache für diese Knappheit. Der Staat muss sich den Vorwurf eines Grundrechtseingriffs nur gefallen lassen, sofern er für diesen verantwortlich ist. Daher verlangt die abwehrrechtliche Funktion des Art. 12 I i.V.m. 19 III GG[528] von Kapazitätsengpässen nur dann eine Rechtfertigung im Sinne der Drei-Stufen-Theorie, wenn sie durch staatliche Entscheidungen herbeigeführt oder beeinflusst werden[529].

Anders stellt sich die Situation dar, wenn Kapazitäten von Natur aus begrenzt sind. Die Knappheitssituation liegt dann gerade nicht im staatlichen Verantwortungsbereich, sondern folgt aus physikalisch-technischen Gegebenheiten heraus, welche die Rechtsordnung weder beseitigen noch ignorieren kann. Die Frage, ob eine Pflicht zur Minderung oder Behebung der Knappheit besteht, stellt sich nicht und eine Rechtfertigung für die teilweise Nichtgewährung der Ressource entfällt[530]. Damit ist zunächst zu untersuchen, worauf die mit § 10 S. 1 TKG einhergehende Knappheit von Telekommunikationslizenzen beruht.

III. Knappheit von Telekommunikationslizenzen

Für sich gesehen ist die Möglichkeit einer Behörde, Lizenzen auszustellen, von Natur aus nicht begrenzt. Eine Beschränkung kann allenfalls aufgrund einer Norm oder einer anderen staatlichen Willensbekundung erfolgen. Die Knapp-

---

[527] So auch Geppert/Ruhle/Schuster, Rn. 296; Schulz, Lizenzvergabe bei Frequenzknappheit, S. 33; Becker, Die Verwaltung 35 (2002), 1, 6; Ruffert, AöR 124 (1999), 237, 262.

[528] Vgl. zu den verschiedenen Funktionen der Grundrechte Sachs in Sachs, vor Art. 1 Rn. 27ff.; Manssen, Staatsrecht I, Rn. 32 ff.; Bleckmann, Staatsrecht II, § 11.

[529] Badura, Festschrift Friauf, S. 529, 539ff.; Berg, Der Staat 15 (1976), 1, 13ff.; zu Kontingentierungen nach § 10 GüKG, BVerfGE 40, 196, 218; BVerwGE 64, 70, 72; zu Eingriffen durch § 13 PersBefG, BVerwGE 16, 190, 191; 64, 238, 239.

[530] Badura, Festschrift Friauf, S. 529, 535; Becker, Die Verwaltung 35 (2002), 1, 6; Korioth, UMTS-Gutachten, S.25.

heit von Telekommunikationslizenzen beruht auf der Rechtsnorm des § 10 S. 1 TKG und bestünde bei einer derart isolierten Betrachtung nicht von Natur aus. § 10 S. 1 TKG gestattet aber lediglich die Verknappung von Lizenzen, für deren Erteilung Frequenzen notwendig sind, die nicht in ausreichendem Umfange existieren. Dem liegt zugrunde, dass das Angebot insbesondere von Mobilfunkleistungen nur erbracht werden kann, wenn ausreichend Frequenzspektrum zur Verfügung steht, um Telekommunikationsdaten zu übertragen[531]. Zwar folgt aus § 8 V TKG die Unabhängigkeit der Frequenzzuteilung von der Lizenzerteilung, gemäß § 8 III 1 TKG ist eine Lizenz jedoch nicht zu erteilen, wenn der notwendige Frequenzraum nicht vorhanden ist. Der Empfänger einer Lizenz besitzt in dieser Konstellation also einen unbedingten Anspruch auf die Zuteilung von Frequenzraum[532]. Aus dieser Abhängigkeit der Lizenz von der Frequenz ergibt sich die Bedingtheit der Knappheit von Lizenzen durch die Knappheit von Frequenzen[533].

Über den Umfang zur Verfügung stehender Funkfrequenzen erteilt nach § 10 S. 1 TKG der Frequenznutzungsplan gemäß § 46 TKG Auskunft. Er basiert auf der Frequenzbereichszuweisung gemäß § 45 TKG, die wiederum auf internationale Übereinkommen zur Frequenznutzung zurückgeht[534]. All diese Normierungen begründen das Ausmaß des zur Verfügung stehenden Frequenzraumes aber nicht, sondern fassen den bestehenden Umfang lediglich in einen rechtlichen Rahmen. Die tatsächliche Ursache für die Kapazität liegt in dem Faktum begründet, dass das Frequenzspektrum, in dem sich elektromagnetische Wellen bewegen können, nicht ohne weiteres vermehrbar ist, sondern aufgrund unabänderbarer technisch-physikalischer Gegebenheiten nur begrenzt zur Verfügung steht[535]. Eine Knappheit von Frequenzen existiert also von Natur aus und nicht aufgrund einer staatlichen Willensbekundung. Damit geht einher, dass auch die Knappheit der Lizenzen von Natur aus besteht.

---

[531] Korehnke/Grotelüschen in Beckscher Kommentar, vor § 44 Rn. 1; Spoerr in Trute/Spoerr/Bosch, vor § 44 Rn. 8ff.; Geppert/Ruhle/Schuster, Rn. 712f.; Holznagel/Enaux/Nienhaus, S. 61, 140f.

[532] So auch die Begründung des TKG-Versteigerungsverfahrens, BT-Drs. 13/3609, S. 39; Schütz in Beckscher Kommentar, § 8 Rn. 51; Geppert, ebend., § 10 Rn. 4; Schulz, Lizenzvergabe bei Frequenzknappheit, S. 43ff.

[533] Klöck, RTkom 2000, 280, 282; Kloepfer, Informationsrecht, § 11 Rn. 95.

[534] Vgl. zu den internationalen Zusammenhängen Einleitung A. § 1.

[535] Manssen in Manssen, § 10 Rn. 1; Korehnke/Grotelüschen in Beckscher Kommentar, vor § 44 Rn. 12ff.; Geppert/Ruhle/Schuster, Rn. 520; Schuster/Müller, MMR 2000, 26, 26; Koenig/Schäfer, K&R 1998, 243, 244; Grzeszick, DVBl. 1997, 878, 880; Schwintowski, CR 1997, 630, 631.

Wie dies im jeweiligen Einzelfall zu ermitteln ist, lässt § 10 S. 1 TKG offen. Die Verwaltungspraxis bedient sich daher Verfahrensregelungen aus vergleichbaren Sachzusammenhängen, wonach Knappheit vorliegt, wenn die eingehenden Lizenzanträge mehr Frequenzraum erfordern, als tatsächlich zur Verfügung steht[536].

Der in § 10 S. 1 TKG vorgesehene staatliche Beschränkungsakt der Lizenzanzahl vollzieht lediglich einen von Natur aus gegebenen Zustand nach und besitzt rein deklaratorische Wirkung. Er entfaltet mangels staatlicher Verantwortlichkeit keine eigene Eingriffsqualität und bedarf keiner sachlichen Rechtfertigung.

IV. Zwischenergebnis

Die Begrenzung der Anzahl von Telekommunikationslizenzen gemäß § 10 S. 1 TKG ist in den Fällen, in denen der Lizenzbetrieb eine von Natur aus knappe Frequenz voraussetzt, mit den abwehrrechtlichen Gewährleistungen des Art 12 I i.V.m. 19 III GG sowie denen anderer Grundrechte vereinbar[537]. Das bedeutet aber nicht, dass die Vergabe von naturgemäß knappen Lizenzen überhaupt keine verfassungsrechtlichen Anforderungen beachten müsste. Vielmehr ist die Art und Weise, wie der Staat diese Ressourcen vergibt, an den Grundrechten zu messen.

§ 3 Vereinbarkeit des Versteigerungsverfahrens (§ 11 IV TKG) mit Art. 12 I i.V.m. Art. 3 I, 19 III GG als Teilhaberecht

Die Vergabe der gemäß § 10 S. 1 TKG verknappten Telekommunikationslizenzen erfolgt im Wege der von § 11 I TKG vorgesehenen Verfahren. Dabei ist zwischen einem Ausschreibungsverfahren gemäß Abs. VI[538] und einem Ver-

---

536 Vfg. 51/1997 des BMPT (Abl. BMPT 1997, S. 338), wonach potentielle Frequenznutzer unter Fristsetzung dazu aufgefordert werden, ihren UMTS-Frequenzbedarf anzuzeigen, um so die Nachfrage am vorhandenen Angebot messen zu können. Vgl Geppert in Beckscher Kommentar, § 10 Rn. 6; Geppert/Ruhle/Schuster, Rn. 296ff.; Spoerr in Trute/Spoerr/Bosch, § 10 Rn. 5ff.; Etling-Ernst, § 10 Rn. 2ff.

537 Zur Betroffenheit anderer Grundrechte siehe Teil 2 B. § 1 IV.

538 Bei einem Ausschreibungsverfahren soll festgestellt werden, welche Bewerber am ehesten die Fähigkeiten oder Eigenschaften besitzen, die Nachfrage der Nutzer nach der Telekommunikationsdienstleistung für die Öffentlichkeit zu befriedigen. Die Auswahl oder Beurteilung erfolgt nach den in § 11 VI 3 TKG genannten und gem. § 11 VI 2 Nr. 4 TKG von der RegTP im Vorhinein festzulegenden Kriterien (§ 11 VI 3 TKG). Jeder Bewerber, der die sachlichen Mindestvoraussetzungen gem. § 11 VI 2 Nr. 1 TKG erfüllt, kann ein Angebot abgeben, welches anhand der festgelegten Kriterien ausgewertet wird. Auf dieser Grundlage

steigerungsverfahren gemäß Abs. IV zu unterscheiden. Bei dem vorliegend zu würdigenden Versteigerungsverfahren entscheidet allein die Abgabe des Höchstgebotes über den Lizenzerhalt. Es könnte die Lizenzbewerber in ihren teilhaberechtlichen Verfahrensgarantien aus Art. 12 I i.V.m. Art. 3 I, 19 III GG verletzen[539].

I. Art. 12 i.V.m. Art. 3 I GG als Teilhaberecht

Primäre Funktion der Grundrechte ist die Abwehr staatlicher Beherrschung und Einflussnahme. Dem Einzelnen sollen Gewährleistungen zustehen, die er dem Staat entgegenhalten kann, wenn er in seine Sphäre eingreift[540]. Der Garantiegehalt der Grundrechte erschöpft sich aber nicht in dieser subjektiven Funktion, sondern enthält ebenso objektive Wertentscheidungen[541]. So zielt Art. 12 I GG neben dem Schutz vor Einschränkungen der Berufsfreiheit auch auf ein freiheitliches Berufs- und Unternehmenswesen in der gesellschaftlichen Sphäre[542]. Der damit einhergehende Gewährleistungsauftrag verpflichtet den Staat, seinen Bürgern hinreichende Chancen und ausreichende Möglichkeiten zur Wahrnehmung dieses Berufs- und Unternehmenswesens zu vermitteln. Ist dies in wirksamer Weise nur unter Inanspruchnahme einer staatlich zuzuteilenden Ressource möglich, würde deren Versagung die grundrechtlich gewährte Berufsfreiheit einschränken und träte in Widerspruch zu Art. 12 I GG. Die Gewährung einer Freiheit liefe ins Leere, wenn dem Berechtigten nicht auch

---

entscheidet die RegTP, welche Bewerber geeignet erscheinen. Bei mehreren gleich geeigneten Bewerbern entscheidet das Los (§ 11 VI 5 TKG).

[539] Die Gesetzesbegründung zum TKG-Versteigerungsverfahren äußert sich zur Verfassungsmäßigkeit eines Versteigerungsverfahrens lediglich in einem Satz. Das Versteigerungsverfahren stelle ein „geeignetes, rechtsstaatlich zulässiges Auswahlverfahren" dar; BT-Drs. 13/3609, S. 39.

[540] BVerfGE 7, 198, 204f.; v.Münch in v.Münch/Kunig, Art. 12 Rn. 16; Bleckmann, Staatsrecht II, § 11 Rn. 6ff.; Pieroth/Schlink, Staatsrecht II, Rn. 58; Schlink, EuGRZ 1984, 457, 457ff.; Heintschel v.Heinegg/Haltern, JA 1995, 333, 333.

[541] Sachs in Sachs, vor Art. 1 Rn. 27ff.; Jarass in Jarass/Pieroth, vor Art. 1 Rn. 3; Böckenförde, Staat, Verfassung, Demokratie, S. 146, 159ff.; Alexy, Der Staat 29 (1990), 49, 51ff.; Müller, Der Staat 29 (1990), 33, 38ff.; vgl. allg. zur Entwicklung des objektiven Grundrechtsgehalts Heintschel v.Heinegg/Haltern, JA 1995, 333, 334f.

[542] BVerfGE 81, 242, 255ff.; Manssen in v.Mangoldt/Klein/Starck, Art. 12 Rn. 6; Tettinger in Sachs, Art. 12 Rn. 11; Pieroth/Schlink, Staatsrecht II, Rn. 862; Pitschas, Berufsfreiheit und Berufslenkung, S. 82; Reuter, DVBl. 1974, 7, 12ff.

die Voraussetzungen, sie in Anspruch nehmen zu können, mitgewährleistet würden[543].

Teilt der Staat einzelnen Grundrechtsträgern eine Leistung zu, rückt zudem Art. 3 I GG ins Blickfeld. Um eine Gleichbehandlung aller Grundrechtsträger zu gewährleisten, kann er verpflichtet sein, den Zugang zu einer Ressource, den er einem Begünstigten zur Freiheitssicherung einräumt, auch weiteren Grundrechtsträgern zu ermöglichen[544]. Im Zusammenspiel dieser freiheits- und gleichheitssichernden Gewährleistungen können die Grundrechte Ansprüche auf Teilhabe an einer staatlich zuzuteilenden Ressource begründen[545]. In seiner für die Teilhabefunktion grundlegenden numerus-clausus Entscheidung aus dem Jahre 1972 stellt auch das BVerfG dies in Bezug auf das Ausbildungswesen fest[546]. Die Berufsausbildung sei als Vorstufe der Berufsaufnahme und als integrierender Bestandteil des zusammengehörenden Lebensvorgangs eines Berufes anzusehen. Wenn eine Berufsaufnahme eine bestimmte Ausbildung voraussetze, sei diese von der Gewährleistung des Art. 12 I GG mit umfasst[547]. In Verbindung mit dem Gleichheitssatz des Art. 3 I GG und dem Sozialstaatsprinzip begründe sie ein Teilhaberecht auf Zulassung zu einem Hochschulstudium[548].

1. Voraussetzungen eines Teilhaberechts

Abstrakte Voraussetzungen, anhand derer auch in anderen Sachzusammenhängen beurteilt werden könnte, ob ein Teilhaberecht vorliegt, hat weder das BVerfG noch die ihm folgende Literatur definiert. Wegen der individuellen Bedeutung der Freiheitsgewährung für die einzelnen Grundrechtsträger wird dies auch nicht für jeden Einzelfall möglich sein. Als allgemeine Grundlinie kann jedoch Folgendes gelten:

---

543 BVerfGE 33, 303, 330f.; 39, 258, 273; Wieland in Dreier, Art. 12 Rn. 161ff.; Murswiek in HStR V, § 112 Rn. 5ff.; Pieroth/Schlink, Staatsrecht II, Rn. 95; Rupp, AöR 101 (1976), 161, 183ff.

544 Wieland in Dreier, Art. 12 Rn. 164; Tettinger in Sachs, Art. 12 Rn.12ff.; vgl. auch Geppert in Beckscher Kommentar, § 11 Rn. 1; Manssen in Manssen, § 11 Rn. 1; Nolte, CR 1996, 459, 462; Grzeszick, DVBl. 1997, 878, 881.

545 Wieland in Dreier, Art. 12 Rn. 164; Breuer in HStR VI, § 147 Rn. 82; Murswiek in HStR V, § 112 Rn. 69; Pieroth/Schlink, Staatsrecht II, Rn. 95; Heintschel v.Heinegg/Haltern, JZ 1995, 333, 338; Martens, VVDStRL 30 (1972), 7, 21.

546 BVerfGE 33, 303, 330f.

547 BVerfGE 33, 303, 330f.; vgl. ferner BVerfGE 39, 258, 273.

548 BVerfGE 33, 303, 331; vgl. auch BVerfGE 37, 104, 113; 39, 258, 269f.; 39, 276, 293; 43, 291, 313ff.; 59, 172, 199; 85, 36, 54f.; vorher schon Martens, VVDStRL 30 (1972), 7, 21ff.

Ansprüche auf Leistungen des Staates lassen sich umso weniger begründen, je mehr der Staat die Eigenverantwortlichkeit der gesellschaftlichen Prozesse akzeptiert. Je mehr er aber ausgestaltend oder eingreifend aktiv wird und grundrechtliche Freiheit zur Sache von staatlicher Organisation und Verwaltung macht[549], desto mehr trifft ihn auch eine Erfolgsobliegenheit, die sich zu einer Rechtspflicht verdichten kann[550]. Ist der Bürger bei der Ausübung seiner Grundrechte also nicht auf den Staat angewiesen, so besitzt er auch keinen Anspruch, dass dieser ihn dabei unterstützt. Kommt der Bürger dabei aber nicht am Staat vorbei, so trifft den Staat die Pflicht, das seinerseits Erforderliche zu tun, um ihm die Inanspruchnahme seiner Grundrechte zu ermöglichen. Ein Teilhaberecht ist damit zumindest dann gegeben, wenn der Staat ein „Angebotsmonopol"[551] hinsichtlich der Bereitstellung und Verteilung von Gütern oder Ressourcen besitzt, die der Bürger zur Grundrechtsausübung benötigt[552].

2. Teilhaberechte als Verfahrensrechte

Teilhabe- oder Leistungsrechte können jedoch nicht unbegrenzt bestehen. Wegen des primär abwehrrechtlichen Charakters der Grundrechte ist vielmehr Zurückhaltung hinsichtlich ihrer Ableitung geboten[553]. Sie stehen unter dem Vorbehalt des Möglichen im Sinne dessen, was der Einzelne vernünftigerweise von der Gesellschaft beanspruchen kann.

Besteht eine Begrenzung nicht schon aufgrund einer naturgegebenen Knappheit, obliegt die Beurteilung des Gewährungsumfangs dem Gesetzgeber. Er hat mögliche Ansprüche im Rahmen seiner Haushaltswirtschaft mit anderen Gemeinschaftsbelangen und dem Erfordernis des gesamtwirtschaftlichen Gleichgewichts (Art. 109 II GG) in Einklang zu bringen[554]. Sofern die betroffenen Grundrechte einen Gesetzesvorbehalt vorsehen, kann der Gesetzgeber ein Teilhaberecht entsprechend beschränken und damit eine Versagung der Teilha-

549 Häberle, DÖV 1972, 729, 729.

550 BVerfGE 33, 303, 331f.

551 BVerfGE 33, 303, 331f.

552 Scholz in Maunz/Dürig, Art. 12 Rn. 431; Jarass in Jarass/Pieroth, Art. 12 Rn. 76; Murswiek in HStR V, § 112 Rn. 66ff.; Hömig in Seifert/Hömig, Die Grundrechte Rn. 5; Manssen in v.Mangoldt/Klein/Starck, Art. 12 Rn. 7; v.Münch in v.Münch/Kunig, Vorbem. Art.1-19 Rn. 19; Kopp, NJW 1994, 1753, 1756.

553 Manssen in v.Mangoldt/Klein/Starck, Art. 12 Rn. 6; v.Münch in v.Münch/Kunig, Vorbem. Art. 1-19 Rn. 19; Hesse, EuGRZ 1978, 427, 434.

554 BVerfGE 33, 303, 333; 43, 291, 314; vgl. auch OVG Berlin NVwZ 1996, 1239, 1242; Tettinger in Sachs, Art. 12 Rn. 133.

be rechtfertigen[555]. Art. 12 I i.V.m. Art. 3 I GG gewährt keine originären Teilhabeansprüche, die sich auf die Schaffung zusätzlicher Kapazitäten erstrecken, sondern lediglich derivative Rechte, die einen gleichen Zugang zu den zur Verfügung gestellten Ressourcen ermöglichen[556].
Ist eine Kapazität von Natur aus begrenzt, kann eine volle Befriedigung aller Teilhabeberechtigten schon aus diesem Grunde nicht erfolgen. Die zur Verfügung stehenden Ressourcen könnten theoretisch zwar auf alle Bewerber aufgeteilt werden, so dass der Einzelne zumindest einen Bruchteil daran erhielte. Weil insbesondere Berufe oder Unternehmensbereiche aber nur bedingt teilbar sind, ist dies nur solange möglich, wie jedem Interessenten ein für sich genommen noch sinnvoller Anteil verbleibt. Bei einer darüber hinausgehenden Nachfrage ist eine Auswahlentscheidung erforderlich, welchem Bewerber eine Teilhabe zu gewähren und welchem sie zu versagen ist. Ein Teilhaberecht wandelt sich dann zu einem Recht auf Teilnahme an einem rechtmäßigen Vergabeverfahren[557].

3. Verfassungsrechtliche Anforderungen an ein Vergabeverfahren

Der teilhaberechtliche Gehalt des Art. 12 I GG gewährt den Berechtigten zunächst nur elementare Verfahrensrechte. Mit zunehmender Intensität der Grundrechtsbetroffenheit erhöhen sich aber die Anforderungen an eine Vergabeentscheidung[558]. Welche Voraussetzungen sich daraus für ein konkretes Verteilungsverfahren ergeben, lässt die Literatur weitestgehend offen. Entweder wird ein sachgerechtes Vergabeverfahren ohne nähere Erläuterung vorausgesetzt oder lediglich allgemein auf die Funktion der Grundrechte als Teilhaberechte sowie auf einen Einschätzungs- und Gestaltungsspielraum des Gesetz-

---

555 BVerfGE 33, 303, 336; BVerwG NJW 1978, 2258, 2258; Tettinger in Sachs, Art. 12 Rn. 136; Breuer in HStR VI, § 147 Rn. 80.

556 BVerfGE 33, 303, 336; 59, 172, 198ff.; 85, 36, 53ff.; Wieland in Dreier, Art.12 Rn. 161ff.; Jarass in Jarass/Pieroth, Vorbem. Art. 1 Rn. 7f.; Murswiek in HStR V, § 122 Rn. 66ff.; Katz, Staatsrecht, Rn. 804, 580ff.; Bayer, JuS 1989, 191, 192ff.; Dreier, Jura 1994, 505, 507f. Vgl. zu derivativen und orginären Teilhaberechten v.Münch in v.Münch/Kunig, Vorbem. Art. 1-19 Rn. 20; Breuer in HStR VI, § 147 Rn. 77f.; Stern, Staatsrecht III/1, S. 749f.; Heintschel v.Heinegg/Haltern, JA 1995, 333, 338ff.; Dörr, JuS 1988, 96, 97ff.; Langer, NJW 1990, 1328, 1329ff. m.w.N.

557 Tettinger in Sachs, Art. 12 Rn. 132; Wieland in Dreier, Art. 12 Rn. 162f.; Pieroth/Schlink, Staatsrecht II, Rn. 96; Badura, Festschrift Friauf, S. 529, 535; Berg, Der Staat 15 (1976), 1, 19; Muckel, JuS 1992, 201, 203.

558 Goerlich, Grundrechte als Verfahrensgarantien, S. 57ff.; ders., NJW 1981, 2616, 2616; Muckel, JuS 1992, 201, 203.

gebers verwiesen[559]. Aus diesem Grunde sollen vorliegend zunächst die konkreten Anforderungen an ein solches Verteilungsverfahren definiert werden, an denen dann das Versteigerungsverfahren gemäß § 11 IV TKG zu messen ist. Dazu sind insbesondere die verfassungsrechtlichen Grundlagen eines Teilhaberechts heranzuziehen:

Wie dargestellt, gewähren Teilhaberechte zunächst ein Recht auf Gleichbehandlung. Art. 3 I GG verpflichtet dazu, alle Grundrechtsträger bei der Zuteilung von Ressourcen in gleicher Weise zu berücksichtigen[560]. Mitunter werden Teilhaberechte daher als reine Gleichheitsrechte angesehen und eine eigene Kategorisierung als überflüssig abgelehnt[561]. Diese Ansicht verkennt, dass Teilhaberechte über den Gleichbehandlungsgedanken hinaus einen eigenständigen Anspruch auf Beteiligung an einer Ressource gewähren können, sofern eine wirksame Freiheitsausübung dies erfordert. Dieser Anspruch besteht unabhängig davon, ob er auch anderen Grundrechtsträgern zuteil wird. Ein Teilhaberecht kann vielmehr einem einzigen Begünstigten zustehen, so dass sich die Frage der Gleichbehandlung nicht stellt. Teilhaberechte haben neben der gleichheitsrechtlichen auch eine rein freiheitssichernde Funktion. Sie gehen über den Charakter bloßer Gleichheitsrechte hinaus und bilden eine eigene Kategorie grundrechtlicher Gewährleistungen[562]. Sie stellen ein Mehr gegenüber den Gleichheitsrechten dar und sind gewissermaßen als freiheitssichernde Gleichheitsrechte anzusehen. Dieser zweiaktigen Qualifizierung müssen auch die an ein Auswahlverfahren zu stellenden Anforderungen entsprechen.

a. Anforderungen aus dem gleichheitsrechtlichen Charakter von Teilhaberechten

Der gleichheitsrechtliche Charakter eines Teilhaberechts verlangt eine Rechtfertigung des in jedem Auswahlverfahren liegenden Verstoßes gegen Gleichheitsrechte.

Die Anforderungen daran unterlagen in den letzten Jahrzehnten einem beachtlichen Wandel[563]. Ursprünglich erkannte die Rechtsprechung eine Ungleichbe-

---

[559] Vgl. Wieland in Dreier, Art. 12 Rn. 162f.; Tettinger in Sachs, Art. 12 Rn. 132; Pieroth/Schlink, Staatsrecht II, Rn. 96; Badura, Festschrift Friauf, S. 529, 535; Muckel, JuS 1992, 201, 203.

[560] Murswiek in HStR V, § 112 Rn. 69; Martens, VVDStRL 30 (1972), 7, 21; Heintschel v.Heinegg/Haltern, JZ 1995, 333, 338.

[561] Ossenbühl, NJW 1976, 2100, 2104; Pieroth/Schlink, Staatsrecht II, Rn. 862.

[562] So i. Erg. wohl auch BVerfGE 39, 258, 270, 272; 39, 276, 293, 296; 40, 352, 354f.; 43, 34, 44; Wieland in Dreier, Art. 12 Rn. 164; Breuer in HStR VI, § 147 Rn. 82.

[563] Vgl. den Überblick von Gubelt in v.Münch/Kunig, Art. 3 Rn. 11ff.

handlung als gerechtfertigt an, wenn sie nicht evident willkürlich erfolgte[564]. In Folge der zunehmenden Kritik an diesem weiten Prüfungsmaßstab[565] verwendete das BVerfG seit Anfang der 80er Jahre die sogenannte „neue Formel". Danach soll Art. 3 GG vor allem dann verletzt sein, „wenn eine Gruppe von Normadressaten im Vergleich zu anderen Normadressaten anders behandelt wird, obwohl zwischen beiden Gruppen keine Unterschiede von solcher Art und solchem Gewicht bestehen, dass sie die ungleiche Behandlung rechtfertigen könnten"[566]. Das Gericht forderte eine erhöhte Kontrolldichte und eine Gewichtung, ob die tatsächlichen Unterschiede eine Ungleichbehandlung rechtfertigen können. Es umschrieb damit einen Aspekt der Verhältnismäßigkeitsprüfung[567]. In Entscheidungen der Folgejahre konkretisierte es seine Rechtsprechung dahingehend, dass eine Abstufung der an den Gesetzgeber zu stellenden Anforderungen zu erfolgen habe. Je nach Regelungsgegenstand und Differenzierungsmerkmalen sollen sich gleitende Prüfungsmaßstäbe ergeben, vom weiterhin geltenden Willkürverbot bis hin zu einer strengen Bindung an Verhältnismäßigkeitserfordernisse[568]. Wann welche Anforderung eingreift, richtet sich nach der Intensität, in der eine Ungleichbehandlung die Betroffenen beeinträchtigt[569]. Bei Ungleichbehandlungen mit geringer Intensität sieht das Gericht das Gleichheitsgebot weiterhin als Willkürverbot, beschränkt die Rechtfertigungsprüfung auf eine Evidenzkontrolle und akzeptiert eine Ungleichbehandlung, wenn ein sachlicher Grund zur Differenzierung besteht. Bei

---

[564] BVerfGE 1, 14, 52; 4, 144, 155; 25, 101, 105; 27, 364, 371f.; 55, 72, 90; 78, 104, 121; 88, 87, 96.

[565] Vgl. Starck in v.Mangoldt/Klein/Starck, Art. 3 Rn. 12; Ipsen, Staatsrecht II, Rn. 184; Thoma, DVBl. 1951, 457, 459; Apelt, JZ 1951, 353, 358f.; Schoch, DVBl. 1988, 863, 875; jew.m.w.N.

[566] BVerfGE 55, 72, 88; 82, 60, 86; 87, 234, 255; 95, 39, 45; BSG NJW 1991, 1130, 1131.

[567] Hesse, AöR 109 (1984), 174, 188f.; Robbers, DÖV 1988, 749, 751f.; Wendt, NVwZ 1988, 778, 781; vgl. Sondervotum Katzstein zu BVerfGE 74, 277, 318.

[568] BVerfGE 88, 5, 12; 88, 87, 96; 89, 15, 22; 92, 365, 407; 93, 99, 111; 95, 267, 316; 97, 271, 290; 101, 54, 101; 103, 310, 318; 105, 73, 110f.; 107, 27, 45; Gubelt in v.Münch/Kunig, Art. 3 Rn. 14; Jarass in Jarass/Pieroth, Art. 3 Rn. 13; Pieroth/Schlink, Staatsrecht II, Rn. 444, 501; Hesse, Festschrift Lerche, S. 121, 129f.; a.A. Starck in v.Mangoldt/Klein/Starck, Art. 3 Rn. 11, 17; Heun in Dreier, Art. 3 Rn. 25.

[569] BVerfGE 55, 72, 88; 82, 126, 146; 88, 87, 96f.; 89, 15, 22; 89, 68, 89; 89, 365, 376; 90, 46, 56; 91, 389, 401; 92, 365, 407; 93, 99, 111; 95, 267, 316f.; 97, 271, 290f.; 98, 15, 22; 99, 367, 388f.; 106, 166, 175f.; Bergmann in Seifert/Hömig, Art. 3 Rn. 5; Gubelt in v.Münch/Kunig, Art. 3 Rn. 14; Pieroth/Schlink, Staatsrecht II, Rn. 438; im Hinblick auf Art. 12 GG BVerfGE 62, 256, 274; 79, 212, 218; Osterloh in Sachs, Art. 3 Rn. 33; Jarass in Jarass/Pieroth, Art. 3 Rn. 15a, 21; Bergmann in Seifert/Hömig, Art. 3 Rn. 5; Gubelt in v.Münch/Kunig, Art. 3 Rn.14.

Ungleichbehandlungen mit größerer Intensität erkennt es das Gleichheitsgebot als Verbot der Ungleichbehandlung ohne gewichtigen sachlichen Grund, verlangt eine Verhältnismäßigkeitsprüfung und akzeptiert eine Ungleichbehandlung erst, wenn sie einen legitimen Zweck verfolgt, zur Erreichung dieses Zwecks geeignet und erforderlich ist und in einem angemessenen Verhältnis zur Bedeutung des Zwecks steht[570]. Zu berücksichtigen sind dabei insbesondere die Differenzierungswirkungen für die Betroffenen, also die individuelle Zumutbarkeit der Ungleichbehandlung[571].

Anders als bei einer allgemeinen Verhältnismäßigkeitsprüfung bedarf ein Vergabeverfahren über Güter, die von Natur aus oder aufgrund gerechtfertigter staatlicher Beschränkungen knapp sind, keiner ausdrücklichen Erforderlichkeitsprüfung. Die Feststellung, ob ein in gleicher Weise wirksames, die Grundrechte der Betroffenen aber weniger tangierendes Verfahren existiert, erübrigt sich. Kein Verfahren kann die Knappheit der Kapazitäten aufheben und die darauf beruhende Beeinträchtigung der Bewerber mindern[572].

Tangiert ein Teilhabeverfahren die Berufsfreiheit aus Art. 12 I GG, so bietet es sich an, die Intensität einer Ungleichbehandlung unter Zuhilfenahme der vom BVerfG entwickelten Drei-Stufen-Theorie zu beurteilen. Danach wird der Betroffene durch eine Teilhabebeschränkung, die lediglich die Ausübung eines Berufes beeinflusst, weniger intensiv beeinträchtigt, so dass auch ein Auswahlverfahren an weniger strengen Anforderungen zu messen ist. Wirkt sich eine Teilhabebeschränkung als Berufswahlregelung aus, so stellt sich die Beeinträchtigung des Betroffenen als intensiver dar und ein Auswahlverfahren muss strengere Voraussetzungen erfüllen. In diesem Falle ist im Weiteren zu unterscheiden, ob es sich um eine subjektive oder eine objektive Berufswahlregelung handelt, wobei letztere noch strengeren Anforderungen standzuhalten hat.

Zusammenfassend ist ein Auswahlverfahren, das sich für die Betroffenen als Berufsausübungsregelung darstellt, durch das Vorhandensein sachgerechter Zielsetzungen zu rechtfertigen. Verfahren, die als Berufswahlregelungen wirken, müssen sich am Verhältnismäßigkeitsmaßstab orientieren. Sie haben ein legitimes Auswahlziel zu verfolgen und müssen geeignet sein, dies zu erreichen. Im Rahmen einer Abwägung mit den Belangen der Individuen muss

---

570 BVerfGE 88, 87, 96; 91, 389, 401; 95, 267, 316f.; 107, 27, 45; Pieroth/Schlink, Staatsrecht II, Rn. 339, 440.

571 Gubelt in v.Münch/Kunig, Art. 3 Rn. 16 a, Osterloh in Sachs, Art. 3 Rn. 22; Ipsen, Staatsrecht II, Rn. 762.

572 Gubelt in v.Münch/Kunig, Art. 3 Rn. 29; Osterloh in Sachs, Art. 3 Rn. 21; a.A. Rüfner in BK, Art. 3 Rn. 97; Schoch, DVBl. 1988, 863, 874.

eine subjektive Berufswahlregelung wichtige Gemeinwohlinteressen und eine objektiven Berufswahlregelung überragend wichtige Gemeinwohlinteressen verfolgen[573].

b. Anforderungen aus dem freiheitssichernden Charakter von Teilhaberechten

Der freiheitsrechtliche Charakter eines Teilhaberechts gibt dem Einzelnen einen eigenständigen Anspruch auf Leistung, der grundsätzlich erst mit einer vollständigen Teilhabegewährung erfüllt ist. Wenn dies aufgrund einer sachlich gerechtfertigten Begrenzung oder einer von Natur aus gegebenen Kapazitätsknappheit objektiv nicht möglich ist, kann sich der Teilhabeanspruch allein auf die vorhandenen Ressourcen beschränken. Um den grundsätzlichen Erfüllungsanspruch nicht über Gebühr und ohne Rechtfertigung zu begrenzen, müssen diese vollständig erschöpft werden. Dies verlangt, dass die vorhandenen Ressourcen zum einen umfassend ermittelt und den Teilhabeberechtigten zur Verfügung gestellt werden. Zum anderen sind sie so zuzuschneiden, dass dem einzelnen Begünstigten eine sinnvolle Nutzung möglich ist, gleichzeitig aber eine maximale Zahl an Interessenten Berücksichtigung findet[574].

c. Anforderungen des BVerfG an Teilhaberechte

Diese Voraussetzungen eines Vergabeverfahren stehen im Einklang mit den seltenen diesbezüglichen Äußerungen des BVerfG: In seiner numerus-clausus Entscheidung[575] hat das Gericht die Beschränkung von Hochschulzulassungen als objektive Berufswahlregelung erkannt und für deren Rechtfertigung - als Ausdruck des gleichheitsrechtlichen Charakters der Teilhaberechte - eine nachweisbare oder höchstwahrscheinlich schwere Gefahr für ein überragend wichtiges Gemeinschaftsgut und die strikte Wahrung des Grundsatzes der Verhältnismäßigkeit verlangt[576]. In Bezug auf die Vergabekriterien konkretisierte es diese Anforderung in der Weise, dass eine objektive Berufswahlregelung - als Ausdruck des freiheitssichernden Charakters der Teilhaberechte - nur zulässig sei, wenn sie in den Grenzen des unbedingt Erforderlichen unter erschöpfender Nutzung der vorhandenen Kapazitäten angeordnet werde und

---

573 So i. Erg. auch Storr, K&R 2002, 67, 69.

574 Tettinger in Sachs Art. 12 Rn. 132; Wieland in Dreier, Art. 12 Rn. 165; Hömig in Seifert/Hömig, Art. 12 Rn. 18; Breuer in HStR VI, § 147 Rn. 80; Storr, K&R 2002, 67, 69.

575 BVerfGE 33, 303, 303ff.

576 BVerfGE 33, 303, 338.

wenn eine Auswahl nach sachgerechten Kriterien mit einer Chance für jeden geeigneten Bewerber erfolge[577].

In weiteren Entscheidungen präzisiert das Gericht diese Anforderungen dahingehend, dass die Verteilungskriterien nicht nur objektiv sachgerecht, sondern auch subjektiv individuell zumutbar sein müssten und dass ein prinzipieller Ausschluss ganzer Gruppen geeigneter Bewerber zu vermeiden sei[578]. Wörtlich heißt es: "Bei der Vergabe verknappter, unteilbarer Güter kann jedes Auswahlsystem nur einem Teil der Bewerber reale Aussichten eröffnen; wesentlich ist alsdann, dass der Realisierungsgrad der Chancen wenigstens durch objektiv sachgerechte und individuell zumutbare Kriterien bestimmt wird"[579].

4. Resümee

Im Rahmen ihrer objektiv-rechtlichen Funktion gewähren Grundrechte Teilhaberechte an staatlich zuzuteilenden Ressourcen. Kann der Staat diese aufgrund von Kapazitätsbegrenzungen nicht vollständig erfüllen, besitzen die Berechtigten einen Anspruch auf Teilnahme an einem rechtmäßigen Verteilungsverfahren. Die daran zu stellenden Anforderungen ergeben sich aus der freiheitssichernden und gleichheitssichernden Funktion der Teilhaberechte. Unter Aufnahme der Knappheitssituation in den verfassungsrechtlichen Prüfungsmaßstab muss sich ein solches Verfahren zum einen in den Grenzen des unbedingt Erforderlichen, unter vollständiger Erschöpfung der vorhandenen Kapazitäten bewegen. Zum anderen hat es eine sachgerechte Auswahlentscheidung zu gewährleisten. Deren Anforderungen richten sich nach der Intensität in der ein Bewerber durch die Versagung der Teilhabe beeinträchtigt wird. Diese beurteilt sich im Rahmen von Art. 12 I GG nach der Stufe der Berufs- oder Unternehmensfreiheit, auf der das Verfahren sich auswirkt. In jedem Fall muss eine Auswahl nach einem sachgerechten Ziel und unter sachgerechten Kriterien erfolgen. Bei Verfahren, die sich als intensive Berufswahlregelung darstellen, sind im Rahmen einer Verhältnismäßigkeitsprüfung zudem individuelle Erwägungen der Zumutbarkeit zu berücksichtigen.

II. Teilhaberecht als Verfahrensrecht an Telekommunikationslizenzen

Um in den Anwendungsbereich der verfahrensrechtlichen Gewährleistungen der Art. 12 I i.V.m. 3 I, 19 III GG zu fallen, müsste das vorliegend zu untersuchende Versteigerungsverfahren gemäß § 11 IV TKG Ressourcen vergeben,

---

[577] BVerfGE 33, 303, 338; vgl. auch BVerfGE 39, 258, 265ff.

[578] BVerfGE 43, 34, 45; 43, 291, 316f.; 54, 173, 191; 66, 155, 179; 85, 36, 56f.

[579] BVerfGE 43, 291, 316f.; 57, 295, 327; 83, 238, 319.

auf die ein verfassungsrechtlicher Anspruch auf Teilhabe besteht, der sich zu einem Recht auf Teilnahme an einem rechtmäßigen Vergabeverfahren reduziert.

§ 11 IV TKG ermöglicht die Versteigerung von Telekommunikationslizenzen, die gemäß § 10 S. 1 TKG verknappt wurden. Sie sind Voraussetzung für das Betreiben frequenzabhängiger Übertragungswege und die Erbringung von Telekommunikationsdienstleistungen für die Öffentlichkeit gemäß § 6 I TKG. Diese Tätigkeiten kann der Einzelne nur erbringen, wenn er zunächst den staatlichen Verwaltungsapparat der RegTP in Anspruch nimmt und dabei eine Lizenz verliehen bekommt[580]. Der Staat verfügt mithin über ein Angebotsmonopol an Telekommunikationslizenzen. Bei den beschriebenen Tätigkeiten handelt es sich jeweils um eine unternehmerische Betätigung, die Art. 12 I i.V.m. 19 III GG gewährt und schützt. Lizenzerteilung und Unternehmensfreiheit stellen sich als einheitlicher Lebenssachverhalt dar und bedingen sich gegenseitig. Stellt der Staat sich in dieser Weise zwischen die Grundrechtsträger und deren Unternehmensfreiheit, trifft ihn die Pflicht, eine umfassende Inanspruchnahme dieser Freiheit zu ermöglichen. Dem kann er grundsätzlich nur nachkommen, indem er den Grundrechtsträgern die erforderlichen Lizenzen erteilt. Mithin erstreckt sich die objektiv-rechtliche Gewährleistung des Art. 12 I GG auf die Zuteilung von Telekommunikationslizenzen. Es besteht ein diesbezügliches Teilhaberecht gemäß Art. 12 I i.V.m. Art. 3 I, 19 III GG[581]. Gesetzlich hat es seine Umsetzung in dem als präventivem Verbot mit Erlaubnisvorbehalt ausgestalteten Anspruch auf Lizenzerteilung gemäß § 8 I TKG gefunden[582].

Aufgrund ihrer Abhängigkeit von den begrenzt verfügbaren Telekommunikationsfrequenzen sind die nach § 11 IV TKG zu vergebenden Lizenzen von Natur aus knapp. Eine umfassende Teilhabegewährung ist dem Staat nicht möglich, so dass sich auch das Teilhaberecht an Telekommunikationslizenzen zu einem

---

[580] Vgl. §§ 6 I, 8 I, 47 I TKG.

[581] So i.Erg. auch die Begründung des TKG-Versteigerungsverfahrens, BT-Drs. 13/3609, S. 34; Geppert in Beckscher Kommentar, § 11 Rn. 1; Schütz, ebend., § 16 Rn. 1; Manssen in Manssen, § 11 Rn. 1 und § 8 Rn. 11; Ritgen, AöR 127 (2002), 351, 373f.; Gramlich, CR 2000, 101, 102; Grzeszick, DVBl. 1997, 878, 881, 883; Varadinek, CR 2001, 17, 23; Nolte, CR 1996, 459, 462; Koenig, CR 2001, 41, 43; Leo/Schnellenberg, ZUM 1997, 188, 190; Schütz/Nüsken, MMR 1998, 523, 525; ablehnend Schulz, Lizenzvergabe bei Frequenzknappheit, S. 34f.; Degenhart, K&R 2001, 32, 33 (Fn. 15), 35.

[582] Siehe Teil 1 B. § 1.

Anspruch auf Teilnahme an einem rechtmäßigen Auswahlverfahren wandelt[583]. Das Versteigerungsverfahren gemäß § 11 IV TKG fällt damit in den Anwendungsbereich der Art. 12 I i.V.m. 3 I, 19 III GG und muss dessen Anforderungen an ein rechtmäßiges Verteilungsverfahren entsprechen.

III. Die Versteigerung gemäß § 11 IV TKG als rechtmäßiges Verteilungsverfahren von Telekommunikationslizenzen

Um ein rechtmäßiges Verteilungsverfahren im Sinne der Art. 12 I i.V.m. 3 I, 19 III GG darzustellen, müsste § 11 IV TKG eine umfassende Ausschöpfung der Kapazität zu vergebender Lizenzen und eine sachgerechte Auswahlentscheidung gewährleisten.

1. Kapazitätserschöpfung

Die Anzahl der im Rahmen von § 11 IV TKG zu versteigernden Lizenzen richtet sich gemäß § 10 S. 1 TKG nach dem Umfange des zur Verfügung stehenden Frequenzraumes, wie ihn der Frequenznutzungsplan gemäß § 46 TKG bestimmt. Die so ermittelte Kapazität muss die RegTP vollständig anbieten und darf sie nicht aus Lenkungszwecken oder anderen unsachgemäßen Beweggründen zurückhalten. Gemäß § 11 IV 4 TKG hat sie ferner zu entscheiden, auf wie viele Lizenzen die verfügbaren Frequenzräume aufzuteilen sind. Um eine möglichst große Zahl an Lizenzen vergeben zu können, muss sie deren Frequenzausstattung auf das technisch noch vertretbare Mindestmaß reduzieren. Wo dies liegt, wird aufgrund der schwierigen Prognostizierbarkeit technischer Entwicklungen selbst von Sachverständigen regelmäßig unterschiedlich beurteilt. Es ist daher erforderlich, der Verwaltung einen Prognosespielraum zuzugestehen, der nur bedingt gerichtlich kontrollierbar ist[584].

Das Versteigerungsverfahren gemäß § 11 IV TKG ist in der Lage, eine beliebige und damit auch die maximale Zahl von Lizenzen zu vergeben. Ebenso setzt es der Anzahl möglicher Bieter keine Grenze und steht dem Kapazitätserschöpfungsgebot mithin nicht entgegen.

---

[583] Manssen in Manssen § 11 Rn.1; Demmel, ebend., § 47 Rn. 39; Geppert in Beckscher Kommentar § 11 Rn. 1; Spoerr in Trute/Spoerr/Bosch, § 11 Rn. 26; Ritgen, AöR 127 (2002), 351, 361; Klöck, RTkom 2000, 280, 282; Hufeld, JZ 2002, 871, 872; Pautsch, MMR 2001, 423, 425; Holznagel/Enaux/Niehaus, S. 61f.; Degenhart, K&R 2001, 32, 33; Gramlich, CR 2000, 101, 102; Müller-Terpitz, K&R 2002, 75, 81; Storr, K&R 2002, 67, 68. Grzeszick, DVBl. 1997, 878, 882; Scherer, NJW 1996, 2953, 2957.

[584] Geppert in Beckscher Kommentar, § 10 Rn. 14; Spoerr in Trute/Spoerr/Bosch, § 10 Rn. 7; Müller-Terpitz, K&R 2002, 75, 81; Koenig, K&R 2001, 41, 43; Kötter, DVBl. 2001, 1556, 1564; Storr, K&R 2002, 67, 69.

2. Sachgerechte Auswahlentscheidung

Um festzustellen, ob § 11 IV TKG eine sachgerechte Auswahlentscheidung gewährleistet, ist zunächst die Intensität zu ermitteln, mit der die Versagung einer Telekommunikationslizenz den Einzelnen beeinträchtigt.

a. Prüfungsmaßstab - Berufsausübungs- oder Berufswahlregelung

Bei aller Durchlässigkeit der Maßstäbe kann als Anhaltspunkt dafür das Kriterium dienen, ob sich die Auswahl als Berufsausübungs- oder Berufswahlregelung darstellt. § 11 IV TKG regelt die Vergabe aller unter den Anwendungsbereich des TKG fallenden Lizenzen, deren Anzahl zuvor gemäß § 10 S. 1 TKG begrenzt wurde. So versteigerte die RegTP auf dieser Grundlage bereits Ergänzungslizenzen für den derzeit vorherrschenden GSM-Mobilfunkstandard, GSM-1800, die für sich gesehen nicht zum Betrieb eines eigenen Netzes ausreichten[585]. Sie waren lediglich für Bewerber von Interesse, die bereits über ein GSM-Netz verfügten und dessen Kapazität erweitern wollten. Ihre Vergabe entschied weder über den Zugang zu einem neuen Telekommunikationsmarkt noch über die Möglichkeit, einen eigenständigen Beruf zu wählen. Sie wirkte sich lediglich als Berufsausübungsregel aus[586]. Allerdings kann die RegTP auf der Grundlage von § 11 IV TKG auch Lizenzen versteigern, die den Zugang zu einem Telekommunikationsmarkt erst eröffnen. Blieben Lizenzbewerber dabei unberücksichtigt, besäßen sie keine Möglichkeit, unternehmerisch auf diesem Markt aktiv zu werden. Sofern davon ein eigenständiges Berufsbild betroffen wäre, bliebe ihnen die entsprechende Berufswahl versagt. Weil eine Auswahl gemäß § 11 IV TKG allein nach dem objektiven Kriterium des höchsten Gebotes erfolgt, wirkte sich das Verfahren als objektive Berufswahlregelung aus.

Wenn die Versteigerung gemäß §§ 11 IV, 10 TKG damit zumindest die Möglichkeit eröffnet, objektiv die Berufswahl von Grundrechtsträgern zu regeln, ist sie an den damit einhergehenden Rechtfertigungsvoraussetzungen zu messen. Sie muss sich den erhöhten Anforderungen des Verhältnismäßigkeitsgrundsatzes stellen und ein sachgerechtes Ziel verfolgen, sachgerechte Vergabekriterien anwenden sowie für die Betroffenen individuell zumutbar sein[587].

---

[585] Vgl. Beese/Naumann, MDR 2000, 145, 148ff.; Ruhle/Geppert, MMR 1998, 175, 175ff.; Gramlich, CR 1999, 752, 757; Schuster/Müller, MMR 2000, 26, 26.

[586] So auch Ruffert, AöR 124 (1999), 237, 262.

[587] So i.Erg. auch Ritgen, AöR 127 (2002), 351, 373f.; Grzeszick, DVBl. 1997, 878, 883; Degenhart, K&R 2001, 32, 33f.; Zur Entbehrlichkeit des im Rahmen einer vollständigen

b. Sachgerechtes Auswahlziel

Zur Beurteilung der Sachgerechtigkeit eines Auswahlzieles ist zunächst festzustellen, welche Voraussetzungen ein Vergabeziel bei einem sich als Berufswahlregelung auswirkenden Verteilungsverfahren zu erfüllen hat.

aa. Anforderungen an ein sachgerechtes Auswahlziel

Grundsätzlich richtet sich das Ziel eines Auswahlverfahrens nach der Absicht, die der Gesetzgeber mit der Normierung verfolgt. Bei deren Festlegung besitzt er einen großen Freiraum. Nur durch das Grundgesetz, insbesondere durch die Grundrechte, sind ihm bestimmte Absichten als solche ge- oder verboten. Ihm kommt eine gesetzgeberische Einschätzungsprärogative zu, ob er in einem bestimmten Bereich Handlungsbedarf für eine regulierende Maßnahme, etwa einen Erlaubnisvorbehalt, sieht[588]. Im Gewerberecht will der Gesetzgeber beispielsweise die Sicherheit und Zuverlässigkeit der Personenbeförderung gewährleisten und stellt die Erteilung einer Konzession für den Betrieb eines Taxiunternehmens unter einen Erlaubnisvorbehalt. Daraus ergibt sich das Auswahlziel, diejenigen Anbieter zu ermitteln, die diese Absicht am ehesten realisieren können, also Gewähr für eine sichere und zuverlässige Personenbeförderung bieten[589].

Anders verhält es sich, wenn der Staat Güter oder Erlaubnisse von Natur aus nur in begrenztem Umfang vergeben kann. Hier obliegt die Entscheidung, ob ein Auswahlverfahren durchzuführen ist, nicht dem Gesetzgeber, sondern ergibt sich aufgrund der Knappheit. Die Absicht, die ein solches Verfahren verfolgt, besteht in der Zuteilung an sich. Damit wird aber kein Maßstab definiert, wie eine Vergabe erfolgen könnte. Es ist daher erforderlich, dass der Gesetzgeber ausdrücklich ein Auswahlziel vorgibt. In Knappheitssituationen geht mit der staatlichen Verteilerrolle eine Pflicht einher, die durchzuführende Zuteilung an einem planmäßigen Konzept auszurichten. Allein dieses ist von seiner Einschätzungsprärogative umfasst und daraufhin zu überprüfen, ob es mit den Vorgaben der Verfassung in Einklang steht[590].

Verhältnismäßigkeitsprüfung zu erörternden Kriteriums der Erforderlichkeit siehe Teil 2 B. § 3 I. 3. a.

[588] Bleckmann, Staatsrecht II, § 12 Rn. 114ff.; Pieroth/Schlink, Staatsrecht II, Rn. 280; Sachs, Verfassungsrecht II, A 10 Rn. 33f.; Kötter, DVBl. 2001, 1556, 1564; Müller-Terpitz, K&R 2002, 75, 81; Storr, K&R 2002, 67, 69.

[589] Vgl. z.B. § 13 I PersBefG oder § 10 I, II GüKG, allg. Badura in Schmidt-Assmann, Bes. VerwR, 3. Abschn. Rn. 151.

[590] Storr, K&R 2002, 67, 69; Müller-Terpitz, K&R 2002, 75, 81.

bb. Auswahlziel der Versteigerung nach § 11 IV TKG

In § 11 IV 1 TKG normiert der Gesetzgeber, dass die Versteigerung von Telekommunikationslizenzen ermitteln soll, welche Interessenten am besten geeignet sind, die mit der Lizenz einhergehenden Funkfrequenzen effizient für das Angebot von Telekommunikationsdienstleistungen für die Öffentlichkeit zu nutzen[591]. Als Auswahlziel wird damit die Effizienz der Frequenznutzung vorgegeben. Sie dient der wirtschaftsplanenden Verteilungslenkung[592] und bringt das Interesse der Allgemeinheit zum Ausdruck, als Gesamtheit in größtmöglichem Umfange an der knappen Ressource zu profitieren.

cc. Sachgerechtigkeit der effizienten Frequenznutzung als Auswahlziel der Versteigerung nach § 11 IV TKG

Dieses Auswahlziel der effizienten Frequenznutzung müsste - unter Berücksichtigung der Einschätzungsprärogative des Gesetzgebers - mit den Vorgaben der Verfassung im Einklang stehen.

(1.) Art. 87 f I GG als Beurteilungsmaßstab

Ausdrückliche Festlegungen im Zusammenhang mit dem Telekommunikationssektor trifft die Verfassung nur in Art. 87 f I GG. Er bindet Regulierungsmaßnahmen an einzuhaltende Standards und verlangt vom Bund, flächendeckende, angemessene und ausreichende Telekommunikationsdienstleistungen zu gewährleisten. Ausreichend sind Dienstleistungen, wenn sie die jeweils gebotene Quantität, also eine ausreichende Menge von Angeboten, sicherstellen[593]. Angemessen ist eine Leistung, wenn sie hinsichtlich ihrer Qualität einen hinreichenden Standard aufweist[594]. Flächendeckende Angebote verlangen eine gleichmäßige Verbreitung auch in strukturschwachen und weniger lukrativen Gebieten[595]. Wie der allgemeine Privatisierungsauftrag in Art. 87 f I GG

[591] Begründung des TKG-Versteigerungsverfahrens in BT-Drs. 13/3609, S. 39.

[592] Grzeszick, DVBl. 1997, 878, 880.

[593] Gegenäußerung der Bundesregierung zur Stellungnahme des Bundesrates, BT-Drs. 12/7269, S. 10; Gersdorf in v.Mangoldt/Klein/Starck, Art. 87 f Rn. 39; Uerpmann in v.Münch/Kunig, Art. 87 f Rn. 8; Windthorst, Der Universaldienst, S. 272; Klöck, RTkom 2000, 280, 281.

[594] Gegenäußerung der Bundesregierung zur Stellungnahme des Bundesrates, BT-Drs. 12/7269, S. 10; Gersdorf in v.Mangoldt/Klein/Starck, Art. 87 f Rn. 39; Hömig in Seifert/Hömig, Art. 87 f Rn. 3; Windthorst, Der Universaldienst, S. 272; differenziert Adler, Universaldienstleistungen, S. 46 ff.; Klöck, RTkom 2000, 280, 281.

[595] Gersdorf in v.Mangoldt/Klein/Starck, Art. 87 f Rn. 40; Lerche in Maunz/Dürig, Art. 87 f Rn. 76; Windthorst in Sachs, Art.87 f. Rn. 13; ders., Der Universaldienst, S. 268ff.; Uerp-

verdeutlicht, ist es ferner das Ziel von Regulierungsmaßnahmen, einen funktionierenden Wettbewerb sicherzustellen[596]. Dazu und zur größtmöglichen Teilhabe der Allgemeinheit an Telekommunikationsleistungen soll eine effiziente Nutzung der Güter dienen, die Art. 87 f I GG ebenfalls voraussetzt[597]. Zusammenfassend gibt Art. 87 f I GG als Regulierungsziele die Quantität, die Qualität, die Versorgung und Verbreitung, die Sicherstellung eines funktionsfähigen Wettbewerbs sowie die Effizienz der Frequenznutzung vor. Der Gesetzgeber hat diese Maßstäbe in § 2 II TKG konkretisiert[598].

Eine Lizenzversteigerung gemäß § 11 IV TKG und das damit einhergehende Auswahlziel einer effizienten Frequenznutzung stellen Regulierungsmaßnahmen im Telekommunikationswesen dar. Sofern der Gewährleistungsumfang des Art. 87 f I GG sie erfasst, sind sie an diesen Vorgaben zu messen.

(2.) Gewährleistungsumfang des Art. 87 f I GG

Hinsichtlich des Gewährleistungsumfangs von Art. 87 f I GG macht bereits die Entstehungsgeschichte deutlich, dass die vorgegebenen Ziele nicht auf einen vom Staat vorzunehmenden, allumfassenden Infrastrukturausbau gerichtet sein können. Nach der Privatisierung des Telekommunikationsmarktes soll er nur dann regulierend eingreifen, wenn sich eine dem Sozialstaatsprinzip widersprechende Entwicklung vollzieht. Er hat zu verhindern, dass es zu einer Unterversorgung kommt, weil der Wettbewerb noch nicht funktioniert oder sich ausschließlich auf lukrative Gebiete beschränkt[599]. Ihn treffen keine Erfüllungspflichten mehr, sondern allein Gewährleistungs- und Überwachungsaufgaben[600]. Diese Reduzierung des Gewährleistungsumfangs spiegelt auch der Wortlaut des Art. 87 f I wider. Dort ist von einer angemessenen und ausrei-

---

mann in v.Münch/Kunig, Art. 87 f Rn. 8; Adler, Universaldienstleistungen, S. 46; Klöck, RTkom 2000, 280, 281.

596 Gersdorf in v.Mangoldt/Klein/Starck, Art. 87 f Rn. 53; Windthorst in Sachs, Art. 87 f Rn. 25; Fehling, AöR 121 (1996), 59, 81f.

597 Windthorst in Sachs, Art. 87 f Rn. 16; Spoerr in Trute/Spoerr/Bosch, § 11 Rn. 26; allg. zur Effizienz als Kriterium der Privatisierung Schoch, DVBl. 1994, 962, 968.

598 So auch Becker, Die Verwaltung 35 (2002), 1, 7; Grzeszick, DVBl. 1997, 878, 883; Storr, K&R 2002, 67, 70; vgl. die entsprechenden europarechtlichen Vorgaben zur Vergabe von Telekommunikationslizenzen, Einleitung B. § 1.

599 Windthorst in Sachs, Art. 87 f Rn. 8; Fehling, VerwArch 86 (1995), 600, 608f.; Hoffmann-Riem in Schmidt, Öffentliches Wirtschaftsrecht, § 6 Tz. 36.

600 Begründung des TKG-Gesetzentwurfes, BT-Drs. 12/7269, S. 4ff.; Windthorst in Sachs, Art. 87 f Rn. 12; Lerche in Maunz/Dürig, Art. 87 f Rn. 35; Gersdorf in v.Mangoldt/Klein/Starck; Art. 87 f Rn. 21; Windthorst in Sachs, Art. 87 f Rn. 8. Vgl. zum Wandel der Verwaltung vom Leistungsträger zur Regulierungsinstanz Wieland, Die Verwaltung 28 (1995), 315, 334f.

chenden, nicht aber von einer optimalen und umfassenden Versorgung die Rede[601]. Zudem bestätigen systematische Erwägungen eine derartige Begrenzung. Im Gegensatz zu Art. 87 f II 1 GG, der private Unternehmen ohne jede Einschränkung zur Erbringung von Post- und Telekommunikationsdienstleistungen legitimiert, bezieht sich der Gewährleistungsauftrag gemäß Art. 87 f I GG nur auf den Bereich angemessener und ausreichender Dienstleistungen. Er betrifft nur einen Ausschnitt des Telekommunikationsmarktes, nicht aber dessen vollständige Sicherstellung[602]. Der Bund hat allein für eine Grundversorgung der Bevölkerung mit Telekommunikationsdienstleistungen Sorge zu tragen[603]. Er muss den Grundrechtsträgern nur einen Zugang zu Angeboten ermöglichen, ohne die eine Teilhabe am wirtschaftlichen und gesellschaftlichen Leben nicht oder nur erschwert möglich wäre. Art. 87 f I GG gewährleistet eine sozialstaatlich motivierte telekommunikative Mindestversorgung mit sogenannten Universaldiensten[604] und bindet nur diesbezügliche Regulierungsmaßnahmen.

Ob die Versteigerung einer Telekommunikationslizenz gemäß § 11 IV TKG davon umfasst wird, richtet sich danach, ob der jeweils zugrundeliegende Telekommunikationsdienst als Universaldienst anzusehen ist[605]. Dies schließt § 11 IV TKG nicht aus, so dass das Verfahren und das von ihm verfolgte Auswahlziel in den Anwendungsbereich des Art. 87 f I GG fallen und an dessen Vorgaben zu messen sind[606].

---

601 So auch Gersdorf in v.Mangoldt/Klein/Starck, Art. 87 f. Rn. 43.

602 Begründung des TKG-Gesetzentwurfes, BT-Drs. 12/7269, S. 5, Windthorst in Stern, Art. 87 f Rn. 14; Eifert, Grundversorgung mit Telekommunikationsleistungen im Gewährleistungsstaat, S. 193.

603 Vgl. Schuppert, BT-RechtsA, Protokoll 12/117, S. 74ff.; Beschlussempfehlung des BT-RechtsA, BT-Drs.12/8108, S. 5; Badura in BK, Art. 87 f Rn. 29; Pieroth in Jarass/Pieroth, Art. 87 f Rn. 4; Lerche in Maunz/Dürig, Art. 87 f Rn. 79; Schmidt-Bleibtreu in Schmidt-Bleibtreu/Klein, Art. 87 f Rn. 3; Uerpmann in v.Münch/Kunig, Art. 87 f Rn. 8; Gersdorf in v.Mangoldt/Klein/Starck, Art. 87 f Rn. 45; Wieland in Dreier, Art. 87 f Rn. 11ff.; Windthorst in Sachs, Art. 87 f Rn. 8, 12; ders., Der Universaldienst im Bereich der Telekommunikation, S. 112ff., 274ff.; Eifert, Grundversorgung mit Telekommunikationsdienstleistungen im Gewährleistungsstaat, S. 192ff.; Stern, DVBl. 1997, 309, 312, 315f.; Schoch, VVDStRL 57 (1999), 158, 205.

604 Eifert, Grundversorgung mit Telekommunikationsdienstleistungen im Gewährleistungsstaat, S. 194; Freund, S. 91ff.

605 Der Bund hat diesbezüglich auf der Grundlage von § 17 II TKG die Telekommunikations-Universaldienstverordnung, TUDLV, vom 30.01.1997 erlassen (BGBl. I S. 141).

606 Vgl. Begründung des TKG-Gesetzentwurfes, BT-Drs. 12/7269, S. 5; Rottmann, ArchTP 1994, 193, 194; Stern, DVBl. 1997, 309, 313ff.; Scholz/Aulehner, ArchTP 1993, 221, 224f.; a.A. Müller-Using, ArchTP 1995, 46, 46ff.; Adler, Universaldienstleistungen, S. 26ff.

(3.) Gewährleistungsintensität des Art. 87 f I GG

Unterschiedliche Auffassungen bestehen hinsichtlich der Anforderungen, die Art. 87 f I GG an eine einzelne Regulierungsmaßnahme stellt. Teilweise wird vertreten, dass der Staat bei grundrechtsrelevanten Verteilungsentscheidungen eine Optimierung der Gemeinwohlbelange zu gewährleisten habe[607]. Jede einzelne Regulierungsmaßnahme, also auch die Vergabe von Telekommunikationslizenzen, müsse sämtliche Regulierungsziele des Art. 87 f I GG in optimaler Weise erfüllen[608]. Ein Verteilungsverfahren, das nur einzelne seiner Vorgaben, etwa ausschließlich die effiziente Nutzung eines Gutes, beabsichtige, erfülle diese Voraussetzung nicht und besitze keine ausreichende Gemeinwohlorientierung[609].

Hingegen überlässt der Staat den Teilnehmern eines privatisierten Marktes zwangsläufig einen Freiraum, wie sie ihre Dienste anbieten und erbringen wollen. Ohne eine solche Gestaltungsmöglichkeit könnten sich die aus dem Wettbewerb erwarteten Vorteile nicht entfalten und eine Privatisierung ergäbe keinen Sinn. Vorgaben macht er lediglich hinsichtlich sozialstaatlich erwünschter Ziele, wie sie Art. 87 f I GG in Bezug auf die Universaldienste formuliert. Ansonsten setzt er lediglich Rahmenbedingungen fest, die deren Realisierung ermöglichen. Wie sie aber im Einzelnen zu erreichen sind, obliegt allein den privaten Marktteilnehmern. Es ist nicht erforderlich, dass eine einzelne Maßnahme alle Regulierungsziele allein in optimaler Weise erfüllt. Vielmehr kann erst das Zusammenspiel vieler verschiedener, jeweils unterschiedlich intensiv wirkender Einzelmaßnahmen deren Berücksichtigung gewährleisten. Aufgrund der Vielfältigkeit und Heterogenität der Vorgaben des Art. 87 f I GG, wäre es ohnehin kaum möglich, diese durch eine einzige Maßnahme optimal zu verwirklichen[610]. Art. 87 f I GG statuiert hinsichtlich einzelner Regulierungsmaßnahmen kein Optimierungsgebot und verlangt keine Egalisierung des Ange-

---

607 Grzeszick, DVBl. 1997, 878, 884; allg. kritisch zu Versteigerungen Berg, Der Staat 15 (1967), 1, 22f.; Koenig, Die öffentlich-rechtliche Verteilungslenkung, S. 213ff.

608 Grzeszick, DVBl. 1997, 878, 884; ders., ZUM 1997, 911, 919f.; i.Erg. auch Degenhart K&R 2001, 32, 37.

609 Geppert in Beckscher Kommentar, § 11 Rn. 17; Beese/Naumann, MMR 2000, 145, 147f.; Becker, Die Verwaltung 35 (2002), 1, 9; Koenig/Neumann, ZRP 2001, 252, 255; Degenhart K&R 2001, 32, 37; Koenig, Die öffentlich-rechtliche Verteilungslenkung, S. 199ff., 213ff., der eine solche Auswahl als rechtliche Ineffizienz des ökonomischen Effizienzparadigmas erfasst und eine umfassende Abwägung der Gemeinwohlziele verlangt.

610 So i.Erg. auch Manssen in Manssen, § 2 Rn. 3; § 11 Rn. 8; Ritgen, AöR 127 (2002), 351, 377ff.; Schulz, Lizenzvergabe bei Frequenzknappheit, S. 91; selbst Grzeszick, DVBl. 1997, 878, 883 und Koenig, K&R 2001, 41, 49.

bots[611]. Er gesteht dem Gesetzgeber einen Einschätzungsspielraum zu und verringert die Gewährleistungsintensität[612], solange ein Regulierungsvorgang insgesamt seine Zielvorgaben erfüllt[613]. Unzulässig wäre eine Regulierungsmaßnahme und damit auch die Wahl eines Auswahlzieles nur, wenn sie entweder allen Vorgaben des Art. 87 f I GG entgegenstünde, oder überhaupt keine Aussagen über diese zuließe, zugleich aber auch keine anderen Mechanismen existierten, die diese Vorgaben erfüllten[614].

(4.) Gewährleistung der Regulierungsziele des Art. 87 f GG durch die Effizienz der Frequenznutzung

Unter Berücksichtigung des Gesamtzusammenhangs der Lizenzvergabe, in dem sich das Auswahlziel der effizienten Frequenznutzung bewegt, sind im Folgenden dessen Auswirkungen auf die einzelnen Vorgaben des Art. 87 f I GG zu untersuchen.

In Bezug auf das Regulierungsziel der Quantität kritisieren einzelne Stimmen, dass eine reine Effizienzauswahl keine Aussage darüber zulasse und einer entsprechenden Gewährleistung somit nicht nachkomme[615]. Eine ausreichende Menge an Dienstangeboten kann im Bereich der frequenzabhängigen Telekommunikation allerdings nur gewährleistet werden, wenn die zur Verfügung stehenden Frequenzen in maximalem Umfang, also effizient, genutzt werden. Nur dann wird ein der Nachfrage entsprechendes und damit ausreichendes Angebot erreicht. Insofern verfolgt die Effizienzauswahl zumindest mittelbar das Regulierungsziel der Quantität. Ferner ist der Lizenzversteigerung gemäß § 11 IV 2 Nr. 1 TKG ein Zulassungsverfahren vorgeschaltet, das an die Teilnehmer sachliche und personelle Mindestvoraussetzungen gemäß § 8 III 2 TKG stellt. Dabei können auch quantitative Belange der Grundversorgung vorausgesetzt werden. Den erfolgreichen Bietern sind zudem Lizenzbedingungen und -bestimmungen gemäß § 11 IV 3 TKG aufzuerlegen, die ebenfalls die Quantität

[611] So auch Gersdorf in v.Mangoldt/Klein/Starck, Art. 87 f Rn. 45; Windthorst in Sachs, Art. 87 f Rn. 13; Lerche in Maunz/Dürig, Art. 87 f Rn. 45; ders., Festschrift Friauf, S. 251, 254; Bosch in Trute/Spoerr/Bosch, § 17 Rn. 8.

[612] Spoerr in Trute/Spoerr/Bosch, § 11 Rn. 31.

[613] Selbst ein Ausschreibungsverfahren, das sämtliche Regulierungsziele zugrundelegte, müsste diese gewichten, um zu einer Entscheidung zu gelangen. Eine optimale Erreichung aller Ziele durch ein einzelnes Kriterium ist unabhängig von der Wahl des Verfahrens nicht realisierbar.

[614] Vgl. Koenig, K&R 2001, 41, 49; Koenig/Neumann, ZRP 2001, 252, 254; Ritgen, AöR 127 (2002), 351, 377ff.

[615] Grzeszick, DVBl. 1997, 878, 883f.

der Angebote gewährleisten können. Insgesamt ist eine Effizienzauswahl in der Lage, die Quantität der Angebote sicherzustellen.
Hinsichtlich der Gewährleistung einer hinreichenden Qualität wird ebenfalls behauptet, dass das Effizienzkriterium darüber keinen Aufschluss gebe[616]. Allerdings bedürfen höhere Qualitätsstandards stets höherer Aufwendungen. Diese wird nur ein Bieter leisten können, der die Frequenzen effizient verwendet und so eine maximale wirtschaftliche Ausnutzung bewirkt. Selbst der qualitativ noch so vielversprechende Bewerber kann langfristig nicht zu dieser Gewährleistungsaufgabe beitragen, wenn er nicht zu einer wirtschaftlich effizienten Frequenznutzung in der Lage ist. Zumindest mittelbar ist eine Effizienzauswahl also auch Garant für die Qualität der anzubietenden Telekommunikationsleistungen. Hinzu kommt, dass die RegTP auch dieses Regulierungsziel durch das Zulassungsverfahren gemäß § 11 IV 2 Nr. 1 TKG und die Auferlegung von Lizenzbedingungen oder -bestimmungen gemäß § 11 IV 3 TKG hinreichend berücksichtigen kann.
Der Effizienzauswahl wird entgegengehalten, sie gefährde die Versorgung und Verbreitung von Telekommunikationsleistungen. Zur Erzielung von Gewinnen[617] würden sich die erfolgreichen Bieter primär lukrativen Ballungszentren zuwenden und die Versorgung infrastrukturschwacher und wirtschaftlich weniger interessanter, ländlicher Gegenden vernachlässigen[618]. Auch die Erbringung einer flächendeckenden Telekommunikationsversorgung setzt jedoch eine wirtschaftliche und damit effiziente Frequenznutzung voraus. Nur wer dazu in der Lage ist, kann mögliche geringere Gewinnchancen in strukturschwächeren Gebieten kompensieren. Ferner findet unter einem erhöhten Wettbewerbsdruck regelmäßig eine Ausbreitung der Angebote in weniger lukrative Regionen statt[619]. Durch die Festschreibung von Marktabdeckungsquoten in den Lizenzbedingungen oder -bestimmungen[620] sowie die Vorgabe

---

616 Grzeszick, DVBl. 1997, 878, 883f.
617 Vgl. zur Gewinnerzielung Gramlich, NJW 1994, 2785, 2787 (Fn. 45).
618 Schumacher, NJW 2000, 3096, 3097; Beese/Naumann, MMR 2000, 145, 147; Grzeszick, DVBl. 1997, 878, 884; Becker, Die Verwaltung 35 (2002), 1, 8f.; Breuer, Festschrift Maurer, S. 25, 36.
619 So auch Korioth, UMTS-Gutachten, S. 44.
620 Hinsichtlich der Vergabe von UMTS-Lizenzen hat die RegTP den Netzbetreibern beispielsweise eine Versorgungsdichte von 50 % innerhalb von 5 Jahren vorgeschrieben (RegTP, Entscheidung der Präsidentenkammer vom 10.Mai 1999 über das Verfahren der Vergabe von Lizenzen für UMTS, Abl. RegTP 1999, S. 1519, 1519). Dies ließe sich nicht erfüllen, ohne auch topographisch ungünstig gelegene Bereiche zu erschließen.

sachlich und räumlich relevanter Märkte gemäß § 11 IV 2 Nr. 2 TKG ist eine flächendeckende Verbreitung insgesamt zu gewährleisten[621].
In Bezug auf die Förderung des Wettbewerbs, welche auch die Gesetzesbegründung zum Versteigerungsverfahren voraussetzt[622], befürchten Kritiker, dass eine Effizienzauswahl vielen potentiellen Anbietern einen Marktzutritt verwehre. Insbesondere kleinere Marktneulinge mit geringerem Eigenkapital könnten mit den bereits etablierten Anbietern in einem Versteigerungsverfahren nicht mithalten[623]. Dies führe zu einer Zementierung des Marktes auf die bisherigen Netzbetreiber[624], was einen funktionierenden Wettbewerb behindere[625]. Tatsächlich setzt Wettbewerb voraus, dass sich eine möglichst große Zahl von Marktteilnehmern bemüht, die attraktivsten Angebote zu unterbreiten, um so erfolgreich auf dem Markt zu bestehen und maximale Gewinne zu erzielen. Werden Anbieter nur vereinzelt aktiv, ist ein funktionierender Wettbewerb mit den erhofften Folgen für die Verbraucher nicht zu erreichen. Dennoch wäre es kontraproduktiv, Unternehmen einen Marktzugang zu ermöglichen, die nicht in der Lage sind, dauerhaft im Wettbewerb zu bestehen. Sie würden schnell durch stärkere Marktteilnehmer verdrängt, die schließlich eine marktbeherrschende Stellung einnähmen und jeglichen Wettbewerb verhinderten. Darüber, wer sich am Markt behaupten kann, gibt die effiziente Frequenznutzung verlässlich Aufschluss. Sie dient also dem Ziel, privaten Wettbewerb zu gewährleisten. Unabhängig davon kann die RegTP wettbewerbsgefährdende Bieter gemäß §§ 11 III, 82 TKG von der Versteigerung ausschließen oder in Fällen des § 14 TKG eine Separierung der Rechnungsführungen anordnen. § 15 TKG ermöglicht den Lizenzwiderruf, falls der Lizenznehmer seinen Verpflichtungen aus

---

621 So auch Kämmerer, NVwZ 2002, 161, 165.

622 Vgl. Begründung des TKG-Versteigerungsverfahrens, BT-Drs. 13/3609, S. 39.

623 Degenhart, K&R 2001, 32, 39; Beese/Naumann, MMR 2000, 145, 147; Schuster/Müller, MMR 2000, 26, 30.

624 Breuer, Festschrift Maurer, S. 25, 35; Schumacher, NJW 2000, 3096, 3097; Beese/Naumann, MMR 2000, 145, 147; Bereits im Hinblick auf eine vergleichsweise geringe Gebühr für eine Lizenz der Klasse 4 (Sprachtelefonie) hatte das VG Köln darauf hingewiesen, dass sich Marktzutrittsbarrieren für kleinere Unternehmen ergeben könnte, die nicht mit dem in §§ 1 u. 2 TKG angesprochenen Gebot der Wettbewerbsförderung vereinbar seien, MMR 1999, 373, 373ff. m. Anm. Gebbhardt. Das Gericht hatte dabei Zweifel an der Vereinbarkeit der TK-Lizenzgebührenverordnung mit höherrangigem Recht geäußert. Der im einstweiligen Rechtsschutz ergangene Beschluss wurde vom OVG Münster mit dem Hinweis auf die in dieser Verfahrensart nur begrenzte Prüfungsintensität aufgehoben, MMR 2000, 115, 115f. m. Anm. Naumann und Gebbhardt.

625 Schuster/Müller, MMR 2000, 26, 30; Grzeszick, DVBl. 1997, 878, 884; Koenig, K&R 2001, 41, 50.

der Lizenz oder dem Gesetz nicht nachkommt. Für die Frequenz normiert § 47 V 3 TKG ein entsprechendes Widerrufsrecht. Weitere im TKG oder im GWB geregelte Lenkungsbefugnisse dienen ebenfalls dazu, einen funktionierenden Wettbewerb zu gewährleisten. Mithin wird auch dieses Regulierungsziel erfüllt. Die Effizienz der Frequenznutzung stellt nicht nur das Auswahlziel des Vergabeverfahrens gemäß § 11 IV TKG dar, sondern ist zugleich selbst Regulierungsziel des Art. 87 f I GG. Zumindest dieses Ziel erfüllt die Wahl eines Versteigerungsverfahrens unbestritten in unmittelbarer und optimaler Form.

dd. Zwischenergebnis

Eine Bewerberauswahl nach der Effizienz der Frequenznutzung steht keinem Regulierungsziel des Art. 87 f I GG entgegen, sondern trifft zumindest mittelbare Aussagen über deren Gewährleistung und erfüllt maßgebliche Allgemeinwohlbelange[626]. Zudem existieren im Zusammenhang der Lizenzvergabe weitreichende Möglichkeiten, um die Regulierungsvorgaben unabhängig von der Festlegung des Auswahlzieles zu verfolgen. Weitere Maßnahmen kann die RegTP im jeweiligen Einzelfall treffen[627]. Ferner ist die Entscheidung über das Vergabeverfahren knapper Lizenzen gemäß § 11 I 1 TKG als Ermessensnorm ausgestaltet. Wenn eine Prüfung im Einzelfall ergeben sollte, dass eine Effizienzauswahl die Regulierungsziele nicht erreichen könnte, wäre gemäß § 11 V TKG ausdrücklich eine Entscheidung für ein Ausschreibungsverfahren geboten, in dessen Rahmen eine den Regulierungszielen entsprechende Auswahl erfolgen könnte. Eine Auswahl nach der Effizienz der Frequenznutzung stellt ein sachgerechtes Auswahlziel zur Vergabe von Telekommunikationslizenzen dar[628].

---

[626] Darüber hinaus lassen sich mit einer Effizienzauswahl weitere, nicht unmittelbar aus Art. 87 f GG hervorgehende, Gemeinwohlbelange verfolgen. So können die umfassende Nutzung des Auktionsgegenstandes, die Gewährleistung, dass alle Konsumentengruppen Zugang zu den entsprechenden Diensten haben, die Verhinderung der Marktkonzentration oder die schnelle Umsetzung von neuen und innovativen Diensten mögliche Zielvorstellungen sein, die gerade durch eine solche Auswahl optimal erfüllt werden. Schließlich vermag auch die Vereinnahmung des Versteigerungserlöses in den Staatshaushalt Gemeinwohlbelange zu fördern; Keuter/Nett/Stumpf, S. 38.

[627] Vgl. zu den umfassenden Maßnahmen, um den Regulierungszielen des Art. 87 f I GG gerecht zu werden, Ritgen, AöR 127 (2002), 351, 377ff.

[628] So i. Erg. auch Begründung des TKG-Versteigerungsverfahrens, BT-Drs. 13/3609, S. 39 und i.Erg. auch Spoerr in Trute/Spoerr/Bosch, § 11 Rn. 31; Manssen in Manssen, § 11 Rn. 6; Kloepfer, Informationsrecht, § 11 Rn. 103; Badura, Festschrift Friauf, S. 529, 540, 546; Ritgen, AöR 127 (2002), 351, 377f.; Ruhle/Schuster, K&R 2001, 555, 557; Gramlich, CR 2000, 101, 103; Korioth, UMTS-Gutachten, S. 26ff.; Ruffert, AöR 124 (1999), 237, 263;

c. Sachgerechtes Auswahlkriterium

Um festzustellen, ob die Vergabe von Telekommunikationslizenzen gemäß § 11 IV TKG nach einem sachgerechten Auswahlkriterium erfolgte, ist zunächst zu klären, wovon dessen Sachgerechtigkeit abhängt.

aa. Anforderungen an die Sachgerechtigkeit eines Auswahlkriteriums

Die Festlegung, welches Kriterium für den Erhalt einer Erlaubnis entscheidend sein soll, hängt stets vom dem Ziel ab, das der Gesetzgeber mit deren Vorbehalt verfolgt[629]. Sachgerecht ist ein Auswahlkriterium, wenn es zur Erreichung des verfolgten Auswahlzieles geeignet ist. Es darf nicht im Widerspruch zu diesem stehen, sondern muss zumindest tauglich sein, es zu fördern[630].
Ein Blick auf die Auswahlkriterien des Gewerberechts verdeutlicht diesen Maßstab[631]: Kommt es dem Gesetzgeber darauf an, Kunden vor der möglichen Insolvenz eines Gewerbetreibenden zu schützen, entscheidet er sich für ein Kriterium, das über dessen Zahlungsfähigkeit Auskunft gibt, beispielsweise die Existenz ausreichenden Betriebskapitals. Unsachgemäß wäre es aber, die Lizenz für den Betrieb eines Taxiunternehmens an ein ausreichend vorhandenes Betriebskapital zu knüpfen. Mit einem entsprechenden Erlaubnisvorbehalt soll die Sicherheit und Gesundheit der beförderten Personen gewährleistet werden, worüber das Betriebskapital keinen Aufschluss gibt. Wann ein konkretes Vergabekriterium sachgerecht ist, lässt sich also nicht abstrakt für jede mögliche Konstellation beantworten, sondern hängt vom individuell verfolgten Auswahlziel ab.

bb. Auswahlkriterium der Versteigerung nach § 11 IV TKG

Bei der Versteigerung von Telekommunikationslizenzen gemäß § 11 IV TKG erhalten, wie bei jedem Versteigerungsverfahren, die Bewerber einen Zuschlag, die das finanziell höchste Gebot abgeben. Das Vergabekriterium, das über die

---

Ossenbühl, VVDStRL 29 (1971), 137, 145ff.; Hufeld, JZ 2001, 871, 874; Bauer, VVDStRL 54 (1996), 243, 256ff., Varadinek, CR 2001, 17, 24; Klöck, RTkom 2000, 280, 287; Storr, K&R 2002, 67, 70; Schoch, DVBl. 1994, 962, 968.

[629] Badura in Schmidt-Assmann, Bes. VerwR, 3. Abschn. Rn. 135ff., Rummer, NJW 1988, 225, 225ff. m.w.N.

[630] BVerfGE 33, 171, 187; 63, 88, 115; Pieroth/Schlink, Staatsrecht II, Rn. 283ff.; Katz, Rn. 206; Ipsen, Staatsrecht II, Rn. 176; Bleckmann, Staatsrecht II, §12 Rn. 126; Grabitz, AöR 98 (1973), 568, 572.

[631] Vgl. mit div. Nachweisen Schönleiter in Landmann/Rohmer, GewerbeO, § 70 Rn. 7ff.

Berücksichtigung oder Nichtberücksichtigung eines Interessenten entscheidet, liegt allein in der Höhe des jeweils gebotenen finanziellen Betrages.
Zur Zulässigkeit einer Erlaubniserteilung nach finanziellen Gesichtspunkten gibt es weder Beispiele noch eine explizite Judikatur[632]. Die bislang bekannten Vergabekriterien beziehen sich im Gewerberecht, wie beispielhaft dargestellt, ausschließlich auf die Person des Gewerbetreibenden[633] oder auf das sachliche Substrat des Gewerbebetriebs[634]. Für den Fall, dass eine Auswahl danach nicht möglich ist, wird auf sach- und wertneutrale Verfahren wie das Pro-Kopf-Verfahren, das Pro-Rata-Verfahren, das Losverfahren, das Prioritätsverfahren oder das Ausschreibungsverfahren zurückgegriffen[635]. Auch außerhalb des Gewerberechts bediente man sich bei der Zuteilung knapper Ressourcen bislang stets derart personeller, sachlicher oder neutraler, aber nie rein finanzieller Kriterien[636].

---

[632] Ein Präjudiz lässt sich auch nicht aus den Bemerkungen des BVerwG im Zusammenhang mit der Vergabe von Taxikonzessionen herleiten, wonach ein Verstoß gegen die Chancengleichheit vorliege, wenn entsprechende Genehmigungen frei übertragbar wären und zum Gegenstand privater Geschäfte gemacht werden könnten. Eine Genehmigung dürfe kein „regelloses Handelsobjekt mit erheblichen Preisen" werden (BVerwGE 64, 238, 245). Damit werden finanzielle Vergabekriterien aber nicht gänzlich ausgeschlossen. Der maßgebliche Unterschied zum Versteigerungsverfahren besteht darin, dass bei einem privaten Handel ein Informationsdefizit besteht. Die Konzessionsnachfrager erhalten in aller Regel keine Kenntnis vom privaten Angebot, so dass ihre Chancengleichheit beim Lizenzerwerb nicht gewährleistet ist. Beim Versteigerungsverfahren besteht ein solches Defizit aufgrund öffentlicher Bekanntmachung und amtlicher Aufforderung zur Anmeldung nicht.

[633] Die wichtigsten subjektiven Anknüpfungspunkte sind Zuverlässigkeit und Sachkunde, für manche Gewerbe ist eine bestimmte gesundheitliche Eignung erforderlich, (z.B. § 2 I Nr. 7 ApothekenG). Auch werden anlagen- und personenbezogene Kriterien wie „bekannt und bewährt", „Attraktivität", „Traditionspflege" herangezogen (vgl. Schönleiter in Landmann/Rohmer, GewerbeO, § 70 Rn. 7ff. m.w.N.).

[634] Einzelne Gesetze fordern die Eignung der Betriebsräume (z.B. §§ 30 I 2 Nr. 2-4 GewerbeO; § 4 I Nr. 2, 3 GaststG; §§ 2 I 6, 21 ApothekenG) oder der Betriebseinrichtung (z.B. § 33 e GewerbeO, § 13 I 1 PersBefG) für den beabsichtigten Gewerbebetrieb. Zudem wird der Nachweis eines bestimmten Betriebskapitals verlangt (z.B. §§ 34 I 3 Nr. 2; 34 a I 3 Nr. 2; 34 b IV Nr. 2 GewerbeO; §§ 33 S. 1 I Nr. 1, 10, 10a KWG).

[635] Eine Übersicht über die bisherigen Vergabeverfahren knapper öffentlicher Güter gibt Faber, GewArch 2002, 264, 264f. m.w.N.; vgl. auch Schönleiter in Landmann/Rohmer, GewerbeO, § 70 Rn. 7ff.; Rummer, NJW 1988, 225, 229; Storr, K&R 2002, 67, 69.

[636] So regelt sich beispielsweise die Auswahl von Bewerbern für ein Notariat insbes. nach personenbezogenen Maßstäben, §§ 6 III, 6 b BNotO. Die Verteilung von Start- und Landerechten auf Flughäfen oder Flugplätzen (slots) erfolgt nach einer detaillierten Vorrangregelung früher bereits koordinierter Flüge, wobei Newcomer nicht völlig ausgeschlossen werden. Die Verteilung von Übertragungskapazitäten für Rundfunkangebote muss die gesetzlich vorgegebene Aufteilung zwischen ö.-r. und privatem Rundfunk realisieren, der

cc. Theoretische Sachgerechtigkeit des Höchstgebotes zur Erreichung des Auswahlziels der effizienten Frequenznutzung

Um sachgerecht zu sein, müsste das Kriterium des höchsten Gebotes geeignet sein, das von der Versteigerung verfolgte Vergabeziel der effizienten Frequenznutzung zu gewährleisten.

(1.) Kein Rückschluss vom höchsten Gebot auf die Effizienz

Teile der Literatur bestreiten, dass die im Höchstgebot zum Ausdruck kommende Zahlungsfähigkeit eines Bieters einen Rückschluss auf seine Fähigkeit zur effizienten Frequenznutzung erlaube[637]. Das Versteigerungsgebot gebe lediglich über die Gewinnerwartung des zukünftigen Betreibers Auskunft[638]. Eine Effizienzbeurteilung erfordere aber sowohl in telekommunikationspolitischer als in volkswirtschaftlicher Hinsicht die Einbeziehung der Interessen der Konsumenten[639]. Diesbezüglich trage ein Versteigerungsverfahren die Tendenz zu erhöhten Einstandskosten und Dienstpreisen, weil sowohl die aufgewandten Lizenzkosten als auch die erforderlichen Folgeinvestitionen auf diese Preise aufgeschlagen würden[640]. Erhöhte Kosten der Endverbraucher verhinderten eine effiziente Frequenznutzung, so dass ein entsprechender Rückschluss nicht möglich sei[641].

Ferner besitze jedes Telekommunikationsunternehmen die Möglichkeit, sich auf dem Kapitalmarkt Finanzmittel zu beschaffen. So könne es seine Versteigerungsgebote unter Umständen vollständig fremdfinanzieren. Ein solches Gebot

---

Sicherung der Grundversorgung durch den ö.-r. Rundfunk, der flächendeckenden Versorgung und der Vielfalt des Programmangebots gerecht werden (z.B. Art. 36, 37 Bayerisches Mediengesetz); vgl. auch Berg, Der Staat, 15 (1976), 1, 21ff.; Tomuschat, Der Staat 12 (1973), 433, 443ff.

637 Geppert in Beckscher Kommentar, § 11 Rn. 16; Demmel in Manssen, § 47 Rn. 38; Breuer, Festschrift Maurer, S. 25, 38; Becker, Die Verwaltung 35 (2002), 1, 8f.; Schumacher, NJW 2000, 3096, 3097; Koenig/Schäfer, K&R 1998, 243, 246ff.; Ruhle/Geppert, MMR 1998, 175, 180; Beese/Naumann, MMR 2000, 145, 147; Arndt, K&R 2001, 23, 30; Grzeszick, DVBl. 1997, 878, 883f.; Scherer, NJW 1996, 2953, 2958 (Fn. 32).

638 Grzeszick, DVBl. 1997, 878, 884; Becker, Die Verwaltung 35 (2002), 1, 10; allg. kritisch zu Versteigerungen Berg, Der Staat 15 (1976), 1, 26ff.; Koenig, Die öffentlich-rechtliche Verteilungslenkung, S. 411f.; Rummer, NJW 1988, 225, 233 m.w.N.

639 Grzeszick, DVBl. 1997, 878, 884.

640 Breuer, Festschrift Maurer, S. 25, 36; Scherer, NJW 1996, 2953, 2958 (Fn. 32); Hiltl/Großmann, BB 1996, 169ff., 171f. (Fn. 27); Grzeszick, DVBl. 1997, 878, 883f.; vgl. auch Bach/Erber, DIW Wochenbericht 2000, 490, 491.

641 Demmel in Manssen, § 47 Rn. 38; Arndt, K&R 2001, 23, 30; Schumacher, NJW, 2000, 3096, 3099; Grzeszick, DVBl. 1997, 878, 884; Scherer, NJW 1996, 2953, 2958 (Fn. 32).

erlaube keine Aussage über die eigene Zahlungsfähigkeit des Bieters und damit auch nicht über seine Fähigkeit zur effizienten Frequenznutzung[642].

Dem Staat gehe es bei der Wahl eines Versteigerungsverfahrens primär um die Erschließung einer zusätzlichen und möglichst ergiebigen Einnahmequelle und weniger um die Gewährleistung einer effizienten Frequenznutzung. Die Einnahmeerzielung dürfe aber nicht Hauptzweck, sondern allenfalls Nebeneffekt der Zuteilung knapper Ressourcen sein[643]. Andere Stimmen untersagen dem Staat bei der Ressourcenvergabe sogar jegliche Gewinnerzielung[644]. So oder so sei bei einer primär fiskalisch motivierten Bewerberauswahl kein Rückschluss auf eine effiziente Frequenznutzung möglich.

(2.) Rückschluss vom höchsten Gebot auf die Effizienz

In Übereinstimmung mit weiten Teilen der Literatur[645] und der Gesetzesbegründung zum TKG-Versteigerungsverfahren[646] ist diese Kritik zu entkräften und ein Rückschluss vom höchsten Gebot auf die Effizienz der Frequenznutzung zu belegen.

Eine effiziente Frequenznutzung soll gewährleisten, dass die von Natur aus knappen Güter auch nach einer staatlichen Zuteilung nicht ungenutzt bleiben. Sie will damit gerade den Konsumenten eine größtmögliche Inanspruchnahme ermöglichen. Dabei können zu hohe Verbraucherpreise durchaus ein Hindernis darstellen und eine Nutzung auf wenige, finanzstarke Bürger beschränken. Andererseits setzt ein effizienter Frequenzbetrieb Verbraucherpreise voraus, die eine Bewirtschaftung auch für die Anbieter attraktiv machen und sie davon abhalten, die Frequenzen ungenutzt zu lassen. Eine ausschließliche und isolierte Betrachtung der Verbraucherpreise kann das Bestehen eines effizienten Angebotes also ebenso wenig gewährleisten wie eine alleinige Betrachtung der Gewinn-erzielungsabsichten der Anbieter. Die effiziente Frequenznutzung setzt vielmehr insgesamt angemessene und unter Berücksichtigung der Interessen aller Beteiligten ausgewogene Preise voraus. Für deren Bestimmung ist in

---

642 Freytag/Jäger, ODRO 1996, 215, 221.

643 Geppert in Beckscher Kommentar § 11 Rn. 16; Geppert/Ruhle/Schuster, Rn. 301; Beese/Naumann, MMR 2000, 145, 150; Schumacher, NJW, 2000, 3096, 3099.

644 Rummer, NJW 1988, 225, 233.

645 Spoerr in Trute/Spoerr/Bosch, § 11 Rn. 32; Hahn in Scheuerle/Mayen, § 11 Rn. 36; Korioth, UMTS-Gutachten, S. 31ff.; Ritgen, AöR 127 (2002), 351, 379ff.; Spoerr/Deutsch, DVBl. 1997, 300, 307; Varadinek, CR 2001, 17, 24; Klöck, RTkom 2000, 280, 287; Storr, K&R 2002, 67, 70; Kämmerer, NVwZ 2002, 161, 165.

646 Begründung des TKG-Versteigerungsverfahrens, BT-Drs. 13/3609, S. 39 und BR-Drs. 80/96, S. 39.

einem marktwirtschaftlichen System grundsätzlich das Verhältnis von Angebot und Nachfrage maßgeblich. Der so zustande kommende Preis besitzt eine sogenannte Allokationswirkung. Er lenkt ein Gut in die Verwendung, in der es gebraucht und nicht verschwendet wird. Idealiter führt er dazu, dass es die höchsten Erträge bringt[647]. Damit spiegelt der Marktpreis die Notwendigkeit der optimalen Verwendung wider und gewährleistet eine effiziente Nutzung im Sinn der Verbraucher und der Anbieter[648].

Bei den vorliegend zu beurteilenden Telekommunikationslizenzen handelt es sich um knappe Güter. Deren Preisermittlung weist typischerweise zwei Arten von Asymmetrien auf, die eine traditionelle Preisermittlung nach Angebot und Nachfrage nicht zu dem gewünschten Allokationsergebnis führen lassen. Zum einen liegt auf der Anbieterseite eine Monopolsituation vor, wohingegen sich auf der Nachfrageseite viele potentielle Lizenznehmer für die Frequenzen interessieren. Zum anderen besteht ein Informationsungleichgewicht. Die Lizenzinteressenten sind über die eigene Wertschätzung der Frequenzen informiert, während der Staat diese nicht in entsprechender Form bestimmen kann[649]. In einer solchen Marktsituation kann allein eine Vergabe nach dem finanziellen Höchstgebot einen sachgerechten Marktpreis ermitteln[650]. Dabei werden alle relevanten Informationen offengelegt, welche die Wertschätzung der Lizenzen betreffen und so das Informationsdefizit beseitigt. Zudem müssen die Interessenten unabhängig von der Zahl der Anbieter und Nachfrager den Wert der Frequenzen monetarisieren. Jeder Bieter gibt nur in der Höhe Gebote ab, bei der er in der Zukunft Konditionen anbieten kann, die eine hinreichende Nachfrage auf Verbraucherseite und eine ausreichende Gewinnmaximierung auf Anbieterseite ermöglichen[651]. Die Bestimmung der Verbraucherpreise und die jedem Gebot zugrunde liegenden Wirtschaftlichkeitsüberlegungen der Anbieter sind also eng miteinander verknüpft. Nur der Bieter, der nach seiner eigenen Einschätzung am effizientesten arbeitet, ist in der Lage, das höchste

---

647 Oberender, Grundlagen der Mikroökonomie, S. 5; Stobbe, Mikroökonomie, S. 652.

648 Fehl/Oberender, Grundlagen der Mikroökonomie, S. 34; Herberg, Preistheorie, S. 178; R. Weber, Wirtschaftsregulierung in wettbewerbspolitischen Ausnahmesituationen, S. 260, 311ff.; Keuter/Nett/Stumpf, S. 37.

649 Korioth, UMTS-Gutachten, S. 32; Lindstädt, Die Versteigerung der deutschen UMTS-Lizenzen, S. 8; Storr, K&R 2002, 67, 70.

650 Hahn in Scheuerle/Mayen, § 11 Rn. 36; Varadinek, CR 2001, 17, 24; Korioth, UMTS-Gutachten, S. 32; Ritgen, AöR 127 (2002), 351, 379ff.; Storr, K&R 2002, 67, 70.

651 So auch Storr, K&R 2002, 67, 70.

Gebot abzugeben und damit zugleich seine Gewinnerzielungsabsicht und die Interessen der Endverbraucher zu gewährleisten[652].
Im Rahmen einer Versteigerung wird der Marktpreis der Lizenzen also zuverlässig ermittelt und die Allokation knapper Güter, entsprechend einer seit langem gefestigten Auffassung der Nationalökonomie, in optimaler Weise bewerkstelligt[653]. Ein Rückschluss von der Höhe des Angebots auf die Zahlungsfähigkeit des Bieters und dessen Möglichkeit, die Frequenz effizient zu betreiben, basiert auf der ökonomischen Logik[654].
Unerheblich ist dabei, ob der Lizenznehmer die gebotenen Beträge aus seinem Eigenkapital begleicht oder entsprechendes Fremdkapital beschafft. Wer Kapitalgeber dazu bringen will, ihm erhebliche Summen zur Verfügung zu stellen, der muss sie davon überzeugen, dass ihre Lizenznutzung ausreichende Gewinne zur Bedienung von Zins- und Kapitaldiensten erbringt. Dies wird nur dem Anbieter gelingen, der durch entsprechende Sicherheiten, wirtschaftliche Potenz oder ihm zugetrautes Know-how eine solche Erwartung rechtfertigen kann. Die Fähigkeit eines Bewerbers, Fremdkapital zu beschaffen, gibt damit ebenfalls Aufschluss über die erwartete Zahlungsfähigkeit und seine Möglichkeiten, eine Lizenz effizient zu nutzen. Mithin ist die Fremdfinanzierung von Geboten nicht zu beanstanden.
Mit Blick auf die Anerkennung vorteilsausgleichender Verleihungsgebühren und der damit einhergehenden Lösung der Gebührenpraxis vom Kostendeckungsprinzip[655] lässt sich die vereinzelte Feststellung, der Staat dürfe bei der Ressourcenvergabe keine Gewinne erwirtschaften, nicht aufrechterhalten[656].

---

652 So auch Kämmerer, NVwZ 2002, 161, 165.

653 Lenhard, Die Regulierung des Mobilfunks, S. 121ff.; Ruffert, AöR 124 (1999), 238, 263; Spoerr/Deutsch, DVBl. 1997, 300, 307; Ritgen, AöR 127 (2002), 351, 369f.; Korioth, UMTS-Gutachten, S. 32f., erwartet, dass selbst ein Bieter, der im Zeitpunkt des Zuschlags noch nicht die effizienteste Frequenznutung gewährleiste, mit der Lizenzerteilung die erforderlichen Ressourcen (insbes. qualifiziertes Personal) für sich akquirieren könne und damit in der Lage sei, einen möglichen Effizienz-Rückstand aufzuholen.

654 R. Weber, Wirtschaftsregulierung in wettbewerbspolitischen Ausnahmebereichen, S. 315ff.; Lindstädt, Die Versteigerung der deutschen UMTS-Lizenzen, S. 8f.; Hahn in Scheuerle/Mayen, § 11 Rn. 36; Varadinek, CR 2001, 17, 24; Storr, K&R 2002, 67, 70; Ritgen, AöR 127 (2002), 351, 379ff.; Faber, GewArch 2002, 264, 268; Kämmerer, NVwZ 2002, 161, 166.

655 Siehe Teil 1 C. § 1 III. 3. b.

656 Diese Auffassung wurde ausschließlich im Bezug auf die Vergabe von Import- oder Exportlizenzen geäußert (vgl. Rummer, NJW 1988, 225, 233), bei denen es sich weder um knappe, noch um Güter der Allgemeinheit handelt. Wegen einer andersartigen Rechtfertigung stellt sich die Frage des Vorteilsausgleichs oder der aufwandsübersteigenden Gebüh-

Als angenehme Nebenfolge der Zuteilung von Allgemeingütern kann er durchaus Einnahmen erzielen, solange deren Erhebung einem sachlich gerechtfertigten Hauptzweck dient[657]. Lizenzgebühren werden mit dem Ausgleich eines Sondervorteils legitimiert, den ein Lizenzempfänger gleichheitswidrig erhält, wenn ihm das Allgemeingut der Frequenzen zugeteilt wird. Dessen wirtschaftlicher Wert liegt im Marktwert der Lizenzen, den das Versteigerungsverfahren ermitteln soll. Es entscheidet nicht über das Ob der Einnahmenerzielung, sondern ausschließlich über deren Höhe. Dabei stellt es nicht zwingend die ergiebigste Form einer Einnahmequelle dar. Der Staat besitzt keine Möglichkeiten, die Höhe der Abgabe zu beeinflussen, sondern ist allein auf das Verhalten der Marktteilnehmer angewiesen. Wenn diese nur begrenzte Gewinnerwartungen haben, werden sie auch nur in begrenzter Höhe Gebote abgeben. Insbesondere die Erfahrungen anderer europäischer Länder mit der Versteigerung von UMTS-Lizenzen zeigen, dass die Ergebnisse häufig weit hinter den Erwartungen zurückbleiben oder Zuteilungen völlig scheitern können[658]. Eine Versteigerung bringt dem Staat nur solche Einnahmen, die der Markt zu zahlen bereit ist.

Im Gegensatz dazu setzt das bislang regelmäßig bevorzugte Ausschreibungsverfahren die mit einer Lizenzvergabe zu erzielenden Einnahmen durch behördliche Schätzungen fest[659]. Sie beruhen auf theoretischen Prognosen marktferner Beobachter, die angesichts ungewisser technischer und wirtschaftlicher Entwicklungen eine hohe Unsicherheit aufweisen. Neben dem enormen Arbeits- und Kostenaufwand bestehen Zweifel an der Transparenz dieser Verfahren, weil entweder die genauen Vergabekriterien oder deren Gewichtung nicht hinreichend nachvollziehbar sind[660]. Die Gefahr, dass dabei Preise für die Lizenzen und damit letztlich auch für die Endverbraucher entstehen, die mit den tatsächlichen Marktverhältnissen nichts zu tun haben und die Allokationsfunktion nicht erfüllen, ist ungleich größer als bei einem Versteigerungsverfah-

---

renhöhe dabei nicht. Eine Vergleichbarkeit unterschiedlich gerechtfertigter Gebührenarten besteht nicht.

[657] So auch Schuster/Müller, MMR 2000, 25, 29.

[658] Vgl. Einleitung C. (Fn. 47).

[659] Vgl. die Gegenüberstellung von Verlosung, administrativen Vorgaben und Auktion bei Lenhard, Die Regulierung des Mobilfunks, S, 121ff.

[660] Vgl. zu den Nachteilen eines Ausschreibungsverfahrens Ruhle/Geppert, MMR 1998, 175, 181; Schuster/Müller, MMR 2000, 25, 29; Klöck, RTkom 2000, 280, 287; Gramlich, CR 2000, 101, 103 m.w.N. und kritisch zu den UMTS-Ausschreibungen im europäischen Ausland, Pautsch, MMR 2001, 423, 424.

ren[661]. So könnte der Staat Preise festsetzen, die von den Anbietern nie zu erwirtschaften wären. Nähmen sie die Lizenzen dennoch ab, wäre das Ausschreibungsverfahren im Hinblick auf die staatliche Einnahmeerzielung weitaus ergiebiger als eine Versteigerung. Allerdings könnten die Anbieter den Verbrauchern nie kostendeckende Angebote unterbreiten, so dass sie ihre Tätigkeiten über kurz oder lang einstellen müssten und eine effiziente Nutzung der Frequenzen nicht möglich wäre. Entsprechend könnte der Staat aufgrund irriger Annahmen Preise erheben, die weit hinter dem tatsächlichen Marktwert der Lizenzen zurückblieben. Selbst wenn dies zu erschwinglichen Verbraucherpreisen führte, käme eine solche Festsetzung einem „Geschenk der Allgemeinheit, vertreten durch die Steuerzahler, an die Aktionäre der Lizenznehmer gleich"[662]. Der in der Lizenzerteilung liegende Sondervorteil bliebe bei den Begünstigten gleichheitswidrig bestehen, so dass der Ausgleichsgedanke nicht berücksichtigt wäre und keine umfassende Rechtfertigung der Abgabenerhebung bestünde.

Zusammenfassend ist eine Versteigerung besser als andere Verfahren in der Lage, den tatsächlichen Marktwert einer Lizenz zu ermitteln und sowohl Betreiber- als auch Verbraucherinteressen zu gewährleisten. Es überzeugt die ökonomische Logik, dass derjenige Bieter, der in der Lage ist, die meisten Finanzmittel aufzubringen, auch der wirtschaftlich potenteste Betreiber sein wird und die effiziente Nutzung von Frequenzen am ehesten gewährleisten kann. Dies gilt insbesondere, wenn vor der Aufnahme des jeweiligen Betriebes erhebliche Investitionen vorzunehmen sind, was im Bereich der lizenzpflichtigen Telekommunikationsangebote häufig der Fall ist. Das einem Versteigerungsverfahren nach § 11 IV TKG zugrundeliegende Kriterium des höchsten Gebotes ist in der Lage, das Auswahlziel der effizienten Frequenznutzung sicherzustellen, und mithin sachgerecht.

dd. Praktische Sachgerechtigkeit des höchsten Gebots zur Erreichung des Auswahlziels der effizienten Frequenznutzung

Den theoretischen Zusammenhang zwischen Gebot und Effizienz erkennt grundsätzlich auch die Mehrzahl der Gegner eines Versteigerungsverfahrens

---

661 So auch Ritgen, AöR 127 (2002), 351, 371, 381; Storr, K&R 2002, 67, 70; Klöck, RTkom 2000, 280, 287; Fehling, Die Verwaltung 34 (2001), 25, 40.

662 Korioth, UMTS-Gutachten, S. 35; i.Erg. auch R. Weber, Wirtschaftsregulierung in wettbewerbspolitischen Ausnahmebereichen, S. 316; Storr, K&R 2002, 67, 71; Bach/Erber, DIW Wochenbericht 2000, 490, 497f.; Dreizehntes Hauptgutachten der Monopolkommission 1998/1999, BT-Drs. 14/4002, S. 58, Tz. 50.

an[663]. Allerdings setze ein entsprechender Rückschluss voraus, dass die Bieter sich bei der Abgabe ihrer Gebote ausschließlich an marktwirtschaftlichen Erwägungen orientierten und ein optimales ökonomisches Verhalten an den Tag legten. Ob die praktische Durchführung eines Versteigerungsverfahren dies gewährleisten kann und damit tatsächlich einen Rückschluss auf die Effizienz zulässt, wird unterschiedlich beurteilt.

(1.) Unmöglichkeit eines optimalen Bieterverhaltens

Nach einer Ansicht ist es im Rahmen einer Auktion nicht auszuschließen, dass Gebote auf marktfernen Erwägungen, wie übersteigerten Gewinnerwartungen, Fehlkalkulationen oder strategisch spekulativen Motiven, beruhten[664]. Sie würden mitunter allein zur Aufrechterhaltung einer bestehenden Marktposition abgegeben und die Lizenzkosten damit ohne ökonomische Substanz „hochgeschaukelt"[665]. Diese Gefahr bestehe insbesondere in Märkten, die nur schrittweise Wettbewerb zuließen. Das dabei existierende Oligopol mache es für finanzstarke oder marktbeherrschende Wettbewerber besonders reizvoll, potentiellen Konkurrenten eine Lizenz vorzuenthalten und einen Marktzutritt zu versagen[666]. Dazu trieben sie die Gebote so lange künstlich in die Höhe, bis die Zahlungsfähigkeit oder Zahlungswilligkeit der übrigen Bewerber überschritten sei[667]. Die dabei gebotenen Summen würden nicht mehr von Wirtschaftlichkeitserwägungen getragen, sondern seien ausschließlich von Angriffs- und Verteidigungsüberlegungen geprägt und ließen keinen Rückschluss auf den tatsächlichen Marktpreis der Lizenzen zu[668].

---

663 Breuer, Festschrift Maurer, S. 25, 37; Gramlich, CR 2000, 101, 103; Grzeszick, DVBl. 1997, 878, 884; Becker, Die Verwaltung 35 (2002), 1, 9. Beese/Naumann, MMR 2000, 145, 147; Ruhle/Geppert, MMR 1998, 175, 180; Hiltl/Großmann, BB 1996, 169ff., 171f.; Scherer, NJW 1996, 2953, 2958 (Fn. 32); Koenig/Schäfer, K&R 1998, 243, 248f.; Arndt, K&R 2001, 23, 30.

664 Koenig/Schäfer, K&R 1998, 243, 248f.; Arndt, K&R 2001, 23, 30; Scherer, NJW 1996, 2953, 2958 (Fn. 32); Grzeszick, DVBl. 1997, 878, 884; Breuer, Festschrift Maurer, S. 25, 37; Bach/Erber, DIW Wochenbericht 2000, 490, 497f.

665 Becker, Die Verwaltung 35 (2002), 1, 9.

666 Beese/Naumann, MMR 2000, 145, 147; Becker, Die Verwaltung 35 (2002), 1, 9; Ruhle/Geppert, MMR 1998, 175, 180; Arndt, K&R 2001, 23, 30.

667 Hiltl/Großmann, BB 1996, 169ff., 171f.; Scherer, NJW 1996, 2953, 2958 (Fn. 32); Arndt, K&R 2001, 23, 30; Koenig/Schäfer, K&R 1998, 243, 248f.

668 Geppert in Beckscher Kommentar, § 11 Rn. 20; Breuer, Festschrift Maurer, S. 25, 37f.; Becker, Die Verwaltung 35 (2002), 1, 9; Freytag/Jäger, ODRO 1996, 215, 221; Koenig/Schäfer, K&R 1998, 243, 248; Schumacher, NJW 2000, 3096, 3097; Beese/Naumann, MMR 2000, 145, 147; Hiltl/Großmann, BB 1996, 170, 171f.; Arndt, K&R 2001, 23, 30;

Ferner sei es im Rahmen eines Versteigerungsverfahren nicht auszuschließen, dass Bieter in kollusiver Weise zusammenwirkten und sogenannte Bieterkartelle gründeten. Einigten sie sich darauf, ihre Gebote auf eine bestimmte Höhe zu begrenzen und sich gegenseitig nicht zu überbieten, erhielten sie einen entsprechenden Zuschlag. Die verabredeten Gebote deckten sich aber regelmäßig nicht mit den tatsächlichen Gewinnerwartungen und verböten einen Rückschluss auf den Marktwert und die effiziente Frequenznutzung[669]. Diese Fehlentwicklungen und Missbrauchsgefahren bestünden bei jedem Versteigerungsverfahren und es sei unmöglich, ihnen durch die Gestaltung des Verfahrens entgegenzuwirken[670]. Der theoretische Rückschluss vom Höchstgebot auf die effiziente Frequenznutzung sei in der Praxis nicht zu ziehen und das Höchstgebot stelle kein sachgerechtes Auswahlkriterium dar.

(2.) Gewährleistung eines optimalen Bieterverhaltens

Andere Stimmen setzten ohne weitere Erläuterungen voraus, dass der theoretische Rückschluss von der Höhe der Gebote auf die Effizienz der Bieter auch praktisch möglich sei[671]. In der Tat kann sowohl kollusivem Verhalten als auch spekulativen Methoden wirksam begegnet werden.

(a.) Kollusives Zusammenwirken

Mit jedem Bieterkartell geht das Risiko einher, dass ein Teilnehmer aus der Vereinbarung ausschert und insgeheim ein höheres Angebot abgibt als mit den anderen Bietern verabredet. Er hätte in zweifacher Form Erfolg: Zum einen würde er die gewünschten Lizenzen zu einem günstigen Preis ersteigern und zum anderen müsste er nicht befürchten, dass ihm die unterlegenen Bieter sein

---

weiterführend Klodt/Laaser/Lorz/Maurer, Wettbewerb und Regulierung in der Telekommunikation, S. 133ff.

669 Koenig/Schäfer, K&R 1998, 243, 248f.; Becker, Die Verwaltung 35 (2002), 1, 8f.; Hiltl/Großmann, BB 1996, 169, 171f.; Scherer, NJW 1996, 2953, 2958 (Fn. 32) vgl. auch Berg, Der Staat 15, 1, 26; Koenig, Die öffentlich-rechtliche Verteilungslenkung, S. 163ff., 408ff.; jew.m.w.N.

670 Teilweise schränken auch Befürworter einer Vergabe nach dem höchsten Gebot ihre Stellungnahme dahingehend ein, dass dieser Marktmechanismus zwar besser sei als eine behördliche Schätzung, die Regulierungsbehörde durch administrative Maßnahmen aber darauf achten müsse, dass nicht ausschließlich die Finanzkraft eines Bieters entscheidungserheblich sei, Gramlich, CR 2000, 101, 103.

671 Vgl. Begründung des TKG-Versteigerungsverfahrens, BT-Drs. 13/3609, S. 39 und BR-Drs. 80/96, S. 39; Spoerr in Trute/Spoerr/Bosch, § 11 Rn. 32; Hahn in Scheuerle/Mayen, § 11 Rn. 36; Korioth, UMTS-Gutachten, S. 31ff.; Ritgen, AöR 127 (2002), 351, 379ff.; Spoerr/Deutsch, DVBl. 1997, 300, 307; Varadinek, CR 2001, 17, 24; Klöck, RTkom 2000, 280, 287; Storr, K&R 2002, 67, 70.

Ausscheren vorwerfen. Damit bezichtigten sie sich selbst der kollusiven Absprache und hätten gegebenenfalls Sanktionen zu befürchten. Kein Bieterkartell kann diese Gefahr ausschließen, was manchen Bieter von einem solchen Zusammenwirken abhalten wird.

Ein solches Verhalten ist regelmäßig auch vom Verhalten der übrigen Bieter abhängig und kann nicht ausschließlich im Vorfeld einer Auktion verabredet werden. Es erfordert vielmehr eine Kommunikation unter den Kartellteilnehmern während des Verfahrens. Durch die Organisation und die räumliche Gestaltung des konkreten Versteigerungsablaufs kann die RegTP die Bieter derart separieren, überwachen und im Zweifel vom Verfahren ausschließen, dass ihnen kein physischer oder fernmündlicher Kontakt möglich ist. Ferner ist sie in der Lage, umfassende Sanktionsmaßnahmen zu treffen, die eine abschreckende Wirkung entfalten. Dazu hat sie gemäß § 11 IV 2, 3 TKG Rechtsverordnungen zu erlassen, in denen umfassende Maßnahmen zur Verhinderung von Bieterkartellen normierbar sind. Die Eigeninteressen der Bieterunternehmen stehen der Gefahr eines kollusiven Zusammenwirkens damit ebenso entgegen wie konkrete Maßnahmen zur Durchführung des Verfahrens und zur Sanktionierung von Absprachen.

(b.) Spekulative Motive

Die Befürchtung, dass ein Auktionsteilnehmer mit seinen Geboten spekulative Absichten verfolgt, ist ebenfalls durchaus real. Allerdings muss ein spekulativer Bieter stets darauf achten, dass er auch bei einer für ihn angenehmeren Wettbewerbssituation noch Gewinne erzielen kann. Wenn er zwar einen Konkurrenten vom Markt verdrängt hat, dafür aber so hohe Versteigerungsgebote abgeben muss, dass er seine Lizenz nicht mehr wirtschaftlich betreiben kann, ist er selbst der Leidtragende seines spekulativen Verhaltens. Ebenso schneidet er sich sprichwörtlich „ins eigene Fleisch", wenn es ihm im Ergebnis nicht gelingt, einen Konkurrenten auszuschließen, und er den in die Höhe getriebenen Preis ohne jeglichen zusätzlichen Nutzen begleichen muss. Aufgrund eines zu unterstellenden Überlebens- und Gewinnstrebens werden viele Bieterunternehmen also von preistreibenden, spekulativen Geboten Abstand nehmen.

Darüber hinaus verfügt die RegTP über mannigfaltige Möglichkeiten, auch einem solchen Verhalten entgegenzuwirken. Im Rahmen der Rechtsverordnungen gemäß § 11 IV 2, 3 TKG kann sie Maßnahmen zur Sicherstellung der Ernsthaftigkeit der Gebote treffen. Dabei bietet sich die Forderung einer Sicherheitshinterlegung in Höhe des Mindestangebots oder die Vorlage einer entsprechenden Bankbürgschaft an. Zudem ist sie in der Lage, die Anzahl der durch einen Interessenten zu ersteigernden Frequenzblöcke zu begrenzen. Wenn ein Bieter von vornherein nicht mehr Blöcke ersteigern darf als er für den Erhalt einer Lizenz benötigt, kann er auch keine spekulativen Gebote auf von ihm nicht benötigte, aber von anderen Bietern in Aussicht genommene Frequenzblöcke abgeben.

Regelmäßig können die Bieter ein mögliches spekulatives Verhalten nicht unsichtbar gestalten. Wenn die Anzahl der Auktionsteilnehmer und der für eine Lizenz erforderlichen Frequenzpakete identisch ist, ein Bieter aber dennoch, sofern es das Verfahren erlaubt, auf mehr Frequenzblöcke bietet als er für ein sinnvolles Angebot benötigt, spricht vieles für eine spekulative Motivation. Spätestens wenn er die für sein Dienstangebot nicht erforderlichen Frequenzen längere Zeit ungenutzt lässt, offenbart er entsprechende Absichten. Der Staat kann dieses Verhalten im Vorhinein durch die Auflage einer vollständigen Nutzung der Frequenzblöcke oder einer Mindestversorgung der Bevölkerung gemäß § 8 II 2 TKG beeinflussen. Ferner kann er ein diesen Auflagen widersprechendes Verhalten im Nachhinein durch normierte oder individuell zu normierende Sanktionen ahnden und revidieren. So ermächtigt § 15 Nr. 1 TKG die RegTP dazu, eine Lizenzerteilung bei der Unterschreitung des vorgegebenen Versorgungsgrades zu widerrufen. Für Frequenzen enthält § 47 V 3 TKG eine entsprechende Sanktion. Die Lizenz bleibt dabei zwar bestehen, ihr Inhaber kann sie aber mangels Frequenz nicht nutzen. Damit wurde eine aus dem Vergabeverfahren von Start- und Landerechten an US-Flughäfen bekannte „use-or-lose“-Regel eingeführt[672], die das Risiko eines spekulativen Vorgehens zusätzlich erhöht.

Der RegTP obliegt es hinsichtlich jedes einzelnen Versteigerungsverfahrens, die genannten Maßnahmen zur Verhinderung kollusiven Verhaltens und spekulativer Motive im Detail zu normieren. Käme sie dabei trotz der genannten Möglichkeiten zu dem Ergebnis, einen Missbrauch nicht wirksam ausschließen zu können, wäre das Versteigerungsverfahren ungeeignet und gemäß § 11 V TKG ein Ausschreibungsverfahren durchzuführen. Grundsätzlich ist es aber möglich, spekulative Gebote und kollusives Zusammenwirken zu unterbinden. Durch geeignete Maßnahmen kann weitestgehend sichergestellt werden, dass die Bieter ihre Gebote allein auf der Grundlage von ökonomischen Überlegungen abgeben. Die grundsätzliche Möglichkeit eines Miss-

[672] Vgl. Nolte, CR 1997, 459, 464.

brauchs stellt die Geeignetheit des Versteigerungsverfahrens mithin nicht in Frage[673].

ee. Zwischenergebnis

Zusammenfassend ist die Abgabe des höchsten Versteigerungsgebotes, unter der Voraussetzung einer missbrauchsausschließenden Verfahrensgestaltung, in der Lage, über die effiziente Nutzung der Frequenzen Aufschluss zu geben und somit zur Erreichung des Auswahlzieles geeignet. Das finanzielle Höchstgebot stellt theoretisch wie praktisch ein sachgerechtes Auswahlkriterium dar. Sofern ein mit einem Erlaubnisvorbehalt verfolgtes Ziel einen finanziellen Hintergrund besitzt, kann eine Erlaubniserteilung also durchaus nach finanziellen Gesichtspunkten erfolgen.

d. Individuelle Zumutbarkeit

Um individuell zumutbar zu sein, müsste die Versteigerung von Telekommunikationslizenzen gemäß § 11 IV TKG die Belange der betroffenen Grundrechtsträger mit den Interessen der Allgemeinheit in einen schonenden Ausgleich bringen.

aa. Überragende Allgemeininteressen

Wenn der Staat knappe Telekommunikationsfrequenzen auf individuelle Interessenten überträgt, besitzt er ein großes Interesse daran, dass die damit einhergehenden Telekommunikationsanwendungen dennoch von der Allgemeinheit in Anspruch genommen werden können[674]. Schließlich vergibt er mit einer Frequenz ein Allgemeingut, das grundsätzlich auch der Allgemeinheit zusteht. Sofern eine Anwendung in den Gewährleistungsbereich des Art. 87 f I GG fällt, ist er sogar verfassungsrechtlich verpflichtet, eine hinreichende Versorgung zu gewährleisten.

Diesem Erfordernis kann er nur gerecht werden, wenn die Lizenznehmer ihre Frequenzen umfassend und in wirtschaftlich sinnvoller Weise einsetzen. Blieben sie aufgrund unternehmerischen Unvermögens oder mangelnder Zahlungsfähigkeit ungenutzt, würden der Allgemeinheit keine Telekommunikationsangebote unterbreitet und tiefgreifende nationalökonomische Schäden

---

[673] So auch Hahn in Scheuerle/Mayen, § 11 Rn. 46f.; Kloepfer, Informationsrecht, § 11 Rn. 103; Ritgen, AöR 127 (2002), 351, 370f.; Faber, GewArch 2002, 264, 269.

[674] Vgl. die zu diesem Zweck gesetzlich vorgesehenen Nutzungsauflagen und die Kompetenz der RegTP, die Lizenzen und Frequenzen bei deren Nichterfüllung wieder zu entziehen, §§ 15 Nr. 1, 47 V 3 TKG.

entstehen. Die effiziente Nutzung dieser Ressource stellt also ein überragendes Interesse der Allgemeinheit dar. Sie begründet regelmäßig einen hohen Investitionsbedarf: Neben dem Lizenzerwerb muss ein Anbieter Telekommunikationsnetze errichten, Hardware erwerben und Vertriebsinfrastrukturen aufbauen. Wer über die dafür erforderlichen Finanzmittel nicht verfügt, kann keinen effizienten Netzbetrieb gewährleisten. Um diese Gefahr so gering wie möglich zu halten, gibt der Staat die Frequenzen nur in Hände, die ihre Zahlungsfähigkeit durch die Abgabe des Höchstgebotes im Rahmen eines Versteigerungsverfahrens unter Beweis stellen. Damit geht einher, dass ein Interessent, der über die finanziellen Mittel zur Abgabe des Höchstgebotes nicht verfügt, keine Chance auf den Erhalt einer Frequenz besitzt. Aufgrund der geforderten Zulassungsvoraussetzungen und Sicherheitsleistungen[675] ist er unter Umständen nicht einmal in der Lage, an einem Versteigerungsverfahren teilzunehmen. Zumindest scheidet er aus, sobald die Gebote eine Höhe erreichen, die seine Zahlungsfähigkeit übersteigt. Er verliert damit jede Möglichkeit, seine verfassungsrechtlich gewährte Teilhabe an Telekommunikationsfrequenzen wahrzunehmen und eine unternehmerische Betätigung auf dem Telekommunikationsmarkt aufzunehmen.

Eine derart kommerzielle Auswahlentscheidung könnte den Gewährleistungen des Sozialstaatsprinzips entgegenstehen. Immer dann, wenn sich die Teilhabe an einer Ressource für den Berechtigten als existenziell darstellt, verbietet es dieser Verfassungsauftrag, einen Zugang nur unter kommerziellen Bedingungen zu ermöglichen. So wäre es bei der Vergabe knapper Studienplätze, die nach den Worten des BVerfG über „Lebenschancen" entscheiden[676], unzulässig, eine Vergabeentscheidung allein von finanziellen Gesichtspunkten abhängig zu machen[677].

Bei der Zuteilung von Telekommunikationslizenzen wird in aller Regel aber nicht über Lebenschancen entschieden. Hier geht es allein um die Frage, wer einen Frequenzraum nutzen darf, um ihn im Wettbewerb mit anderen Anbietern kommerziell zu betreiben. Selbst wenn das jeweilige Telekommunikationsangebot dem sozialstaatlich motivierten Gewährleistungsauftrag gemäß Art. 87 f I GG unterfiele, wirkte sich eine Abhängigkeit von kommerziellen Belangen nicht derartig existenziell aus, dass eine würdevolle Lebensführung

---

[675] Siehe Einleitung B. § 1.

[676] BVerfGE 33, 303, 338.

[677] Tomuschat, Der Staat 12 (1973), 433, 456; Korioth, UMTS-Gutachten, S. 38; Heintschel v.Heinegg/Haltern, JA 1995, 333, 341ff.

ausgeschlossen wäre[678]. Beispielsweise wird auch die von Art. 87 f I GG primär umfasste Sprachtelefonie im Festnetzbereich nur gegen Entgelt zur Verfügung gestellt, ohne dass die Teilnehmer dadurch maßgeblich beeinträchtigt würden. Vor allem wird mit der Vergabe von Lizenzen noch nicht über die tatsächliche Teilhabe der einzelnen Gewährleistungsgläubiger entschieden, sondern allein darüber, welcher Unternehmer die Möglichkeit erhält, diese sozialstaatlich motivierten Ansprüche für den Staat zu erfüllen und dabei seine Gewinne zu maximieren. Die Zuteilung von Lizenzen entscheidet ausschließlich über die Aufnahme oder Erweiterung einer rein ökonomischen Tätigkeit und findet, anders als die Vergabe von Studienplätzen, im engen wirtschaftlichen Zusammenhang mit dem kommerziellen Verhalten der Bewerber statt. Der Verfassungsauftrag, soziale Gerechtigkeit herzustellen, kann sich darauf nicht erstrecken.

Auch die teilhaberechtlichen Gewährleistungen der unternehmerischen Freiheiten stehen einer Zumutbarkeit nicht entgegen. Einem kommerzialisierten und am Wettbewerb orientierten Markt ist es vielmehr immanent, dass einzelne Grundrechtsträger aufgrund ihrer individuellen Leistungsfähigkeit unterschiedlich positioniert sind. So ist nicht jedes Unternehmen in der Lage, jede wirtschaftliche Betätigung zu ergreifen. Abhängig von der Sachmaterie, der Bedeutung, dem Kapitalbedarf, der Personalintensität, den Know-how-Erfordernissen und der benötigten Infrastruktur bleiben gewisse Bereiche für manche Grundrechtsträger faktisch verschlossen. Aufgrund dieser Ausgangssituation ist es auch nicht jedem Unternehmen möglich, die für einen bestimmten Marktzutritt erforderlichen Investitionen vorzunehmen. Insbesondere Knappheitssituationen führen zu einem Preisniveau, das wirtschaftlich schwächeren Nachfragern einen Marktzugang erschwert oder gänzlich unmöglich macht[679]. Wie ein Unternehmen im Wettbewerb positioniert ist, obliegt aber allein der unternehmerischen Freiheit und wird von staatlichen Vorgaben oder Einflüssen weder bestimmt noch verantwortet. Auch in Bezug auf die Vergabe knapper Telekommunikationslizenzen führt allein die marktliche Allokationswirkung dazu, dass viele Bewerber von vornherein keine Aussicht auf eine Zuteilung haben. Anders als etwa bei der Zulassung zum Studium und den damit einhergehenden Lebenschancen ist der Staat hier weder in der Lage noch in der

[678] Anders Kämmerer, NVwZ 2002, 161, 165, der entsprechende Maßstäbe auch auf die UMTS-Auktion anwenden will.

[679] Fehl/Oberender, Grundlagen der Mikroökonomie, S. 33; Hahn in Scheuerle/Mayen, § 11 Rn. 37.

Verantwortung, allen Wettbewerbern ausreichende Marktchancen zu verschaffen[680].

Würde man dies unter Missachtung der dargestellten Gegebenheiten versuchen und eine Telekommunikationslizenz an einen Bewerber vergeben, der keine entsprechende Ausrichtung und damit auch keine hinreichende wirtschaftliche Potenz besitzt, so könnte der Begünstigte die Lizenzkosten und die Folgeinvestitionen nicht erbringen und auf Dauer am Markt nicht bestehen. Er erlitte wirtschaftliche Verluste, die bis zur Insolvenz führen könnten. Ist dies von vornherein absehbar, liegt es neben dem Interesse der Allgemeinheit an einer effizienten Frequenznutzung auch im individuellen Interesse dieses Bewerbers, eine Lizenz versagt zu bekommen.

Jedes Auswahlverfahren, das diese Belange berücksichtigen will, muss an kommerzielle Gesichtspunkte anknüpfen. Selbst wenn man von einer Versteigerung absähe und ein Ausschreibungsverfahren nach § 11 VI TKG durchführte oder den Vorteilsausgleichsgedanken vernachlässigte und gänzlich auf die Erhebung einer Lizenzgebühr verzichtete, stets könnte eine Auswahlentscheidung nicht unabhängig von der wirtschaftlichen Leistungsfähigkeit eines Bieters erfolgen. Zwar wäre es möglich, weitere sachliche oder personelle Kriterien, wie etwa die Innovationsfähigkeit oder die Zuverlässigkeit der Bewerber zu berücksichtigen, ausschlaggebend bliebe aber stets die Fähigkeit zur effizienten Frequenznutzung, worüber ausschließlich die Zahlungsfähigkeit Aufschluss gibt. Mithin ist es im Rahmen der Zuteilung knapper Telekommunikationsfrequenzen geradezu geboten, für eine Allokation zu sorgen, die den finanziellen Anforderungen des Gutes Rechnung trägt und seine sinnvolle und ökonomische Nutzung ermöglicht.

Auf die teilhaberechtlichen Gewährleistungen der Grundrechte können sich in einer solchen Konstellation nur die Bieter berufen, die eine grundsätzliche Fähigkeit besitzen, die Lizenz im allgemeinen wie auch im individuellen Interesse zu betreiben. Erfüllt ein Bewerber diese Anforderungen, besitzt er auch die erforderliche finanzielle Potenz, um im Rahmen eines Versteigerungsverfahrens das höchste Gebot abzugeben. Eine Auswahl nach kommerziellen Aspekten ist ihm also zumutbar. Erfüllt ein Bewerber diese Voraussetzungen nicht, befindet er sich von vornherein nicht im Kreis der potentiell Begünstig-

---

680 Vgl. zur abgeschwächten Grundrechtsfähigkeit von Kapitalgesellschaften Storr, K&R 2002, 67, 71; Korioth, UMTS-Gutachten, S. 38.

ten, deren Rechte und Chancen die Versteigerung wahren muss. Auch ihm ist ein solches Verfahren daher nicht unzumutbar[681].

bb. Berücksichtigung kleiner und mittlerer Marktneulinge

Ob kleinere und mittlere Unternehmen, die bislang im Telekommunikationssektor noch nicht aktiv waren, aber besonders innovative, neuartige Entwicklungen und Marktangebote versprechen, zum Kreis der grundsätzlich durch die teilhaberechtlichen Gewährungen Begünstigten gehören, wird unterschiedlich beurteilt. Ein Teil der Literatur bejaht dies und kritisiert, dass sie aufgrund des Versteigerungsverfahrens dennoch keine Chance besäßen, Zugang zum Telekommunikationsmarkt zu finden. Sie verfügten über geringeres Eigenkapital und müssten höhere Infrastrukturinvestitionen vornehmen als finanzstarke und bereits im Mobilfunkmarkt engagierte Bewerber. Obwohl sie zu einem effizienten Frequenzbetrieb in der Lage sein könnten, stellte die Versteigerung eine unüberwindbare Hürde für sie dar[682].

Hingegen steht den Bietern neben dem Einsatz von Eigenkapital grundsätzlich auch die Option offen, erforderliche Finanzmittel am Kapitalmarkt zu beschaffen[683]. Darauf sind, zumindest ab einer gewissen Höhe der Gebote, regelmäßig auch große Unternehmen angewiesen. Die Chancen, eine solche Fremdfinanzierung in Anspruch nehmen zu können, hängen regelmäßig davon ab, welche Sicherheiten ein Unternehmen den jeweiligen Kapitalgebern bieten kann. Über dazu in Betracht kommende Rücklagen, Immobilien oder andere Sachanlagen verfügen kleinere und mittlere Unternehmen naturgemäß in geringerem Umfange als große. Jedoch kann bei der Finanzierung einer Telekommunikationslizenz auch die Lizenz selbst als Sicherheit dienen. Wer eine Lizenz erhält, besitzt bei allem Risiko eine beachtliche Chance, Gewinne zu generieren. Diese Chance stellt vor allem dann, wenn ihre Realisierung wahrscheinlich erscheint, eine vermögenswerte Position dar[684], die Kapitalgebern als Gewähr für die Rückzahlung in Anspruch genommener Darlehen heranziehen können[685]. Wenn ein kleines oder mittleres Unternehmen aufgrund seiner innovativen Entwicklungen und Konzepte eine tatsächliche Chance auf Gewinnerzielung besitzt und

---

[681] So i.Erg. auch Tomuschat, Der Staat 12 (1973), 433, 455f.; Ritgen, AöR 127 (2002), 351, 381f.; Korioth, UMTS-Gutachten, S. 38, 45; Storr, K&R 2002, 67, 73.

[682] Kloepfer, Informationsrecht, § 11 Rn.101; Beese/Naumann, MMR 2000, 145, 147; Schumacher, NJW 2000, 3096, 3099f.

[683] Zur Zulässigkeit fremdfinanzierter Versteigerungsgebote siehe Teil 2 B. § 3 III. 2. c. cc.

[684] Siehe Teil 1 C. § 2 I. 2. b.

[685] Zur Kreditsicherung durch Lizenzen, Zimmer, CR 2002, 13, 16ff.; Hey/Hartung, K&R 2000, 533, 534ff.

dies nachvollziehbar begründen kann, wird es die erforderlichen Finanzmittel für die Abgabe der jeweils entscheidenden Gebote erhalten, selbst wenn es bislang auf dem Telekommunikationsmarkt noch nicht vertreten war. Wann ein Unternehmen in diesem Sinne als innovativ und erfolgversprechend anzusehen ist, entscheidet hier aber, anders als im Rahmen eines Ausschreibungsverfahrens, nicht der Staat, sondern ausschließlich der Markt, auf dem auch das Risiko für eine entsprechende Fehleinschätzung liegt[686].
Kleineren Unternehmen steht ferner der Weg offen, sich mit anderen Bietern zusammenzutun, um als Konsortium Gebote abzugeben. Ebenso können sie sich anderweitiger Kooperationsformen, bis hin zur Fusion, bedienen. Neben dem dadurch vermehrt zur Verfügung stehenden Eigenkapital erhöht ein derartiges Zusammenwirken auch die Möglichkeiten, Fremdkapital zu generieren. Das TKG trifft zudem hinreichend flexible Regelungen, um die Nachteile kleinerer und mittlerer Unternehmen durch eine kompensierende Vorzugsbehandlung aufzufangen. So schreibt § 11 IV TKG ausdrücklich vor, dass die Gestaltung des Auswahlverfahrens die Belange dieser Unternehmen berücksichtigen soll. Die Versteigerungsbedingungen könnten also vorsehen, eine Lizenz für Marktneulinge zu reservieren[687].
Wenn ein Unternehmen unter ökonomischen Gesichtspunkten in der Lage ist, die Frequenzen effizient zu betreiben und damit die Interessen der Allgemeinheit zu gewährleisten, wird es am Markt auch die erforderlichen Mittel und Möglichkeiten erhalten, einem kommerziellen Auswahlverfahren standzuhalten. Wäre es nach der Einschätzung des Marktes dazu nicht in der Lage, würden ihm zwar entsprechende Optionen versagt, es gehörte aber nicht zu dem Kreis der durch die Teilhaberechte Begünstigten und würde nicht unzumutbar belastet.
Die überragende Bedeutung der mit der Versteigerung verfolgten effizienten Frequenzbewirtschaftung sowohl für die Allgemeinheit als auch für die Lizenzbewerber führt dazu, dass unter dem Gesichtspunkt der individuellen Zumutbarkeit keine Bedenken bestehen, eine Auswahlentscheidung von kommerziellen Aspekten, wie der Zahlungsfähigkeit, abhängig zu machen. Sollte die RegTP im Einzelfall feststellen, dass individuelle Belange der Bieter dadurch nicht zu wahren sind, kann sie diese im Rahmen eines gemäß § 11 V, VI TKG durchzuführenden Ausschreibungsverfahrens berücksichtigen. Schon

686 So i.Erg. auch Korioth, UMTS-Gutachten, S. 38f.; Freytag/Jäger, ORDO 47 (1996), 215, 221; Storr, K&R 2002, 67, 73.
687 Vgl. zur Bedeutung dieser Vorgabe Geppert in Beckscher Kommentar, § 11 Rn. 23.

aufgrund dieser Möglichkeit kann die Regelung des § 11 TKG nicht von vornherein individuell unzumutbar sein.

IV. Zwischenergebnis

Die Versteigerung von Telekommunikationslizenzen erfolgt nach objektiv sachgerechten Kriterien zur Erfüllung eines legitimen Zieles und ist den Lizenzbewerbern individuell zumutbar. Sie entspricht den Anforderungen, welche die teilhabe- und verfahrensrechtlichen Gewährleistungen des Art. 12 I GG i.V.m. Art. 3 GG an die Vergabe knapper Güter richten. § 11 IV TKG steht mit den Grundrechten des Grundgesetzes im Einklang[688].

§ 4 Vereinbarkeit des Versteigerungsverfahrens (§ 11 IV TKG) mit dem Wesentlichkeits- und Bestimmtheitsgrundsatz

Aus den verfassungsrechtlich verankerten Prinzipien des Rechtsstaates und der Demokratie leiten Rechtsprechung und Literatur die Grundsätze der Wesentlichkeit und der Bestimmtheit ab. Sie verpflichten den parlamentarischen Gesetzgeber, in grundlegenden normativen Angelegenheiten alle wesentlichen Entscheidungen in hinreichender Klarheit und Eindeutigkeit selbst zu treffen und sie nicht durch die Ermächtigung zu Rechtsverordnungen an die Verwaltung zu delegieren[689]. Als wesentlich sind alle Bereiche der Grundrechtsausübung anzusehen, sofern sie staatlichen Entscheidungen zugänglich sind[690]. Nicht allein die Bedeutung der jeweiligen Rechtsgüter ist entscheidend, sondern auch die Intensität, mit der sie betroffen werden[691].

Im Bereich der Verteilung knapper Güter hat die Rechtsprechung diese Anforderungen dahingehend konkretisiert, dass der Gesetzgeber die grundsätzlichen Regelungen über die Anordnung von Zulassungsschranken, die Festlegung der Verteilungsplanung, die Auswahl der Zuteilungskriterien und die Gestaltung

---

[688] Zur Betroffenheit anderer Grundrechte siehe Teil 2 B. § 1 IV.

[689] BVerfGE 40, 237, 248ff.; 47, 46, 78f.; 49, 89, 126f.; 57, 295, 320f.; 58, 257, 268f., 77, 170, 230f., 84, 212, 226; 88, 103, 116; Sachs in Sachs, Art. 20 Rn. 117; Stern, Staatsrecht II, S. 654ff.; Hesse, Grundzüge des Verfassungsrechts, Rn. 509; Ipsen, Staatsrecht I, Rn. 666, 696; ders., DVBl. 1984, 1102, 1105.

[690] BVerfGE 48, 89, 126; Sommermann in v.Mangoldt/Klein/Starck, Art. 20 Rn. 268; Sachs in Sachs, Art. 20 Rn. 117; Sannwald in Schmidt-Bleibtreu/Klein, Vorbem. z. Art. 70 Rn. 2; Degenhart, Staatsrecht I, Rn. 294.

[691] BVerfGE 49, 98, 127; 56, 1, 12ff.; 59, 104, 114; 93, 213, 238; 98, 218, 251; BVerfG, 2 BvL 1/99 vom 17.07.2003; Absatz-Nr. 174; Sommermann in v.Mangoldt/Klein/Starck, Art. 20 Rn. 269.

des Zuteilungsverfahrens mit hinreichender Bestimmtheit selbst festzulegen hat[692].

Auch das hier zu untersuchende Versteigerungsverfahren für Telekommunikationslizenzen betrifft die Grundrechte der betroffenen Bewerber. Der Gesetzgeber muss daher auch diesbezüglich die wesentlichen Regelungen über die Zuteilung, also zumindest das Auswahlziel und die Auswahlkriterien, in hinreichender Deutlichkeit selbst festlegen. Tatsächlich wird die RegTP gemäß § 11 IV 2, 3 TKG, § 47 V 2 TKG ermächtigt, die Ausgestaltung des Versteigerungsverfahrens vorzunehmen. In Rechtsverordnungen soll sie über das Zulassungsverfahren zu einer Auktion, den jeweiligen Markt, die Lizenzbestimmungen, die Grundausstattung sowie über die Regeln zur Durchführung des Verfahrens abschließend entscheiden. Diese Bestimmung könnte den geschilderten Grundsätzen widersprechen[693].

In § 11 VI TKG definiert der Gesetzgeber aber ausdrücklich die Effizienz der Frequenznutzung als Auswahlziel und legt sich auf eine Zuteilung im Wege der Versteigerung fest. Mit dieser Entscheidung bestimmt er zugleich die Maßgeblichkeit des Höchstgebots als Auswahlkriterium. Im Hinblick auf die allgemeinen und im deutschen Recht üblichen Auktionsregeln ist dieses Kriterium nämlich jeder Versteigerung immanent[694]. Allenfalls eine Abweichung von dieser Konsequenz hätte einer ausdrücklichen parlamentsgesetzlichen Verankerung bedurft[695].

Damit geht aus § 11 TKG klar hervor, dass der effizienteste Bieter stets zum höchsten Gebot einen Zuschlag erhalten soll, womit der Gesetzgeber die wesentlichen Merkmale der Auswahl selbst geregelt hat. Auch hinsichtlich der weiteren Verfahrensgestaltung bindet er die Verwaltung durch die Vorgabe des § 11 IV 3 TKG dahingehend, dass das Verfahren objektiv, nachvollziehbar und diskriminierungsfrei zu sein hat und die Belange kleinerer und mittlerer Unternehmen berücksichtigen soll. So wird auch der in Art. 80 I GG normierten

---

[692] BVerfGE 10, 125, 157; 33, 303, 346; 57, 295, 327; BVerwGE 51, 235, 242; 80, 270, 275; Badura, Festschrift Friauf, S. 529, 543 m.w.N.. Zur Bestimmtheit von Abgabengesetzen BVerfGE 48, 210, 221f.; 79, 106, 120; BVerfG, 2 BvL 1/99 vom 17.07.2003; Absatz-Nr. 176ff.

[693] Dies andeutend: Ehlers, K&R 2001, 1, 7; Schuster/Müller, MMR 2000, 26, 30; Schulz, Lizenzvergabe bei Frequenzknappheit, S. 120ff.

[694] Marx/Arens, Der Auktionator, § 34 b GewerbeO Rn. 12; Schneider, Auktionsrecht, S. 71; Bleutge in Landmann/Rohmer, GewerbeO, § 34b Rn. 6a; Gramlich, CR 1999, 752, 753 m.w.N.

[695] So i.Erg. auch Gramlich, CR 2000, 101, 102f.; Korioth, UMTS-Gutachten, S. 40.

Bestimmtheitstrias für Verordnungsermächtigungen Genüge getan[696]. Dass der Gesetzgeber der RegTP darüber hinaus einen weiten Entscheidungsspielraum bei der Detailge-staltung des Versteigerungsverfahrens einräumt, entspricht den Anforderungen der Sachgerechtigkeit. Nur so besteht ein flexibles Instrumentarium, das es erlaubt, den Sachverstand der RegTP und die Erfahrungen aus anderen Verfahrensgestaltungen angemessen zu berücksichtigen.

§ 11 IV 2 TKG enthält die geforderten wesentlichen Vorgaben in ausreichender Klarheit und Dichte. Die normierten Regelungsvorbehalte verstoßen nicht gegen den Wesentlichkeits- oder Bestimmtheitsgrundsatz[697].

§ 5 Zwischenergebnis

Insgesamt bestehen keine verfassungsrechtlichen Bedenken gegen das Versteigerungsverfahren zur Vergabe von Telekommunikationslizenzen, gemäß § 11 IV TKG. In einem kommerzialisierten Bereich ist die Wahl eines kommerziellen Auswahlverfahrens sachgerecht und mit den Interessen der Allgemeinheit sowie der einzelnen Lizenzbewerber vereinbar. Sie ist in der Lage, den objektiven Marktwert der jeweils zu vergebenden Lizenzen zuverlässig zu ermitteln.

Ob eine Versteigerung damit auch außerhalb des Telekommunikationssektors zulässig sein kann, lässt sich nicht pauschal beantworten. Grundsätzlich kommt sie als preisgeleitetes Auswahlverfahren nur in Betracht, wenn der Preis selbst ein sachgerechtes Auswahlkriterium darstellt. Das ist insbesondere der Fall, wenn die Bereitschaft, einen bestimmten Preis zu zahlen, einen Rückschluss auf die Fähigkeit der Bewerber erlaubt, das staatliche Gut oder Recht in dem Sinne zu nutzen, den der Gesetzgeber mit der Vergabe verfolgt. Fehlt es an

---

696 So auch Geppert in Beckscher Kommentar, § 11 Rn. 20; Gramlich, CR 2000, 101, 102f.; Korioth, UMTS-Gutachten, S. 40.
Becker, Die Verwaltung 35 (2002), 1, 19ff. fordert darüber hinaus, dass die Höhe der zu entrichtenden Versteigerungserlöse einer ausdrücklichen Festsetzung durch den Parlamentsgesetzgeber, zumindest hinsichtlich eines gewissen Rahmens, bedürfe. Er verkennt dabei, dass der Gesetzgeber mit der Wahl des Versteigerungsverfahrens einen solchen Rahmen konkludent vorgibt. Einem Versteigerungsverfahren ist es immanent, den Marktwert des jeweiligen Gutes zu ermitteln. Dieser Marktwert soll auch die Höhe der zu erhebenden Abgabe bestimmen und begrenzen. Jedes andere Vergabeverfahren müsste sich ebenfalls an dieser Größe orientieren. Eine konkretere Festlegung der Abgabenhöhe erscheint, unabhängig von der Wahl eines Verfahrens, im Rahmen einer abstrakt-generellen Normierung nicht möglich und auch nicht erforderlich.

697 Zu der Frage, ob die hier untersuchten Grundsätze dadurch verletzt werden, dass der Gesetzgeber in § 11 TKG nicht auch ausdrücklich die Ertragshoheit für die zu vereinnahmenden Abgaben normiert hat, siehe Teil 3 A. § 5.

einem solchen Zusammenhang, scheidet die Versteigerung als zulässiges Verfahren aus. Ferner ist eine Versteigerung nur dann möglich, wenn es dem Staat nicht von vornherein verwehrt ist, für die Vergabe oder die Erteilung eines Gutes oder eines Rechtes eine Abgabe zu erheben.
Mithin steht nicht zu befürchten, dass der Staat in Versuchung gerät, bei jeder hoheitlichen Tätigkeit - von der Erteilung einer Baugenehmigung bis zur Ausstellung eines Führerscheins - auf eine Versteigerung zurückzugreifen. Nur in bestimmten Einzelfällen, wie beispielsweise der Vergabe von Spielbanklizenzen, wo das BVerfG sie selbst anregt[698], tritt die Versteigerung wohl auch zukünftig auf. Ansonsten wird sie nicht zum Regelfall werden, sondern eher eine Ausnahmeerscheinung im Wirtschaftsverwaltungsrecht bleiben[699].

[698] BVerfGE 102, 197, 217f.
[699] Becker, DÖV 2003, 177, 179 erwartet hingegen, dass die Versteigerung zum beliebten Instrument der staatlichen Administrierung von Ressourcen avanciert.

C. Verfassungsrechtliche Vereinbarkeit der Versteigerung von UMTS-Mobilfunklizenzen

Nachdem feststeht, dass die zu einer Versteigerung von Telekommunikationslizenzen ermächtigenden gesetzlichen Regelungen mit dem Grundgesetz im Einklang stehen, ist im Folgenden zu untersuchen, ob auch deren konkrete Anwendung im Fall der UMTS-Versteigerung verfassungsgemäß erfolgte. Hierbei ist ebenfalls zwischen der Lizenzierung gemäß § 6 I TKG, der Verknappung gemäß § 10 S. 1 TKG und der Versteigerung gemäß § 11 IV TKG zu differenzieren.

§ 1 Vereinbarkeit der Lizenzierung von UMTS-Lizenzen mit Art. 12 I i.V.m. 19 III GG als Abwehrrecht

Das Erbringen von UMTS-Diensten ist eine auf Dauer und Gewinnerzielung angelegte unternehmerische Tätigkeit, die in den Schutzbereich des Art. 12 I i.V.m. 19 III GG fällt. Mithin ist schon die freie Entscheidung, sich auf dem UMTS-Markt zu engagieren, verfassungsrechtlich geschützt[700]. Gemäß § 6 II 1 a TKG setzt der Betrieb von Übertragungswegen für den Mobilfunk eine Lizenz der Klasse 1 voraus, so dass auch der Aufbau eines UMTS-Netzes einer solchen bedarf[701]. Der darin liegende Eingriff in die unternehmerische Freiheit wird durch die Interessen der Allgemeinheit an einer sicheren Versorgung mit UMTS-Diensten sowie einem funktionierenden Wettbewerb gerechtfertigt. Die Lizenzierung der Erbringung von UMTS-Leistungen steht im Einklang mit Art. 12 I i.V.m. 19 III GG[702].

§ 2 Vereinbarkeit der Beschränkung der Anzahl zu vergebender UMTS-Lizenzen mit Art. 12 I i.V.m. 19 III GG als Abwehrrecht

Im Vorfeld der UMTS-Auktion begrenzte die RegTP die Zahl zu vergebender UMTS-Lizenzen gemäß § 10 S. 1 TKG[703]. Die darin liegende Beschränkung

[700] So auch die Begründung des TKG-Versteigerungsverfahrens, BT-Drs. 13/3609, S. 34; Manssen in Manssen, § 8 Rn. 11; Schütz in Beckscher Kommentar, § 16 Rn. 1; Korioth, UMTS-Gutachten, S. 22ff.; Varadinek, K&R 2001, 17, 22; Degenhart, K&R 2001, 32; 35; Schumacher, NJW 2000, 3096, 3098; Koenig, K&R 2001, 41, 43; jew. m.w.N.

[701] Vgl. zur Einteilung der Lizenzklassen Schütz in Beckscher Kommentar, § 6 Rn. 37ff.; Geppert/Ruhle/Schuster, Rn. 273ff.; Kloepfer, Informationsrecht, § 11 Rn. 93; Schulz, Lizenzvergabe bei Frequenzknappheit, S. 13f.

[702] Zur Betroffenheit weiterer Grundrechte siehe Teil 2 B. § 1 IV.

[703] RegTP, Entscheidung der Präsidentenkammer vom 10.Mai 1999 über das Verfahren der Vergabe von Lizenzen für UMTS, Abl. RegTP 1999, S. 1519, 1519.

der unternehmerischen Freiheit wäre unbedenklich, wenn sie auf einer von Natur aus gegebenen Knappheit beruhte. Dazu müssten mehr Lizenzanträge vorgelegen haben, als mit dem vorgefundenen UMTS-Frequenzraum erfüllt werden konnten.

In Deutschland standen zum Zeitpunkt der UMTS-Auktion insgesamt 2 x 60 MHz an gepaartem UMTS-Frequenzraum zur Verfügung[704]. Basierend auf den Frequenzzuweisungen von WRC und ERC, sah der nationale Frequenznutzungplan[705] die Spektren 1900-1980 MHz, 2010-2025 MHz und 2110-2170 MHz für UMTS-Anwendungen vor[706]. Wie viele Lizenzerteilungen dieses Gesamtspektrum ermöglicht, hängt von der Grundausstattung ab, die ein einzelner Bewerber für den Betrieb eines UMTS-Netzes benötigt. Die RegTP fand diesbezüglich einen internationalen Diskussionsstand vor, der den Mindestbedarf für bundesweite UMTS-Angebote bei 2 x 10 bis 2 x 20 MHz gepaartem Frequenzraum sah[707]. Gleichgültig für welche Ausstattung sie sich entschied, konnte sie maximal ein Angebot von sechs UMTS-Lizenzen gewähren. Demgegenüber hatten ursprünglich zwölf Unternehmen Lizenzanträge gestellt und sich zur Versteigerung angemeldet. Einen Bewerber ließ die RegTP nicht zum Verfahren zu, von den übrigen nahmen letztlich sieben an der Auktion teil[708]. Unabhängig von der konkreten Frequenzausstattung einer UMTS-Lizenz, lag das Angebot von maximal sechs Lizenzen unter der Nachfrage der Lizenzbewerber. UMTS-Frequenzen und UMTS-Lizenzen waren damit knapp. Ihre Begrenztheit beruht auf technisch-physikalischen Gegeben-

---

704 RegTP, Entscheidung der Präsidentenkammer vom 10.Mai 1999 über das Verfahren der Vergabe von Lizenzen für UMTS, Abl. RegTP 1999, S. 1519, 1523.

705 Zweifel daran, dass die Frequenzbereichszuweisungs- oder Frequenznutzungspläne die zur Verfügung stehenden Kapazitäten nicht voll ausschöpften, werden nicht geäußert. Daher ist von einer verfassungsrechtlichen Überprüfung dieser Normierungen abzusehen. Der Frequenzbereichszuweisungsplan ist als Rechtsverordnung aber grundsätzlich der gerichtlichen Überprüfung zugänglich. Der Frequenznutzungsplan ist wegen seiner mangelnden Außenwirkung als behördeninterne Verwaltungsvorschrift anzusehen. Rechtsschutz kann im Wege einer Inzidentkontrolle erlangt werden, Ritgen, AöR 127 (2002), 351, 375f.; Korehnke/Grotelüschen in Beckscher Kommentar, § 46 Rn. 4.

706 RegTP, Entscheidung der Präsidentenkammer vom 10.Mai 1999 über das Verfahren der Vergabe von Lizenzen für UMTS, Abl. RegTP 1999, S. 1519, 1519.

707 RegTP, Entscheidung der Präsidentenkammer vom 10.Mai 1999 über das Verfahren der Vergabe von Lizenzen für UMTS, Abl. RegTP 1999, S. 1519, 1519, 1523.

708 Vgl. Geppert/Ruhle/Schuster, Rn. 311; Korioth, UMTS-Gutachten, S. 7; Storr, K&R 2002, 68, 68.

heiten, die von Natur aus bestehen[709]. Folglich bedurfte die Beschränkung der UMTS-Lizenzen keiner sachlichen Rechtfertigung und stand mit der Unternehmensfreiheit gemäß Art. 12 I i.V.m. 19 III GG im Einklang.

§ 3 Vereinbarkeit des UMTS-Lizenzversteigerungsverfahrens mit Art. 12 I i.V.m. Art. 3 I, 19 III GG als Teilhaberecht

Die konkrete Ausgestaltung und der tatsächliche Ablauf des gemäß § 11 IV TKG durchgeführten UMTS-Versteigerungsverfahrens könnten die verfahrensrechtlichen Gewährleistungen der Art. 12 i.V.m. Art. 3 I, 19 III GG verletzt haben. Dazu müsste den Lizenzbewerbern zunächst ein Teilhaberecht an UMTS-Lizenzen zustehen, das sich zu einem Verfahrensrecht reduzierte.

I. Teilhaberecht als Verfahrensrecht an UMTS-Mobilfunklizenzen

Um ein UMTS-Netz zu errichten und zu betreiben, benötigt ein Grundrechtsträger eine UMTS-Lizenz gemäß § 6 I TKG. Weil er eine solche ausschließlich unter Inanspruchnahme einer hoheitlichen Verwaltungstätigkeit erlangen kann, besitzt der Staat ein diesbezügliches Angebotsmonopol. Zugleich wird das Errichten und der Betrieb eines UMTS-Netzes von der unternehmerischen Freiheitsgewährung des Art. 12 I i.V.m. 19 III GG umfasst. Lizenzgewährung und unternehmerische Freiheit stellen mithin einen einheitlichen Lebenssachverhalt dar und bedingen sich gegenseitig. Die objektiv-rechtlichen Gewährleistungen des Art. 12 I i.V.m. 19 III GG erstrecken sich auf die Zuteilung der UMTS-Lizenzen. Dem Bewerber steht ein verfassungsrechtlich fundierter Anspruch auf Teilhabe zu[710].

Bei UMTS-Lizenzen handelt es sich um von Natur aus knappe Ressourcen[711], so dass der Staat eine vollständige Erfüllung aller Teilhabeansprüche objektiv nicht erfüllen kann. Das diesbezügliche Teilhaberecht gewährt damit lediglich

[709] So i.Erg. auch Korioth, UMTS-Gutachten, S. 29f.; Breuer, Festschrift Maurer, S. 25, 40; Becker, Die Verwaltung 35 (2002), 1, 6; Ritgen, AöR 127 (2002), 351, 359; Varadinek, CR 2001, 17, 18; Kötter, DVBl. 2001, 1556, 1559; Hidien, UR 2002, 165, 165; Degenhart, K&R 2001, 32, 34; Arndt, K&R 2001, 23, 24; Kötter, DVBl. 2001, 1556, 1556; Schumacher, NJW 2000, 3096, 3096ff.; Hufeld, JZ 2001, 871, 872f.; Kämmerer, NVwZ 2002, 161, 161 und Teil 1 C. § 2 I. 1.

[710] Geppert in Beckscher Kommentar, § 11 Rn. 1; Manssen in Manssen, § 8 Rn. 11; Nolte, CR 1996, 459, 462; Grzeszick, DVBl. 1997, 878, 881; Varadinek, CR 2001, 17, 23; Koenig, K&R 2001, 41, 43; Leo/Schnellenberg, ZUM 1997, 188, 190; Schütz/Nüsken, MMR 1998, 523, 525.

[711] Siehe Teil 2 C. § 2.

einen Anspruch auf Teilnahme an einem rechtmäßigen Verfahren zur Verteilung der vorhandenen UMTS-Lizenzen[712].

II. Die Versteigerung von UMTS-Lizenzen als rechtmäßiges Verteilungsverfahren

Um ein rechtmäßiges Verteilungsverfahren darzustellen, müsste die UMTS-Auktion die zur Verfügung stehenden Kapazitäten vollständig erschöpft und eine sachgerechte Auswahlentscheidung getroffen haben.

1. Kapazitätserschöpfung hinsichtlich der UMTS-Lizenzen

Die Erschöpfung der Kapazitäten setzt hinsichtlich der UMTS-Auktion voraus, dass die RegTP den maximal zur Verfügung stehenden UMTS-Frequenzraum und die maximale Anzahl an UMTS-Lizenzen vergeben hat.

a. Maximaler Frequenzraum

Im Rahmen der Anhörung der RegTP zur Begrenzung von UMTS-Lizenzen machten die Anbieterunternehmen geltend, dass das zur Verfügung stehende Spektrum von 2 x 60 MHz (gepaart) und 25 MHz (ungepaart)[713], insbesondere im gepaarten Frequenzbereich unzureichend sei. Sie bezweifelten, dass die von UMTS erwarteten Leistungen bei diesen Kapazitätsgrenzen erreicht werden könnten. Mit der Lizenzierung sollte daher abgewartet werden, bis die ITU ein erwartetes Erweiterungsspektrum an Frequenzraum zur Verfügung gestellt hätte[714]. Ferner habe die CEPT[715] im ungepaarten Frequenzbereich 35 MHz für Deutschland vorgesehen, die RegTP aber nur 25 MHz angeboten. 10 MHz seien von ihr unberechtigt zurückgehalten worden[716]. Um die Kapazität an UMTS-Spektrum dauerhaft zu erweitern, regten sie schließlich ein Refraiming,

---

[712] So auch Schulz, Lizenzvergabe bei Frequenzknappheit, S. 58, obwohl er auf S. 34f. ein Teilhaberecht an Telekommunikationslizenzen grundsätzlich ablehnt.

[713] RegTP, Entscheidung der Präsidentenkammer vom 10.Mai 1999 über das Verfahren der Vergabe von Lizenzen für UMTS, Abl. RegTP 1999, S. 1519, 1523.

[714] RegTP, Entscheidung der Präsidentenkammer vom 10.Mai 1999 über das Verfahren der Vergabe von Lizenzen für UMTS, Abl. RegTP 1999, S. 1519, 1522; RegTP, Entscheidung der Präsidentenkammer vom 18.02.2000 über die Festlegung und Regeln im Einzelnen zur Vergabe von Lizenzen für UMTS, S. 74ff.

[715] Zur ERC und zur ITU siehe Einleitung A. § 1.

[716] RegTP, Entscheidung der Präsidentenkammer vom 18.02.2000 über die Festlegung und Regeln im Einzelnen zur Vergabe von Lizenzen für UMTS, S. 75.

also eine Umwidmung der für GSM-900 und GSM-1800-Netze verwandten Frequenzbereiche auf UMTS-Netze an[717].
Diese Äußerungen erlauben Zweifel an einer vollständigen Ausschöpfung der im Zeitpunkt der Lizenzversteigerung zur Verfügung stehenden UMTS-Frequenzkapazitäten.
Hingegen bewegte sich der Zeitplan der Lizenzzuteilung in einem internationalen Kontext. Die UMTS-Entscheidung der Europäischen Gemeinschaft gab den Nationalstaaten auf, UMTS-Genehmigungsverfahren spätestens zum 01.01.2000 einzurichten und die Einführung von UMTS-Diensten ab dem 01.01.2002 zu ermöglichen[718]. Aus diesem Grunde konnte die RegTP mit der Lizenzierung nicht bis zur Bereitstellung eines möglichen Ergänzungsspektrums zuwarten[719]. Zudem muss die Erschöpfung der Kapazität allein im Zeitpunkt der jeweiligen Zuteilung vorliegen, so dass spätere Ergänzungsspektren ihr nicht entgegenstehen. In der Phase des Netzaufbaus und in den Anfängen des Netzbetriebes benötigen die Anbieter noch nicht den vollen Frequenzraum. Die RegTP konnte daher kein Problem darin sehen, den zur Verfügung stehenden Frequenzraum bereits zuzuteilen und so Klarheit über und für die Marktteilnehmer zu schaffen. Mögliches Ergänzungsspektrum konnte sie in gesonderten Verfahren bis zum Betriebsstart der UMTS-Netze vergeben[720].
Der den Bieterunternehmen von der RegTP zugeteilte ungepaarte Frequenzraum blieb tatsächlich 10 MHz hinter der international gewidmeten UMTS-Kapazität zurück. Diese Differenz erklärt sich damit, dass die ERC beschlossen hatte, 10 MHz aus dem ungepaarten Frequenzbereich 2010-2015 MHz für lizenzfreie UMTS-Anwendungen zu reservieren. Deutschland vertrat zunächst die Auffassung, dass knappes Spektrum nicht weiter zu Lasten der Lizenzneh-

---

[717] RegTP, Entscheidung der Präsidentenkammer vom 10. Mai 1999 über das Verfahren der Vergabe von Lizenzen für UMTS, Abl. RegTP 1999, S. 1519, 1522.

[718] Entscheidung Nr. 128/1999/EG des Europäischen Parlaments und des Rates über die koordinierte Einführung eines Drahtlos- und Mobilkommunikationssystems (UMTS) der dritten Generation in der Gemeinschaft vom 14.12.1998, Abl. EG Nr. L 17 vom 22.01.1999, S.1; siehe auch Einleitung B. § 1.

[719] So auch RegTP, Entscheidung der Präsidentenkammer vom 10.Mai 1999 über das Verfahren der Vergabe von Lizenzen für UMTS, Abl. RegTP 1999, S. 1519, 1522.

[720] Entsprechende Zusicherungen enthielten die UMTS-Lizenzen, Teil A Punkt 3 der Musterlizenz in Anlage A der RegTP, Entscheidung der Präsidentenkammer vom 18.02.2000 über die Festlegung und Regeln im Einzelnen zur Vergabe von Lizenzen für UMTS, S. 102ff.. Vgl. zur Vergabe von Komplementärfrequenzen RegTP, Entscheidung der Präsidentenkammer vom 14.04.1999 über das Verfahren zur Vergabe weiterer Frequenzen im Bereich 1800 MHz für Mobilfunkanwendungen nach dem GSM-Standard, Abl.RegTP 1999, S. 1251, 1251ff.; Holznagel/Enaux/Nienhaus, S. 61, (Fn. 167).

mer verkürzt werden dürfe und lizenzfreie Nutzungen erst im Rahmen späterer Erweiterungsbänder zu ermöglichen seien. Im Hinblick auf eine europaweit harmonisierte Einführung trug es dem Votum der ERC dann aber Rechnung und hielt 1 x 10 MHz aus dem o.g. Frequenzbereich zurück, so dass allein 1 x 25 MHz zur Versteigerung anstanden[721]. Das ungepaarte Frequenzspektrum besitzt für die Erteilung einer Lizenz jedoch keine Relevanz und wurde in einem separaten Versteigerungsabschnitt allein zur Erweiterung der gepaarten Frequenzräume vergeben[722]. Die Reservierung dieser Kapazität stand nicht in nationalstaatlicher Kompetenz und einer maximalen Kapazitätsausschöpfung nicht entgegen. Die GSM-Netzbetreiber besitzen Lizenzen, die ausdrücklich den Aufbau und Betrieb eines GSM-Netzes gestatteten und derzeit auch zu diesem Zwecke genutzt werden. Schon aus lizenzrechtlicher Sicht würde eine zwangsweise Umwidmung einer staatlichen Enteignung gleichkommen. Die reguläre Laufzeit der GSM-Lizenzen endet in Deutschland zwischen 2009 und 2016. Zumindest bis dahin steht die Möglichkeit des Refraiming nicht zur Verfügung und stellt das Erfordernis der Kapazitätsausschöpfung nicht in Frage[723].

Unter Berücksichtigung ihrer Einschätzungsprärogative hat die RegTP den maximal zur Verfügung stehenden UMTS-Frequenzraum angeboten.

b. Maximale Lizenzanzahl

Die RegTP legte die Grundausstattung für den Betrieb eines bundesweiten UMTS-Netzes und damit auch für den Erhalt einer UMTS-Lizenz auf 10 MHz

---

[721] RegTP, Entscheidung der Präsidentenkammer vom 18.02.2000 über die Festlegung und Regeln im Einzelnen zur Vergabe von Lizenzen für UMTS, S. 79. Im ursprünglich zur Kommentierung gestellten Entwurf der Vergabebedingungen sah die RegTP im ungepaarten Bereich noch 1 x 30 MHz vor. Nach der Entscheidung des ERC, 10 MHz lizenzfrei zur Verfügung zu stellen, wurde, um dennoch das maximal Spektrum für die Lizenzierung bereitszustellen, die Räumung weiterer 1 x 5 MHz (ungepaart) im Frequenzbereich 2020 bis 2025 MHz veranlasst, die in Deutschland der militärischen Nutzung vorbehalten waren. Danach steht auch in Deutschland der gesamte international für UMTS/ITM 2000 vorgesehene Frequenzbereich von 1 x 35 MHz in den ungepaarten Bereichen für UMTS-Anwendungen zur Verfügung.

[722] Siehe Einleitung C.

[723] RegTP, Entscheidung der Präsidentenkammer vom 10.Mai 1999 über das Verfahren der Vergabe von Lizenzen für UMTS, Abl. RegTP 1999, S. 1519, 1522. Zur Frage des Refraimings, welche sich angesichts der steigenden Nachfrage an Frequenzraum auch bezüglich anderer Nutzungen stellt, RegTP, Jahresbericht 2001, S. 34, RegTP, Jahresbericht 2002, S. 35f.

(gepaart) fest[724]. Bei einem verfügbaren Frequenzraum von 2 x 60 MHz (gepaart) konnte sie damit sechs Lizenzen mit einer Ausstattung von jeweils 2 x 10 MHz (gepaart) vergeben.

Die kleinste technische Einheit, in der gepaarter Frequenzraum für UMTS-Anwendungen bemessen und vergeben werden kann, beträgt 2 x 5 MHz[725]. Bei Zugrundelegung einer solchen Frequenzausstattung hätte die RegTP 12 Pakete zu je 2 x 5 MHz zuteilen können. Sie hätte den Bewerbern damit eine größtmögliche Freiheit bei der Zusammenstellung ihrer Frequenzpakete gegeben und einer maximalen Zahl von zwölf Grundrechtsträgern den Zugang zum Markt ermöglicht. Allerdings hat der Zuschnitt der Frequenzblöcke nicht ausschließlich mathematische Aufteilungsmöglichkeiten zu berücksichtigen, sondern eine sinnvolle, effiziente und störungsfreie Nutzung zum Angebot von UMTS-Diensten zu gewährleisten. Während die Bandbreite im GSM-Standard 200 KHz beträgt, beläuft sie sich bei UMTS auf 5 MHz. Aufgrund des dabei vorgesehenen Zugriffsverfahrens CDMA kann die gleiche Frequenz in Nachbarsektoren und –zellen jeweils wiederverwendet werden[726]. Vorbehaltlich der erforderlichen Grenzkodierung kann ein Anbieter daher theoretisch schon mit einem einzigen 5 MHz-Block (gepaart) ein bundesweites UMTS-Netz aufbauen. Dabei könnte er aber nur geringe Übertragungskapazitäten realisieren, die lediglich einzelnen Teilnehmern eine optimale Übertragungsqualität und -geschwindigkeit gewährten[727]. Ein 5 MHz-Netz ist damit zwar technisch möglich, wegen der reduzierten Nutzungsmöglichkeiten und der damit einhergehenden geringen Rentabilität gestattet es aber keinen ökonomisch effizienten Netzbetrieb. Bei einer technisch-ökonomischen Gesamtbetrachtung kommt eine entsprechende Grundausstattung nicht ernsthaft in Betracht.

Es spricht daher einiges dafür, dass die RegTP mit der von ihr vorgeschriebenen, nächsthöheren Staffelung von 2 x 10 MHz (gepaart) den Anforderungen der Kapazitätserschöpfung gerecht wurde. Sie befand sich damit am unteren Ende der diskutierten und vertretbaren Mindestbedarfsgrößen und entgeht so dem Vorwurf, die Mindestvoraussetzungen unnötigerweise zu hoch festgesetzt

---

[724] RegTP, Entscheidung der Präsidentenkammer vom 10.Mai 1999 über das Verfahren der Vergabe von Lizenzen für UMTS, Abl. RegTP 1999, S. 1519, 1523; RegTP, Entscheidung der Präsidentenkammer vom 18.02.2000 über die Festlegung und Regeln im Einzelnen zur Vergabe von Lizenzen für UMTS, S. 3, 92ff.; Geppert/Ruhle/Schuster, Rn. 306ff.

[725] RegTP, Entscheidung der Präsidentenkammer vom 18.02.2000 über die Festlegung und Regeln im Einzelnen zur Vergabe von Lizenzen für UMTS, S. 94f.

[726] Vgl. zu den technischen Grundlagen von UMTS Einleitung A. § 2.

[727] RegTP, Entscheidung der Präsidentenkammer vom 18.02.2000 über die Festlegung und Regeln im Einzelnen zur Vergabe von Lizenzen für UMTS, S. 94ff.

zu haben. Potentielle Anbieter wandten vielmehr ein, dass für ein hinreichendes und flächendeckendes UMTS-Angebot eine Mindestausstattung von 2 x 15 MHz oder 2 x 20 MHz (gepaart) sowie zusätzlicher ungepaarter Frequenzraum erforderlich gewesen wären[728]. Ihnen gestand die RegTP zu, dass mit einem Spektrum von 2 x 10 MHz (gepaart) tatsächlich nicht jede Anwendung optimal realisiert werden könne. Neben dem Verweis auf zukünftige Ergänzungsbänder[729] entschied sie sich daher, die Mindestgrenze des benötigten Frequenzbedarfs von 2 x 10 MHz (gepaart) nicht zugleich als Höchstgrenze des zu ersteigernden Spektrums festzuschreiben. Damit gestattete sie den Bietern, einen über die Mindestausstattung hinausgehenden Frequenzblock zu ersteigern, um so einen Frequenzraum von insgesamt 2 x 15 MHz (gepaart) zu erhalten[730]. Es blieb den Kräften des Marktes überlassen, ob letztlich sechs Bieter mit einem Spektrum von 2 x 10 MHz (gepaart) oder vier Bieter mit einem Frequenzspektrum von 2 x 15 MHz (gepaart) aus der Auktion hervorgingen[731]. Mit dieser Verfahrensgestaltung ermöglichte die RegTP eine Frequenzaufteilung, bei der weniger Bewerber eine Lizenz erhielten als dies theoretisch möglich wäre[732]. Sie könnte damit das Kapazitätserschöpfungsgebot vernachlässigt haben. Allerdings beschränkte sie mit einer flexiblen Frequenzausstattung nicht den insgesamt zur Verfügung stehenden Frequenzraum und schloss auch die Vergabe der maximalen Lizenzanzahl nicht aus. Sie knüpfte die Frequenzausstattung vielmehr an die tatsächliche Nachfrage, was dazu führt, dass die Anbieter so viele Frequenzblöcke erhalten, wie sie für einen wirtschaftlichen Erfolg zu benötigen glauben. So begründete sie ihre Festlegung selbst damit, dass der Nachfrage des Marktes und den geschäftlichen Planungen der Bieter durch den teilweisen Verzicht auf administrative Vorgaben in höchstem Maße Rechnung getragen werden solle[733]. Die UMTS-Auktionsteilnehmer hätten also

[728] Vgl. die verschiedenen Vorschläge in RegTP, Entscheidung der Präsidentenkammer vom 18.02.2000 über die Festlegung und Regeln im Einzelnen zur Vergabe von Lizenzen für UMTS S. 74ff., 81ff.

[729] RegTP, Entscheidung der Präsidentenkammer vom 18.02.2000 über die Festlegung und Regeln im Einzelnen zur Vergabe von Lizenzen für UMTS, S. 94ff.

[730] RegTP, Entscheidung der Präsidentenkammer vom 18.02.2000 über die Festlegung und Regeln im Einzelnen zur Vergabe von Lizenzen für UMTS, S. 3, 79ff., 94ff.

[731] Geppert/Ruhle/Schuster, Rn. 308.

[732] Vgl. zu den Szenarien möglicher Frequenzaufteilungen Lindstädt, Die Versteigerung der deutschen UMTS-Lizenzen, S. 3.

[733] RegTP, Entscheidung der Präsidentenkammer vom 18.02.2000 über die Durchführung des Versteigerungsverfahrens zur Vergabe von Lizenzen für UMTS, S. 16; RegTP, Entscheidung der Präsidentenkammer vom 18.02.2000 über die Festlegung und Regeln im Einzelnen zur Vergabe von Lizenzen für UMTS, S. 81.

nur dann Gebote auf weitere Frequenzblöcke abgegeben, wenn sie in ihrer Gesamtheit zu dem Ergebnis gekommen wären, dass ein wirtschaftlicher Erfolg bei sechs Netzanbietern und einer Mindestausstattung von 2 x 10 MHz (gepaart) nicht möglich sei. Eine nachfrageorientierte Frequenzausstattung beeinflusst den späteren Mobilfunkmarkt derart, dass er die größte Gewähr für eine effiziente Nutzung des Frequenzspektrums bietet. Sie dient damit dem von der Versteigerung insgesamt verfolgten Auswahlziel[734]. Unter Berücksichtigung des Einschätzungsspielraums der RegTP ist die Regelung einer flexiblen Frequenzausstattung mithin sachdienlich und gerechtfertigt, selbst wenn die Anzahl zu vergebender Lizenzen dabei hinter der theoretisch maximalen Anzahl zurückbleiben sollte[735].

Unabhängig von diesen Erwägungen ist in Bezug auf den konkreten Ausgang der UMTS-Auktion festzustellen, dass die RegTP im Ergebnis tatsächlich sechs Bietern eine UMTS-Lizenz zuteilte[736] und damit die maximale Anzahl verfügbarer UMTS-Lizenzen vergab. Die konkrete Ausgestaltung des UMTS-Versteigerungsverfahrens erfüllte insgesamt die Anforderungen des Kapazitätserschöpfungsgebotes.

2. Sachgerechte Auswahlentscheidung

Um die Maßstäbe einer sachgerechten Auswahlentscheidung in Bezug auf die UMTS-Auktion zu ermitteln, ist zunächst festzustellen, in welcher Intensität sie sich auf die Lizenzbewerber auswirkte. Als Kriterium dafür dienen - trotz ihrer Duchlässigkeit - die verscheidenen Stufen der Berufsfreiheit.

a. Prüfungsmaßstab - Berufsausübungs- oder Berufswahlregelung

UMTS-Lizenzen ermöglichen den Aufbau und den Betrieb eines UMTS-Mobilfunknetzes und gestatten den Begünstigten, in kommerzieller Weise drahtlose Telekommunikation anzubieten. Sie bewegen sich auf dem allgemeinen Gebiet der Telekommunikation, das neben der Mobiltelefonie vor allem drahtgebundene Angebote, wie die Festnetztelefonie oder das Internet, umfasst. Würde der Mobilfunkanbieter ein eigenes Berufsbild darstellen, so könnte die UMTS-Auktion eine entsprechende Berufswahl betroffen haben. Handelte es sich aber lediglich um einen Teilbereich des Berufsbildes eines allgemeinen

---

[734] So auch Storr, K&R 2002, 67, 73; a.A: Koenig/Neumann, ZRP 2001, 252, 256.
[735] Kämmerer, NVwZ 2002, 161, 166; aus ökonomischer Sicht Lenhard, Die Regulierung des Mobilfunks, S. 148ff., 180f..
[736] Siehe Einleitung C.

Telekommunikationsanbieters, so tangierte das Versteigerungsverfahren lediglich die Berufsausübung.

aa. Mobilfunkanbieter als eigenes Berufsbild ?

Vor der Privatisierung des Post- und Fernmeldesektors[737] beschränkte sich Telefonie allein auf drahtgebundene Angebote und wurde umfassend und ausschließlich durch den Staatsbetrieb der Deutschen Bundespost angeboten. Noch in den Anfängen der Liberalisierung dominierte die inzwischen teilprivatisierte und als Deutsche Telekom AG firmierende Bundespost den gesamten Telekommunikationsmarkt. Als Anfang der 90er Jahre die drahtlose Telefonie aufkam und langsam für einen breiteren Markt interessant wurde, erlangte auch die 'Deutsche Telekom' eine Lizenz für den Aufbau und Betrieb eines Mobilfunknetzes. Zwar musste sie sich in diesem Bereich von Beginn an dem Wettbewerb stellen, aufgrund ihrer bereits existierenden Infrastruktur wurde sie dennoch schnell zur beherrschenden Marktteilnehmerin. Ihre herausragende Stellung als maßgebliche Anbieterin jeglicher Art von Telekommunikation lässt darauf schließen, dass es bis dahin nur den einheitlichen Eindruck eines Telekommunikationsdienstleisters gab und mangels entsprechender Berufsträger kein eigenes Berufsbild eines Mobilfunkanbieters existierte.
Mit zunehmender Ausbreitung der Mobilfunktelefonie traten aber weitere bedeutsame Wettbewerber auf den Markt. Wegen des hohen Investitionsbedarfs für ein aufzubauendes Netz etablierten sich teilweise aus ganz telekommunikationsfremden Branchen stammende Anbieter oder Konsortien, wie der einstige Maschinenbauer 'Mannesmann' mit seinem 'D2-Netz'[738]. Sowohl die Mobilfunkanbieter 'E-Plus' und 'Viag Interkom'[739] als auch die Betreiber des in den Anfängen der Mobiltelefonie begründeten, dann aber aufgegebenen C-Netzes, entstanden aus dieser Entwicklung. Abgesehen von der 'Deutschen Telekom', die ihre Mobilfunknetze inzwischen über ihre Tochter 'T-Mobile' betreibt, beschränken sich alle Mobilfunknetzbetreiber auf Mobiltelekommunikation und bieten keine drahtgebundene Telefonie an. Diese ausschließlichen Mobilfunkanbieter machen 'T-Mobile' zudem die Marktführerschaft im Mobilfunkbereich streitig. Sie wechselte in den vergangenen Jahren immer

---

[737] Vgl. zur Privatisierung des Telekommunikationswesens Badura in BK, Art. 87 f Rn. 2ff.; Windthorst in Sachs Art. 87 f Rn. 8ff.; Uerpmann in v.Münch/Kunig, Art. 87 f Rn. 1; Adler, Universaldienstleistungen, S. 1ff. und bereits Einleitung B. § 2.
[738] Nach der Übernahme durch den britischen Mobilfunkanbieter 'vodafone' firmierend unter 'vodafone D2'.
[739] Inzwischen firmierend unter 'O2'.

wieder zwischen ihr und dem nahezu gleich großen und finanzstarken Anbieter 'vodafone D2'[740]. Hinzu kommen die Marktteilnehmer, die den Kunden als sogenannte Service Provider Mobiltelefonie anbieten, ohne ein eigenes Netz zu betreiben (z.B. 'mobilcom', 'Talkline', 'Hutchison' u.Ä.). Auch sie beschränken sich überwiegend ausschließlich auf die Mobilfunktelefonie[741].

Parallel dazu etablierte sich in dem inzwischen ebenfalls liberalisierten Bereich der überregionalen drahtgebundenen Telefonie eine Vielzahl von Anbietern, die kein eigenes Mobilfunknetz betreiben, sondern zum ganz überwiegenden Teil ausschließlich Festnetztelefonie anbieten (z.B. 'Arcor', 'TELE2', 'Tiscali' u.Ä.). Eine ähnliche Entwicklung zeichnet sich für die drahtgebundene Ortsnetztelefonie ab, bezüglich der das Monopol der 'Deutschen Telekom' inzwischen ebenfalls gefallen ist[742]. Gleiches gilt für den Bereich der Internet Provider, in dem die 'Deutsche Telekom' mit ihrer Tochter 'T-Online' zwar ebenfalls einer der marktführenden Anbieter ist, aber zusätzlich viele weitere Unternehmen existieren, die sich allein auf diesen Bereich der Telekommunikation beschränken und insbesondere keine Mobiltelefonie anbieten ('AOL', 'talknet', 'GMX' u.Ä.).

Die 'Deutsche Telekom' besitzt heute keine derart dominierende Marktstellung mehr, dass sie als Anbieterin jeglicher Art von Telekommunikationsdienstleistungen alleine das Berufsbild prägen könnte. Dies wird vielmehr durch eine differenzierte Verteilung der jeweiligen Angebote auf einzelne Anbietergruppen beeinflusst. Damit hat sich insbesondere ein eigener, von der drahtgebundenen Telefonie weitgehend unabhängiger Markt für Anbieter von Mobiltelekommunikation entwickelt, der auch als solcher isoliert wahrgenommen wird[743].

---

740 Vgl. Marktbeobachtung der RegTP, www.regtp.de >aktuelles/presse>marktbeobachtung> mobilfunkdienste>marktanteile (Stand: 04/2004); RegTP, Jahresbericht 2001, S. 19ff.; RegTP, Halbjahresbericht 2000, S. 25ff.; RegTP, Tätigkeitsbericht 2000/2001, S. 59.

741 Selbst wenn diese Anbieter zwischenzeitlich vereinzelt auch Festnetztelefonie anbieten, stellt der Kernbereich ihrer Tätigkeit das Mobilfunkgeschäft dar, was auch ihre Beurteilung nach der Verkehrsanschauung prägt.

742 Das Monopol in diesem Bereich bestand noch bis ins Jahr 2003. Inzwischen werden auch hinsichtlich von Ortsgesprächen weitere Marktteilnehmer zugelassen (sog. city carrier). Ein entsprechender Gesetzentwurf wurde vom Bundestag beschlossen (BT-Drs. 14/9711), dann lange vom Bundesrat verhindert (BT-Drs. 14//9793), aber letztendlich verabschiedet, Erstes Gesetz zur Änderung des Telekommunikationsgesetzes vom 21.10.2002 (BGBl. I S. 4186); vgl. zur abnehmenden Dominanz der Telekom auch FAZ vom 29.12.2003, S. 17.

743 Anders Kloepfer, Informationsrecht, § 11 Rn. 103; Varadinek, CR 2001, 17, 23, die unter Außerachtlassung des dargestellten Wandels der Marktverhältnisse eine prägende Rolle der 'Deutschen Telekom' erkennen und den Telekommunikationsdienstleister als einheitliches

Nicht nur aus der Sicht der Anbieter, sondern auch aus der Verbraucherperspektive vollzog sich dieser Wandel: Die Abdeckung der Bevölkerung mit Mobilfunktelefonie ist in den letzten Jahren rasant gewachsen. Im Jahre 2000 wurden in den deutschen Mobilfunknetzen 48,15 Mio. Teilnehmer erreicht. Während 1994 noch ein Verbreitungsgrad von unter 10% bestand, entspricht diese Zahl einer Penetrationsrate von 59 %[744]. Dabei ersetzen die Mobilfunkkunden ihre Festnetzanschlüsse nicht durch drahtlose Angebote, sondern behalten diese nahezu vollständig bei. Infolgedessen kann inzwischen von einem Duopol zwischen Festnetz- und Mobiltelefonie gesprochen werden[745]. Auch die Umsatzerlöse aus den gesamten Telekommunikationsdienstleistungen wurden in 2001 etwa zu gleichen Teilen aus dem Festnetzbereich (33 %) und dem Mobilfunkbereich (37 %) erwirtschaftet[746]. Aus Konsumentensicht ergibt sich damit eine offensichtliche Trennung zwischen Festnetz- und Mobilfunkanbietern, welche die zunehmende Eigenständigkeit der Mobilfunkbranche untermauert. Diese Entwicklung findet selbst hinsichtlich der Lehrberufe ihren Niederschlag. Die Ausbildung eines Kommunikationselektronikers findet heute entweder in der allgemeinen Fachrichtung Telekommunikationstechnik oder speziell für den Bereich der Funktechnik statt[747].

Zusammenfassend vollzog sich hinsichtlich der Verkehrsanschauung eine Trennung des Berufsbildes eines Mobilfunkanbieters von dem eines allgemeinen Telekommunikationsanbieters. Damit stellt der Mobilfunkanbieter ein eigenes Berufsbild dar.

Berufsbild ansehen. Sie erwarten zwar eine Abtrennung des Mobilfunkanbieters für die Zukunft, diese habe sich derzeit aber noch nicht durchgesetzt.

[744] Im Jahre 2001 stieg die Zahl der Teilnehmer nochmals leicht auf 56,3 Mio und im Jahre 2002 auf 59, 2 Mio. und erreichte damit eine Penetrationsrate von 71, 7 %, vgl. zu den Daten RegTP, Jahresbericht 2002, S. 26 und RegTP, Jahresbericht 2001, S. 19; RegTP, Jahresbericht 2000, S. 19; Mitteilung der Kommission zum Universaldienst vom 13.03.1996, Anhang 2 Tabelle A 2, BR-Drs. 278/96; Windthorst, Der Universaldienst, S. 287.

[745] Dies wurde vor einigen Jahren allein für die diesbezüglich führenden Länder Westeuropas anerkannt und für Deutschland ausdrücklich verneint. Im Gegensatz zu heute lag die Penetrationsrate damals bei etwa 10-15 %; vgl. Windthorst, Der Universaldienst, S. 287. Ebenso Cannivé, S. 111, der bei einer Marktabdeckung von 22 % noch entsprechend argumentierte.

[746] In 2002 relativierte sich das Verhältnis leicht auf 36 % aus dem Festnetzbereich und 33 % aus dem Mobilfunkbereich, blieb aber in einer vergleichbaren Größenordnung, RegTP, Jahresbericht 2001, S. 9; RegTP, Jahresbericht 2002, S. 14.

[747] Vgl. www.bmwi.de/Homepage/Ausbildungsberufe/Berufsgruppen/Berufe_index.jsp (Stand: 01/2004).

bb. UMTS-Anbieter als eigenes Berufsbild ?

Wenn im Fortgang dieser Entwicklung UMTS-Dienste auf den Markt gelangen, wird dem Verbraucher neben einer neuen Qualität der Mobilfunktelefonie eine mannigfaltige Palette zusätzlicher technischer Anwendungsbereiche geboten[748]. Daher wird die UMTS-Technik als ein im Wesentlichen "neuer sachlicher Markt" angesehen, der Dienstleistungen vereinigt, die bislang unter Telekommunikation, Internet, Rundfunk usw. fallen[749]. Das Anbieten von UMTS-Diensten könnte folglich selbst ein eigenständiges Berufsbild, etwa des „Mediendienstanbieters", darstellen. Allerdings befindet sich UMTS noch immer in der Entwicklungs- und Aufbauphase. Nach den bisherigen Anwendungserwartungen besteht zudem eine enge Sachnähe zum bisherigen Mobilfunk, den diese neue Technik ablösen soll. Damit kann unter Berücksichtigung der allgemeinen Verkehrsanschauung sicherlich noch nicht von einem eigenen Berufsbild ausgegangen werden[750]. Die Anbieter von UMTS-Diensten sind, zumindest aus heutiger Sicht, unter dem Berufsbild des Mobilfunkanbieters anzusiedeln.

cc. Formale Einordnung der UMTS-Auktion

Nach alledem stellt sich die Frage, ob die UMTS-Auktion die Wahl dieses eigenständigen Berufsbildes eines Mobilfunkanbieters gewährte bzw. versagte oder ob sie allein dessen Ausübung beeinträchtigte.

Die Mobilfunkanbieter der zweiten Generation bleiben, unabhängig von der Zuteilung der UMTS-Lizenzen, in der Lage, ihre GSM-Netze zu betreiben und entsprechende Mobilfunkangebote zu unterbreiten. Ihre diesbezüglichen Lizenzen werden von den UMTS-Lizenzen nicht berührt[751]. Zudem wird die technische Entwicklung des Mobilfunks auch nach UMTS weitergehen. Bei einer gegebenenfalls in Zukunft zu vergebenden Lizenz für den Mobilfunk der vierten Generation besitzt wieder jeder Interessent die Chance, entsprechende Frequenzen zu erhalten und einen Zugang zum Mobilfunkmarkt zu finden[752].

---

[748] Siehe Einleitung A. § 3.

[749] RegTP, Entscheidung der Präsidentenkammer vom 10.05.1999 über das Verfahren der Vergabe von Lizenzen für UMTS, Abl. RegTP 1999, S. 1519, 1519. Diese Aussage bezieht sich allerdings auf den Markt in telekommunikationsrechtlicher, wirtschaftlicher und technischer Hinsicht und kann nicht auf eine Beurteilung im Rahmen der Berufs- und Unternehmensfreiheit übertragen werden.

[750] So folgerichtig auch Varadinek, CR 2001, 17, 23.

[751] Zum Ansinnen eines 'Refraimings' siehe Teil 2 C. § 3 II. 1. a.

[752] Teilweise wird bereits in Bezug auf die W-Lan-Technik von einer vierten Generation des Mobilfunks gesprochen, siehe Einleitung C. m.w.N.

Ferner beschränkt sich der Beruf des Mobilfunkanbieters nicht allein auf das Betreiben von Mobilfunknetzen. Wie die Marktgestaltung auf dem GSM-Standard zeigt, können Unternehmen auch ohne eigenes Netz Mobilfunkleistungen anbieten. Sogenannte Service Provider beschränken sich auf die Vermarktung fremder Netze und unterbreiten Angebote auf eigene Rechnung und unter eigenem Namen. Eine Vielzahl der heute bekannten Mobilfunkanbieter, wie etwa 'mobilcom', 'debitel' oder zwischenzeitlich auch 'Quam', nehmen auf diese Weise am Markt teil[753]. Hinsichtlich der UMTS-Telefonie wird es daher ebenfalls möglich sein, ohne eigenes Netz UMTS-Angebote zu unterbreiten.

Die Entwicklung des in Runde 126 der UMTS-Auktion ausgeschiedenen Bieters 'debitel' bestätigt diese Erwartung. Der bereits auf dem GSM-Standard engagierte Service Provider hat inzwischen mit nahezu allen UMTS-Netzbetreibern Vereinbarungen geschlossen, die ihn in die Lage versetzen, auch hinsichtlich des UMTS-Standards als Service Provider aktiv zu werden und UMTS-Dienstleistungen anzubieten[754]. Weil er die hohen Lizenz- und Investitionskosten nicht zu erbringen hat und auf seinen bestehenden Kundenstamm zurückgreifen kann, wird er teilweise sogar als der wahre Gewinner der UMTS-Auktion angesehen[755]. Natürlich sind die Gewinnspannen eines Service Providers geringer als die eines Netzbetreibers, aber dieses Beispiel zeigt, dass es möglich sein wird, sich ohne eigene Lizenz und ohne eigenes Netz im Berufsbild des Mobilfunkanbieters zu engagieren[756].

Formal verhindert die UMTS-Versteigerung also nicht die Wahl dieses Berufes, sondern versagt lediglich eine bestimmte Form seiner Ausübung und stellt mithin eine Berufsausübungsregelung dar[757].

---

[753] Vgl. Marktbeobachtung der RegTP, www.regtp.de >aktuelles/presse>marktbeobachtung> mobilfunkdienste>mobilfunklizenzen (Stand: 04/2004).

[754] Vgl. FAZ vom 08.06.2001, S. 22: „E-Plus und Debitel kooperieren bei UMTS"; FAZ vom 22.05.2001, S. 24: „T-Mobile und Debitel mit UMTS-Kooperation"; FAZ vom 11.04.2001, S. 20: „Debitel schließt UMTS-Vertriebsvereinbarungs-Vertrag mit D2-Vodafone". Allein mit dem Netzbetreiber 'O2' finden gerichtliche Auseinandersetzungen über eine entsprechende Vereinbarung statt, vgl. FAZ vom 03.02.2003, S. 22.

[755] FAZ vom 19.08.2000, S. 16: „Debitel wird künftig stark umworben"; FAZ vom 11.04.2001, S. 20, 22: „Kein Gast im Café Größenwahn-Lachender Siebter".

[756] Zu den Verpflichtungen der UMTS-Netzbetreiber, Service Provider zuzulassen, Berlinger, K&R 2003, 16, 20.

[757] So i. Erg. auch Varadinek, CR 2001, 17, 23; Kloepfer, Informationsrecht, § 11 Rn. 103; Faber, GewArch 2002, 264, 268. Andererseits wird vertreten, dass die Lizenzerteilung jedenfalls für die Unternehmen, die noch nicht als Netzbetreiber tätig sind, über den Marktzugang entscheide und sich daher als Berufswahlregel auswirke, Koenig,

dd. Faktische Einordnung der UMTS-Auktion

Die Drei-Stufen-Theorie stellt eine Konkretisierung des allgemeinen Verhältnismäßigkeitsgrundsatzes dar, so dass die Anforderungen an ein Auswahlverfahren umso höher sind, je stärker eine Maßnahme die Berufsfreiheit tatsächlich beschränkt. Die Grenzen zwischen einer Berufswahl- und einer Berufsausübungsregelung verlaufen daher fließend. Hat ein formal die Berufsausübung regelndes Verfahren zur Folge, dass der Beruf theoretisch zwar noch ergriffen, faktisch aber nicht mehr ausgeübt werden kann, wirkt es sich tatsächlich wie eine Berufswahlregelung aus und ist an den daran zu stellenden Anforderungen zu messen[758]. Vor einer abschließenden Beurteilung der Grundrechtsintensität der UMTS-Lizenzversteigerung ist daher auch deren faktische Auswirkung auf die Ausübung des Berufs eines Mobilfunkanbieters zu betrachten.

Niemand kann die Bedeutung der UMTS-Technik für die Berufsausübung im Mobilfunkmarkt der Zukunft heute sicher voraussagen[759]. Eine zunehmende Anzahl von Prognosen geht aber davon aus, dass die UMTS-Technik weit überschätzt werde. Die immensen Lizenz- und Investitionskosten, die hohen Konsumentenpreise, das geringe Verbraucherinteresse, die Weiterentwicklung konkurrierender Systeme und die technischen Unwägbarkeiten, die zu der ständigen Verschiebung des Netzstarts führten, machten einen Erfolg unwahrscheinlich[760]. Würde diese Erwartung eintreten, verhinderte die in der Versteigerung liegende Berufsausübungsregelung die Berufswahl eines Mobilfunkanbieters auch faktisch nicht. Die Anbieter des GSM-Standards könnten ihre Dienste weiterhin erbringen und auch für alle anderen Interessenten bliebe der status quo bestehen.

Tatsächlich hat sich die technische Entwicklung der UMTS-Netze und der erforderlichen Hardware erheblich verzögert. Die einzelnen Anbieter haben den Betriebsstart nunmehr auf das Jahr 2004 hinausgeschoben. Er erfolgt damit nahezu zwei Jahre später als ursprünglich beabsichtigt und der für das Jahr 2003 vorgeschriebene Versorgungsgrad von 25 % der Bevölkerung kann nicht mehr erreicht werden. Allerdings hat die RegTP bereits erklärt, den Anbietern

---

K&R 2001, 41, 43; Ritgen, AöR 127 (2002), 351, 374. Auch Breuer, Festschrift Maurer, S. 25, 40 und Schulz, Lizenzvergabe bei Frequenzknappheit, S. 58 bejahen eine objektive Berufswahlregelung.

758 BVerfGE 11, 30, 41; 12, 144, 147; 77, 84, 106; Schmidt-Bleibtreu in Schmidt-Bleibtreu/Klein, Art. 12 Rn. 12f.; Tettinger in Sachs, Art. 12 Rn. 109ff.; ders., AöR 108 (1983) 92, 117f.; Ipsen, Staatsrecht II, Rn. 632ff.

759 Vgl. zu deren Prognostizierbarkeit Lenhard, Die Regulierung des Mobilfunks, S. 45f.

760 Zu den Bedenken gegen einen UMTS-Erfolg, Einleitung C.

diesbezüglich entgegenzukommen[761]. Sofern die Netze im Jahre 2004 tatsächlich funktionsfähig sind, werden sie schnell eine breite Versorgung gewährleisten können und zumindest den für 2005 vorgeschriebenen Verbreitungsgrad von 50 % der Bevölkerung erreichen. Sie besitzen die Möglichkeit, ihre Netze oder Netzteile durch Roaming-Vereinbarungen untereinander zu verbinden und zu ergänzen, so dass nicht alle Anbieter zwingend ein flächendeckendes Netz vorhalten müssen[762]. Zudem können sie im Rahmen des sogenannten Infrastruktur-Sharings beim Netzaufbau untereinander kooperieren, wovon sie auch rege Gebrauch machen[763]. Selbst wenn die Anbieter bei einem Betriebsstart die maximalen Übertragungsgeschwindigkeiten und -kapazitäten noch nicht erbringen könnten, würde eine Perfektionierung und Weiterentwicklung des Netzes in überschaubarem Zeitraum erfolgen[764]. Eine solch sukzessive Entwicklung der Mobilfunkqualität lag auch dem Aufbau des GSM-Standards zugrunde und stand einem wirtschaftlichen Erfolg nicht entgegen. Die befürchteten Probleme der UMTS-Technik können deren wirtschaftliche und technische Möglichkeiten mithin nicht gänzlich in Frage stellen[765], sondern allenfalls in zeitlicher Hinsicht tangieren[766].

Geht man mit der lange Zeit überwiegenden Zahl der Marktbeobachter davon aus, dass UMTS über kurz oder lang für den Massenmarkt funktionsfähig sein wird, so erhalten die bisherigen Angebote auf dem GSM-Standard zumindest eine Konkurrenz[767]. Der Mobilfunkmarkt stellt sich trotz der derzeitigen

[761] RegTP-Präsident Kurth in FAZ vom 16.08.2002, S. 17: „Wir sind immer gesprächsbereit". Vgl. auch Lenhard/Rickert, K&R 2002, 578, 578ff.; FAZ vom 17.01.2003, S. 14; FAZ vom 26.08.2002, S. 11.

[762] Um hinsichtlich eines vollständigen Netzaufbaus mehr Zeit zu gewinnen, machen zumindest die kleineren Lizenznehmer von diesen Möglichkeiten auch Gebrauch und schließen entsprechende Vereinbarungen mit den Anbietern, die bereits über ein flächendeckendes Netz verfügen, FAZ vom 24.02.2003, S. 18; FAZ vom 05.02.2003, S. 17.

[763] Thesenpapier der RegTP zum Infrastruktur-Sharing, www.regt.de >regulierung telekommunikation>frequenzverwaltung>umts (Stand: 04/2004); Ruhle, K&R 2002, 358, 358ff.; Koenig/Neumann, K&R 2001, 281, 281; FAZ vom 06.06.2001, S.1; FAZ vom 08.05.2001, S. 19; FAZ vom 13.06.2001, S. 23; FAZ vom 20.06.2001, S. 20.

[764] So auch die Einschätzung der Lizenznehmer, FAZ vom 08.09.2001, S. 18.

[765] Eine Studie des Verbandes UMTS-Forum geht nach der FAZ vom 17.05.2001, S. 30, von „Milliardenumsätze nach verhaltenem Start" aus. Nach einem weiteren Bericht des UMTS-Forums könnte UMTS sogar Billionen-Umsätze erbringen, www.welt.de/daten/2001/05/09/0509wt252293.htx?search=umts&searchHILI=1 (Stand: 08/2003).

[766] So auch Beese, MMR 9/2000, V; Ritgen, AöR 127 (2002), 351, 393; Klöck, RTkom 2000, 280, 281; vgl. auch FAZ vom 16.10.2002, S. 18; FAZ vom 22.12.2003, S. 19.

[767] Nach FAZ vom 03.05.2001, S. 29 wäre das „UMTS-Handy schon heute ein Verkaufsschlager"; Eine Unfrage der Jamba AG ergab, dass 60 % aller Handynutzer ein UMTS-Gerät

konjunkturellen Probleme noch immer als höchst lukrativer Sektor dar und weist trotz aller Turbulenzen stets beachtliche Zuwachsraten auf[768]. Selbst wenn der Markt quantitativ irgendwann gesättigt sein sollte[769], bestehen insbesondere in Anbetracht der zusätzlichen Anwendungsmöglichkeiten der UMTS-Technik qualitativ noch weitreichende Potentiale, den Umsatz pro Kunden (Average Revenue per User) zu erhöhen[770].
Auch wenn die UMTS-Anbieter erhebliche Investitionen vorzunehmen haben, die zumindest anfangs zu erhöhten Preisen für UMTS-Angebote führen können, wird der Preis langfristig von der Entwicklung der Nachfrage abhängen. Dabei sind die Nutzungsmöglichkeiten der UMTS-Technik insbesondere für eine Vielzahl von Unternehmenskunden besonders attraktiv. Beispielsweise besitzen Betriebe, die einen weit verzweigten Außendienst unterhalten, ein vornehmliches Interesse daran, standortunabhängig große Datenmengen schnell und zuverlässig zu transportieren. Aufgrund der Möglichkeiten der UMTS-Technik, ortsbezogen individuelle Leistungen anzubieten, ist sie auch für Navigationssysteme in Automobilen oder für andere Ortungssysteme besonders geeignet[771]. Kann sie die versprochenen Anforderungen in der Praxis erfüllen, werden diese Unternehmen sie von Beginn an in Anspruch nehmen und aufgrund der ihnen dadurch entstehenden Vorteile bereit sein, erhöhte Einstandskosten zu entrichten. Wenn derart institutionelle Abnehmer die Überlegenheit der UMTS-Angebote in der aktiven Anwendung multiplizieren, wird die Attraktivität dieser Technik auch für jeden anderen Mobilfunkkunden sichtbar[772]. Im Laufe der Zeit wird sich ein Nachfragesog nach UMTS-Produkten entwickeln, der seinen Niederschlag auch in der Erschwinglichkeit der Angebote für einen breiten Markt finden wird. Ferner erzeugt schon der Wettbewerb zwischen den Anbietern Druck auf die Konsumentenpreise[773].

---

nutzen würden, FAZ vom 12.03.2001, S. 29. Entspr. Klöck, RTkom 2000, 280, 281; FAZ vom 19.08.2000, S. 16; FAZ Beilage M-Businesss vom 28.03.2001, S. 1; FAZ vom 13.12.2001, S. 26; FAZ vom 02.02.2002, S. 14; FAZ vom 23.08.2002, S. 19; FAZ vom 16.10.2002, S. 18.

[768] Branchenverband Bitkom in FAZ vom 12.03.2003, S. 11; entspr. FAZ vom 20.03.2002, S. 20.

[769] Vgl. RegTP, Jahresbericht 2001, S. 19; FAZ vom 02.02.2002, S. 14.

[770] Vgl. RegTP, Jahresbericht 2001, S. 20; FAZ vom 06.01.2003, S. 18.

[771] Vgl. FAZ vom 10.06.2002, S. 21.

[772] Davon gehen insbes. die Netzbetreiber aus, FAZ vom 12.03.2003, S. 18; ebenso FAZ vom 03.05.2001, S. 29; FAZ vom 16.10.2002, S. 18; FAZ vom 18.03.2004, S. 20.

[773] Der Netzbetreiber 'O2' hat bereits angekündigt, die UMTS-Preise der Konkurrenz in jedem Fall zu unterbieten, vgl. FAZ vom 24.02.2003, S. 18. Auch 'T-Mobile' will die Preise für UMTS-Datendiensten bis zu 70 % gegenüber den Kosten der heute bereits angebotenen

Eine solche Entwicklung hat der Mobilfunkmarkt auch während der Einführung der Mobilfunktechnik der zweiten Generation genommen. In den Anfängen erschienen die Preise astronomisch hoch. Lediglich Konsumenten, die besonders auf eine mobile Erreichbarkeit angewiesen zu sein glaubten, nahmen die Leistungen in Anspruch. Im Laufe der Zeit weitete sich das Bedürfnis aus, auch in den Genuss dieser Angebote zu kommen und dafür gegebenenfalls hohe Kosten in Kauf zu nehmen. Als eine gewisse Verbreitung erreicht war, reduzierten sich die Entgelte schnell auf ein Niveau, das eine breite Nachfrage ermöglichte.

Hinzu kommt, dass alle derzeitigen GSM-Netzbetreiber auch zukünftige UMTS-Netzanbieter sein werden. Um ihre hohen Investitionen zu realisieren, können sie die Attraktivität der Angebote in ihrem Sinne beeinflussen. Durch die Preisgestaltung, den Ausbau der Erreichbarkeit und das Roaming zwischen verschiedenen Netzen oder Standards ist es ihnen möglich, die Nachfrage nach GSM-Telefonie zu reduzieren und damit wesentliche Teile des Marktes zu verändern. Einen entsprechenden Einfluss auf den Markt stellen die Netzanbieter schon heute unter Beweis. Ein Mobilfunkvertrag oder ein Mobilfunkgerät, das nicht die aktuellsten technischen Errungenschaften besitzt, wird auch den Konsumenten nicht angeboten, die entsprechende Nutzungen nicht nachfragen[774]. Folglich steht zu erwarten, dass die UMTS-Netzbetreiber über kurz oder lang GSM-Angebote, deren Investitionen sich amortisiert haben, vernachlässigen und den Konsumenten, die nach Mobilfunk verlangen, de facto gar keine andere Möglichkeit bleibt, als UMTS-Angebote in Anspruch zu nehmen.

Angesichts der Kongruenz von UMTS-Netzbetreibern und GSM-Netzbetreibern ist keine nachhaltige Konkurrenz dieser Standards zu erwarten, selbst wenn es Weiterentwicklungen im GSM-Bereich geben sollte. Auch andere Techniken, wie die W-Lan-Netze, sind heute bei weitem noch nicht so weit entwickelt, dass sie eine umfassende überregionale Versorgung sicherstellen könnten[775]. Aufgrund der hierbei erforderlichen Netzdichte beschränken

---

Datendienste (GPRS) senken, FAZ vom 20.03.2003, S. 20; vgl. auch FAZ vom 16.02.2004, S. 21.

[774] So wird inzwischen nahezu jedes neu auf den Markt kommende Mobilfunkgerät beispielsweise mit einer Kamera ausgestattet, um den Nutzern das Versenden von Fotos per Multimedia-Nachricht (MMS) zu ermöglichen. Die Geräte ohne diese Ausstattung werden über kurz oder lang auslaufen, so dass der Konsument um derartige Angebote nicht umhinkommen wird; vgl. FAZ vom 20.02.2003, S.19.

[775] Insbes. ist das Überschreiten der einzelnen Netzzellen bei W-Lan noch nicht möglich, ohne die Unterbrechung eines Gesprächs zu bewirken, vgl. FAZ vom 21.07.2003, S. 18;

sich diese Angebote bislang ausschließlich auf individuelle, überschaubare Nutzungsräume, wie etwa Flughäfen, Hotels oder Tagungszentren. Eine flächendeckende Telefonie wird diese Technik auf absehbare Zeit nicht ermöglichen, vielmehr kann sie die UMTS-Netze sinnvoll ergänzen[776]. Wenn sich das Engagement auf dem Gebiet der Mobiltelefonie damit mittel- bis langfristig primär auf den UMTS-Sektor reduziert, wird auch das Berufsbild des Mobilfunkanbieters nur für die Unternehmen zugänglich sein, die in der Lage sind, UMTS-Angebote zu unterbreiten[777].

Marktteilnehmern, die keine Lizenz erhalten haben, ist es zwar grundsätzlich möglich, sich als Service Provider zu betätigen. Als solche können sie aber nicht ohne weiteres den Markt betreten. Sie sind vielmehr darauf angewiesen, Zugang zu mindestens einem UMTS-Netz der Lizenznehmer zu erhalten. Netzbetreiber werden Providerverträge aber nur abschließen, wenn sie sich davon eigene Vorteile versprechen. Das wäre etwa der Fall, wenn ein Service Provider bereits eine gefestigte Marktposition, eine hinreichende Infrastruktur oder einen beachtlichen Kundenstamm mitbringt. Ansonsten können Netzbetreiber kein Interesse daran haben, dass sich ein weiterer Unternehmer vor einen potentiellen Kunden schaltet und ihre Gewinnspanne dadurch reduziert. Selbst wenn die Netzbetreiber aus Wettbewerbserwägungen verpflichtet sind, den Service Providern einen Netzzugang zu ermöglichen[778], besteht hinsichtlich der zu akzeptierenden Konditionen eine enge Abhängigkeit. Insbesondere neuen Marktteilnehmern, die dem Netzbetreiber keine der genannten Vorteile anbieten können, wird eine ökonomisch sinnvolle Provider-Tätigkeit kaum möglich sein. Die geschilderte Konstellation des Unternehmens 'debitel' stellt deshalb nicht den Regelfall dar. Hier ging es den Netzanbietern darum, sich den beachtlichen Kundenstamm der 'debitel' zu Nutze zu machen und diese Konsumenten reibungslos und unmittelbar mit UMTS-Angeboten zu versor-

---

22.01.2003, S. 19; FAZ vom 19.11.2001, S. 22; FAZ vom 18.03.2002, S. 24; FAZ vom 06.05.2002, S. 23.

[776] Vgl. zu dieser Einschätzung FAZ vom 23.02.2004, S. 17 „W-Lan und UMTS im Zusammenspiel"; FAZ vom 18.03.2002, S. 24: „Auch die Mobilfunkbetreiber setzen jetzt auf lokale Funknetze"; FAZ vom 06.05.2002, S. 23: „Lokale Funknetze werden die Handy-Netze ergänzen - W-Lan und UMTS verknüpfen".

[777] So betrachteten zumindest die vier bereits auf dem Mobilfunkmarkt tätigen Netzbetreiber einen Markteintritt auf den UMTS-Markt als „lebensnotwendig", vgl. SZ vom 27.04.2000, S. 25; ebenso Klöck, RTkom 2000, 280, 287.

[778] Vgl. Teil C Punkt 15 der Musterlizenz in Anlage A der RegTP, Entscheidung der Präsidentenkammer vom 18.02.2000 über die Festlegung und Regeln im Einzelnen zur Vergabe von Lizenzen für UMTS, S. 102ff.; Berlinger, K&R 2003, 16, 20.

gen. Ob die Konditionen, die 'debitel' dafür akzeptieren musste, langfristig tatsächlich dazu führen, sie als wahre Gewinnerin der UMTS-Auktion zu betrachten, bleibt abzuwarten[779].

Nach alledem führt kein Weg an den UMTS-Netzbetreibern vorbei, um auf dem Mobilfunkmarkt aktiv zu werden. Wenn ein Unternehmen keine UMTS-Lizenz erlangt und für einen Netzbetreiber keine vorteilsversprechende Attraktivität besitzt, bleibt ihm ein ökonomisch sinnvoller Zugang zum Berufsfeld des Mobilfunkanbieters vollständig versagt. Das gilt sowohl für Bewerber, die sich neu im Mobilfunkmarkt betätigen wollen, als auch für Anbieter, die bereits im GSM-Markt tätig waren. Die Auswahl der UMTS-Lizenzbewerber erfolgte anhand des finanziellen Höchstgebotes und damit nach einem rein objektiven Kriterium, das nicht in den Unternehmen selbst begründet liegt. Damit wirkt sich die in der UMTS-Auktion liegende Berufsausübungsregelung de facto als objektive Berufswahlregelung aus.

ee. Zwischenergebnis

Die UMTS-Auktion ist an den Verfahrensanforderungen zu messen, die eine objektive Berufswahlregelung voraussetzt. Sie müsste anhand eines sachgerechten Auswahlziels, aufgrund sachgerechter Auswahlkriterien und unter Beachtung der individuellen Zumutbarkeit erfolgt sein[780].

b. Sachgerechtes Auswahlziel

Wie jede Versteigerung von Telekommunikationslizenzen verfolgte auch die UMTS-Auktion das Auswahlziel der effizienten Frequenznutzung. An den Vorgaben des Art. 87 f I GG wäre dies nur zu messen, wenn dessen Gewährleistungsumfang die allgemeine Mobilfunktelefonie sowie die spezielle UMTS-Telefonie umfasste. Nur dann könnte es Art. 87 f I GG widersprechen, dass die RegTP keinen Gebrauch von § 11 V TKG machte und statt der Versteigerung ein Ausschreibungsverfahren durchführte.

aa. Mobiltelefonie als Universaldienst

Art. 87 f I GG garantiert dem einzelnen Grundrechtsträger so viel Telekommunikation, wie er für eine erschwernisfreie Teilnahme am gesellschaftlichen und

[779] Vgl. zur gerichtlichen Auseinandersetzung, die 'debitel' mit dem Netzbetreiber 'O2' führt, weil er ihr einen Zugang zu seinem UMTS-Netz verwehren will, Pressemitteilung 'debitel' vom 24.01.2003, www.debitel.de/unternehmen_de/presse_content /pm/detail.php?id=5582256 (Stand: 08/2003); FAZ vom 03.02.2003, S. 22.

[780] So auch Ritgen, AöR 127 (2002), 351, 373f.; Storr, K&R 2002, 67, 69.

wirtschaftlichen Leben benötigt. Nach der Gesetzesbegründung zum TKG ist damit jedes Angebot betroffen, das für eine Vielzahl von Bürgern selbstverständlich ist[781]. Diese Formulierung ist in ihrer Weite missverständlich. Zu Recht wird darauf verwiesen, dass eine Leistung für Telekommunikationskunden selbstverständlich sein kann, obwohl sie für eine Teilnahme am gesellschaftlichen Leben gerade nicht unabdingbar ist[782]. Ein subjektives, stetem Wandel unterworfenes Bedürfnis kann nicht ausreichen, um einen rein sozialstaatlich motivierten Gewährleistungsauftrag in Anspruch zu nehmen. Eine derart ausschweifende Definition würde die grundrechtlich geschützte Unternehmerfreiheit der Telekommunikationsanbieter über Gebühr beeinträchtigen und der Intention des Art. 87 f I GG entgegenstehen. Unabdingbar ist eine Telekommunikationsleistung daher nur, wenn sie dem Einzelnen eine existenzielle Grundversorgung mit Sprachtelefonie ermöglicht, auf die er für eine durchschnittliche Lebensführung angewiesen ist[783]. Wann diese Schwelle erreicht ist, kann nicht anhand allgemeiner Kriterien festgelegt werden, sondern ist im Einzelfall zu untersuchen. Dabei können aber Merkmale, wie der Verbreitungsgrad, die gesellschaftliche Relevanz und die individuelle Bedeutung der Angebote aufschlussreich sein[784].

Die deutschen Mobilfunknetze erreichten im Jahre 2000 48,15 Mio. und im Jahre 2002 sogar 59,2 Mio. Teilnehmer. Das entspricht einer Penetrationsrate von 59,0 % bzw. 71,7 %[785]. Diese Verbreitung macht deutlich, wie weit die Mobiltelefonie fortgeschritten ist und dass sie in der gesellschaftlichen Praxis eine nicht unbedeutende Rolle einnimmt. Allerdings steht den Bürgern, die keinen Zugang zur Mobilfunktelefonie besitzen, stets die Festnetztelefonie zur Verfügung, so dass ihnen die Inanspruchnahme von Telekommunikation nicht gänzlich vorenthalten bleibt. Von ihrem netzgebundenen Telefon können sie auch jeden Mobilfunkanschluss erreichen. Lediglich die eigene Erreichbarkeit ist nicht mobil, sondern nur über den Festnetzanschluss gewährleistet. Anwendungsbereiche, für die das Vorhandensein eines Festnetzanschlusses nicht ausreichte, sondern die Erreichbarkeit über den Mobilfunk zwingend vorauszusetzen wäre, sind derzeit nicht erkennbar. Die Teilnahme am gesellschaftlichen,

---

[781] Begründung des TKG-Versteigerungsverfahrens, BT-Drs. 13/3609, S. 40.

[782] So auch Schütz in Beckscher Kommentar, § 17 Rn. 10.

[783] So auch Bosch in Trute/Spoerr/Bosch, § 17 Rn. 7; Kloepfer, Informationsrecht, § 11 Rn. 110; Holznagel/Enaux/Nienhaus; S. 70f.; Schütz/Cornils, DVBl. 1997, 1146, 1146f.; Windthorst, Der Universaldienst; S. 274ff.

[784] Vgl. Begründung des TKG-Versteigerungsverfahrens, BT-Drs. 13/3609, S. 40.

[785] RegTP, Jahresbericht 2000, S. 19; RegTP, Jahresbericht 2002, S. 26

sozialen oder wirtschaftlichen Leben wird durch die Versagung von Mobiltelefonie weder ausgeschlossen noch erschwert. Sie stellt nach wie vor lediglich eine zusätzliche Erleichterung des Alltags dar, wenn auch eine inzwischen weit verbreitete und vielfach als selbstverständlich empfundene. Zu einer durchschnittlichen Lebensführung ist der Einzelne, anders als beim Festnetzanschluss, nicht individuell auf sie angewiesen. Zu dieser Einschätzung gelangt auch die Bundesregierung. In Umsetzung des Infrastrukturauftrages aus Art. 87 f I GG wird sie durch § 17 I 2 TKG dazu ermächtigt, auf dem Verordnungswege die Telekommunikationsdienstleistungen zu bestimmen, die als Universaldienstleistungen zu gewährleisten sind. Die so ergangene TK-Universaldienstleistungsverordnung[786] erkennt in § 1 Funktionen des netzgebundenen Sprachtelefoniedienstes, inklusive entsprechender Annexdienstleistungen, als Universaldienste an. Der Mobilfunk bleibt dabei unerwähnt. Im Ergebnis ist er von der Universaldienstgewährleistung des Art. 87 f I GG nicht umfasst[787].

bb. UMTS-Telefonie als Universaldienst

Die UMTS-Telefonie stellt eine fortentwickelte Form der Mobiltelekommunikation dar, die dem Einzelnen neben der reinen Telefonie zusätzliche, angenehme, aber nicht existenzielle Multimedia-Nutzungsmöglichkeiten eröffnet. Sie wird zunächst parallel zur bisher verbreiteten Mobilfunktelefonie angeboten und soll diese mittelfristig ersetzen. Wenn die Mobiltelefonie an sich schon nicht unter den Gewährleistungsumfang des Art. 87 f I GG fällt, muss dies erst recht für dessen fortentwickelte Form der UMTS-Mobiltelefonie gelten. Auf die UMTS-Telefonie erstreckt sich der Gewährleistungsumfang des Art. 87 f I GG mithin ebenfalls nicht[788].

cc. Dynamik des Universaldienstes

Wie die Verordnungsermächtigung des § 17 II TKG deutlich macht, unterliegt der Begriff des Universaldienstes einer dynamischen Auslegung. Er kann in der Zukunft neue oder zusätzliche Dienstleistungen umfassen, wenn diese für die Teilnahme am gesellschaftlichen und wirtschaftlichen Leben unabdingbar geworden und damit in den Anwendungsbereich des Art. 87 f I GG hineinge-

[786] TUDLV vom 30.01.1997, BGBl. I S. 141.

[787] So auch Windthorst, Universaldienst, S. 287; Cannivé, S. 111; Freund, S. 101; Geppert/Ruhle/Schuster, Rn. 114.

[788] In Bezug auf Multimediadienste Freund, S. 125; anders Kämmerer, NVwZ 2002, 161, 165, der UMTS zur „Grundversorgung“ zählt.

wachsen sind[789]. Aufgrund der rasanten technischen Entwicklungen im Telekommunikationsbereich und den daraus resultierenden gesellschaftlichen Konsequenzen ist nicht auszuschließen, dass der Mobilfunk allgemein oder die spezielle UMTS-Telefonie zukünftig vom Gewährleistungsmaßstab des Art. 87 f I GG betroffen werden[790]. Dies gilt insbesondere, wenn sich die hohen Marktabdeckungsquoten festigen und langfristig die Festnetztelefonie von der Mobiltelefonie ersetzt wird, was die Einführung des UMTS-Standards unter anderem beabsichtigt[791]. Selbst wenn sich eine derartige Entwicklung irgendwann vollziehen sollte, kann sie für die hier zu beurteilende Versteigerung im Jahre 2000 aber nicht von Bedeutung sein.

dd. Zwischenergebnis

Zusammenfassend fallen die Sachbereiche der Mobiltelefonie und der UMTS-Telefonie nicht unter die Gewährleistungen des Art. 87 f I GG. Seine Vorgaben können die effiziente Frequenznutzung als Auswahlziel der UMTS-Versteigerung nicht in Frage stellen. Andere Verfassungsnormen stehen dieser Vorgabe ebenfalls nicht entgegen. Neben ihrer prinzipiellen Sachgerechtigkeit stellt sie mithin auch in Bezug auf die UMTS-Auktion ein sachgerechtes Auswahlziel dar.

c. Sachgerechtes Auswahlkriterium

Wie bei jeder Auktion erfolgte die Auswahl auch im Rahmen der UMTS-Versteigerung nach dem Kriterium des höchsten finanziellen Gebots. Dieses Merkmal erlaubte einen Rückschluss auf die effiziente Nutzung der UMTS-Frequenzen[792], wenn die konkrete Verfahrensgestaltung ein optimales ökonomisches Bieterverhalten gewährleistet hätte.

aa. Kollusives Zusammenwirken

Den UMTS-Lizenzbewerbern hätte es nicht möglich sein dürfen, hinsichtlich der Höhe ihrer Gebote zusammenzuwirken. Abgesehen von dem erheblichen Risiko, dass ein Bieter aus einer solchen Absprache ausscheren könnte und die

---

789 Vgl. Begründung des TKG-Versteigerungsverfahrens, BT-Drs. 13/3609, S. 40; Klöck, RTkom 2000, 280, 281; Manssen, ArchTP 1998, 236, 239; Freund, S. 96ff.

790 So Klöck, RTkom 2000, 280, 281.

791 FAZ vom 27.01.2003, S. 20.

792 Einen Rückschluss vom Höchstgebot auf die effiziente Nutzung der konkreten UMTS-Frequenzen ablehnend, Arndt, K&R 2001, 23, 30; Schumacher, NJW 2000, 3096, 3099. Zu einem entsprechenden Zusammenhang vgl. hingegen Teil 2 B. § 3 III. 2. c. cc.

übrigen Teilnehmer damit unweigerlich unterliegen würden[793], erließ die Präsidentenkammer der RegTP auf der Grundlage der §§ 73 III i.V.m. 11 IV Satz 2 Nr. 1-4 TKG verschiedene Rechtsverordnungen, deren Normierungen ein solches Verhalten unterbinden sollten. So erging am 18.02.2000 die Entscheidung über die Regelungen für die Durchführung des Versteigerungsverfahrens von UMTS-Lizenzen sowie die Entscheidung über die Festlegung der Regeln im Einzelnen[794]. Bereits am 10.05.1999 hatte die Präsidentenkammer die Entscheidung über das Verfahren zur Vergabe von Lizenzen für UMTS getroffen[795].

Darin entschied sich die RegTP für ein mehrstufiges Versteigerungsverfahren[796]. Im Gegensatz zu einem einstufigen Verfahren[797], das zumindest während der Auktion keine Kollisionen ermöglicht, begegnet sie der Missbrauchsgefahr damit nicht[798]. Sie legte daher einen verdeckten Verfahrensablauf fest, bei dem die Bieter am Ende der Versteigerungsrunden lediglich das Höchstgebot der Vorrunde und den Namen des entsprechenden Höchstbieters erfahren[799]. Weitere Informationen bleiben ihnen verborgen[800]. Wenn ein Bieter nicht weiß, welcher Auktionsteilnehmer welche Gebote abgibt, werden ihm mögliche Absprachen zumindest erschwert. Insgesamt reduzierte die Verfahrenswahl damit die Gefahr der Kollusion.

Die RegTP unternahm erhebliche Anstrengungen, um jegliche Form der Kommunikation unter den Bietervertretern oder deren Entscheidungsträgern zu unterbinden[801]. Die Versteigerung fand in einem Dienstgebäude der RegTP in

---

793 Siehe Teil 2 B. § 3 II. 2. c. dd.

794 RegTP, Entscheidung der Präsidentenkammer vom 18.02.2000 über die Durchführung des Versteigerungsverfahrens zur Vergabe von Lizenzen für UMTS, S. 1ff.; RegTP, Entscheidung der Präsidentenkammer vom 18.02.2000 über die Festlegung der Regelnn im Einzelnen zur Vergabe von Lizenzen für UMTS, S. 1ff.

795 RegTP, Entscheidung der Präsidentenkammer vom 10.Mai 1999 über das Verfahren der Vergabe von Lizenzen für UMTS, Abl. RegTP 1999, S. 1519, 1519ff.

796 RegTP, Entscheidung der Präsidentenkammer vom 18.02.2000 über die Durchführung des Versteigerungsverfahrens zur Vergabe von Lizenzen für UMTS, S. 3.

797 Vgl. zu den Formen einer Auktion Lindstädt, Die Versteigerung der deutschen UMTS-Lizenzen, S. 8.

798 Korioth, UMTS-Gutachten, S. 36f.

799 RegTP, Entscheidung der Präsidentenkammer vom 18.02.2000 über die Durchführung des Versteigerungsverfahrens zur Vergabe von Lizenzen für UMTS, S. 3.

800 Vgl. zu diesem Verfahren auch Vfg. 115/1996, Abl. BMPT 1996, S. 948; Geppert in Beckscher Kommentrar, § 11 Rn. 23; Ruhle/Geppert, MMR 1998, 175, 180f.; Geppert/Ruhle/Schuster, Rn. 302.

801 RegTP, Entscheidung der Präsidentenkammer vom 18.02.2000 über die Durchführung des Versteigerungsverfahrens zur Vergabe von Lizenzen für UMTS, S. 15ff.

Mainz, einer ehemaligen Kaserne, statt. Die Durchführung an einem solch zentralen und kontrollierbaren Ort gab der RegTP Gelegenheit, räumliche und organisatorische Vorkehrungen zu treffen, die ihr bei einer dezentralen Abgabe der Gebote aus den Geschäftsräumen der jeweiligen Bieter nicht möglich gewesen wären[802]. Obwohl alle Bietervertreter in einem Gebäude versammelt waren, erfolgten die Gebote ausschließlich auf elektronischem Wege[803]. Jeder Teilnehmer erhielt einen separaten Bieterraum, den er auch während der Mittagspausen oder bei Auktionsunterbrechungen nicht verlassen durfte. Darin befand sich neben dem Auktions-PC ein Telefon, das ausschließlich eine Verbindung zum Auktionator ermöglichte. Mit einem weiteren Telefon und einem Faxgerät konnten die Bieter allein die Entscheidungsträger ihrer Unternehmen erreichen. Andere Telekommunikationsendgeräte, wie etwa Mobiltelefone, waren untersagt. Die RegTP stellte es den Bietern frei, zu ihrer Unterstützung einen Laptop und einen Drucker zu benutzen. Diese Geräte hätte aber zuvor eine amtliche sachverständige Stelle (z.B. TÜV) daraufhin überprüfen müssen, dass sie keine Funk-tionsschnittstelle enthielten, um als Kommunikationsendgeräte zu dienen. Sie wären spätestens fünf Werktage vor Versteigerungsbeginn versiegelt bei der RegTP abzugeben gewesen. Entsprechendes galt hinsichtlich wahlweise zu verwendender Verschlüsselungsgeräte für die Kommunikation mit den Entscheidungsträgern in den Bieterunternehmen[804]. Um sicherzustellen, dass auch über diesen Umweg oder auf andere Weise keine Absprachen erfolgten, war während des gesamten Bieterverfahrens in jedem Bieterraum ein Mitarbeiter der RegTP anwesend und überwachte die Einhaltung der Auktionsbedingungen[805]. Dabei ergaben sich so paradoxe Situationen, dass die Bietervertreter selbst beim Gang zur Toilette durch die Mitarbeiter der RegTP begleitet wurden und in ihren Hotels unter falschen Namen einchecken mussten, um auch dort einen Kontakt mit anderen Bietervertretern zu verhindern[806].

---

[802] Vgl. Beese, MMR 9/2000, V; RegTP, Entscheidung der Präsidentenkammer vom 18.02.2000 über die Durchführung des Versteigerungsverfahrens zur Vergabe von Lizenzen für UMTS, S. 15.

[803] RegTP, Entscheidung der Präsidentenkammer vom 18.02.2000 über die Durchführung des Versteigerungsverfahrens zur Vergabe von Lizenzen für UMTS, S. 3.

[804] RegTP, Entscheidung der Präsidentenkammer vom 18.02.2000 über die Durchführung des Versteigerungsverfahrens zur Vergabe von Lizenzen für UMTS, S. 3, 15ff.

[805] RegTP, Entscheidung der Präsidentenkammer vom 18.02.2000 über die Durchführung des Versteigerungsverfahrens zur Vergabe von Lizenzen für UMTS, S. 15ff.

[806] Beese, MMR 9/2000, V.

Für den Fall, dass die RegTP ein kollusives Zusammenwirken oder einen anderen Verstoß gegen die Auktionsbedingungen festgestellt hätte, besaß der Auktionator die Befugnis, dies mit einem kompletten Ausschluss von der Auktion zu ahnden[807]. Wäre ein solcher nach Abgabe des Höchstgebotes erfolgt, hätten die betroffenen Bieter ihrer Zahlungsverpflichtung nachkommen müssen, ohne eine Lizenz zu erhalten. Weil nicht alle Formen kollusiven Zusammenwirkens voraussehbar waren, ermächtigte die RegTP den Auktionator zudem, im Sinne sachgerechter Reaktionen geeignete Maßnahmen zu treffen, um ein solches Verhalten zu verhindern[808].

Aufgrund dieser umfassenden Vorkehrungen und der drohenden Konsequenzen wurde ein Zusammenwirken der Bieter während der UMTS-Auktion nicht beobachtet oder aus dem Bieterverhalten ersichtlich[809]. Auch nach Abschluss des Verfahrens konnte kein entsprechender Vorwurf erhoben werden[810]. Die Gefahr eines kollusiven Bieterverhaltens verhindert einen Rückschluss von der Abgabe des höchsten Gebotes auf die effiziente Nutzung einer UMTS-Frequenz also nicht.

bb. Spekulative Motive

Die Verfahrensgestaltung der UMTS-Auktion müsste ferner ein sachfremdes spekulatives und preistreibendes Verhalten der Bieter unterbunden haben.

Zu diesem Zweck forderte die RegTP von jedem Bieter die Hinterlegung einer Sicherheitskaution in Höhe von 10 % des Mindestangebots für die Minimalfrequenzausstattung (DM 200 Mio. / € 102,26 Mio.). Daneben verlangte sie die Vorlage einer unbedingten, unbefristeten, unwiderruflichen und selbstschuldnerischen Bankbürgschaft, deren Höhe davon abhing, wie viele Frequenzblöcke der Bieter ersteigern wollte[811]. Auf diese Weise mussten die Bieter die Ernsthaftigkeit ihres Interesses am erwünschten Frequenzspektrum unter Beweis stellen. Die RegTP hatte den erfolgreichen Bietern auferlegt, die Lizenz zum Betreiben von Übertragungswegen für das Angebot von UMTS-Dienst-

---

807 RegTP, Entscheidung der Präsidentenkammer vom 18.02.2000 über die Durchführung des Versteigerungsverfahrens zur Vergabe von Lizenzen für UMTS, S. 5, 30f.

808 RegTP, Entscheidung der Präsidentenkammer vom 18.02.2000 über die Durchführung des Versteigerungsverfahrens zur Vergabe von Lizenzen für UMTS, S. 31.

809 Zumindest konnten zwischenzeitlich bestehende Verdachtsmomente im Nachhinein nicht erhärtet werden, vgl. Beese, MMR 9/2000, V.

810 So i.Erg. auch Lindstädt, Die Versteigerung der deutschen UMTS-Lizenzen, S. 17ff.; Korioth, UMTS-Gutachten, S. 35ff.; Klöck, RTkom 2000, 280, 284.

811 RegTP, Entscheidung der Präsidentenkammer vom 18.02.2000 über die Durchführung des Versteigerungsverfahrens zur Vergabe von Lizenzen für UMTS, S. 1, 12ff.

leistungen zu nutzen[812] und schrieb vor, bis wann welche Teile der Bevölkerung zu versorgen seien[813]. Erfüllen sie diese Prämissen nicht, weil sie einen Frequenzblock allein aus spekulativen Motiven und nicht zur tatsäch-lichen Nutzung ersteigerten, kann die RegTP die Erteilung nach § 15 Nr. 1 TKG oder § 47 V 3 TKG widerrufen. Auch die Wahl des verdeckten Verfahrens, das die jeweiligen Einzelgebote nicht offenlegte[814], erschwerte ein spekulatives Vorgehen.

Trotz dieser Bemühungen erhoben Beobachter der UMTS-Auktion aber den Vorwurf, dass die Gebote nicht allein an optimalen ökonomischen Erwägungen orientiert gewesen seien[815]:

(1.) Wegfall der Knappheit

Nach dem Ausscheiden des Bieters 'debitel' in der 126. Auktionsrunde verblieben sechs Lizenzinteressenten im Verfahren. Weil die RegTP insgesamt sechs Lizenzen mit jeweils zwei Frequenzblöcken hätte erteilen können, stand schon zu diesem Zeitpunkt die Tür zu dem später erreichten „six-player-market“[816] offen. In einer solchen Konstellation, in der sich eine gleiche Anzahl von Bewerbern und möglichen Lizenzen gegenübersteht, erkennen manche Kritiker den Wegfall der Lizenzknappheit. Daher seien nach der 126. Runde der UMTS-Auktion die Voraussetzungen einer Versteigerung gemäß §§ 11 IV, 10 S. 1 TKG entfallen. Um eine ökonomisch sinnvolle Lösung zu erzielen, hätte die RegTP die Auktion abbrechen und den Zuschlag an die verbliebenen sechs Bewerber erteilen sollen[817].

Als in Runde 127 der Bieter '3 G' Gebote auf drei Frequenzblöcke abgab und die übrigen Bewerber bei ihren Geboten auf zwei Blöcke blieben, war die Nachfrage hingegen insgesamt auf dreizehn Frequenzblöcke gerichtet und übertraf das bestehende Angebot von zwölf Frequenzblöcken um einen Block.

---

[812] Teil A Punkt 1 der Musterlizenz in Anlage A der RegTP, Entscheidung der Präsidentenkammer vom 18.02.2000 über die Festlegung und Regeln im Einzelnen zur Vergabe von Lizenzen für UMTS, S. 102ff.

[813] Teil B Punkt 4 der Musterlizenz in Anlage A der RegTP, Entscheidung der Präsidentenkammer vom 18.02.2000 über die Festlegung und Regeln im Einzelnen zur Vergabe von Lizenzen für UMTS, S. 102ff.

[814] RegTP, Entscheidung der Präsidentenkammer vom 18.02.2000 über die Durchführung des Versteigerungsverfahrens zur Vergabe von Lizenzen für UMTS, S. 2, 13ff.

[815] Degenhart, K&R 2001, 32, 41; Koenig, K&R 2001, 41, 53; ders./Neumann, ZRP 2001, 252, 256; Arndt, K&R 2001, 23, 30; Beese, MMR 9/2000. V.; vgl. auch FAZ vom 26.10.2000, S. 26; FAZ vom 11.07.2002, S. 12.

[816] Beese, MMR 9/2000, V.

[817] Degenhart, K&R 2001, 32, 41.

Ebenso verhielt es sich in den Folgerunden, in denen die Bieter Gebote auf einen dritten Block richteten[818]. Bis zur letzten Versteigerungsrunde bestand damit eine Knappheit an UMTS-Frequenzen und UMTS-Lizenzen. Die Zuteilung von Lizenzen trotz eines Versteigerungsabbruchs widerspräche zudem den elementaren Grundregeln jeder Auktion. Mit einem Abbruch geht einher, dass das jeweilige Gut nicht ersteigert wurde und daher nicht vergeben wird. Das Verfahren konnte keinen Marktpreis ermitteln, den ein Bieter zu entrichten hätte und der die Allokation der Güter bewirken könnte[819]. Die Annahme eines Wegfalls der Knappheit und die dafür vorgeschlagenen Konsequenzen können mithin nicht überzeugen.

(2.) Verdrängungsabsicht

Andere Kritiker erkennen in den weiteren Geboten der Auktionsteilnehmer nach der 126. Versteigerungsrunde den Versuch, potentielle Konkurrenten aus dem Verfahren zu drängen und vom Markt fernzuhalten[820]. Hätte die RegTP den Bietern von vornherein nur die Ersteigerung von zwei Frequenzblöcken gestattet, wären derart spekulativ motivierte Gebote ausgeschlossen gewesen[821]. Das gewählte Vergabeverfahren ließ ein Weiterbieten auf einen dritten Frequenzblock und die damit einhergehende Möglichkeit eines spekulativen Gebotes aber ausdrücklich zu[822]. Weil es damit ökonomisch sinnvolle Interessen verfolgte, ist es dennoch nicht zu beanstanden[823].

---

818 Vgl. die Ergebnisse der einzelnen Versteigerungsrunden, www.regtp.de >regulierung telekommunikation>frequenzverwaltung>umts (Stand: 04/2004).

819 Aus entsprechenden Erwägungen ist auch der nach der UMTS-Auktion aufgekommene Vorschlag abzulehnen, das Versteigerungsverfahren durch die Festsetzung einer Obergrenze, die die Gebote nicht überschreiten dürften, zu deckeln (Schumacher, NJW 2000, 3096, 3099). Bei einem solchen Vorgehen könnte keine Bewerberauswahl erfolgen, wenn alle Bieter bereit wären, den fixierten Höchstpreis zu entrichten, was in Knappheitssituationen zu erwarten wäre. Ein für diesen Fall vorgeschlagenes Losverfahren gäbe weder Aufschluss über die Effizienz der Bewerber noch über andere Qualitäten. Das Versteigerungsverfahren könnte durch eine derartige Begrenzung seinem originären Zweck nicht gerecht werden und wäre ad absurdum geführt.

820 Koenig, K&R 2001, 41, 53; ders./Neumann, ZRP 2001, 252, 256; Arndt, K&R 2001, 23, 30; allg. zu dieser Gefahr schon Hiltl/Großmann, BB 1996, 169, 171f.; Scherer, NJW 1996, 2953, 2958 (Fn. 32).

821 Manssen in Manssen, § 10 Rn. 4; Koenig, K&R 2001, 41, 53; ders./Neumnann, ZRP 2001, 252, 256; Schumacher, NJW 2000, 3096, 3099, siehe Teil 2 B. § 3 III. 2. c. dd.

822 RegTP, Entscheidung der Präsidentenkammer vom 18.02.2000 über die Festlegung und Regeln im Einzelnen zur Vergabe von Lizenzen für UMTS, S. 3, 79ff.

823 Zur Sachgerechtigkeit dieser flexiblen Verfahrensgestaltung siehe Teil 2 C. § 3 II. 1. b.

Vielmehr muss nun im Einzelnen untersucht werden, welche Absichten den Geboten nach Runde 126 zugrunde gelegen haben könnten und welche Konsequenzen dies für einen Rückschluss auf die Effizienz der Bieter hätte[824]. Zum einen könnten die Bieter das vorausgesetzte ökonomische Optimalverhalten an den Tag gelegt und sich allein an sachlichen Bedürfnissen und ihren eigenen Gewinnprognosen orientiert haben. Schließlich hatte im Laufe des Verfahrens nahezu jeder Bieter einmal auf einen dritten Frequenzblock geboten und dies sowohl vor, als auch nach dem Ausscheiden des Bieters 'debitel'[825]. Ein Rückschluss auf die Effizienz der Bieter wäre ohne weiteres möglich. Zum anderen könnten den Geboten aber tatsächlich spekulative Erwägungen und Verdrängungsbemühen zu Grunde gelegen haben. Diesbezüglich ist zwischen drei Alternativen zu unterscheiden: In der ersten Variante hätte ein Bieter das Ziel verfolgt, einen Konkurrenten aus dem Verfahren zu drängen. Er wäre aber sowohl bei einem Erfolg als auch bei einem Misserfolg dieser Bemühung nicht in der Lage, die Frequenzen effizient zu nutzen. Bei der zweiten Alternative wäre der Bieter nur bei einem erfolgreichen Verdrängungsbemühen und einer damit einhergehenden Wettbewerbsverschiebung zu einer effizienten Frequenznutzung fähig. In der dritten Konstellation könnte ein Bieter zwar Verdrängungsabsichten besessen haben, aber sowohl bei deren Erfolg als auch bei deren Scheitern wäre er in der Lage, die Frequenzen effizient zu betreiben.

(a.) Destruktive Verdrängungsabsicht

Die erste Alternative zeichnet sich durch eine destruktive Haltung des Bieters aus. Er müsste ein Gebot abgegeben haben, obwohl er unabhängig von der Anzahl seiner Konkurrenten mit einer Lizenz keine Gewinne erzielen könnte. Einen Rückschluss auf die Effizienz der Frequenznutung ließe sein Gebot nicht zu.

Einem solchen Verhalten steht allerdings das Selbsterhaltungs- und Gewinnstreben der Unternehmen diametral entgegen. Um einen über kurz oder lang drohenden Gang in die Insolvenz zu verhindern, würde jeder rationale

[824] Vgl. zu den möglichen Szenarien Lindstädt, Die Versteigerung der deutschen UMTS-Lizenzen, S. 11ff.

[825] So gaben z.B. in der 128. Runde die Bieter 'mobilcom' und '3 G' und in der 126. Runde der Bieter 'E-Plus' Gebote auf drei Blöcke ab. Von der 166. bis zur 171. Runde verhielt sich 'D2' (heute 'vodafone D2') und von der 162. bis zur 165. Runde 'T-Mobile' entsprechend. Vgl. zu den Ergebnissen der einzelnen Versteigerungsrunden www.regtp.de >regulierung telekommunikation>frequenzverwaltung>umts (Stand: 04/2004). Nach Beese, MMR 9/2000 V. hätten die Bieter 'Viag Interkom' (heute 'O2') und 'E-Plus' nach dem Ausscheiden des Bieters 'debitel' zu erkennen gegeben, sich mit zwei Frequenzblöcken zufrieden geben zu wollen.

Bieter aus einer Versteigerung ausscheiden, wenn die Höhe der Gebote ihm keinen wirtschaftlichen Erfolg mehr gestattete. In Anbetracht der aufzubringenden Summe von mehr als DM 16 Mrd. (€ 8,18 Mrd.) hätten die Kontrollmechanismen der Bieterunternehmen und die Prüfungen möglicher Fremdkapitalgeber solche Gebote unterbunden. Auch das Zulassungsverfahren zur Auktion und die Anforderungen an die Ernsthaftigkeit der Gebote erschwerten ein solches Vorgehen. Allein ein Unternehmen, das seine Marktposition bis zu einer zukünftigen Marktveränderung sichern wollte, könnte sich entsprechend verhalten und die damit einhergehenden finanziellen Lasten in Kauf nehmen. Angesichts der Gestaltung des Mobilfunkmarktes und der immensen Höhe der Lizenz- und Investitionskosten ist die Notwendigkeit für eine entsprechende Überbrückung aber nicht erkennbar. Eine derart spekulative Bietermotivation kann vorliegend ausgeschlossen werden.

(b.) Beachtliche Verdrängungsabsicht

Die zweite Alternative, bei der ein wirtschaftlicher Erfolg eines Bieters nur unter veränderten Konkurrenzbedingungen möglich wäre, erscheint zunächst durchaus real. Weil nach der 126. Runde kein weiterer Bieter aus der UMTS-Auktion ausschied, hätten entsprechende Absichten im Ergebnis keinen Erfolg gehabt. Der Bieter hätte eine Lizenz erhalten und müsste die erhöhte Versteigerungssumme entrichten, obwohl er zu einer wirtschaftlichen Nutzung der Frequenzen nicht in der Lage wäre. Ein Rückschluss von seinem Gebot auf die effiziente Nutzung der Frequenzen verböte sich. Allerdings wäre der Bieter im Ergebnis selbst Opfer seiner Spekulation. Wenn er die erhöhten Lizenzkosten nicht aus Rücklagen oder anderen Einnahmequellen bestreiten könnte, ginge er über kurz oder lang in die Insolvenz. Diese Gefahr hat sicherlich eine große Zahl von Bietern davon abgehalten, Gebote abzugeben, die nicht von ihren Wirtschaftlichkeitsprognosen getragen wurden.

Hinzu kommt, dass ein spekulativer Bieter die ersteigerten Frequenzblöcke für sein beabsichtigtes Dienstangebot nicht benötigte. Sie blieben ungenutzt, oder würden zumindest nicht vollständig ausgelastet. Die RegTP besäße die Möglichkeiten des Frequenzwiderrufs gemäß § 47 V 3 TKG oder des Lizenzwiderrufs gemäß § 15 Nr. 1 TKG. Auch diese Gefahr wird ein entsprechendes Vorgehen verhindert haben.

Ferner erhöhte das Weiterbieten nach der 126. Auktionsrunde die Lizenzkosten insgesamt um mehr als DM 40 Mrd. (€ 20,45 Mrd.)[826]. Eine einzelne Lizenz

---

[826] Vgl. zu den Ergebnissen der einzelenen Versteigerungsrunden www.regtp.de >regulierung telekommunikation>frequenzverwaltung>umts (Stand: 04/2004).

wurde dadurch um etwa DM 6,8 Mrd. (€ 3,48 Mrd.) teurer. Ein derart erhöhtes Gebot hätte ein Bieter nur abgegeben, wenn er durch die Verdrängung von Marktteilnehmern entsprechende zusätzliche Gewinne erwarten durfte[827]. Aufgrund der maximalen Frequenzausstattung von 2 x 15 MHz konnten die Bieter insgesamt höchstens zwei Konkurrenten aus dem Verfahren verdrängen. Alleine hätte ein Bieter lediglich einen Wettbewerber vom Markt fernhalten können. Ob die Tatsache, sich statt fünf nur vier Mitbewerbern stellen zu müssen, die Gewinnchancen eines Bieters in dieser Größenordnung verbessert, erscheint fraglich. Die Entwicklung des UMTS-Marktes war zum Zeitpunkt der Versteigerung noch nicht voraussehbar. Die Erwartungen an die UMTS-Technik und die möglichen Marktteilnehmer gingen weit auseinander. Die heutige Erkenntnis, dass ohnehin nur vier der sechs Lizenzempfänger den Markt betreten werden, war noch nicht zu erahnen[828]. Bei den Auktionsteilnehmern handelte es sich insgesamt um bedeutende, bereits im Mobilfunkgeschäft engagierte Unternehmen oder Konsortien, die über umfassende Marktkenntnisse und Erfahrungswerte verfügten. Es erschiene lebensfremd anzunehmen, dass sie ihr Weiterbieten nach Runde 126 allein auf die vage Hoffnung gestützt hätten, durch die Verdrängung eines Marktteilnehmers zusätzliche Gewinne in Höhe von mindestens DM 6,8 Mrd. (€ 3,48 Mrd.) zu erzielen. Das erhebliche wirtschaftliche Risiko, die möglichen Sanktionsmaßnahmen sowie die Regelungen, die ein Minimum an Marktteilnehmern voraussetzen, lassen ein solches spekulatives Vorgehen als fernliegend erscheinen. Folglich kann auch diese zweite Alternative mit hinreichender Zuverlässigkeit ausgeschlossen werden.

(c.) Unbeachtliche Verdrängungsabsicht

Im Rahmen der dritten Alternative wäre ein Lizenzerwerber auch bei einem Scheitern seiner Verdrängungsbemühungen noch in der Lage, die Lizenz, die er nun zu erhöhten Kosten erstehen müsste, ökonomisch sinnvoll zu nutzen. Er hätte damit bis zur letzten Versteigerungsrunde Gebote abgegeben, die seinen Wirtschaftlichkeitsprognosen entsprachen. Einem Rückschluss auf die Effizienz der Frequenznutzung stünde nichts entgegen. Auch die anderen im Ergebnis erfolgreichen Versteigerungsteilnehmer hätten ihre Gebote nur erhöht, wenn dies von ihren Rentabilitätserwartungen getragen gewesen wäre. Ansonsten hätte der preistreibende Bieter mit seinem Verdrängungsbemühen Erfolg gehabt und sie wären aus der Auktion ausgestiegen.

---

827 So auch Storr, K&R 2002, 67, 73.

828 Vgl. zu den bisherigen Entwicklungen auf dem UMTS-Markt Einleitung C.

Weil dies vorliegend nicht erfolgte, kamen nach der 126. Auktionsrunde offenbar alle Bieter zu dem Ergebnis, dass sich ein erhöhtes Angebot für sie noch rechnete. Unabhängig von einem möglichen Verdrängungsinteresse waren die Grenzen der Wirtschaftlichkeit damit noch nicht überschritten und die letztlich erfolgreichen Gebote lagen nicht über dem tatsächlichen Marktwert der Lizenzen.

Zusammenfassend kann damit ausgeschlossen werden, dass die Abgabe von Geboten für UMTS-Lizenzen ausschließlich auf spekulativen Motiven beruhte. Zwar lässt sich nicht leugnen, dass die Bieter ein Interesse an der Verdrängung von Mitbewerbern hatten. Allerdings wurde ihr Bieterverhalten dadurch nicht derart beeinflusst, dass es sich vollständig von den eigenen Wirtschaftlichkeitserwägungen entfernte[829]. Im Vordergrund standen sachliche Erwägungen, die einen Bedarf an zusätzlichem Frequenzraum begründeten. Auch wenn die Bieter eine UMTS-Lizenz in der 126. Runde zu weitaus geringeren Kosten hätten erhalten können, basierte ihr Weiterbieten auf einem ökonomischen und optimalen Bieterverhalten.

cc. Zwischenergebnis

Das konkrete Vergabeverfahren für UMTS-Lizenzen war in der Lage, den tatsächlichen Marktpreis der Lizenzen zu ermitteln. Das höchste Gebot gab Aufschluss über die Fähigkeit des Bieters, die Frequenzen effizient zu nutzen. Das Auswahlkriterium der UMTS-Auktion war geeignet, das mit ihr verfolgte Ziel zu erfüllen und mithin sachgerecht.

Damit ist auch die zunächst offengelassene Frage nach einer hinreichenden Unterscheidbarkeit der UMTS-Versteigerungserlöse von einer Steuer zu beantworten[830]. Wenn durch die Auktion der tatsächliche Marktwert der Lizenzen bestimmt wird, entspricht eine in dieser Höhe erhobene Gebühr auch in voller Höhe der in der Lizenzverleihung liegenden staatlichen Gegenleistung. Sie ist in voller Höhe von einer Steuer unterscheidbar.

d. Individuelle Zumutbarkeit

Schließlich müsste auch die UMTS-Lizenzversteigerung individuell zumutbar gewesen sein.

Obwohl die Mobiltelefonie nicht unter die Universaldienstgewährleistung des Art. 87 f GG fällt, besteht in Deutschland eine überragend hohe Nachfrage nach

---

[829] So i.Erg. auch Lindstädt, Die Versteigerung der deutschen UMTS-Lizenzen, S. 20.

[830] Teil 1 C. § 2 IV. 2.

entsprechenden Angeboten. Mit immer noch steigender Tendenz machen heute nahezu zwei Drittel der Konsumenten von dieser Kommunikationsform Gebrauch[831]. Die UMTS-Technik wird den derzeitigen Mobilfunkstandard mittelfristig ablösen und die Grundlage des zukünftigen Mobilfunkmarktes bilden. Es spricht daher vieles dafür, dass sich eine entsprechende Nachfrage auch auf die UMTS-Produkte richtet. Die Etablierung der UMTS-Technik vollzieht sich im internationalen Wettbewerb. Gelangten die UMTS-Dienste in Deutschland nicht oder nicht in optimaler Form auf den Markt, litte darunter der gesamte Wirtschaftstandort und die internationale Wettbewerbsfähigkeit mit allen damit einhergehenden nationalökonomischen Konsequenzen. Die Allgemeinheit besitzt daher ein überragendes Interesse an flächendeckenden, qualitativ hochwertigen und preisgünstigen UMTS-Angeboten.

Diese zu erbringen setzt eine möglichst effiziente Nutzung der zur Verfügung stehenden UMTS-Frequenzen voraus. Dazu benötigt ein Anbieter einen immensen Kapitalbedarf. Neben den ungewohnt hohen Lizenzkosten muss er Investitionen in den Aufbau eines neuen, bundesweiten Mobilfunknetzes, in die Entwicklung der Dienstangebote sowie in die Beschaffung der erforderlichen Hard- und Software vornehmen. Nach einem Netzstart wird er zudem die Mobiltelefone der Abnehmer subventionieren müssen, um seine Angebote erschwinglich zu halten[832]. Hätte ein Bieter eine UMTS-Lizenz erhalten, der über die dafür erforderlichen Finanzmittel nicht verfügt, wäre ihm eine effiziente Frequenznutzung nicht möglich. Über kurz oder lang blieben die ohnehin knappen UMTS-Frequenzen ungenutzt und die begehrten UMTS-Angebote würden nicht erbracht. Es liegt daher nahe, dass die RegTP die UMTS-Lizenzen nur an Bewerber vergibt, die in einem Versteigerungsverfahren die höchste Finanzkraft beweisen und damit die größtmögliche Gewähr für einen effizienten Frequenzbetrieb bieten. Dass Interessenten, die dazu nicht in der Lage sind, eine Teilhabe an UMTS-Frequenzen versagt bleibt, ist ihnen unter Berücksichtigung der marktlichen Allokation und der überragenden Interessen der Allgemeinheit grundsätzlich zumutbar[833].

Aus diesem Grunde verzichtet die RegTP - entgegen ihrer ursprünglichen Absicht - darauf, eine UMTS-Lizenz für kleinere oder mittlere, auf dem

---

[831] Siehe Teil 3 C. § 3 II. 2, a. aa.

[832] Zumindest im bisherigen Mobilfunkmarkt war dieses Verfahren üblich und wird auch für den UMTS-Markt erwartet, Michelle de Lussanet, Analystin bei Forrester Research in FAZ vom 14.10.2002, S. 24; ebenso FAZ vom 06.01.2003, S. 18; FAZ vom 22.09.2003, S. 20.

[833] So auch Kötter, DVBl. 2001, 1556, 1565.

Mobilfunkmarkt bislang nicht vertretene Bewerber zu reservieren[834]. Teile der Literatur hatten kritisiert, dass dieser Interessentenkreis kaum eine Chance auf eine Lizenz besäße[835]. Wären derartige Unternehmen unter Zuhilfenahme des Kapitalmarktes[836] oder durch Kooperationen mit anderen Anbietern[837] allerdings in der Lage gewesen, einen effizienten Frequenzbetrieb dauerhaft sicherzustellen, hätten sie dies auch im Rahmen eines Versteigerungsverfahrens unter Beweis stellen können.

Dieser grundsätzlichen Logik könnte allerdings die immense Summe von DM 16 Mrd. (€ 8,18 Mrd.) entgegenstehen, die ein UMTS-Lizenzbewerber für die Abgabe eines dazu erforderlichen Gebotes aufbringen musste. Ob tatsächlich eine derart hohe Finanzausstattung erforderlich ist, um die UMTS-Frequenzen effizient zu nutzen, erscheint zumindest nachfragenswert. Aufgrund der geringen sachlichen und personellen Mindestvoraussetzungen besaß hingegen jeder halbwegs relevante Interessent Zugang zu der UMTS-Auktion. Die Höhe der Lizenzkosten wurde allein durch die teilnehmenden Bieter festgesetzt. Hätten sie in einer früheren Versteigerungsrunde auf eine Erhöhung der Gebote verzichtet, wären die Aufwendungen geringer ausgefallen. Die Bewerber, die das höchste Gebot abgaben, bewiesen eine Finanzkraft, die der einzig unterlegene Bieter der UMTS-Auktion oder die gar nicht erst an ihr teilnehmenden Lizenzinteressenten nicht aufweisen konnten. Damit boten sie zugleich die höchste Gewähr für einen effizienten Frequenzbetrieb. Selbst wenn andere Interessenten dazu ebenfalls geeignet gewesen wären, konnten sie

---

834 RegTP, Entscheidung der Präsidentenkammer vom 18.02.2000 über die Festlegung und Regeln im Einzelnen zur Vergabe von Lizenzen für UMTS, S. 82ff.; Koenig/Neumann, ZRP 2001, 252, 256. Klöck, RTkom 2000, 280, 287 sähe in einer normierten Begünstigung kleinerer Unternehmen ein „Reservat für Schwache".

835 Beese/Naumann, MMR 2000, 145, 147, Schumacher, NJW 2000, 3096, 3100; Kloepfer, Informationsrecht, § 11 Rn. 101. Speziell hinsichtlich unterschiedlicher Marktzugangsbedingungen für Neulinge Hahn in Scheuerle/Mayen, § 11 Rn. 36; Storr, K&R 2002, 67, 73 und hinsichtlich unterschiedlicher Voraussetzungen für notwendige Roaming-Vereinbarungen v.Hammerstein, MMR 2001, 214, 214ff.

836 Davon machten alle erfolgreichen Bieterunternehmen umfassend Gebrauch, vgl. FAZ vom 18.08.2000, S. 26. Auch die 'Deutsche Telekom' hatte, entgegen der gegen sie erhobenen Vorwürfe (Koenig, K&R 2001, 41, 53; ders./Neumnann, ZRP 2001, 252, 256), keine weitergehenden Möglichkeiten, sich Kapital zu verschaffen, als die übrigen Bieter. Die noch bestehende Minderheitsbeteiligung des Staates beeinflusst die Kapitalbeschaffung eines privatwirtschaftlichen Unternehmens nicht maßgeblich.

837 Zu der Möglichkeit der Konsortienbildung Klöck, RTkom 2000, 280, 288; Storr, K&R 2002, 67, 73. Zu den Möglichkeiten einer gemeinsamen Infrastrukturnutzung siehe bereits Teil 2 C § 3 II. 2. a. dd.

nicht die gleiche Sicherheit zur Erreichung dieses überragenden Allgemeininteresses bieten. Die RegTP musste den Zuschlag daher an die höchstbietenden Bewerber erteilen. Angesichts der Bedeutung einer effizienten Frequenznutzung war das UMTS-Versteigerungsverfahren den unterlegenen Lizenzbewerbern trotz der immensen Lizenzkosten zumutbar.
Auch den Lizenzempfängern war die Höhe der Versteigerungserlöse zumutbar. Schließlich gaben sie selbst entsprechende Gebote ab. Sie orientierten sich dabei an ihren eigenen Wirtschaftlichkeits- und Rentabilitätsprognosen, die offensichtlich zu dem Ergebnis kamen, dass die UMTS-Frequenzen ein ausreichendes Gewinnpotential besitzen, um sie auch bei derart hohen Lizenzkosten effizient betreiben zu können. Mit ihren Geboten wiesen die Auktionsteilnehmer den UMTS-Lizenzen also einen entsprechenden Marktwert zu, den die RegTP aufgrund der Vorteilsausgleichungsfunktion der Gebühr zwangsläufig in voller Höhe erheben musste[838]. Wenn die Lizenznehmer ihre Einschätzungen im Nachhinein revidieren und die Lizenzkosten als zu hoch erachten[839], können sich die damit deutlich werdenden Irrtümer und Fehlprognosen nicht zu Lasten des Staates auswirken. Im Gegensatz zur RegTP standen den Bieterunternehmen sämtliche relevanten Informationen zur Verfügung, die zu einer objektiven Markteinschätzung erforderlich waren. Auch andere Vergabeverfahren, wie eine Ausschreibung gemäß § 11 VI TKG, hätten sie vor möglichen Fehlkalkulationen nicht bewahrt. An den Marktwert einer UMTS-Lizenz, den die Bieter selbst festgesetzt haben, müssen sie sich also auch im Nachhinein binden lassen[840].
Die Höhe der Gebote und die darin zum Ausdruck kommende Nachfrage dokumentieren eindrucksvoll die überragende Bedeutung einer effizienten Nutzung der UMTS-Frequenzen. Bei einer Abwägung dieses Bedürfnisses der Allgemeinheit mit den Belangen der einzelnen Unternehmen, zu zumutbaren Bedingungen am Mobilfunkmarkt teilnehmen zu können, führt die UMTS-Auktion zu einem angemessenen Ausgleich und war den Bewerbern individuell zumutbar.

838 So auch Kämmerer, NVwZ 2002, 161, 166; anders Breuer, Festschrift Maurer, S. 25, 41f., der die Verhältnismäßigkeit ablehnt, weil er ohne weitere Begründung die Höhe der Erlöse von fiskalischen Interessen getragen sieht.
839 Siehe Einleitung C.
840 So i.Erg. auch Hufeld, JZ 2002, 871, 875.

§ 4 Zwischenergebnis

Die Vergabe von UMTS-Mobilfunklizenzen erfolgte im Wege einer sachgerechten Auswahlentscheidung und unter Ausschöpfung der zur Verfügung stehenden Kapazität. Sie stand mit Art. 12 I i.V.m. 19 III GG im Einklang[841] und wahrte die Vorgaben des Art. 87 f I GG

D. Ergebnis

Die gesetzlichen Regelungen der §§ 6, 10, 11 IV TKG, die eine Lizenzierung, Verknappung und Versteigerung von Telekommunikationslizenzen vorsehen, verstoßen ebenso wenig gegen die Vorgaben der Verfassung wie die konkrete Anwendung und Ausgestaltung dieser Vorschriften im Rahmen der Versteigerung von UMTS-Mobilfunklizenzen. Damit kann die Ausgangsfrage beantwortet werden: Der Staat kann sich bei der Auswahl von Lizenzbewerbern und der Festsetzung von Lizenzgebühren eines Versteigerungsverfahrens bedienen.

[841] Zur Betroffenheit weiterer Grundrechte siehe Teil 2 B. § 1 IV.

TEIL 3 - BUND ODER LÄNDER - DIE VERTEILUNG DER UMTS-VERSTEIGERUNGSERLÖSE IM BUNDESSTAAT

Im Weiteren soll die Frage beantwortet werden, welcher bundesstaatlichen Ebene die im Einklang mit der Verfassung erhobenen UMTS-Versteigerungserlöse zustehen. Dabei handelt es sich um die Zuordnung der sogenannten Ertragshoheit oder des primären Finanzausgleichs zwischen Bund und Ländern (dazu A.). Ist eine entsprechende Festlegung erfolgt, sind im Rahmen des sogenannten sekundären Finanzausgleichs gegebenenfalls bestehende Folgeansprüche zwischen den möglichen Gebührengläubigern zu untersuchen (dazu B.).

A. Ertragshoheit - Primärer Finanzausgleich

Nach der klassischen Definition von Albert Hensel besitzt ein Staat die Ertragshoheit eines Abgabenobjektes, wenn die Erträge seinem Haushalt zugute kommen, gleichgültig, ob die Abgabe von ihm oder einer anderen Staatsgewalt auferlegt wird[842]. Nach heutigem Verständnis liegt die Ertragshoheit einer Abgabe bei der öffentlich-rechtlichen Körperschaft, welche die Befugnis besitzt, das Aufkommen als eigenes Finanzierungsmittel zu vereinnahmen und darüber zu verfügen[843]. Die Ertragshoheit ist damit der finanzverfassungsrechtliche Rechtsgrund zum „Behaltendürfen des Abgabenertrages"[844].

In Bezug auf Steuern regelt die Finanzverfassung die Ertragshoheit ausdrücklich und abschließend. Art. 106 GG weist das Aufkommen entweder ausschließlich dem Bund, den Ländern bzw. den Gemeinden zu oder normiert die Anteile, zu denen diese Ebenen daran teilhaben sollen. Hinsichtlich der Ertragshoheit von Gebühren finden sich entsprechende Vorgaben nicht. Offensichtlich gingen die Verfassungsgeber davon aus, dass nur Steuern, die heute etwa 80 % der staatlichen Einnahmen ausmachen[845], einen Umfang erreichen, der das bundesstaatliche Gleichgewicht tangieren kann und eine Auseinandersetzung mit der Ertragshoheit erforderlich macht. Die so entstandene finanzverfassungsrechtliche Lücke[846] ist durch eine ergänzende Interpretation zu schlie-

---

[842] Hensel, Finanzausgleich, S. 20.

[843] Schneider, VBlBW 1988, 161, 165; Daumke, Grundriss des Steuerrechts, S. 25; Korioth, Finanzausgleich, S. 272f.; Badura, Staatsrecht, Kap. I Rn. 2.

[844] Vogel/Waldhoff in BK, Vorbem. z. Art. 104 a-115 Rn. 43; Korioth, Finanzausgleich, S. 109f., 266ff., 274ff.

[845] BMF, Finanzbericht 2002, S. 116.

[846] Fischer-Menshausen in v.Münch/Kunig; Art. 106 Rn. 2; Stern, Staatsrecht II, S. 1160; Henneke, Öffentliches Finanzwesen, Rn. 799.

ßen, welche der verfassungsrechtlichen Funktion der jeweiligen Gebühr gerecht zu werden hat[847]. Dazu sind zunächst die bisher angestellten Überlegungen zur Ertragshoheit von Gebühren zu betrachten.

§ 1 Meinungsstand zur Gebührenertragshoheit

Rechtsprechung und Literatur problematisieren die Ertragshoheit von Gebühren nur sporadisch. Wenn sie Erwähnung findet, erschöpfen sich die Erörterungen meist in knappen Feststellungen und regelmäßig unterbleibt eine Differenzierung zwischen aufwandsausgleichenden und vorteilsausgleichenden Gebührentypen[848].

Eine Ansicht vertritt, dass die Ertragshoheit einer Gebühr bei der Instanz liege, der die Gesetzgebungszuständigkeit für die jeweilige Gebührenerhebung zukomme[849]. Deren Inhaber könne die Gebührenerträge uneingeschränkt sich selbst oder einer beliebigen anderen Gebietskörperschaft zuordnen[850].

Die ganz überwiegend vertretene Ansicht knüpft an die Lastentragung an. Der staatlichen Ebene, der ein Aufwand entstanden sei oder die einen Vorteil zugewendet habe, müssten auch die dafür erhobenen Gebührenerlöse zukommen. Dabei handele es sich jeweils um die Instanz, der die Verwaltungshoheit für die betreffende Sachmaterie zufalle[851]. Der Gesetzgeber könne sich zwar

---

[847] Korioth, UMTS-Gutachten, S. 76.

[848] So bei Vogel/Waldhoff in BK, Vorbem. z. Art. 104 a-115 Rn. 43; Heun in Dreier, Art. 106 Rn. 8; Siekmann in Sachs, vor Art. 104 a Rn. 36; Fischer-Menshausen in v.Münch/Kunig, Art. 106 Rn. 2; Pieroth in Jarass/Pieroth, Art. 106 Rn. 2; Ruhe in Seifert/Hömig, Art. 106 Rn. 1; P. Kirchhof in HStR IV, § 88 Rn. 212; Henneke, Öffentliches Finanzwesen, Rn. 800.

[849] Schneider, VBlBW 1988, 161, 166; Vogel/Waldhoff in BK, Vorbem. z. Art. 104 a-115 Rn. 425; Stern, Staatsrecht II, S. 1160, der die Ertragshoheit zumindest teilweise anhand von Gesetzgebungsnormen zuweist.

[850] Hinsichtlich aufwandsausgleichender Gebühren: BVerwGE 95, 188, 192f.; F. Kirchhof, Die Höhe der Gebühr, S. 37ff.; Wilke, Gebührenrecht, S. 54; Murswiek, Die Entlastung der Innenstädte, S. 91; Kloepfer, Informationsrecht, § 11 Rn. 102. Hinsichtlich vorteilsausgleichender Gebühren: Meyer, Gebühren für die Nutzung von Umweltressourcen, S. 227.

[851] Hinsichtlich aufwandsausgleichender Gebühren: Hidien in BK, Art. 106 Rn. 569; Vogel/Waldhoff in BK, Vorbem. z. Art. 104 a-115 Rn. 425; Maunz in Maunz/Dürig, Art. 104 a Rn. 9; Ruhe in Seifert/Hömig, Art. 106 Rn. 1; Heun in Dreier, Art. 106 Rn. 8; Siekmann in Sachs, vor Art. 104 a Rn. 36; Pieroth in Jarass/Pieroth, Art. 106 Rn. 2; Fischer-Menshausen in v.Münch/Kunig, Art. 106 Rn. 2; Henneke, Öffentliches Finanzwesen, Rn. 800; Wendt in HStR IV, § 104 Rn. 71; P. Kirchhof, ebend., § 88 Rn. 212; ders., Jura 1983, 505, 513. Hinsichtlich vorteilsausgleichender Gebühren: BVerfGE 105, 185, 193; BVerwG VBlBW 1985, 58, 58; Heimlich, Verleihungsgebühr, S. 315; Wieland, Die Konzessionsabgabe, S. 324f.; Wilke, Gebührenrecht, S. 53; Leist, DVBl. 2002, 903, 304.

zur Ertragshoheit äußern, seine Kompetenz beschränke sich aber auf deklaratorische Aussagen, eine andere Zuweisung als an den betroffenen Verwaltungsträger könne er nicht konstituieren[852]. Zusammenfassend wird die Ertragshoheit von Gebühren damit entweder an die Gesetzgebungskompetenz gemäß Art. 70 ff. GG oder an die Verwaltungshoheit gemäß Art. 83 ff. GG gekoppelt.

§ 2 Ertragshoheit der UMTS-Versteigerungserlöse

Die Erlöse aus der UMTS-Lizenzversteigerung vereinnahmte ausschließlich der Bund und verwandte sie zur Tilgung langfristiger Schulden. Die dadurch ersparten Zinsgewinne investierte er insbesondere in die Bereiche Bildung, Wissenschaft und Infrastruktur[853]. Die Länder blieben dabei vollkommen unberücksichtigt[854]. Im Rahmen des Rechtssetzungsverfahrens zu § 11 VI TKG ging der Bundesgesetzgeber offensichtlich stillschweigend von einer ausschließlich bundesseitigen Erlösvereinnahmung aus[855]. Ob dies im Einklang mit den Festlegungen der Verfassung steht, ist im Folgenden zu untersuchen.

I. Nach den tradierten Ansätzen

Die tradierten Ansätze aufnehmend, besitzt der Bund nach Art. 87 III, 87 f GG die Verwaltungszuständigkeit für die Sachbereiche der Post und der Telekommunikation. Davon ist unbestritten auch die Lizenzvergabe im Bereich des UMTS-Mobilfunks umfasst. Als Annex zu seiner Gesetzgebungskompetenz im Post- und Telekommunikationswesen gemäß Art. 73 Nr. 7 GG obliegt ihm zudem die Gesetzgebungszuständigkeit für Gebührenerhebungen in diesem Kontext, worunter auch die UMTS-Lizenz- und Frequenzgebühren fallen. Im TKG, das zur Erhebung der Versteigerungserlöse ermächtigt, findet sich keine Regelung der Ertragshoheit, welche die Gebührenerlöse einer anderen Instanz zuweist. Die Länder besitzen im Bereich der Telekommunikation weder die Gesetzgebungs- noch die Verwaltungshoheit. Alle vertretenen Ansätze kämen zu dem Ergebnis, dass die Ertragskompetenz für UMTS-Versteigerungserlöse ausschließlich beim Bund läge.

---

[852] Hinsichtlich aufwandsausgleichender Gebühren: P. Kirchhof in HStR IV, § 88 Rn. 212; Ruhe in Seifert/Hömig, Art. 106 Rn. 1; Henneke, Öffentliches Finanzwesen, Rn. 799f. Hinsichtlich vorteilsausgleichender Gebühren: Heimlich, Verleihungsgebühr, S. 315; Wieland, Die Konzessionsabgabe, S. 325.

[853] Siehe Einleitung.

[854] Vgl. zu der hier unberücksichtigten Problematik einer Umsatzsteuerpflicht des Bundes für die Versteigerungserlöse Tiedtke, UR 2001, 528, 528ff.; Hidien, UR 2002, 165, 165ff.

[855] Breuer, Festschrift Maurer, S. 25, 28 m.w.N.

II. Nach der Entscheidung des BVerfG

Zu einer entsprechenden Einschätzung gelangte auch das BVerfG[856]. Es hatte sich aufgrund eines von den Ländern Hessen, Baden-Württemberg und Bayern angestrengten Bund-Länder-Streitverfahrens mit der Ertragshoheit für die UMTS-Versteigerungserlöse zu befassen[857]. Die Länder hatten sich gegen deren ausschließliche Vereinnahmung durch den Bund gewandt und eine hälftige Beteiligung daran gefordert[858]. In seinem Urteil führte das Gericht ohne weitergehende Begründung aus, dass die Ertragszuständigkeit von Einnahmen, die nicht aus Steuern oder Finanzmonopolen stammten, sondern bei denen ein unmittelbarer Zusammenhang mit der Erfüllung einer bestimmten öffentlichen Aufgabe oder Tätigkeit bestehe, mangels anderweitiger Regelung grundsätzlich der jeweiligen Verwaltungszuständigkeit für die betreffende Sachaufgabe folge. Weil es die Verwaltungszuständigkeit für die UMTS-Lizenzvergabe beim Bund sah, gestand es ihm die ausschließliche Ertragshoheit für die UMTS-Versteigerungserlöse zu und wies die Anträge der Länder zurück[859].

§ 3 Offenheit der Ertragshoheit von Verleihungsgebühren

Ob die Ertragshoheit vorteilsausgleichender UMTS-Gebühren anhand derselben Kriterien bestimmt werden kann wie die aufwandsausgleichender Gebühren, ist - selbst wenn man dies im Ergebis bejahen wird - wegen der dogmatischen Unterschiede dieser Gebührenarten einer genaueren Betrachtung zu unterziehen.

Den Anknüpfungspunkten der Gesetzgebungs- und Verwaltungskompetenz lag zunächst die klassische Funktion der Gebührenerhebung zum Ausgleich eines Verwaltungsaufwandes zugrunde. Wenn ein solcher besteht, erscheint es geradezu zwingend, ein Gebührenaufkommen der Ebene zukommen zu lassen, die diesen zu tragen hat. Nur so kann eine aufwandsausgleichende Gebühr ihre Funktion erfüllen. Jede andere Ertragszuweisung wäre widersprüchlich und würde die verfassungsrechtliche Rechtfertigung ihrer Erhebung im Nachhinein in Frage stellen. Welche staatliche Ebene einen Aufwand zu tragen hat, ergibt sich aus dem Konnexitätsprinzip. Nach Art. 104a I, II i.V.m. Art. 30 GG kommen Bund und Ländern die Ausgaben zu, die sich aus der Wahrnehmung

---

856 BVerfGE 105, 185, 192ff.

857 Vgl. zu den mit diesem Verfahren verbundenen Normenkontrollanträgen in Bezug auf § 11 TKG und hilfsweise auf § 1 FAG Teil 3 A. § 5.

858 Siehe Antragsbegründung zu BVerfGE 105, 185, 190ff.; Korioth, UMTS-Gutachten, S. 78ff.; FAZ vom 06.03.2002, S. 1, 15.

859 BVerfGE 105, 185, 193; kritisch Hidien, DStZ 2002, 419, 420.

ihrer Aufgaben ergeben. Dadurch werden Einnahmen an Aufgaben gebunden und ihr Aufkommen muss demjenigen zustehen, der diese erfüllt[860]. Wer im bundesstaatlichen Gefüge Aufgaben wahrnimmt, beantwortet die Zuteilung der Verwaltungskompetenz. Dem Gesetzgeber fallen allein durch die Normierungen einer Materie keine ausgleichspflichtigen Lasten zu. Es besteht mithin keine Notwendigkeit, die Ertragshoheit an die Gesetzgebungskompetenz zu knüpfen. Besäße der Gesetzgeber die Möglichkeit, Gebühreneinnahmen beliebig zuordnen zu können, stünde es in seiner Macht, den Aufwand einer Ebene unausgeglichen zu lassen und dafür eine andere Ebene gegenleistungslos zu begünstigen. Dadurch würde ein Instrument des indirekten Finanzausgleichs zwischen Behörden und Körperschaften installiert, das im Widerspruch zu der jeweiligen Rechtfertigung der Gebühren und dem geschlossenen Rahmenwerk der Finanzverfassung stünde[861]. Im Ergebnis kann die Ertragshoheit aufwandsausgleichender Gebühren nicht an die Gesetzgebungszuständigkeit anknüpfen, sondern hat der Verwaltungskompetenz der zugrundeliegenden Materie zu folgen. Allein dadurch wird die finanzverfassungsrechtliche Lücke, die hinsichtlich der Ertragshoheit besteht, entsprechend der Funktion und Bedeutung dieser Gebührentypen geschlossen.
Davon zu unterscheiden ist die Ertragshoheit für die Verleihungsgebühren. Deren Erhebung rechtfertigt sich gerade nicht mit der Kompensation einer Last oder eines Aufwandes, sondern mit der gleichheitsstiftenden Abschöpfung eines Sondervorteils, der einem Begünstigten durch eine Verleihung eines Rechts zuteil wurde. Mit der Einräumung dieses Vorteils entsteht der Verwaltung einer Hoheitsebene kein der Gebührenhöhe entsprechender Aufwand, so dass eine Verleihungsgebühr auch nicht deren Ausgleich verfolgen kann. Es wäre also widersinnig, auch die Ertragshoheit dieser Gebühren an nicht vorhandene Lasten zu knüpfen[862]. Eine blinde Übertragung der hergebrachten Ansätze ließe die besondere finanzverfassungsrechtliche Bedeutung und Begründung dieses Gebührentyps unberücksichtigt.

---

[860] So auch Vogel in HStR, § 87 Rn. 34; Wendt, ebend., § 104 Rn. 73f.; Henneke, Öffentliches Finanzwesen, Rn. 799; Meyer, Gebühren für die Nutzung von Umweltressourcen, S. 227; Stern, Staatsrecht II, S. 1160.

[861] So i. Erg. auch P. Kirchhof in HStR IV, § 88 Rn. 212; Ruhe in Seifert/Hömig, Art. 106 Rn. 1; Henneke, Öffentliches Finanzwesen, Rn. 799f.

[862] So i. Erg. für die Länder Hessen, Baden-Württemberg und Bayern auch Korioth, UMTS-Gutachten, S. 81; ebenso Leist, DVBl. 2002, 903, 903 und Hufeld, JZ 2002, 871, 877f., der zwar nicht von einer Verleihungsgebühr ausgeht, aber dennoch die Offenheit der Ertragshoheit feststellt; vgl. auch Wieland, Die Konzessionsabgabe, S. 325.

Das BVerfG lässt eine weitergehende Klassifizierung der UMTS-Versteigerungserlöse offen und kann zu einer Würdigung der Besonderheiten einer Verleihungsgebühr damit nicht gelangen[863]. An anderer Stelle verneint es aber die Existenz eines verfassungsrechtlichen Gebührenbegriffs, der abschließend alle zulässigen Gebührenarten definiert[864]. Wenn der Gebührenbegriff also offen ist, insbesondere für neue innovative Entwicklungen, muss auch die Gebührenertragshoheit für derartige Entwicklungen offen sein. Verleihungsgebühren stellen einen neuen, eigenständigen Gebührentyp dar, der sich vor allem hinsichtlich seiner Rechtfertigung von anderen Gebührenarten unterscheidet. Ihre Ertragshoheit ist daher neu und unabhängig von den bisherigen Ansätzen zu beantworten. Damit ist zwar nicht ausgeschlossen, dass sie dennoch der Verwaltungskompetenz folgt, selbstverständlich ist dies aber nicht.

§ 4 Anknüpfungspunkte zur Ermittlung der Ertragshoheit von Verleihungsgebühren

Um die verfassungsrechtliche Regelungslücke zur Ertragshoheit von Gebühren auch hinsichtlich der Verleihungsgebühr zu schließen, ist das Grundgesetz zunächst auf Regelungen zu untersuchen, die einen unmittelbaren Rückschluss darauf zulassen. Führt dies zu keinem Ergebnis, sind Anknüpfungspunkte zu betrachten, die zumindest einen mittelbaren Rückschluss erlauben.

I. Unmittelbare verfassungsrechtliche Anknüpfungspunkte

Verfassungsrechtliche Normierungen zur Kompetenzzuweisung im Bundesstaat finden sich hinsichtlich der Verwaltungshoheit in Art. 83ff. GG und hinsichtlich der Gesetzgebungshoheit in Art 70ff. GG. Sie behandeln jedoch vollkommen andere Materien als die Ertragshoheit von Verleihungsgebühren. Für eine unmittelbare analoge Heranziehung fehlt es an der erforderlichen Vergleichbarkeit der zugrunde liegenden Sachverhalte.

1. Bestimmung der Ertragshoheit unter Heranziehung von Art. 106, 107 GG

Art. 106ff. GG regeln die Ertragskompetenz für Steuern. Die aufkommensstarken Steuerarten weisen Art. 106 III, 107 GG jeweils hälftig dem Bund und den Ländern zu. Eine analoge Anwendung dieser Regelung auf die Ertragshoheit

---

[863] BVerfGE 105, 185, 193.

[864] BVerfGE 93, 319, 345 unter Hinweis auf BVerfGE 50, 217, 225f.; BVerfGE 97, 334, 344.

von Verleihungsgebühren lehnen Literatur und Rechtsprechung bislang jedoch einhellig ab[865]. Diese Einschätzung beruht aber auf einer Betrachtung aufwandsausgleichender Gebührentypen. Im Gegensatz dazu werden die Erlöse aus Verleihungsgebühren nicht durch einen Lastenausgleich gebunden, sondern stehen dem Staatshaushalt, ähnlich einer Steuer, uneingeschränkt zur Verfügung. Im Fall der UMTS-Erlöse weisen sie mit annähernd DM 100 Mrd. (€ 51,13 Mrd.) eine Höhe auf, die ansonsten allein Steuern erzielen. Im Unterschied zu aufwandsausgleichenden Gebührenarten ähneln Verleihungsgebühren also in vielerlei Hinsicht der Abgabenart der Steuer, so dass eine analoge Heranziehung des Art. 106 III GG, entgegen der herrschenden Ansicht, nicht von vornherein ausscheiden muss[866]. In diesem Sinne begründeten auch die Länder, die vor dem BVerfG auf eine Beteiligung an den UMTS-Versteigerungserlösen klagten, ihre Anträge[867].
Das BVerfG hat anlässlich der hier zu untersuchenden Frage allerdings erneut festgestellt, dass die Finanzverfassung des Grundgesetzes eine in sich geschlossene Rahmen- und Verfahrensordnung darstelle, die auf Formenbindung und Formenklarheit angelegt sei[868]. Diese Prinzipien seien Teil der funktionsgerechten Ordnung eines politisch sensiblen Bereichs und verwirklichten ein Stück Gemeinwohlgerechtigkeit. Sie förderten und entlasteten den politischen Prozess, indem sie ihm einen festen Rahmen vorgäben, innerhalb dessen er frei sei, sich nach seinen eigenen Regelungen und Bedingungen zu verwirklichen. Der Rahmen selbst stelle indes eine Grenze dar, die der einfache Gesetzgeber nicht überschreiten dürfe[869]. Die Finanzverfassung bezieht sich in Art. 106ff. GG ausdrücklich auf Steuern. Verleihungsgebühren stellen, auch wenn sie dem Haushalt ohne Bindung zugute kommen, eine Gegenleistung für eine staatliche Rechtsverleihung dar und sind als Gebühren zu definieren[870]. Selbst wenn sie eine Höhe aufweisen, die bislang nur durch Steuern erreicht wurde, bleiben sie vor dem Hintergrund des geschilderten Formprinzips Gebühren und wachsen

---

865 BVerfGE 55, 274, 300f.; 67, 256, 288f.; Brockmeyer in Schmidt/Bleibtreu-Klein, Art. 106 Rn. 1; Fischer-Menshausen in v.Münch/Kunig; Art. 106 Rn. 2; Henneke, Öffentliches Finanzwesen, Rn. 799; Degenhart, Staatsrecht I, Rn. 204; Schneider, VBlBW 1988, 161, 166.

866 So auch Hidien, DStZ 2002, 419, 419.

867 Siehe Antragsbegründung zu BVerfGE 105, 185, 190f.; Korioth, UMTS-Gutachten, S.78ff.

868 BVerfGE 105, 185, 193f. unter Bezugnahme auf BVerfGE 67, 256, 288.

869 BVerfG 67, 256, 288f.; 105, 185, 194.

870 Siehe Teil 1 B. §4 4.

nicht in die Abgabenart der Steuern hinein. Eine Anwendbarkeit der Art 106ff. GG kommt nicht in Betracht.
Das BVerfG stellte weiterhin klar, dass die finanzverfassungsrechtlichen Vorgaben in sensibler Ausgewogenheit die Prinzipien der Lasten- und Ertragsverteilung zwischen den bundesstaatlichen Ebenen normieren[871]. Ihrer strikten Beachtung komme eine überragende Bedeutung für die Stabilität der bundesstaatlichen Verfassung zu. Weder der Bund noch die Länder noch beide zusammen können über die ihnen zugewiesenen Kompetenzen verfügen[872]. Auch eine analoge Anlehnung der Ertragshoheit von Verleihungsgebühren an steuerbezogene Verteilungsgrundsätze führte also zu einem Verstoß gegen die Finanzverfassung[873], der die Zulässigkeit ihrer Erhebung in Frage stellte[874]. Der finanzverfassungsrechtliche Verteilungsmechanismus von Steuereinnahmen kann weder direkt noch in analoger Form auf die Ertragshoheit von Verleihungsgebühren angewandt werden[875].

2. Bestimmung der Ertragshoheit unter dem Gesichtspunkt der Aufrechterhaltung des Gleichgewichts der föderalen Finanzverteilung

Das Grundgesetz zielt auf ein sachgerechtes Gleichgewicht der Finanzaufteilung zwischen Bund und Ländern[876]. Das detaillierte Verteilungssystem der Finanzverfassung soll, wie Art. 104a I, II i.V.m. Art. 30 GG deutlich macht, Bund und Länder in die Lage versetzen, die ihnen zugewiesenen Aufgaben sachgerecht erfüllen zu können[877]. Ausdrücklich bezog sich dieses Bemühen bislang nur auf Steuern. Gebühren konnten dabei solange unberücksichtigt bleiben, wie sie ausschließlich zur Deckung konkret erbrachter Aufwendungen vereinnahmt wurden. Durch diese Bindung ließen sie die staatlichen Haushalte im Saldo unverändert und tangierten das finanzielle Gleichgewicht nicht. Mit

---

[871] BVerfGE 105, 185, 194 ebenso BVerfG, 2 BvL 1/99 vom 17.07.2003; Absatz-Nr. 117, www.bverfg.de/entscheidungen/ls20030717 2bvl000199.html (Stand: 04/2004); zuvor schon BVerfGE 55, 274, 300; 72, 330, 388.
[872] BVerfGE 105, 185, 194; 4, 115, 139; 32, 145, 156; 39, 96, 109; 55, 274, 300f.
[873] Anders Korioth, UMTS-Gutachten, S. 80, wonach die bundesstaatliche Finanzverteilung nicht unterlaufen, sondern gerade gewahrt würde.
[874] Anders auch hier Korioth, S. 81, der diesen Einwand auf der Ebene der grundsätzlichen Anerkennung von Verleihungsgebühren ansiedelt, nicht aber hinsichtlich der Ertragshoheit.
[875] So i. Erg. auch Becker, DÖV 2003, 177, 179.
[876] Fischer-Menshausen in v.Münch/Kunig, Art. 106 Rn. 6; Heun in Dreier, Art. 106 Rn. 9; Henneke, Öffentliches Finanzwesen, Rn. 685f.
[877] BVerfGE 32, 333, 338; 55, 274, 300; 72, 330, 338; 86, 148, 214, 264; Hidien in BK, Art. 106 Rn. 88; Siekmann in Sachs, vor Art. 104 a Rn. 27; Heun in Dreier, Art. 104 a Rn. 7; Henneke, Öffentliches Finanzwesen, Rn. 685.

der Anerkennung der Verleihungsgebühren und der damit einhergehenden Lösung vom Kostendeckungsgrundsatz wird diese Bindung aber aufgehoben. Diese Gebühren fließen ungebunden in die Haushalte von Bund oder Ländern und stehen ungebunden zur Erfüllung allgemeiner Aufgaben zur Verfügung. Sofern sie eine gewisse Höhe erreichen, können sie also durchaus zu einer Verschiebung des finanziellen Gleichgewichts führen. Mithin müssen sie bei der Herstellung eines finanziellen Ausgleichs Berücksichtigung finden.
Die Erlöse aus den UMTS-Mobilfunklizenzen beliefen sich auf die beachtliche Größenordnung von knapp DM 100 Mrd. (€ 51,13 Mrd.). Sie standen dem Bund in einer Summe zur Verfügung, während die Haushaltslage der Länder unverändert blieb bzw. durch die Abschreibungsmöglichkeiten der Bieterunternehmen sogar beeinträchtigt wird. Es ist also nicht auszuschließen, dass sie zu einer Störung des finanzwirtschaftlichen Gleichgewichts geführt haben, die eine gleichmäßige Aufteilung zwischen Bund und Ländern von vornherein verhindert hätte. In eine ähnliche Richtung argumentierten auch die gegen eine ausschließliche Ertragshoheit des Bundes klagenden Länder, wenn sie darauf abstellten, dass sich eine Einnahme dieser Größenordnung nicht mehr in die Abgabensystematik des Grundgesetzes einordnen lasse[878].
Die Finanzverfassung erhebt hingegen den Anspruch, einen geschlossenen Rahmen von Verfahrensregelungen vorzusehen, der ein ausgewogenes Verhältnis zwischen den bundessstaatlichen Ebenen gewährleistet[879]. Die darin getroffenen Vorgaben sind verbindlich und dürfen durch eine vermeintlich erforderliche Anpassung auf aktuelle Entwicklungen nicht umgangen werden. Schließlich behandeln sie nicht nur die Verteilung der gesamtstaatlichen Einnahmen im Rahmen des primären Finanzausgleichs. Sie sehen auch Mechanismen vor, durch die eine drohende oder bestehende Verletzung des finanziellen Gleichgewichts zwischen Bund und Ländern abzuwenden ist. Im Rahmen des sekundären Finanzausgleichs regelt Art. 106 III 4, IV 1 GG, dass sich die Länder auf eine Veränderung der vertikalen Umsatzsteuerverteilungsquote berufen können, wenn sich das Verhältnis zwischen Einnahmen und Ausgaben im Vergleich zum Bund wesentlich anders entwickelt. Art. 106 IV 2 GG normiert einen Ausgleich kurzfristiger Mehrbelastungen der Länder durch den Bund. Ob diese Mechanismen im vorliegenden Fall anwendbar und im Ergeb-

---

[878] Siehe Antragsbegründung zu BVerfGE 105, 185, 191.
[879] BVerfGE 55, 274, 300; 72, 330, 388; 93, 319, 342; 105, 185, 194; BVerfG, 2 BvL 9/98 vom 19.03.2003, Absatz-Nr. 50ff., www.bverfg.de/entscheidungen/ls20030319 2 bvl 000998.html; BVerfG, 2 BvL 1/99 vom 17.07.2003; Absatz-Nr. 117, www.bverfg.de/ entscheidungen/ls20030717 2bvl000199.html (jew. Stand: 04/2004).

nis einschlägig sind, kann zunächst dahinstehen[880]. Allein die Tatsache, dass das Grundgesetz sie vorsieht, spricht gegen die Notwendigkeit, die Ertragshoheit eines Gebührenaufkommens unter Aufweichung oder Umgehung der strikten verfassungsrechtlichen Vorgaben zu bestimmen.
Dadurch wird zugleich die Behauptung widerlegt, die Finanzverfassung sei nicht in der Lage, außergewöhnliche Einnahmen wie die UMTS-Versteigerungserlöse sachgerecht im Bundesstaat zu vereinnahmen. Entsprechende Vorwürfe hatten die unterlegenen Klägervertreter anlässlich der Entscheidung des BVerfG gegen eine Beteiligung der Länder an den UMTS-Erlösen erhoben[881]. Sie träfen nur zu, wenn die Verteilung staatlicher Gebühreneinnahmen nicht nur im Einzelfall, sondern grundsätzlich zu einer dauerhaften Verschiebung des finanziellen Gleichgewichts führte. Dann wäre es geboten, anstatt permanenter Korrekturen auf der Seite des sekundären Finanzausgleichs, den primären Finanzausgleich entsprechend anzupassen. Dabei könnten die verbindlichen Formen der Finanzverfassung aber ebenfalls nicht ohne weiteres auf die Gebührenerträge erweitert werden. Vielmehr wäre der verfassungsändernde Gesetzgeber gefordert, sein Rahmenwerk so zu novellieren, dass es dem Anspruch, einen umfassenden Ausgleich der Finanzbeziehungen herzustellen, wieder gerecht würde[882]. Aufgrund der Einzigartigkeit der UMTS-Erlöserhebung und der ansonsten eher geringen Bedeutung der Erträge aus Verleihungsgebühren ist eine derartige Entwicklung nicht ersichtlich, so dass ein entsprechender Handlungsbedarf für den Verfassungsgesetzgeber derzeit nicht besteht[883].
Zusammenfassend kann auch eine Gesamtschau finanzverfassungsrechtlicher und bundesstaatlicher Verteilungserwägungen die Ertragshoheit von Verleihungsgebühren nicht begründen.

3. Bestimmung der Ertragshoheit unter Heranziehung von Art. 30, 70 GG

Sieht das Grundgesetz keine ausdrückliche Kompetenzzuweisung zu Gunsten des Bundes vor, weisen Art. 30, 70 GG die Hoheitsgewalten gewissermaßen als Auffangkompetenzzuweisung[884] den Ländern zu. Wendete man diesen Mecha-

---

[880] Siehe ausführlich Teil 3 B.
[881] Vgl. FAZ vom 06.03.2002, S. 1, 15; FAZ vom 30.03.2002, S. 1.
[882] So auch BVerfGE 105, 185, 194.
[883] Anders Becker, DÖV 2003, 177, 177ff. der die Mechanismen des sekundären Finanzausgleichs nicht für ausreichend hält, um die aus Verleihungsgebühren zu erzielenden Gewinne in das bundesstaatliche Finanzsystem zu integrieren.
[884] Pernice spricht in Dreier, Art. 30 Rn. 15 von einer Blankettnorm.

nismus auf die Ertraghoheit von Verleihungsgebühren an, so läge auch diese grundsätzlich bei den Ländern. Eine ausdrückliche Zuweisung an den Bund ergäbe sich allein aus Art. 74 Nr. 22 GG, der Benutzungsgebühren für öffentliche Straßen normiert[885].

Art. 30 GG bezieht sich auf die Ausübung staatlicher Befugnisse sowie die Erfüllung staatlicher Aufgaben. Er umfasst die Gesamtheit der durch das Grundgesetz legitimierten Tätigkeiten öffentlicher Gewalt[886]. Der Begriff „Befugnisse" beschreibt bestimmte, zu Eingriffen in Freiheit und Eigentum berechtigende Mittel. Unter „Aufgaben" sind die sachlichen Bereiche staatlichen Tätigwerdens zu verstehen[887]. Bei der Bestimmung der Ertragshoheit ist das staatliche Tätigwerden und der Eingriff in das Eigentum des betreffenden Gebührenpflichtigen aber bereits aufgrund anderer Kompetenzzuweisungen erfolgt. Die Gebühr wurde bereits erhoben und es ist lediglich die staatsinterne Seite ihrer Verteilung, die den Bürger unmittelbar nicht mehr betrifft, zu klären. Es handelt sich um eine Frage, die den durch Art. 30 GG zugewiesenen Aufgaben und Befugnissen nachfolgt und vom Anwendungsbereich dieser Norm nicht umfasst wird[888]. Auch unter Berücksichtigung der einmaligen, nachträglich in die Verfassung aufgenommenen[889] Erwähnung der Gebührenverteilung in Art. 74 Nr. 22 GG kann Art. 30 GG keine allgemeine Systematik der Ertragshoheit begründen[890]. Selbst wenn man eine solche für verfassungssystematisch konsequent hielte, führte sie zu wenig sinnvollen und sachlich nicht zu rechtfertigenden Ergebnissen. Mit diesen Erwägungen lehnt auch die Literatur, sofern sie überhaupt darauf Bezug nimmt, ein entsprechendes Vorgehen ab[891].

---

[885] Dieser Gedanke scheidet nicht von vornherein aus, weil die Ursprungsfassung des Art. 30 GG im Herrenchiemsee-Entwurf zum Grundgesetz die „Inanspruchnahme von Einnahmequellen" ausdrücklich miterwähnt hatte; vgl. Erbguth in Sachs, Art. 30 Rn. 1; März in v.Mangoldt/Klein/Starck, Art. 30 Rn. 1.

[886] Pernice in Dreier, Art. 30 Rn. 26.

[887] Pieroth in Jarass/Pieroth, Art. 30 Rn. 3; Gubelt in v.Münch/Kunig, Art. 30 Rn. 6; Maunz in Maunz/Dürig, Art. 30 Rn. 5.

[888] So auch Stern, Staatsrecht II, S. 1160; Henneke, Öffentliches Finanzwesen, Rn. 799; Korioth, UMTS-Gutachten, S. 82.

[889] Gesetz zur Änderung des Grundgesetzes vom 12.05.1969, (BGBl. I S. 363).

[890] Vogel/Waldhoff in BK, Vorbem. z. Art. 104 a-115 Rn. 425; Fischer-Menshausen spricht in v.Münch/Kunig, Art. 106 Rn. 2 von einem Sonderfall; Heun in Dreier, Art. 106 Rn. 8 von einer Ausnahme; Kirchhof in HStR IV § 88 Rn. 210 von einer singulären Ausnahme.

[891] Korioth, UMTS-Gutachten, S. 82; Stern, Staatsrecht II, S. 1160; Hidien in BK, Art. 106 Rn. 569.

4. Zwischenergebnis

Die Verfassung enthält keine unmittelbaren Anknüpfungspunkte für die Ertragshoheit von Verleihungsgebühren und damit auch nicht für die der UMTS-Versteigerungserlöse.

II. Mittelbare verfassungsrechtliche Anknüpfungspunkte unter Heranziehung der Rechtfertigung der Gebührenerhebung

Die Ertragshoheit von Verleihungsgebühren könnte sich durch einen mittelbaren Rückschluss auf Kompetenzregelungen des Grundgesetzes ergeben. Schließlich folgt auch die Ertragshoheit aufwandsausgleichender Gebührenarten nicht unmittelbar aus der Verfassung. Sie knüpft an die sachliche Rechtfertigung ihrer Erhebung mit der Lastentragung an, über die dann mittelbar die Verwaltungskompetenz gemäß Art. 83ff. GG Auskunft gibt.
Zur Bestimmung der Ertragshoheit von Verleihungsgebühren soll ebenfalls die sachliche Rechtfertigung herangezogen werden, um Aufschluss über das maßgebliche Kriterium für die Zuteilung der Erlöse zu erhalten. Dann ist zu untersuchen, ob die Verfassung Mechanismen enthält, die über dieses Kriterium Auskunft geben.

1. Vorteilsausgleichung des Begünstigten und Nachteilskompensation der Allgemeinheit

Durch die Übertragung eines Gutes der Allgemeinheit auf einen individuellen Grundrechtsträger erfährt dieser einen Vermögenszuwachs, während der Allgemeinheit die Nutzungsmöglichkeit dieses Gutes vorenthalten bleibt. Die Verleihungsgebühr soll sowohl den Vorteil des Einzelnen als auch den Nachteil der Allgemeinheit kompensieren und eine vermögensrechtliche Gleichbehandlung aller Abgabensubjekte gewährleisten. Dazu schöpft sie den Vermögenszuwachs des Begünstigten ab und stellt die Erlöse der benachteiligten Allgemeinheit zur Verfügung. Die Einnahmen aus einer Verleihungsgebühr müssen also allen Staatssubjekten zuteil werden, denen die Nutzungsmöglichkeit eines Gutes der Allgemeinheit vorenthalten bleibt. Weil eine individuelle Zuwendung nicht realisierbar wäre, stellt der Staat die Gebührenerlöse stellvertretend für die Allgemeinheit in seinen Haushalt ein[892]. Dem Zweck der Verleihungs-

---

[892] Dass auf diesem Wege der durch die Rechtsverleihung Begünstigte erneut profitiert, kann aufgrund der mit einer gleichmäßigen Verteilung auf alle Bürger einhergehenden Geringfügigkeit des auf den Einzelnen entfallenden Ausgleichs vernachlässigt werden, oder ist bereits bei der Höhe der Gebührenerhebung zu berücksichtigen.

gebühr, eine Gleichbehandlung der Abgabensubjekte zu gewährleisten, wird er dadurch gerecht. Damit ist allerdings noch keine Antwort auf die Frage gegeben, welchem staatlichen Hoheitsträger, als Stellvertreter der Allgemeinheit, die Erlöse konkret zuteil werden müssen; dem Bund, den Ländern und Gemeinden, oder allen staatlichen Ebenen gemeinsam.

a. Staatliche Repräsentation der Allgemeinheit

Eine solche Zuordnung muss sich daran orientieren, wem eine konkrete Nutzung vorenthalten wird, wenn der Staat Allgemeingüter reguliert, also beispielsweise Wasserentnahmen gestattet, Schürfrechte erteilt, Konzessionen vergibt oder Frequenzen zuteilt. Es ist die Frage zu beantworten, wer von der Allgemeinheit, der die Güter zustehen, umfasst ist und durch wen diese repräsentiert wird. Stehen Wassermengen, Bodenschätze oder Frequenzräume also den Bürgern zu, die der Bund repräsentiert, oder denen, welche die Länder vertreten ? Oder ist es überhaupt nicht möglich, die Zuordnung von Allgemeingütern territorial einzugrenzen ?
Unter Zugrundelegung völkerrechtlicher Erwägungen liegt die Hoheit über Allgemeingüter, die sich auf einem Territorium befinden, bei dem Staat, der dieses Territorium beherrscht[893]. Zu dem so definierten Staatsgebiet zählen auch das Erdreich und - bis zu einer Höhe von ca. 100 km - der Luftraum[894]. Mithin kann ein Zusammenhang zwischen der Sachherrschaft und Verfügungsgewalt über Allgemeingüter und dem jeweiligen Staatsgebilde hergestellt werden und eine territoriale Zuordnung grundsätzlich erfolgen[895]. Nach der im Staatsrecht für die Bundesrepublik herrschenden Theorie der dualen Staatlichkeit weisen allerdings sowohl der Bund als auch die einzelnen Bundesländer eigene Staatlichkeit auf[896]. Bei einem Anknüpfen an den Staat könnten Allge-

---

[893] Schweitzer, Staatrsrecht III, Rn. 574, 559ff.; Degenhart, Staatsrecht I, Rn. 12.
[894] Berg, Staatsrecht, Rn. 50; Seidl-Hohenveldern/Stein, Völkerrecht, Rn. 1276ff.; Schweitzer, Staatsrecht III, Rn. 563.
[895] Vgl. BVerfGE 72, 330, 410.
[896] BVerfGE 1, 14, 34, 50; 36, 342, 360; 64, 301, 317; 72, 330, 388; Pieroth in Jarass/Pieroth, Art. 20 Rn. 17; Herzog in Maunz/Dürig, Art. 20 Rn. 66; Maunz in HStR IV § 94 Rn. 25ff.; Stern, Staatsrecht I, S. 651; v.Münch, Staatsrecht, Rn. 586; Degenhart, Staatsrecht I, Rn. 99f.; Bleckmann, Staatsrecht I, Rn. 866; Berg, Staatsrecht, Rn. 168.
Andere Ansichten vertreten die Lehre vom dreigliedrigen Bundesstaat, wonach zwischen den Ländern, dem Bund als Zentralstaat und einem Gesamtstaat als Summe dieser Ebenen zu differenzieren sei (K. Weber, Kriterien des Bundesstaates, S. 74ff.; selbst noch BVerfGE 6, 309, 340). Danach würde wohl allein der Gesamtstaat, nicht aber der Zentralstaat, die Allgemeinheit der Bundesbürger repräsentieren. Daneben wurde die Teilstaatenlehre vertreten (Schmidt in AöR 87 (1962), 253, 271ff.), wonach Bund und Länder gleichgeordne-

meingüter also zum einen der durch die Länder repräsentierten Allgemeinheit und zum anderen der durch den Bund repräsentierten Allgemeinheit zustehen und diesen Instanzen entzogen bzw. zu ihren Gunsten kompensiert werden.

aa. Gliedstaatliche Repräsentation der Allgemeinheit

Für die Annahme, dass den einzelnen Ländern die auf ihrem Territorium befindlichen Allgemeingüter zustehen, spricht neben der dualistischen Staatsauffassung der im Grundgesetz verankerte föderale Staatsaufbau. Jedes Land soll im Wettbewerb mit anderen Ländern seine Chancen und Möglichkeiten nutzen[897]. Dazu muss es die auf seinem Grunde befindlichen Ressourcen bewirtschaften und nicht, etwa aus Rücksicht auf schwächere Länder, ungenutzt lassen. Strukturelle Unterschiede, die aufgrund einer differierenden Größe und Lage der Länder bestehen, sind nach den Vorgaben der Finanzverfassung erst im Nachhinein durch die Mechanismen des sekundären Finanzausgleichs und nicht im Vorhinein durch eine allgemeine Gesamtertragshoheit zu beheben. Den Bürgern der historisch gewachsenen, begrenzten räumlichen oder politischen Einheiten, hier der Länder, können Güter der Allgemeinheit also zustehen, so dass auch sie - und nur sie - von ihnen profitieren sollen. Das setzt aber voraus, dass eine eindeutige Zuordnung zu einem einzelnen Bundesland möglich ist. Es muss unmissverständlich klar sein, dass das Gut nur der Allgemeinheit dieser Einheit zur Verfügung und zur Nutzung bereitstehen soll und auch der Sache nach eine territorial begrenzte Verwendung sinnvoll erscheint. Werden der Allgemeinheit eines Landes derart zugeordnete Güter vorenthalten, kann konsequenterweise auch eine entsprechende Kompensation nur dadurch erfolgen, dass das jeweilige Land die Erträge einer erhobenen Verleihungsgebühr vereinnahmt und seinen Bürgern zugute kommen lässt. Würde der Bund, der die Bürger eines einzelnen Landes als Gesamtstaat ebenfalls mitrepräsentiert, die Gebührenerträge in seinem Gesamthaushalt vereinnahmen, kämen sie regelmäßig auch dem Gesamtstaat zugute. Dadurch erführe die Allgemeinheit anderer Länder, die keinen kompensierbaren Nachteil erlitten hätte, einen unbegründeten Vorteil, während eine vollständige Kompensation der tatsäch-

---

te Teilstaaten eines Gesamtgefüges Bundesrepublik seien, das selbst keine Staatsqualität besäße. Aufgrund der Gleichordnung würde der Bund dabei wohl nicht allein die Allgemeinheit vertreten können. I. Erg. sind diese Ansichten mit der ausdrücklichen und offensichtlichen zweigliedrigen Kompetenzverteilung des Grundgesetzes aber nicht in Einklang zu bringen und abzulehnen (vgl. zu den verschiedenen Ansätzen Bleckmann, Staatsrecht I, Rn. 863ff.; Stern, Staatsrecht I, S. 650ff.).

[897] Bleckmann, Staatsrecht I, Rn. 1490ff.; Degenhart, Staatsrecht I, Rn. 202; zum Wettbewerbsföderalismus v.Münch, Staatsrecht I, Rn. 607; Schmidt-Jortzig, DÖV 1998, 746, 746f.

lich benachteiligten Allgemeinheit im betroffenen Bundesland ausbliebe. Wenn beispielsweise Schürfrechte im Saarland vergeben würden, der Bund aber die Erlöse vereinnahmte, würde den saarländischen Bürgern eine vollständige Kompensation vorenthalten, während etwa schleswig-holsteinische Bürger davon profitierten, obwohl sie durch die Entnahme der zu schürfenden Güter nicht beeinträchtigt würden. Der Versuch einer differenzierten, ausschließlich zugunsten der jeweils betroffenen Länder erfolgenden Verausgabung aus dem Bundeshaushalt würde zu einem kaum überschaubaren und vor dem Gleichheitsgedanken nur schwer vertretbaren Aufwand führen.
Kann eine Ressource also unter dem Gesichtspunkt der sachlichen Nutzungsmöglichkeiten ausschließlich einem Land zugeordnet werden, muss auch die Ertragshoheit für damit einhergehende Verleihungsgebühren bei diesem Land liegen.

bb. Gesamtstaatliche Repräsentation der Allgemeinheit

Eine Vielzahl von Allgemeingütern lässt sich aber nicht der Allgemeinheit eines einzelnen Landes zuordnen, sondern besitzt grenzüberschreitenden Charakter. Wenn ein Vorkommen beispielsweise bundesweit auftritt oder eine effiziente Bewirtschaftung seine bundesweite Nutzung voraussetzt, muss die territoriale Zuordnung dies berücksichtigen. Von der Natur der Sache her stehen derartige Allgemeingüter der Gesamtheit des Bundesstaates zu. Um die Vorenthaltung der Nutzungsmöglichkeiten zu kompensieren, müssen die Gebührenerlöse allen damit betroffenen Bürgern zugute kommen. Zu deren Repräsentation sind verschiedene Alternativen denkbar:
Zum einen besitzt der Bund eigene Staatsqualität, so dass er unabhängig von den Ländern sein Staatsvolk, welches aus der Summe der im gesamten Bundesgebiet vereinten Bürger besteht, allein repräsentiert und damit auch die jeweiligen Verleihungsgebühren allein vereinnahmen könnte. Zum anderen sind die von den Ländern repräsentierten Staatsvölker in der Summe mit dem Staatsvolk des Bundes identisch. Damit könnte grundsätzlich auch die Gesamtheit der Länder die Allgemeinheit der Bundesbürger vertreten, so dass ihr die Ertragshoheit an entsprechenden Verleihungsgebühren zufiele. Außerdem könnte die bundesstaatliche Allgemeinheit durch alle staatlichen Ebenen gemeinsam repräsentiert werden. In diesem Fall müsste sich die Ertragshoheit von Verleihungsgebühren zwischen den Hoheitsebenen aufteilen, so dass der

Bund und die Länder, die die Kommunen mitrepräsentieren[898], gemeinsam ertragsberechtigt wären[899]. Letztlich würde durch alle drei Ansätze die Allgemeinheit der Bundesbürger erreicht. Man könnte daher annehmen, dass alle Anknüpfungspunkte dem Ausgleichsgedanken gerecht würden und eine konkrete Zuweisung der Ertragshoheit nicht erlaubten. Dabei bliebe allerdings unberücksichtigt, ob alle Ansätze im Einklang mit dem Grundgesetz stehen und die Repräsentation der Gesamtbevölkerung in gleicher Effektivität gewährleisten:

Gegen eine Ertragshoheit der Ländergesamtheit oder aller staatlichen Ebenen spricht, dass der Bund den Anspruch erhebt, als einzige Ebene allein für die Allgemeinheit aller Bundesbürger zu handeln. Diese Gesamtrepräsentation ergibt sich besonders anschaulich aus seiner Kompetenz zur völkerrechtlichen Außenvertretung gemäß Art. 32 I GG und den bundesstaatlichen Gesetzgebungsvorgaben gemäß Art. 72 II GG. Die Länder vertreten unmittelbar nur ihr jeweiliges Landesvolk und repräsentieren die Bundesbürger in ihrer Gesamtheit lediglich mittelbar. Setzte man diese Wirkungen gleich, könnte die Ländergesamtheit in identischer Weise staatlich tätig werden wie der Bund, der für eine gesamtstaatliche Aufgabenerfüllung mithin vollkommen überflüssig würde. Dieser Konsequenz stehen die Normierungen des Grundgesetzes diametral entgegen. Sie räumen dem Bund maßgebliche Rechtssetzungs-, Verwaltungs-, Rechtsprechungs- und Ertragskompetenzen ein und weisen ihm damit eine unverzichtbare Funktion im Staatsaufbau zu. Folglich ist eine solche Sichtweise mit den verfassungsrechtlichen Vorgaben nicht in Einklang zu bringen.

Zudem stünden diese Ansätze dem bereits erwähnten dualistischen Staatsprinzip entgegen[900]. Danach sieht das Grundgesetz lediglich zwei staatlich handelnde Ebenen vor: Entweder der Bund nimmt hoheitliche Aufgaben wahr oder die Länder, und zwar jedes für sich[901]. Ordnete man die Ertragshoheit von

---

[898] Die Gemeinden stellen verfassungsrechtlich keine dritte bundesstaatliche Ebene dar, sondern sind im zweistufigen bundesstaatlichen Aufbau den Ländern zuzuordnen; G. Wolf, S. 286; BMF, Wissenschaftlicher Beirat, S. 21; Uni Kiel, Gutachten, S. 48f.

[899] So i. Erg. die Bundesländer, die eine Beteiligung an den UMTS-Erlösen einfordern; vgl. Antragsbegründung zu BVerfGE 105, 185, 190f.; plakativ der Hessische Finanzminister Karl-Heinz Weimar: "Die Luft über Deutschland gehört allen" in „Hessen will UMTS-Milliarden notfalls einklagen", www.heise.de/newsticker/data/chr-31.08.00-000/ (Stand: 08/2003); Presseerklärung des Hessischen Finanzministeriums vom 21.02.2001, www.hessen.de/presse/hmdf/um.HTM (Stand: 08/2003); FAZ vom 06.03.2002, 1, 15; FAZ vom 31.01.2001, S. 3.

[900] Siehe Teil 3 A. § 4 II. 1. a.

[901] Pernice in Dreier, Art. 30 Rn. 23; Pieroth in Jarass/Pieroth, Art. 30 Rn. 8; Isensee in HStR IV, § 98 Rn. 119.

Verleihungsgebühren der Gesamtheit der Länder oder der Gesamtheit von Bund und Ländern zu, übertrüge man die darin liegenden staatlichen Hoheitskompetenzen auf eine dritte bzw. vierte staatliche Ebene, die nicht mit der des Bundes oder einzelner Länder identisch wäre, sondern eine eigene Qualität aufwiese. Das Grundgesetz schließt zwar nicht prinzipiell aus, dass sich die Länder zur effektiven Erfüllung ihrer Aufgaben untereinander koordinieren oder dass Bund und Länder in Einzelfragen zusammenwirken. Die Festsetzung einer gemeinsamen Ertragshoheit ginge aber offensichtlich über ein solches bundesstaatliches Kooperationsverhältnis hinaus und fände, anders als etwa die gemeinsame Ertragshoheit bestimmter Steuerarten oder die Erfüllung von Gemeinschaftsaufgaben gemäß Art. 91 a GG, keine Grundlage in der Verfassung. Mit der ausdrücklichen Festlegung des Grundgesetzes auf eine zweigliedrige Struktur des Staatsaufbaus wäre sie mithin nicht vereinbar.

Die Verfassung setzt - unabhängig von allen föderalen Aspekten - eine gleichmäßige Berücksichtigung der Bürger im Bundesstaat voraus, wenn sie die Herstellung gleichwertiger Lebensverhältnisse oder die Wahrung einer Rechts- oder Wirtschaftseinheit fordert[902]. Diesen Maßstäben muss insbesondere eine Kompetenzzuweisung gerecht werden, die, wie vorliegend, eine Repräsentation der Allgemeinheit verfolgt[903]. Vereinnahmten 16 Länder und der Bund einen Gebührenertrag in ihren Haushalten, würden die verschiedensten Aufgaben damit finanziert. Davon wären die einzelnen Bürger in verschiedenster Weise betroffen, so dass der verfolgte Nachteilsausgleich in uneinheitlicher Form erfolgte. Eine Vereinnahmung im Gesamthaushalt des Bundes und die damit einhergehende gleichmäßige Wiederverausgabung führte hingegen zu einer einheitlichen, ausgewogenen Ausgleichswirkung gegenüber allen repräsentierten Bürgern.

Eine Gesamtrepräsentation durch Bund und Länder hätte ferner zur Folge, dass alle Hoheitsträger in gleicher Weise an den Erlösen aus Verleihungsgebühren zu beteiligen wären. Die Verfassung legt zwar großen Wert auf eine föderale Kompetenzaufteilung und normiert diese hinsichtlich der Verwaltungs-, Gesetzgebungs- und Steuerertragshoheit. Dabei trifft sie aber stets eine differenzierte, am jeweiligen Sachgebiet ausgerichtete Aufteilung. Eine durchgängi-

---

[902] So etwa in Art. 72 II, Art. 3 I GG; insbes. lässt sich der Ausgleich unterschiedlicher Wirtschaftskraft im Bundesgebiet, den Art. 104 a IV 1 GG als ein Ziel der Investitionshilfen des Bundes nennt, als Hinweis auf die Vereinheitlichung der Lebensverhältnisse verstehen, Häde, Finanzausgleich, S. 236; Lerche, Festschrift Berber, S. 299, 301.

[903] Häde, Finanzausgleich, S. 237; Lerche, Festschrift Berber, S. 299, 302ff.; Arndt, JuS 1993, 360, 362.

ge, gleichmäßige Beteiligung aller Hoheitsebenen an einer Kompetenz stellte eine einmalige Herangehensweise dar, die im bisherigen Recht kein Vorbild kennt[904].

Letztlich sprechen gegen eine Ertragshoheit der Ländergesamtheit und der Gesamtheit von Bund und Ländern nicht zu unterschätzende Praktikabilitätserwägungen. Es erforderte einen kaum zu rechtfertigenden Verwaltungsaufwand, jedes Aufkommen, sei es seiner Höhe nach auch noch so gering, entsprechend einem zusätzlich festzulegenden Verteilungsschlüssel auf alle staatlichen Ebenen zu verteilen. Dadurch würden die Mittel, die tatsächlich zum Ausgleich für das entzogene Allgemeingut zur Verfügung stünden, mehr als erforderlich reduziert, was dem Gedanken der Verleihungsgebühr widerspräche. Dies gilt insbesondere, weil eine Repräsentation durch alle staatlichen Ebenen auf der Länderseite auch eine Berücksichtigung der Kommunen nach sich zöge.

Zusammenfassend sprechen die verfassungsrechtlichen Anforderungen an eine bundesstaatliche Ordnung, die Gleichmäßigkeitsanforderungen der Gesamtrepräsentation sowie Praktikabilitätsüberlegungen dafür, dass eine gesamtstaatliche Repräsentation der Allgemeinheit allein durch den Bund erfolgt. Ihm fällt die Ertragshoheit für Verleihungsgebühren zu, welche die Nutzungsmöglichkeiten eines Allgemeinguts ausgleichen sollen, das nicht allein einem Land zuzuordnen ist.

b. Zwischenergebnis

Zur Bestimmung der Ertragshoheit von Verleihungsgebühren ist im Einzelfall zu fragen, ob das auf einen Grundrechtsträger zu übertragende Allgemeingut einem einzelnen Bundesland oder dem Bund zusteht. Die betroffene Körperschaft hat stellvertretend für die von ihr repräsentierte Allgemeinheit den Ausgleich für die Vorenthaltung der Nutzung dieses Gutes zu erhalten und die Verleihungsgebühren zu empfangen. Das Kriterium, nach dem die Ertragshoheit von Verleihungsgebühren zu beurteilen ist, liegt in der individuellen, sachlich begründeten Nutzungsmöglichkeit eines Allgemeingutes.

2. Verfassungsrechtliche Anknüpfungspunkte hinsichtlich der sachlichen Nutzungsmöglichkeit

Die Unschärfe, die das Kriterium der sachlichen Nutzungsmöglichkeit aufweist, erschwerte es, eine einheitliche Zuordnung eines Allgemeingutes durch alle staatlichen Ebenen zu erreichen. Fraglich ist, ob dieses Kriterium, ebenso

---

[904] So auch Korioth, UMTS-Gutachten, S. 84.

wie das Merkmal der Lastentragung bei aufwandsausgleichenden Gebühren, an ein in der Verfassungspraxis gängiges und damit unproblematisch handhabbares Zuordnungskriterium der staatlichen Hoheitsverteilung gekoppelt werden kann. In Betracht kommen dabei die Gesetzgebungs- und die Verwaltungskompetenz gemäß Art. 70ff. GG und Art. 83ff. GG.

a. Bestimmung der sachlichen Nutzungsmöglichkeit unter Heranziehung der Gesetzgebungskompetenz

Zwar ermöglicht die Gesetzgebungszuständigkeit keinen unmittelbaren Rückschluss auf die Ertragshoheit von Gebühren. Sie könnte aber über die Nutzungsmöglichkeit eines Allgemeingutes und dadurch mittelbar über die Zuordnung der Verleihungsgebühren Aufschluss geben. Dazu müsste zwischen der Gesetzgebungskompetenz und dem sachlichen Nutzungsrecht an einer Ressource ein zwingender Zusammenhang bestehen.

Jede hoheitliche Kompetenzverteilung verfolgt das Ziel, dass der Staat sachnah auf die regional unterschiedlichen Bedürfnisse seiner Bürger reagieren kann[905]. Die Zuordnung von Gesetzgebungszuständigkeiten unterliegt regelmäßig aber weiteren Zwängen, die dieses allgemeine Bemühen wieder relativieren. Die Ebene, die beispielsweise Kriterien oder Maßstäbe für die Bewirtschaftung knapper Ressourcen normiert, muss diese nicht zwingend selbst bewirtschaften und allein deren Nutzen ziehen. Vielmehr kann die Gesetzgebung über bundesweit anfallende und nutzbare Ressourcen, wegen der grundsätzlichen Gesetzgebungsverteilung im Bundesstaat gemäß Art. 70 I GG, den einzelnen Ländern zukommen. Ebenso kann ein Interesse daran bestehen, Güter, die zwar nicht flächendeckend, aber doch in mehreren Ländern vorkommen, in ähnlicher Weise zu behandeln und damit einheitlich zu normieren. Etwa wegen ihrer Bedeutung für übergeordnete Interessen des Gesamtstaates, z.B. den Umweltschutz, kann die Gesetzgebung dem Bund zugewiesen sein, obwohl die unmittelbare Nutzungsmöglichkeit einem Land zusteht. So besitzt der Bund die Gesetzgebungskompetenz für das Bodenrecht und erließ in deren Wahrnehmung das BBergG. Die davon betroffenen Bodenschätze treten mitunter aber regional begrenzt auf und stehen ihrem sachlichen Nutzen nach den Ländern zu, was die im BBergG geregelten Verwaltungs- und Ertragskompetenzen auch klarstellend nachvollziehen[906]. Ferner machen die Institute der konkurrierenden Gesetzgebung gemäß Art. 72 GG und der Rahmengesetzgebung gemäß

---

[905] Maunz/Zippelius, Dt. Staatsrecht, § 15 IV, S. 113.

[906] § 30ff. BBergG; vgl. ausführlich Wieland, Die Konzessionsabgabe, S. 24ff.

Art. 73 GG eine eindeutige Zuordnung der sachlichen Nutzungsmöglichkeit, die entweder nur dem Bund oder nur den Ländern zustehen kann, unmöglich. Der staatlichen Ebene, welche die Gesetzgebungskompetenz für eine bestimmte Ressource besitzt, obliegt die Ertragshoheit für die betroffenen Verleihungsgebühren nicht zwingend.

b. Bestimmung der sachlichen Nutzungsmöglichkeit unter Heranziehung der Verwaltungskompetenz

Die Verwaltungskompetenz könnte, ebenso wie sie einen Rückschluss auf die Lastentragung bei aufwandsausgleichenden Gebühren zulässt, einen solchen auf das sachliche Nutzungsrecht einer Ressource erlauben und damit mittelbar die Ertragshoheit zuordnen.

Der Verfassungsgeber hat die Verwaltungskompetenz nach pragmatischen und sachlichen Gesichtspunkten aufgeteilt. Sie ermöglicht, dass Entscheidungen sachnah und mit den notwendigen Kenntnissen der tatsächlichen Gegebenheiten getroffen werden[907]. Die Verwaltung knapper Ressourcen muss daher bei der Hoheitsebene liegen, der auch die Bewirtschaftung dieser Güter zukommt. Diese Körperschaft besitzt regelmäßig auch das Recht, die Ressourcen sachlich zu nutzen, so dass Nutzungsrecht und Verwaltungshoheit zumindest theoretisch zusammenfallen. Praktisch weist das Grundgesetz die Verwaltungszuständigkeit gemäß Art. 83 GG grundsätzlich den Ländern zu. Beim Bund liegt sie gemäß Art. 87ff. GG nur hinsichtlich speziell normierter Materien. Dabei handelt es sich um Sachbereiche, die eine einheitliche, überregionale Behandlung erfordern, wie beispielsweise den Auswärtigen Dienst, die Streitkräfte oder das Luftfahrts-, Schifffahrts- und Telekommunikationswesen. Tatsächlich treten auch Ressourcen überwiegend regional begrenzt und in individuell zuzuordnender Form auf, so dass das jeweilige Nutzungsrecht den sachnäheren Ländern zusteht. Dem Bund obliegt es nur, wenn sie ausnahmsweise überregional erscheinen und einer einheitlichen Behandlung bedürfen. Zwischen der sachlichen Nutzungsmöglichkeit an einem Gut der Allgemeinheit und der verfassungsrechtlichen Verwaltungskompetenz besteht eine unmittelbare Verbindung. Diese wird durch die ungeschriebenen Kompetenzzuweisungen, wie die Kompetenz kraft Natur der Sache, kraft Sachzusammenhang oder die Annexkompetenz bestätigt. Danach soll jeweils diejenige Körperschaft die Verwaltung übernehmen, die sachlich den unmittelbareren Zugang zu der

---

907 Maunz/Zippelius, Dt. Staatsrecht, § 15 IV, S. 113.

entsprechenden Materie besitzt und der damit auch der zu ziehende Nutzen zusteht[908].
Zusammenfassend orientiert sich die verfassungsrechtlich zugeteilte Verwaltungskompetenz an der Sachnähe der jeweiligen Aufgabe und gibt über die sachliche Nutzungsmöglichkeit von Ressourcen Aufschluss. Weil mit dieser Nutzungsmöglichkeit die Ertragshoheit einer in diesem Kontext erhobenen Verleihungsgebühr einhergeht, gibt die Verwaltungskompetenz mittelbar Auskunft über die Ertragshoheit von Verleihungsgebühren. Auf der Grundlage dieses Ergebnisses sollen im Folgenden verschiedene Allgemeingüter und insbesondere die hier zu untersuchenden Telekommunikationslizenzen einer staatlichen Ebene zugeordnet werden.

3. Zuordnung von Allgemeingütern zu den Repräsentationsformen der Allgemeinheit

Die Zuordnung eines Allgemeingutes zu einer hoheitlichen Ebene ist unproblematisch, wenn ein einmaliges Vorkommen an Rohstoffen, wie etwa ein bestimmter Bodenschatz, betroffen ist. Dabei handelt es sich um regional begrenzte und in der Regel offensichtlich zuzuweisende Allgemeingüter, die der Bewirtschaftung einer einzelnen Gebietskörperschaft unterliegen und deren Nutzen, dem föderalen Grundsatz entsprechend, den jeweils repräsentierten Bürgern zufallen soll. Entsprechende Verleihungsgebühren stehen den Ländern zu, in deren Territorium sich das Vorkommen befindet. Dementsprechend regelt der Bundesgesetzgeber im BBergG zwar die Bewilligungsvoraussetzungen zur Förderung bestimmter Bodenschätze, die Länder, in denen das Bewilligungsfeld liegt, besitzen allerdings die Verwaltungskompetenz und damit die Ertragskompetenz für bergrechtliche Förderabgaben[909].
Eine entsprechende Beurteilung ergibt sich hinsichtlich der in einzelnen Ländern erhobenen Grundwasserabgaben. Zwar stellt Wasser eine im Kreislauf befindliche Materie dar, der Ort der Abschöpfung und die entsprechende Nutzungsmöglichkeit können aber auf die staatliche Hoheitsebene der Länder lokalisiert werden. Ein Ausgleich für die Vorenthaltung dieses Gutes muss der jeweiligen Landesbevölkerung zukommen, so dass die Ertragshoheit für Wassergebühren bei den Ländern liegt. In diesem Sinne ist auch die Verwaltungskompetenz für die Aufsicht und die Bewirtschaftung von Wasser mangels

[908] Lerche in Maunz/Dürig, Art.83 Rn. 41; Hermes in Dreier, Art. 83 Rn. 39ff.; Broß in v.Münch/Kunig, Art. 83 Rn. 9; Degenhart, Staatsrecht I, Rn. 179.
[909] Vgl. § 31 II, III i.V.m. § 30 II BBergG; ausführlich Wieland, Die Konzessionsabgabe, S. 24ff.

einer ausdrücklichen Bundeszuweisung den einzelnen Ländern zugeordnet, wie das WHG und die einzelnen Landeswassergesetze zum Teil ausdrücklich klarstellen[910].
Eine regional begrenzte Zuweisung der vorliegend betroffenen Telekommunikationsfrequenzen erscheint hingegen schwierig. Grundsätzlich könnten Frequenzräume zwar einzelnen Bundesländern zugeordnet werden. Damit stünde einem Land aber nur die begrenzte Frequenzkapazität über seinem Hoheitsgebiet zur Verfügung. Abhängig von der Größe der Landesfläche wäre ein solches Spektrum nur bedingt nutzbar. Ein eigenes UMTS-Netz etwa für den Bereich eines Stadtstaates wie Bremen ergäbe technisch, ökonomisch und verwaltungstechnisch keinen Sinn. Würde jedes Land die über seinem Territorium liegenden Funkfrequenzen allein und unabhängig versteigern, ausschreiben oder zuteilen, entstünden äußerst unterschiedliche Kosten und Bedingungen für die Lizenzbetreiber. Dadurch würde nicht nur der Betrieb eines bundesweit einheitlichen Funknetzes unterbunden, sondern auch eine unerträgliche Verzerrung des Wettbewerbs bewirkt, die mit dem Bemühen um eine einheitliche Rechts- und Wirtschaftsordnung nicht in Einklang zu bringen wäre.
Bei der Zuteilung von Funkfrequenzen handelt es sich um einen Bereich, der im Kontext internationaler Abkommen und Übereinkünfte steht. Eine unterschiedliche Handhabung der Frequenzzuteilung in jedem einzelnen Bundesland wäre sowohl aus Zweckmäßigkeitserwägungen als auch wegen der verfassungsrechtlichen Kompetenzverteilung über die staatliche Außenvertretung der Länder nicht vertretbar. Insbesondere das Vorkommen an UMTS-Funkfrequenzen kann nur sinnvoll genutzt werden, wenn es bundesweit einheitlich behandelt und zugeteilt wird. Aus der Natur der Sache ergibt sich die Notwendigkeit, Telekommunikationsfrequenzen gesamtstaatlich dem Bund zuzuordnen. Ein Ausgleich für die Vorenthaltung dieser Frequenzen hat allen Bundesbürgern zugute zu kommen, was allein eine Vereinnahmung der Frequenz- und Lizenzgebühren im Bundeshaushalt gewährleisten kann.
In Übereinstimmung damit weisen Art 87 f I GG und die Vorgaben des TKG die Verwaltung und Bewirtschaftung von Telekommunikationsfrequenzen und -lizenzen ausschließlich dem Bund zu. Er besitzt die Ertragshoheit für die Erlöse aus Frequenzen und Lizenzgebühren.

[910] Vgl. z.B. §§ 169, 168, 170 NWG; § 171 LWG NRW.

4. Zwischenergebnis

Die Ertragshoheit von Verleihungsgebühren folgt dem sachlichen Nutzungsrecht einer staatlichen Ebene an dem zugrundeliegenden Allgemeingut. Danach stehen territorial verwurzelte und in einem bestimmten Gebiet vorkommende Ressourcen nur der davon betroffenen Allgemeinheit zu. Den davon umfassten Grundrechtsträgern muss ein Ausgleich für die Vorenthaltung eines Gutes gewährt werden, so dass allein die sie vertretende Körperschaft die Ertragshoheit besitzt. Lediglich Allgemeingüter, die sinnvollerweise bundeseinheitlich zu nutzen und zu behandeln sind, obliegen der Allgemeinheit des Bundes. Werden sie dieser entzogen, muss ein Ausgleich gegenüber allen Bundesbürgern erfolgen, so dass die Ertragshoheit dem Bund zukommt.

Über die Zuweisung der Nutzungsmöglichkeiten eines Allgemeingutes gibt unabhängig von einer individuellen sachlichen Untersuchung die verfassungsrechtlich normierte Verwaltungskompetenz Aufschluss. Die sachliche Nutzung von Telekommunikationsfrequenzen ist ebenso wie die diesbezügliche Verwaltungskompetenz dem Bund zuzuweisen. Folglich steht allein ihm die Ertragshoheit für Frequenz- und Lizenzgebühren nach dem TKG und damit auch für die UMTS-Versteigerungserlöse zu.

§ 5 Regelungspflicht des Gesetzgebers hinsichtlich der Ertragshoheit

Wenn die Ertragshoheit einer Abgabe nicht von vornherein feststeht, könnte den Gesetzgeber die Pflicht treffen, sie ausdrücklich und unmissverständlich zu normieren. § 11 TKG enthält keine Aussage über die Ertragshoheit der auf seiner Grundlage zu erhebenden Gebühren. Daher hielten ihn die Länder, die vor dem BVerfG gegen die bundesseitige Vereinnahmung der UMTS-Erlöse klagten, für verfassungswidrig und verbanden ihren Bund-Länder-Streit mit einem entsprechenden Normenkontrollverfahren[911]. In seinem Urteil stellte das BVerfG kurzsilbig fest, dass die Bestimmung der Ertragshoheit für die Verfassungsmäßigkeit der in § 11 TKG geregelten Lizenzvergabe keine Rolle spiele[912].

Tatsächlich stellt sich die Frage der Ertragshoheit erst dann, wenn eine Lizenzvergabe bereits abgeschlossen ist. Sie bewegt sich im rein staatsinternen Bereich, der die Belange der Grundrechtsträger lediglich mittelbar, hinsichtlich

---

[911] Siehe Antragsbegründung zu BVerfGE 105, 185, 192. Vgl. zu der Forderung Beckers in Die Verwaltung 35 (2002), 1, 18ff., dass der Gesetzgeber auch die Höhe der Versteigerungserlöse gesetzlich zu regeln habe, Teil 2 B. § 4. (Fn. 212).

[912] BVerfGE 105, 185, 196.

der dargestellten Ausgleichsfunktion, betrifft. Sie kann ihre Rechtspositionen also nicht unmittelbar verletzen. Die Kompetenz, Abgaben zu vereinnahmen, unterliegt allgemeinen, aus der Verfassung abzuleitenden und auf jeden Einzelfall anzuwendenden Prinzipien. Ihre Bestimmung ist offensichtlich und selbstverständlich vorgegeben und wird von Rechtsprechung und Literatur bestätigt. Auch unter Berücksichtigung der Rechtssicherheit und der Rechtsklarheit bedarf sie keiner ausdrücklichen Normierung. Daran ändert selbst die Tatsache nichts, dass es sich bei den hier relevanten Verleihungsgebühren um einen neuartigen Abgabentyp handelt, der die Frage der Ertragskompetenz neu stellt. In diesen Fällen ist es vielmehr Aufgabe der Verwaltung, der Wissenschaft und der Rechtsprechung, die verfassungsrechtlichen Vorgaben und die daraus entwickelten Grundsätze unter Berücksichtigung der veränderten Ausgangsbedingungen anzuwenden. Der Gesetzgeber kann hinsichtlich der Ertragshoheit von Gebühren ohnehin nur deklaratorische Regelungen treffen. Es ist ihm also nicht vorzuwerfen, wenn er sich im Rahmen seiner Kompetenzen hält und auf entsprechende Regelungen verzichtet. Unter dem Gesichtspunkt der Normenklarheit und der Übersichtlichkeit ist es zudem sachdienlich, dass er nicht in jedem Fall jede offensichtliche Fragestellung aufs Neue ausformuliert. Das Fehlen einer gesetzlichen Regelung zur Ertragshoheit kann die Verfassungswidrigkeit eines Gesetzes, speziell des § 11 TKG, nicht begründen.

§ 6 Ergebnis

Zusammenfassend können die bislang vertretenen Ansichten zur Ertragshoheit von Gebühren nicht auf den Gebührentyp der Verleihungsgebühren und damit auch nicht auf die UMTS-Versteigerungserlöse übertragen werden. Unmittelbar gibt auch die Verfassung keine Auskunft darüber, welcher Körperschaft diese Erträge zustehen sollen. Die Rechtfertigung einer Verleihungsgebühr mit dem Ausgleichsgedanken macht aber deutlich, dass die Ertragshoheit stets der staatlichen Ebene zukommt, der die Nutzung des verliehenen Allgemeingutes zusteht. Auskunft über die Nutzungsordnung gibt die Verwaltungshoheit. Sie erlaubt damit einen Rückschluss auf die Ertragshoheit von Verleihungsgebühren. Obwohl man für die Verleihungsgebühren damit zum gleichen Ergebnis gelangt wie für jeden anderen Gebührentyp, liegt dem eine eigenständige und unterschiedliche dogmatische Herleitung zugrunde. Eine Pflicht des Gesetzgebers, diese Ertragshoheit ausdrücklich zu normieren, besteht nicht.

Im Rahmen des primären Finanzausgleichs besitzen die Länder keine Beteiligungsansprüche an den UMTS-Versteigerungserlösen. Die diesbezügliche Ertraghoheit steht ausschließlich dem Bund zu.

B. Finanzausgleichsrechtliche Folgeansprüche - Sekundärer Finanzausgleich

Im Rahmen des sekundären Finanzausgleichs könnten den Ländern ausgleichsrechtliche Folgeansprüche wegen der ausschließlichen Vereinnahmung der UMTS-Erlöse durch den Bund zustehen. Entsprechende Forderungen machten insbesondere die Länder Hessen, Bayern und Baden-Württemberg geltend[913] und versuchten sie im Rahmen der bereits erwähnten Verfahren vor dem BVerfG einzuklagen[914].

§ 1 Anspruch der Länder auf Veränderung der vertikalen Umsatzsteuerverteilungsquote gemäß Art. 106 IV 1, III 4 GG

Der Finanzverfassung des Grundgesetzes liegt die Vorstellung zugrunde, dass die staatliche Einnahmenverteilung stets ein Spiegelbild der hoheitlichen Aufgabenverteilung darstellt[915]. Neben der Zuweisung staatlicher Aufgaben sieht sie daher ein fein austariertes Verteilungssystem der Steuereinnahmen vor[916]. Weil öffentliche Einnahmen und Ausgaben sowie die ihnen zugrunde liegenden Sachverhalte und Wertvorstellungen einem ständigen Wandel unterliegen, besteht von Zeit zu Zeit eine Notwendigkeit, die dabei gewählte Verteilung zu überprüfen. Stellt man dabei fest, dass sich die Relation zwischen Steuerbedarf und Steuereinnahmen im Bund-Länder-Verhältnis verschoben hat, soll eine Korrektur der Einnahmenverteilung erfolgen, um die finanziellen Bedürfnisse des Bundes und der Länder wieder gleichmäßig aus dem verfügbaren Aufkommen zu decken[917].
Zu diesem Zweck hat der Verfassungsgeber 1955 die sogenannte Revisionsklausel[918] in Art. 106 IV 1 des Grundgesetzes aufgenommen. Bei einer wesent-

---

[913] Vgl. FAZ vom 06.03.2002, 1, 15; FAZ vom 31.01.2001, S. 3 und beispielhaft die Presseerklärung des Hessischen Finanzministeriums vom 16.02.2001, www.hessen.de/presse/hmdf/um.HTM (Stand: 08/2003).

[914] Vgl. Antragsbegründung zu BVerfGE 105, 185, 191.

[915] BVerfGE 55, 274, 300; 78, 249, 266; 93, 319, 342; 105, 185, 194; BVerfG, 2 BvL 1/99 vom 17.07.2003; Absatz-Nr. 117, www.bverfg.de/entscheidungen/ls20030717 2bvl000199.html (Stand: 04/2004); Heun in Dreier, Art. 104 a Rn. 7; Hidien in BK, Art. 106 Rn. 88; Ruhe in Seifert/Hömig, Art. 104 a Rn. 1.

[916] Fischer-Menshausen in v.Münch/Kunig, Art. 106 Rn. 24; Wendt in HStR IV, § 104 Rn. 55.

[917] Fischer-Menshausen in v.Münch/Kunig, Art. 106 Rn. 28.

[918] Den inzwischen gängigen Begriff verwendet schon der Regierungsentwurf zum Finanzreformgesetz 1954, BT-Drs. 2/480, S. 77, Tz. 116; zuvor schon Fischer-Menshausen,

lichen Veränderung der Finanzverhältnisse zwischen Bund und Ländern gewährt sie einen Anspruch auf Neuverteilung der Umsatzsteuererlöse, die stets individuell zwischen den Hoheitsträgern festgesetzt werden. Auf diese Weise sollte der seinerzeit herrschende Zustand nahezu alljährlich wiederkehrender Auseinandersetzungen um die Beteiligungsquoten beendet werden, ohne das Bemühen um gleichmäßige Finanzverhältnisse aufzugeben[919]. Auf der einen Seite verfolgt die Revisionsklausel also das Ziel, eine möglichst große finanzausgleichsrechtliche Stabilität und Stetigkeit im Zeichen bundesstaatlicher Rechtssicherheit zu gewährleisten. Nicht jede unbedeutende, sondern nur eine erhebliche Verschiebung der Finanzrelation soll als „ultima ratio"[920] eine Neuverteilung der aufkommensstarken Umsatzsteuer begründen. Auf der anderen Seite will sie das Postulat der Verteilungs- und Maßstabsgerechtigkeit zwischen Bund und Ländern erfüllen und einklagbar absichern[921]. In einem permanenten Spannungsfeld zwischen Kontinuität und Ausgleichsgerechtigkeit stellt Art. 106 IV 1 GG einen verfassungsrechtlichen Anwendungsfall des Rechtsinstituts vom Wegfall der Geschäftsgrundlage - clausula rebus sic stantibus - dar[922]. „Geschäftsgrundlage" ist die zum Zeitpunkt der Umsatzsteuerverteilung herrschende haushaltswirtschaftliche Situation des Bundes und der Länder. Sie fällt weg, wenn sich eine wesentliche Veränderung des jeweiligen Verhältnisses von Einnahmen und Ausgaben ergibt.

Vorliegend bestehen drei Ansatzpunkte für einen Anspruch der Länder aus Art. 106 IV 1, III 4 GG: Zum einen könnte die einmalige bundesseitige Vereinnahmung der UMTS-Erlöse einen Revisionsanspruch begründen (dazu I.). Zum anderen ist denkbar, dass den Ländern aufgrund der Verwendung dieser Erlöse zur Tilgung von Schulden und der damit einhergehenden verringerten Zinsbelastung des Bundes ein Ausgleich zusteht (dazu II.). Schließlich könnten die in diesem Zusammenhang erwarteten Steuermindereinnahmen der Länder zu einer Zahlungsverpflichtung des Bundes führen (dazu III.).

DÖV 1948, 10, 18; teilweise ist auch vom Revisionsprinzip die Rede, Erichsen, Staatsrecht und Verfassungsgerichtsbarkeit II, S. 122.

919 Siehe Regierungsentwurf zur Finanzreform 1954, BT-Drs. 2/480, S. 77, Tz. 115; Fischer-Menshausen in v.Münch/Kunig, Art.106 Rn. 28.

920 Siehe Regierungsentwurf zur Finanzreform 1954, BT-Drs. 2/480, S. 77, Tz. 115; Hidien, Die Verteilung der Umsatzsteuer, S. 340; Korioth, UMTS-Gutachten, S. 86.

921 Siehe Regierungsentwurf zur Finanzreform 1954, BT-Drs. 2/480, S. 77, Tz. 115; Fischer-Menshausen in v.Münch/Kunig, Art. 106 Rn. 28; Korioth, UMTS-Gutachten, S. 86; Hidien, Die Verteilung der Umsatzsteuer, S. 340.

922 Hidien in BK, Art. 106 Rn. 973, 976; ders., Die Verteilung der Umsatzsteuer, S. 345.

I. Wesentlich andere Entwicklung durch die Vereinnahmung der UMTS-Versteigerungserlöse

Die ausschließliche Vereinnahmung der UMTS-Versteigerungserlöse durch den Bund begründete einen Revisionsanspruch, wenn sie eine wesentlich andere Entwicklung des Bund-Länder-Finanzverhältnisses bewirkt hätte.

1. Entwicklung der Finanzverhältnisse

Um die Entwicklung der Finanzverhältnisse festzustellen, bedient sich die Staatspraxis traditionell des sogenannten Deckungsquotenprinzips[923]. Diese Methode ist dadurch zwar nicht zwangsläufig präjudiziert, sie steht allerdings im nachhaltigen Konsens der beteiligten Staatsorgane und ist als verfassungsrechtlich zulässiger Verteilungsmodus anerkannt[924]. Hinsichtlich der Auslegungsspielräume des Art. 106 III 4 GG bindet sie die Beteiligten in größtem Maße an einheitliche Interpretationen[925]. Auch die Beratungen zu § 4 I des verfassungskonkretisierenden Maßstäbegesetzes kamen zu dem Schluss, dass die vertikale Umsatzsteuerverteilung zwischen Bund und Ländern auf der Grundlage des Deckungsquotenprinzips festzusetzen sei[926].

Eine veränderte Entwicklung der Finanzverhältnisse liegt danach vor, wenn das Gleichgewicht des steuerlichen Deckungsverhältnisses in den Bund-Länder-Beziehungen zu Lasten der einen oder der anderen Seite nachhaltig gestört ist[927]. Bei einem dabei anzustellenden Vergleich kommt es nicht auf eine Heranziehung absoluter Zahlen an. Die Deckungsquoten stellen vielmehr das rechnerische Verhältnis der laufenden Einnahmen zu den notwendigen Ausga-

---

[923] Maunz in Maunz/Dürig, Art. 106 Rn. 43; Brockmeyer in Schmidt-Bleibtreu/Klein, Art. 106 Rn. 14; Fischer-Menshausen in v.Münch/Kunig, Art. 106 Rn. 29; Heun in Dreier, Art. 106 Rn. 22; Hettlage, Festschrift Maunz, S. 119, 125; Korioth, Finanzausgleich, S. 481ff.; ders., UMTS-Gutachten, S. 88; BMF, Umsatzsteuergutachten, Tz. 61.

[924] Verfassungsrechtlich zulässig wäre es auch, wenn der Ausgleichsgesetzgeber sich für die sog. Deckungslückenmethode entschiede, die eine prozentual gleiche Reduzierung der Fehlbeträge - notwendige Ausgaben abzüglich laufender Einnahmen - anstrebt; so Minderheitsvotum Pohmer in BMF, Umsatzsteuergutachten, Tz. 71f., vgl. zu den verschiedenen Bemessungsverfahren auch Brockmeyer in Schmidt-Bleibtreu/Klein, Art. 106 Rn. 14; Fischer-Menshausen in v.Münch/Kunig, Art. 106 Rn. 29; Hidien, Die Verteilung der Umsatzsteuer, S. 142ff.

[925] Siehe Gegenäußerung der Bundesregierung zur Stellungnahme des Bundesrates zum Entwurf des Maßstäbegesetzes, BT-Drs. 14/5971, S. 3; Wendt, Gutachten, S. 36; BMF, Umsatzsteuergutachten, Tz. 89/70.

[926] BT-Drs. 14/6533, S. 6.

[927] Fischer-Menshausen in v.Münch/Kunig, Art. 106 Rn. 29; Ruhe in Seifert/Hömig, Art. 106 Rn. 14.

ben oder dem Nettokreditbedarf der einzelnen Hoheitsebenen (Kreditfinanzierungsquote) dar[928]. Es wird davon ausgegangen, dass dies zum Zeitpunkt der letzten Festsetzung der Umsatzsteueranteile ausgeglichen war[929]. Zur Ermittlung einer Störung und eines konkreten Korrekturbedürfnisses vergleicht man daher die zuletzt festgesetzte und die gegenwärtige Deckungsrelation[930]. Wird dabei sichtbar, dass sich das Verhältnis dieser Größen erheblich verschoben hat und nun maßgeblich voneinander abweicht, ist das von der Verfassung geforderte Gleichgewicht gestört und eine Revision der Beteiligungsverhältnisse geboten[931]. Erzielt der Bund beispielsweise eine wesentliche Einnahme, welche die Länder nicht in gleicher Weise erhalten, stehen ihm zur Erfüllung seiner konstant gebliebenen Aufgaben- und Ausgabenfülle entsprechend mehr Mittel zur Verfügung als den Ländern und er bedarf einer geringeren Nettokreditaufnahme. Das Deckungsverhältnis verschiebt sich also zu seinen Gunsten.

2. Qualitative Voraussetzungen

Bund und Länder müssen die Berechnung ihrer Deckungsquoten anhand identischer qualitativer Kriterien vornehmen. Würde eine Ebene gewisse Positionen, wie beispielsweise Privatisierungserlöse oder Sondervermögen, bei der Ermittlung ihrer Quote berücksichtigen, während die andere Ebene diese außen vor ließe, wären die festgestellten Größen nicht in vollem Umfange miteinander vergleichbar und könnten über die tatsächliche Entwicklung des Bund-Länder-Finanzverhältnisses keine Auskunft geben. Als Kriterien, die Bund und Länder dabei binden, nennt Art 106 IV 1 GG lediglich die unbestimmten Rechtsbegriffe der Einnahmen und der Ausgaben. Aus dem Zusammenspiel von Art. 106 III 4 GG und Art. 106 IV 1 GG ergibt sich, dass damit laufende Einnahmen und notwendige Ausgaben gemeint sein müssen[932]. Abs. III 4 regelt die grundsätzliche Verteilung der Umsatzsteuererlöse, die

---

928 Maunz in Maunz/Dürig, Art. 106 Rn. 43; Brockmeyer in Schmidt-Bleibtreu/Klein, Art. 106 Rn. 14; Fischer-Menshausen in v.Münch/Kunig, Art. 106 Rn. 29; Hettlage, Festschrift Maunz, S.119, 126; BMF, Umsatzsteuergutachten, Tz. 61f.; Gaddum in BayVBl. 1977, 585, 587.

929 Fischer-Menshausen in v.Münch/Kunig, Art. 106 Rn. 29.

930 Maunz in Maunz/Dürig, Art. 106 Rn. 67.

931 BMF, Umsatzsteuergutachten, Tz. 63.

932 Die unpräzise Formulierung ist wohl auf die nicht abgestimmten Ausgangsentwürfe zur Finanzreform 1955 zurückzuführen; der erste Entwurf der Bundesregierung sprach pauschal von Einnahmen und Ausgaben, meinte aber bereits bestimmte Teilaggregate, vgl. BT-Drs. 2/480, S. 3f. und S. 113, Tz. 168 (a). Spätere Entwürfe sowie die Endfassung 1955 kombinierten die heute gültige Terminologie, Vialon, Haushaltsrecht, S.160, 165.

Abs. IV 1 bei einer abweichenden Entwicklung zu revidieren beabsichtigt. Ob sich Einnahmen und Ausgaben abweichend entwickeln, ist aber auch in dieser Hinsicht nur seriös zu ermitteln, wenn man zwei sich entsprechende Größen miteinander vergleicht. Mithin müssen Art. 106 IV 1 GG und Art. 106 III 4 GG dieselben Größen zugrunde legen[933]. Welche Finanzflüsse als laufende Einnahmen oder als notwendige Ausgaben zu erfassen sind, stellt eine der brisantesten Fragen dar, die in finanzpolitischer Hinsicht zwischen Bund und Ländern diskutiert werden[934]. Ihre Beantwortung entscheidet schließlich darüber, welche Anteile Bund und Länder an der für die Staatspraxis so bedeutsamen Umsatzsteuer erhalten.

Das Bundesverfassungsgericht hat in seinem Urteil zum bundesstaatlichen Finanzausgleich aus dem Jahre 1999[935] festgestellt, dass die Verteilung des Finanzaufkommens nur in ihren Grundzügen durch die Finanzverfassung festgelegt sei. Das Grundgesetz verpflichte den Gesetzgeber, das Steuerverteilungs- und Ausgleichsystem durch allgemeine, ihn selbst bindende Maßstäbe gesetzlich zu konkretisieren und zu ergänzen[936]. Auf der Grundlage derartiger Maßstäbe habe er die konkrete Verteilung des Steueraufkommen neu zuzuweisen[937].

Diesem doppelten Regelungsauftrag trug der Bundesgesetzgeber dadurch Rechnung, dass er im Jahre 2001 das sogenannte Maßstäbegesetz, MaßstG,[938] erließ. In Anwendung der darin vorgegebenen Prämissen regelte er die konkreten, kurzfristigen und auf periodische Überprüfung hin angelegten Zuteilungs- und Ausgleichsfolgen. Art. 5 Solidarpaktfortführungsgesetz, SFG,[939] fasste

[933] Brockmeyer in Schmidt-Bleibtreu/Klein, Art. 106 Rn. 14; Hidien, Die Verteilung der Umsatzsteuer, S. 342; Hettlage, Festschrift Maunz, S. 119, 128; BMF, Umsatzsteuergutachten, Tz. 172.

[934] Sichtbar wird dies durch die Vielzahl der Kommissionen und Sachverständigen, die allein das Bundesfinanzministerium mit dieser Problematik befasste, z.B. BMF, Umsatzsteuergutachten, 1981; BMF, Wissenschaftlicher Beirat, 1995.

[935] BVerfGE 101, 158, 158ff.

[936] BVerfGE 101, 158, 227.

[937] Das Gericht hatte dem Gesetzgeber die Frist gesetzt, bis zum 01.01.2003 ein sog. Maßstäbegesetz in Kraft treten zu lassen und bis zum 01.01.2005 das FAG in einsprechender Weise zu konkretisieren; BVerfGE 101, 158, 238.

[938] Gesetz über verfassungskonkretisierende allgemeine Maßstäbe für die Verteilung des Umsatzsteueraufkommens, für den Finanzausgleich unter den Ländern sowie für die Gewährung von Bundesergänzungszuweisungen vom 09.09.2001 (BGBl. I S. 2302).

[939] Gesetzes zur Fortführung des Solidarpaktes, zur Neuordnung des bundesstaatlichen Finanzausgleichs und zur Abwicklung des Fonds „Deutsche Einheit" vom 20.12.2001 (BGBl. I S. 3955).

§ 1 des Finanzausgleichgesetzes, FAG,[940] mit Wirkung vom 01.01.2005 entsprechend neu. Anlässlich der Abstimmung über das MaßstG verabschiedeten Bundestag und Bundesrat zusätzliche Entschließungen. Darin drückten sie ihre Erwartung aus, dass „Bund und Länder die bestehenden Meinungsverschiedenheiten, vor allem über die Anwendung des bei der Festlegung der Umsatzsteueranteile anzuwendenden Deckungsquotenverfahrens (§ 4 I MaßstG), überwinden und damit die Voraussetzungen schaffen werden, das Nähere noch in der 14. Wahlperiode des Deutschen Bundestages gesetzlich zu regeln“[941]. Im Zusammenhang mit der Neufassung des § 1 FAG machten sie in weiteren inhaltsgleichen Entschließungen deutlich, dass dieser angestrebte Konsens bislang noch nicht hergestellt werden konnte[942]. Sie konstatierten, dass „die jeweiligen Rechtspositionen von Bund und Ländern zur Interpretation der Bestimmungen in Art. 106 III, IV GG in Verbindung mit § 4 MaßstG trotz der Änderung des § 1 FAG gewahrt bleiben“. Auf „die entsprechenden Begründungen im Gesetzesentwurf der Bundesregierung zum MaßstG[943] sowie in der Stellungnahme des Bundesrates zum Entwurf des MaßstG[944] wird Bezug genommen“ und auf die in diesem Zusammenhang verabschiedeten Entschließungen[945] ausdrücklich verwiesen. Es wird deutlich, dass die zwischen Bund und Ländern bestehenden Meinungsunterschiede auch durch die Verabschiedung des ersten, auf das MaßstG gestützten Finanzausgleichsgesetzes noch nicht beseitigt werden konnten. Der vom BVerfG initiierte Konkretisierungsversuch führte bislang noch nicht zu einheitlichen, unmissverständlichen Kriterien, welche Einnahmen oder Ausgaben bei der Deckungsquotenberechnung zu berücksichtigen sind und welche nicht.

Um dies zu erreichen, versuchen Bund und Länder immer noch eine entsprechende Übereinstimmung herbeizuführen und so zumindest in rechtstechnischer Hinsicht eine einheitliche Handhabung der Deckungsquotenberechnung zu gewährleisten[946]. Umstritten ist dabei zum einen, wie die von beiden Seiten

[940] Gesetzes über den Finanzausgleich zwischen Bund und Ländern vom 23.06.1993 (BGBl. I S. 944, 977).

[941] Ziffer IV 3 der Entschließung des Bundestages gem. Entschließungsantrag BT-Drs. 14/6577, S. 3; Ziffer IV. 3 der Entschließung des Bundesrates, BR-Drs. 485/01.

[942] BR-Drs. 999/01.

[943] BT-Drs. 14/5951.

[944] BR-Drs. 161/01; vgl. auch Gegenäußerung der Bundesregierung zur Stellungnahme des Bundesrates, BT-Drs. 14/5971.

[945] BT-Drs. 14/6577, S. 3; BR-Drs. 485/01.

[946] Die Mitgliedsländer der Finanzministerkonferenz haben zur Klärung der damit angesprochenen Fragen die Erstellung eines rechtswissenschaftlichen und eines volkswirtschaftlichen

erwünschte, möglichst umfassende Berücksichtigung der Zahlungsströme zu erreichen ist[947]. Während als Grundlage von den formalen Haushalts- und Finanzplänen ausgegangen wird, sehen insbesondere die Länder in den darin enthaltenen Einnahmen und Ausgaben nicht die tatsächliche Finanzsituation wiedergegeben. Dazu sei es notwendig, einzelne Positionen neu zu bewerten und auch im Haushalt nicht veranschlagte Einnahmen- oder Ausgabenkomplexe, wie etwa Sondervermögen oder Nebenhaushalte, einzubeziehen[948]. Sie fordern, die formalen Haushaltsansätze zu „bereinigen", bevor sie in einen Deckungsquotenvergleich einzustellen seien[949]. Der Bund neigte bislang dazu, sich unmittelbar an den jeweiligen Haushalts- und Finanzplänen zu orientieren und hielt eine Bereinigung weder für praktikabel noch für zulässig. Dadurch würde ein erheblicher Grad an Unschärfe erzeugt, was dem Gebot der Transparenz und der Bindung des Gesetzgebers widerstrebe. Es sei Aufgabe des jeweiligen Haushaltsgesetzgebers zu entscheiden, welche Ausgabe zur Erfüllung seiner Aufgaben notwendig sei, so dass die Haushaltspläne darüber auch unmittelbar Aufschluss gäben[950].

Zum anderen bestehen Meinungsverschiedenheiten darüber, ob nur periodisierte Einnahmen und Ausgaben zu berücksichtigen seien oder auch einmalig anfallende Zahlungsverschiebungen in die Deckungsquotenberechnung einbezogen werden müssten[951]. Dies betrifft insbesondere die Veranschlagung von

---

Gutachtens erbeten, welche inzwischen vorliegen, Wendt, Gutachten, S. 1ff.; Univ. Kiel, Gutachten, S. 1ff.

947 Gegenäußerung der Bundesregierung zu der Stellungnahme des Bundesrates zum Entwurf des MaßstG, BT-Drs. 14/5971, S. 3; Uni Kiel, Gutachten, S. 18, 26; Wendt, Gutachten, S. 39.

948 Ebenso wird in diesem Rahmen über die Berücksichtigung von anderen spezifischen Einnahmen wie Veräußerungserlösen, Sanierungs-Bundesergänzungszuweisungen oder Sondervermögen gestritten.

949 Vgl. Stellungnahme der Länder zum Sonderausschuss Maßstäbegesetz/Finanzausgleichsgesetz des Deutschen Bundestages, Finanzministerkonferenz am 8. Juni 2001, Ausschussdrucksache 0094 des Sonderausschusses Maßstäbegesetz/Finanzausgleichsgesetz des Deutschen Bundestages, S. 14. Ebenso bereits die Stellungnahme des Bundesrates zum Entwurf des Maßstäbegesetzes, BR-Drs. 161/01, S. 2f.; grundsätzlich schon Wendt in HStR, Bd. IV, § 104 Rn. 58; ders., Gutachten, S. 39f. Gewisse Bereinigungsnotwendigkeiten erkennt auch BMF, Wissenschaftlicher Beirat, S. 17: „Es liegt nahe, die in den Haushalten des Bundes und der Länder verbuchten Ausgaben und Einnahmen auch als im Sinne des Art. 106 Abs. 3 GG dem Bund und den Ländern zuzurechnende Ausgaben und Einnahmen anzusehen. Diese Gleichsetzung ist aber aus einer Reihe von Gründen nicht sachgerecht".

950 Gegenäußerung der Bundesregierung zu der Stellungnahme des Bundesrates zum Entwurf des Maßstäbegesetzes, BT-Drs. 14/5971, S. 3f.; Wendt, Gutachten, S. 39.

951 Uni Kiel, Gutachten, S. 2, 57f.; Wendt, Gutachten, S. 79f.

Privatisierungserlösen, aber auch die Einnahmen des Bundes aus der hier relevanten Versteigerung von UMTS-Mobilfunklizenzen, welche die Länder berücksichtigt wissen wollen, während der Bund sich dem entgegenstellt[952].
Ohne die zwischen Bund und Ländern geführten Kontroversen in all ihren weit verzweigten Facetten und Details behandeln und beantworten zu wollen, soll vor dem geschilderten Hintergrund ausschließlich für die Versteigerungserlöse gemäß § 11 IV TKG und damit auch die konkreten Einnahmen aus der UMTS-Auktion geklärt werden, ob sie in die Deckungsquotenberechnung einzubeziehen sind und eine Verschiebung des Deckungsquotenverhältnisses bewirken können. Dazu müssten sie zunächst laufende Einnahme im Sinne von Art. 106 III 4, IV 1 GG darstellen.

a. Einnahmen

Ungeachtet der erläuterten Differenzen besteht insoweit Einigkeit, dass unter einer Einnahme jeder tatsächliche Zufluss finanzieller Mittel zu verstehen ist, der das Geldvermögen des Empfängers vermehrt und die Finanzkraft des begünstigten Gemeinwesens in dem Sinne stärkt, dass es über die Beträge disponieren kann[953]. Bei diesen Anforderungen drängen sich primär steuerliche Abgabenerlöse als Einnahmen auf. Sie gewährleisten geradezu idealtypisch einen tatsächlichen Geldzufluss an den Staat, der sein Vermögen mehrt und ungebunden zu seiner Verfügung steht[954]. Seine Möglichkeiten, die ihm obliegenden Aufgaben zu erfüllen, werden dadurch erhöht, was sich auf die Berechnung der Deckungsquote auswirkt.
Ferner sind sich Bund und Länder darüber einig, dass auch Gebührenerlöse als Einnahmen im Sinne des Art. 106 IV 3 GG anzusehen sind[955]. Teile der rechtswissenschaftlichen Literatur stellen diese Kategorisierung allerdings in Frage. Aufgrund der Gegenleistungsabhängigkeit und des Kostendeckungsprinzips ließen vor allem aufwandsausgleichende Gebühren das disponible

---

[952] Antragsbegründung zu BVerfGE 105, 185, 191f. Das BVerfG musste diese Frage im Rahmen des Bund-Länder-Streites um die UMTS-Erlöse nicht entscheiden, sondern verneinte einen Revisionsanspruch mit Hinweis auf die erforderliche Zukunftsrichtung einer Finanzentwicklung, BVerfGE 105, 185, 194f.
[953] BMF, Umsatzsteuergutachten, Tz. 127; Korioth, Finanzausgleich, S. 492; Hidien, Die Verteilung der Umsatzsteuer, S. 239ff., 286f.; Hettlage, Festschrift Maunz, S. 119, 128; Gaddum, BayVBl. 1977, 585, 587; Kisker, Der bergrechtliche Förderzins, S. 31; Vialon, Haushaltsrecht, S. 165; Zum vergleichbaren Parallelfall gliedstaatlicher Finanzkraft in Art. 107 II 1 GG P. Kirchhof, Der Verfassungsauftrag zum Länderfinanzausgleich, S. 43f.
[954] Hidien, Die Verteilung der Umsatzsteuer, S. 230, 256.
[955] Wendt, Gutachten, S. 82; Uni Kiel, Gutachten, S. 63, 105.

Staatsvermögen unbeeinflusst und berührten die Finanzverhältnisse zwischen Bund und Ländern nicht[956]. Auf die vorliegenden Verleihungsgebühren findet das Kostendeckungsprinzip allerdings keine Anwendung[957]. Die staatliche Gegenleistung besteht in der Verleihung eines Rechts, das zuvor keine vermögenswerte Position im staatlichen Vermögenshaushalt darstellte, sondern durch die Verleihung erst „aktiviert“ wird[958]. Die Erlöse aus diesen Gebühren unterliegen also keiner Bindung an eine vorherige staatliche Disposition. Sie stehen der jeweiligen Körperschaft zur Erfüllung allgemeiner Aufgaben zur Verfügung und erhöhen ihr Geldvermögen und ihre Finanzkraft[959]. Zumindest die Einnahmen aus Verleihungsgebühren und damit auch die Erlöse aus der UMTS-Versteigerung sind als Einnahmen im Sinne des Art. 106 IV 1 GG einzuordnen.

b. Laufende Einnahmen

Art. 106 IV 1, III 4 GG grenzen zu berücksichtigende Finanzflüsse auf laufende Einnahmen ein. Sie binden den Einnahmebegriff damit an einen temporalen Aspekt, um das Ziel einer kontinuierlichen und langfristigen Umsatzsteuerver-

---

[956] Brockmeyer in Schmidt-Bleibtreu/Klein, Art. 106 Rn. 14e; Hidien, Die Verteilung der Umsatzsteuer, S. 273ff., 372; P. Kirchhof, Der Verfassungsauftrag zum Länderfinanzausgleich, S. 102; Korioth, Finanzausgleich, S. 493; Kisker, Der bergrechtliche Förderzins, S. 31; Gaddum, BayVBl. 1977, 585, 587.

[957] Auch hinsichtlich aufwandsausgleichender Gebühren variieren die Kostendeckungsgrade kommunaler Gebührenhaushalte in der Finanzpraxis seit jeher zwischen 1 und 93 % (Schmidt-Jortzig/Makswit, Handbuch, Rn. 171ff.; Hardt, Kommunale Finanzkraft, S. 170). Bei einer Kostendeckung von 1 % kann nicht ernsthaft davon ausgegangen werden, dass die so erhobene Gebühr ausschließlich zur Deckung einer zuvor erbrachten Staatsleistung verwendet wird. Zumindest dann stehen auch die Erlöse aufwandsausgleichender Gebühren, dem Nonaffektionsprinzip entsprechend, zur Bewältigung allgemeiner Aufgaben des Staates zur Verfügung und die Gegenleistungsabhängigkeit steht einer Anerkennung von Gebührenerlösen als Einnahmen im Sinne des Art 106 IV 1 GG nicht entgegen. So selbst Kisker, Der bergrechtliche Förderzins, S. 31, 39, der eine Berücksichtigung von Gebühren ansonsten ablehnt.

[958] F. Kirchhof, NVwZ 1987, 1031, 1037.

[959] In diesem Sinne hat das BVerfG auch eine Einbeziehung der Erlöse aus der Förderabgabe nach dem BBergG in den Finanzausgleich befürwortet, BVerfGE 73, 330, 410ff.; vgl. Kisker, Der bergrechtliche Förderzins, S. 31, 39. Zur Berücksichtigung der in Hessen und Baden-Württemberg erhobenen Wasserpfennige, F. Kirchhof, NVwZ 1987, 1031, 1037. Hinsichtlich aufwandsausgleichender Gebühren: Ruhe in Seifert/Hömig, Art. 106 Rn. 10 a; Fischer-Menshausen in v.Münch/Kunig, Art. 106 Rn. 26 b; Heun in Dreier, Art. 106 Rn. 22; Maunz in Maunz/Dürig, Art. 106 Rn. 45; Henneke, Öffentliches Finanzwesen, Rn. 725; BMF, Umsatzsteuergutachten, Tz. 143.

teilung zu gewährleisten[960]. „Laufend“ sind Einnahmen, die typischerweise eine gewisse Kontinuität, periodische Erfassbarkeit und Vorhersehbarkeit aufweisen[961].

Wollte man diese Anforderungen so verstehen, dass nur permanent fällige und regelmäßig wiederkehrende Geldzuflüsse von Art. 106 IV 1 GG umfasst würden, fielen im Ergebnis ausschließlich Steuern in seinen Anwendungsbereich. Alle Beiträge, Gebühren oder sonstigen Abgaben werden unregelmäßig, häufig abhängig von einer Mitwirkung des Abgabenschuldners, erhoben und blieben bei einer Deckungsquotenberechnung unberücksichtigt. Auch nichtsteuerliche Abgaben besitzen jedoch einen erheblichen, permanent zunehmenden Einfluss auf die Finanzausstattung des Staates[962]. Ohne ihre Einbeziehung könnten die Finanzverhältnisse zwischen Bund und Ländern nicht realistisch wiedergegeben und das von Art. 106 IV GG verfolgte Ziel der umfassenden Verteilungsgerechtigkeit nicht erreicht werden. Ein derart verengter Einnahmebegriff würde den Anforderungen der Revisionsklausel mithin nicht gerecht. Auf der anderen Seite kann auch nicht jede einmalige oder rein zufällig erfolgte, außerordentliche Zahlung den Anwendungsbereich der Art. 106 IV 1, III 4 GG eröffnen[963]. Dadurch würden der Wortlaut und das Bemühen um eine kontinuierliche Finanzverteilung vollkommen vernachlässigt[964].

Unter Abwägung dieser Interessen muss eine Einnahme also zumindest ihrer Art nach wiederkehrend sein, um die Deckungsquoten beeinflussen zu können. Nur in diesem Sinne muss sie auf Periodizität und Vorhersehbarkeit angelegt sein. Dieser Auslegung entspricht auch die Entstehungsgeschichte des Art. 106 GG. In der Fassung des Jahres 1955 war noch von „ordentlichen“ statt von „laufenden“ Einnahmen die Rede. Erst der Regierungsentwurf des Finanzverfassungsgesetzes 1969 tauschte die Begriffe ohne ausdrückliche Begründung aus[965]. Dem lag zugrunde, dass gleichzeitig mit der Finanzreform eine

---

960 Maunz in Maunz-Dürig, Art. 106 Rn. 44, 45; Hidien, Die Verteilung der Umsatzsteuer, S. 230ff.; Lämmer, Die bundesrechtliche Verteilung der Staatseinnahmen, S. 51; BMF, Umsatzsteuergutachten, Tz. 131.

961 Fischer-Menshausen in v.Münch/Kunig, Art. 106 Rn. 26 b; Heun in Dreier, Art. 106 Rn. 22; Henneke, Öffentliches Finanzwesen, Rn. 725; Hidien, Die Verteilung der Umsatzsteuer, S. 250 m.w.N.

962 Hendler, DÖV 1999, 749, 749ff.

963 So aber BMF, Wissenschaftlicher Beirat, S. 25, wo es heißt, dass „es - wenn auch bei schwankendem Niveau - fast immer zu derartigen Einnahmen kommen wird“.

964 Maunz in Maunz/Dürig, Art. 106 Rn. 45; Schwarz in v.Mangoldt/Klein/Starck, Art. 106 Rn. 72; Henneke, Öffentliches Finanzwesen, Rn. 725; BMF, Umsatzsteuergutachten, Tz. 131.

965 BT-Drs. 5/2861, S. 7; Maunz in Maunz/Dürig, Art. 106 Rn. 44.

Haushaltsrechtsreform beschlossen wurde, die eine Unterscheidung zwischen „ordentlichen" und „außerordentlichen" Haushalten aufhob. Im Interesse einer einheitlichen Terminologie sollte auch im Rahmen des Art. 106 GG auf diese Begrifflichkeit verzichtet werden, ohne aber eine inhaltliche Änderung herbeiführen zu wollen[966]. Abgaben wie Steuern, Beiträge und Gebühren gehören zu den Einnahmen, die abstrakt-generell normiert werden und deren wiederkehrendes Anfallen damit typischerweise zu erwarten ist. Sie stellen den Prototyp der so verstandenen laufenden Einnahmen dar, selbst wenn sie nicht regelmäßig und konkret vorhersehbar erhoben werden[967].

Auch die Versteigerung der UMTS-Lizenzen erfolgte nicht als singulärer Vorgang, sondern auf der Grundlage der abstrakt-generellen Regelung des § 11 IV TKG. Bereits vor der UMTS-Auktion wurden knappe Telekommunikationslizenzen versteigert und entsprechende Einnahmen erzielt[968]. Auch in Zukunft werden aufgrund dieser Norm Lizenzen vergeben, deren Erlöse dem Staat zufließen. Im Unterschied zur Steuer fallen diese Verleihungsgebühren zwar nicht in einem vorhersehbaren Rhythmus an und sind auch ihrer Höhe nach regelmäßig nicht konstant. Allerdings handelt es sich um keine einmaligen außerordentlichen oder zufälligen Geldzuflüsse, sondern um ständige, bei jeder Versteigerung wiederkehrende Einnahmen, die in ihrer abstrakten Form eine periodische Erfassbarkeit und Kontinuität aufweisen. Daher können die UMTS-Versteigerungserlöse nicht mit tatsächlich nur singulär und zufällig auftretenden Privatisierungs- oder Veräußerungserlösen gleichgesetzt werden, wie dies in der Praxis gelegentlich geschieht[969]. Dadurch würde ihr finanzverfassungsrechtlicher Charakter als wiederkehrend zu erhebende Gebühr verkannt. Im Ergebnis sind die gemäß § 11 IV TKG erhobenen Versteigerungserlöse und damit auch die UMTS-Erlöse als laufende Einnahmen im Sinne des Art. 106 IV 1 GG anzuerkennen[970].

---

[966] So auch BMF, Umsatzsteuergutachten, Tz. 131.

[967] Maunz in Maunz/Dürig, Art. 106 Rn. 45; BMF, Umsatzsteuergutachten, Tz. 131; Hidien, Die Verteilung der Umsatzsteuer, S. 250 m.w.N. will sogar „nur einmalige Einnahmen" ausreichen lassen.

[968] Siehe Teil 1 C. § 2 II.

[969] Siehe Teil 3 B § 1 I 2.

[970] So auch Uni Kiel, Gutachten, S. 57; Storr lässt diese Frage in K&R 2002, 67, 75 unter Verweis auf eine zwischen Bund und Ländern zu treffende Regelung i. Erg. offen. Auch das BVerfG legte sich im Rahmen seiner Entscheidung über die UMTS-Versteigerungserlöse nicht fest, BVerfGE 105, 185, 195. Becker, DÖV 2003, 177, 182 interpretiert das Urteil hingegen dahingehend, dass eine laufende Einnahme nicht vorliege. Er übersieht dabei den Unterschied zwischen einer „laufenden" Einnahme gemäß Art. 106 III 4 GG und einer

c. Zwischenergebnis

Die Erlöse aus Versteigerungen gemäß § 11 IV TKG und konkret die Erlöse aus der UMTS-Auktion erfüllen die qualitativen Anforderungen des Art. 106 IV 1, III 4 GG und sind bei der Berechnung der Deckungsquote des Bundes zu berücksichtigen[971]. Zu einem entsprechenden Ergebnis sollten auch die diesbezüglichen Verhandlungen zwischen Bund und Ländern gelangen. Mit dieser Feststellung ist aber noch keine Aussage darüber getroffen, ob sie auch eine Revision der bestehenden Umsatzsteuerverteilung gemäß Art. 106 IV 1 GG begründen. Dazu müssten sie quantitativ derart erheblich sein, dass sie das Verhältnis zwischen Einnahmen und Ausgaben des Bundes und der Länder wesentlich verändern und eine gewisse Entwicklung begründen.

3. Quantitative Voraussetzungen

Wenn Art. 106 IV 1 GG eine wesentlich andere Entwicklung der Finanzverhältnisse zwischen Bund und Ländern fordert, bleibt offen, wann das Kriterium der Wesentlichkeit erfüllt ist. Betrachtete man allein die Funktion der Revisionsklausel, eine umfassende Verteilungsgerechtigkeit zu gewährleisten, bedürfte man keiner zahlenmäßigen Präzisierung. Jede erkennbare qualitative Veränderung müsste zu einer Neufestsetzung der Anteilsverhältnisse führen. Dabei bliebe aber die Funktion der Stabilisierung kontinuierlicher Finanzverteilungsverhältnisse unberücksichtigt. Sie verlangt eine Entwicklung, die zumindest eine deutliche oder sogar tiefgreifende Veränderung der Finanzverhältnisse bewirkt. Eine von der Bundesregierung zu Fragen der Umsatzsteuerverteilung eingesetzte Sachverständigenkommission formulierte dies so: „Es muss eine Verschiebung der Entwicklung existieren, die nicht schwer erkennbar, sondern

---

„laufenden" Veränderung der Finanzverhältnisse gemäß Art. 106 IV 1 GG, vgl. ausführlich Teil 3 B. § 1 I. 4.

[971] Früher wurde diskutiert, ob eine für den Bund oder die Länder günstige Finanzentwicklung, wie die Erzielung zusätzlicher Einnahmen, überhaupt einen Revisionsgrund darstellte oder ob nur negative Entwicklungen einen solchen begründen könnten. Bei positiven Entwicklungen bliebe schließlich der ausgehandelte status quo der Umsatzsteuerverteilung für die nicht begünstigte Seite konstant, so dass kein Neuregelungsbedürfnis existiere. Allerdings geht es der Revisionsklausel nicht darum, den jeweiligen status quo einer Ebene zu erhalten, sondern ein ausgewogenes Verhältnis zwischen Aufgaben und Finanzmitteln auf allen staatlichen Ebenen zu gewährleisten. Heute herrscht daher Einigkeit, dass sich die von Art. 106 IV 1 GG geforderten Entwicklungsunterschiede sowohl auf negative als auch auf positive Finanzentwicklungen beziehen, vgl. Korioth, UMTS-Gutachten, S.88.

offensichtlich, nicht vorübergehend, sondern nachhaltig und nicht geringfügig, sondern erheblich ist"[972].

Eine Vielzahl von Literaturstimmen versucht den unbestimmten Rechtsbegriff der Wesentlichkeit in konkrete Zahlen zu fassen. Einige knüpfen dabei an die Veränderungssumme in Relation zum jeweiligen Umsatzsteueraufkommen an: So hält Ruhe eine Veränderung für wesentlich, die ein halbes Prozent des Umsatzsteueraufkommens darstellt[973]. Die genannte Sachverständigenkommission erachtete eine Veränderung von weniger als einem Prozent des Umsatzsteueraufkommens dagegen für unwesentlich[974]. Andere Stimmen betrachten die Veränderung der Deckungsquote selbst: Verändere sie sich um weniger als ein Prozent, sei eine wesentliche Entwicklung nicht auszuschließen, verändere sie sich um mehr als ein Prozent, liege eine solche in jedem Falle vor[975]. Weil eine nähere Begründung oder sachliche Herleitung dieser Quantifizierungen unterbleibt[976], lehnen wieder andere Stimmen eine zahlenmäßige Festsetzung des Wesentlichkeitskriteriums gänzlich ab[977].

Sicherlich können die genannten Kriterien Hilfsmittel sein, um das quantitative Ausmaß einer Veränderung zu beurteilen. Ein ausschließliches Anknüpfen an derart abstrakt gegriffene Zahlenwerte kann hingegen nicht in jeder Konstellation zu einem sachgerechten Ergebnis führen. Vielmehr ist unter Abwägung der Funktionen der Revisionsklausel und unter Berücksichtigung der Gesamtumstände des Einzelfalls eine ausgewogene Beurteilung vorzunehmen[978]. Die Vereinnahmung der UMTS-Lizenzerlöse verbesserte die finanzielle Situation des Bundes im Haushaltsjahr 2000 nachhaltig. Sein Anteil am Umsatzsteueraufkommen lag in diesem Jahr bei DM 131,8 Mrd. (€ 67,39 Mrd.)[979]. Dies

---

972 BMF, Umsatzsteuergutachten, Tz. 169f.; ähnlich: Birk in AK (2.A.), Art. 106 Rn. 33; Schneider in AK (3.A.), Art. 106 Rn. 11; Fischer-Menshausen in v.Münch/Kunig, Art. 106 Rn. 29; Hettlage, Festschrift Maunz, S. 119, 135.

973 Ruhe in Seifert/Hömig, Art. 106 Rn. 14.

974 BMF, Umsatzsteuergutachten, Tz. 169.

975 Maunz in Maunz/Dürig, Art. 106 Rn. 65, Hidien in BK, Art. 106 Rn. 985; ders., AöR 122 (1997), 583, 595; ders., Die Verteilung der Umsatzsteuer, S. 352.

976 Hidien, Die Verteilung der Umsatzsteuer, S. 351.

977 Hettlage, Festschrift Maunz, S. 119, 135.

978 Es handelt sich dabei um eine Rechtsfrage, die das BVerfG im Fall pflichtwidrigen Unterlassens des Bundesgesetzgebers voll nachprüfen kann, Birk in AK (2.A.), Art. 106 Rn. 33. Der Bundesgesetzgeber hat jedoch einen verhältnismäßig weiten Beurteilungsspielraum, innerhalb dessen er aufgrund eines auftretenden Sachzwangs zur Neuordnung der Bund-Länder-Finanzen handelt, Stern, Staatsrecht II, S. 1159; Hidien in BK, Art. 106 Rn. 989; anders Korioth, Finanzausgleich, S. 491.

979 BMF, Finanzbericht 2001, S. 69.

entspricht einer Anteilsquote am Gesamtumsatzsteueraufkommen von 38,9 %[980]. Auf die Länder entfiel eine Quote von 45,9 %, auf die EU von 13,1 % und auf die Gemeinden von 2,1 %[981]. Insgesamt betrug das Aufkommen aus der Umsatzsteuer im Jahre 2000 DM 338,8 Mrd. (€ 173,23 Mrd.). Eine zusätzliche Einnahme in Höhe von nahezu DM 100 Mrd. (€ 51,13 Mrd.) entspricht etwa 38 bis 39 % daran. Sie stellt zudem etwa 25 % des Gesamtvolumens des Bundeshaushaltes dar[982]. Bei isolierter Betrachtung konnte der Bund durch diese zusätzliche Einnahme also eine Vielzahl seiner im Haushaltsjahr 2000 anfallenden Aufgaben finanzieren und seine Deckungsquote damit in bedeutendem Umfange steigern. Auch in Anlehnung an die zuvor erläuterten Konkretisierungsversuche ist eine Veränderung dieser Größenordnung als erheblich, offensichtlich und nachhaltig anzusehen und erfüllt die Anforderungen der Wesentlichkeit. Will die Revisionsklausel zu einer Ausgleichsgerechtigkeit zwischen Bund und Ländern beitragen, müsste eine Verschiebung dieses Umfangs das Interesse an der Kontinuität der Finanzverteilung zurücktreten lassen. Für sich betrachtet entsprechen die UMTS-Versteigerungserlöse, zumindest im betroffenen Haushaltsjahr 2000, den quantitativen Anforderungen der Revisionsklausel.

4. Temporale Voraussetzungen

In dem von Art. 106 IV 1 TKG erwähnten Begriff „entwickeln" wird ein weiteres Tatbestandsmerkmal der Revisionsklausel erkannt. Nicht nur die bei der Deckungsquotenberechnung gemäß Art. 106 III 4 GG abstrakt zu berücksichtigenden Einnahmen sollen eine Kontinuität aufweisen, sondern auch die konkrete Veränderung des Deckungsquotenverhältnisses zwischen Bund und Ländern müsse langfristig in die Zukunft wirken[983]. Vereinzelt wird die Frage gestellt, ob diese Voraussetzung zwingend sei oder ob bei einer quantitativ besonders bedeutsamen Einnahmeverbesserung von ihr abgesehen werden könne.

---

980 Dabei ist der Anteil der Umsatzsteuererlöse, der an die EU abgeführt, zuvor aber dem Bund zugeteilt wird, schon abgezogen, weil er tatsächlich nicht zur Bewältigung von Bundesaufgaben zur Verfügung steht.

981 Der Anteil der Gemeinden wird vor einer Aufteilung zwischen Bund und Ländern abgezogen. Alle Angaben aus BMF, Finanzbericht 2001, S. 79.

982 Siehe Teil 1 A.

983 Pieroth in Jarass/Pieroth, Art. 106 Rn. 10; Maunz in Maunz/Dürig, Art. 106 Rn. 45, 63; Fischer-Menshausen in v.Münch/Kunig, Art. 106 Rn. 29; Ruhe in Seifert/Hömig, Art.106 Rn. 14; Hidien in BK, Art.106 Rn. 986; ders., Die Verteilung der Umsatzsteuer, S. 343; BMF, Umsatzsteuergutachten, Tz. 170.

a. Berücksichtigung einmaliger schwerwiegender Vorgänge

Einige Stimmen in der Literatur vertreten, dass schwerwiegende Veränderungen der Deckungsquoten selbst dann einen Revisionsgrund darstellen könnten, wenn sie sich auf ein einziges Rechnungsjahr beschränkten[984]. Keiner hoheitlichen Ebene sei es zumutbar, eine massive Verschiebung der Deckungsverhältnisse unwidersprochen hinzunehmen[985]. Art. 106 IV 1 GG verfolge neben der Kontinuität der Finanzverhältnisse eine größtmögliche Verteilungsgerechtigkeit. Obwohl sich beide Gebote gleichwertig gegenüberstünden, würde letzteres vollkommen vernachlässigt, wenn besonders bedeutsame, einmalige Verschiebungen folgenlos blieben. Erhebliche unbillige Differenzen und Finanzschwankungen von mehreren Prozentpunkten müssten stets zu Konsequenzen führen. Sei keine anderweitige Abhilfe verfügbar oder ausreichend, bestehe ein Revisionsanspruch auch bei deren Einmaligkeit[986]. Eine Außerachtlassung dieser Vorgänge führe zu erheblichen Missbrauchsversuchen der staatlichen Ebenen. Die vereinnahmende Instanz habe es durch eine buchungstechnische Konzentration bzw. Verteilung ihrer Umsätze in der Hand, eine finanzielle Auseinanderentwicklung der Ebenen zu verschleiern bzw. vorzutäuschen und einen Revisionsanspruch zu vereiteln bzw. unberechtigt zu provozieren[987]. Auch das BVerfG habe hinsichtlich des horizontalen Finanzausgleichs bereits einmalige Einnahmen von mehreren hundert Millionen bis zu DM 2 Mrd. (€ 1,02 Mrd.) als ausgleichsrelevant anerkannt[988].

b. Berücksichtigung langfristiger Vorgänge

In Übereinstimmung mit der überwiegenden Ansicht ist ein Revisionsanspruch gemäß Art. 106 IV 1 GG nur zu bejahen, wenn eine langfristig wirkende Veränderung der Finanzverhältnisse vorliegt. Kurzfristige, allein auf ein

---

984 Hidien, Die Verteilung der Umsatzsteuer, S. 354; Schwarz, RTkom 2001, 141, 145. Unerwähnt lassen die temporalen Anforderungen Heun in Dreier, Art. 106 Rn. 26; Brockmeyer in Schmidt-Bleibtreu/Klein, Art. 106 Rn. 14; Siekmann in Sachs, Art. 106 Rn.21ff.

985 Schwarz, RTkom 2001, 141, 145; Korioth, UMTS-Gutachten, S. 88, darauf gestützt die Länder Bayern, Baden-Württemberg und Hessen im Rahmen ihres Bund-Länder-Streites gegen den Bund, vgl. Antragsbegründung zu BVerfGE 105, 185, 191f.

986 So selbst Hidien in BK, Art. 106 Rn. 988, der eine Berücksichtigung einmaliger Vorgänge prinzipiell ablehnt.

987 Korioth, UMTS-Gutachten, S. 88.

988 Schwarz, RTkom 2001, 141, 145, unter Bezugnahme auf Entscheidungen zur Ausgleichsrelevanz der Gewerbesteuer, der Feuerschutzsteuer, der Spielbankabgabe und der bergrechtlichen Förderabgabe, insbes. BVerfGE 72, 330, 409f.

Haushaltsjahr bezogene Vorgänge können, unabhängig von ihrer Quantität, keine Neuverteilung der Umsatzsteuererlöse begründen[989].
Die vorgetragenen Missbrauchsmöglichkeiten können nicht überzeugen. Allein durch die Vereinbarung verschiedener Zahlungstermine wird aus einer einmaligen Abgabe noch keine langfristige Entwicklung. Eine solche erfordert die Kontinuität des Zahlungsanlasses, die sich auch bei gestreckten Zahlungsterminen einer einmaligen Zahlungspflicht nicht einstellt. Zudem hat es der Schuldner einer Zahlungsverpflichtung regelmäßig nicht in der Hand, die Zahlungsmodalitäten selbstständig festzulegen. Ebenso verhält es sich im umgekehrten Fall. Eine Ebene kann kontinuierlich fließende Einnahmen nicht ohne weiteres bündeln, um einen Anspruch gemäß Art. 106 IV 1 GG abzuwehren. Schon aufgrund des Leistungsfähigkeits- und des Äquivalenzprinzips muss sich kein Schuldner darauf einlassen, eine langfristige Abgabe in einer willkürlich hochgerechneten einmaligen Summe zu begleichen.
Die angeführte Intention der Revisionsklausel stellt ein ernstzunehmendes Argument dar. Ließe man einmalige Finanzentwicklungen unberücksichtigt, wäre die beabsichtigte Verteilungsgerechtigkeit nicht umfassend zu gewährleisten. Selbst wenn sie das Deckungsverhältnis nur kurzfristig verschieben, besteht zumindest in einem Haushaltsjahr eine ungerechte Finanzaufteilung zwischen Bund und Ländern. Berücksichtigte man hingegen einmalige Finanzvorgänge, bliebe das andere Ziel der Revisionsklausel, die Kontinuität der Finanzverteilung, unbeachtet. Nach allen bisherigen Erfahrungen stellt die Aushandlung der Umsatzsteuerneuverteilung einen komplizierten, zeitraubenden und äußerst schwerfälligen Vorgang dar. Ihn bei jedweder marginalen Deckungsquotenverschiebung in Gang zu setzen, provozierte einen sogenannten Revisionskreislauf[990]. Der absehbare Wegfall eines kurzzeitig befristeten Revisionsereignisses würde eine erneute Revision zu den „alten" Konditionen veranlassen. Weil der Anspruch auf Neuverteilung auch gerichtlich einklagbar ist, führte dies zu unentwegten verfassungsgerichtlichen Streitigkeiten zwischen Bund und Ländern. Eine Kontinuität der Finanzverteilung wäre nicht zu erreichen.

---

[989] Pieroth in Jarass/Pieroth, Art. 106 Rn. 10; Maunz in Maunz/Dürig, Art. 106 Rn. 45, 63; Fischer-Menshausen in v.Münch/Kunig, Art. 106 Rn. 29; Ruhe in Seifert/Hömig, Art.106 Rn. 14; Hidien, Die Verteilung der Umsatzsteuer, S. 343; BMF, Umsatzsteuergutachten, Tz. 170; im Grundsatz auch Hidien in BK, Art.106 Rn. 988.

[990] So auch Hidien, Die Verteilung der Umsatzsteuer, S. 354; Maunz in Maunz/Dürig, Art. 106 Rn. 45, 63; Pieroth in Jarass/Pieroth, Art. 106 Rn. 10; Fischer-Menshausen in v.Münch/Kunig, Art. 106 Rn. 29; Vogel/Walter in BK, Art. 106 Rn. 62, 65 (Zweitbearbeitung 1972).

Sowohl eine Berücksichtigung einmaliger Vorgänge als auch deren Ablehnung könnte die von Art. 106 IV 1 GG vorausgesetzten Ziele nicht gleichmäßig und vollständig erfüllen. Sie sind daher im Rahmen einer Abwägung zu gewichten und in einen schonenden Ausgleich zu bringen. Ein Blick auf die Entstehungsgeschichte des Art. 106 IV 1 GG zeigt, dass der Verfassungsgeber mit der Schaffung des Revisionsanspruchs die bis dahin allgegenwärtigen Verteilungskämpfe zwischen Bund und Ländern beenden wollte. Daraus kann nicht geschlossen werden, dass er das originäre Ziel jedes Finanzausgleichsinstrumentes, eine angemessene Verteilungsgerechtigkeit herzustellen, aufgeben wollte. Allerdings war er bereit, diese zu Gunsten der Kontinuität und der Verlässlichkeit der Finanzverteilung zu beschränken. Auch an anderer Stelle, wie etwa bei der Eingrenzung des Revisionsanspruchs auf „wesentliche" Veränderungen und „laufende" Einnahmen oder der bereits erläuterten Wortwahl und der systematischen Stellung des Art. 106 IV 1 GG, wird diese Bereitschaft deutlich. Praktisch wäre eine Verteilungsgerechtigkeit nicht erreichbar, wenn ihre Umsetzung von ständigen streitigen Auseinandersetzungen der Ebenen und damit einhergehender Rechts- und Planungsunsicherheit begleitet wäre. Gerade auch zur Durchsetzung der Verteilungsgerechtigkeit darf das Kriterium der Rechtssicherheit und der Kontinuität also nicht gänzlich zurückstehen. Es ist einer Ebene grundsätzlich zumutbar, eine Deckungsquotenverschiebung, die sich nur auf eine absehbare Zeitspanne erstreckt, in Kauf zu nehmen, um dadurch die Kontinuität und die Rechtssicherheit der Abgabenverteilung zu gewährleisten. Dies gilt unabhängig von der individuellen Quantität einer Deckungsquotenverschiebung. Zwar besteht das Bedürfnis nach Verteilungsgerechtigkeit umso dringender, je bedeutender eine Einnahmeveränderung ist. Allerdings wachsen im gleichen Maße auch die Begehrlichkeiten der jeweils anderen Ebene, so dass das Bedürfnis nach Kontinuität und Rechtssicherheit in gleichem Maße ansteigt.

Die Finanzverfassung sieht spezielle Ausgleichsmechanismen vor, wenn einmalige Einnahmen eine mit der Verteilungsgerechtigkeit nicht zu vereinbarende Größenordnung erreichen. Der bereits erwähnte Art. 106 IV 2 GG gleicht kurzzeitige, einseitige Verschiebungen aus und schafft damit Verteilungsgerechtigkeit, ohne die gesamte Umsatzsteuerverteilung neu aufrollen zu müssen. Zudem steht es den verschiedenen Ebenen offen, sich freiwillig um einen Ausgleich zu bemühen[991]. Gerade Verschiebungen erheblicher Größenordnung ermöglichen es einer Ebene, im vielfältigen Geflecht bundesstaatlicher Finanz-

[991] Vgl. BMF, Umsatzsteuergutachten, Tz. 168.

beziehungen politischen Druck auszuüben. Daher kann dieser Weg nicht von vornherein als fernliegend verworfen werden.
Darüber hinaus verschwinden bedeutsame einmalige Einnahmen oder Ausgaben regelmäßig nicht in einem Haushalt, ohne vielfältige Folgewirkungen hervorzurufen. Abhängig von ihrer konkreten Verwendung oder ihrem Zweck, provozieren sie langfristig wirkende Veränderungen der Finanzverhältnisse. Gelangt eine Ebene in den Genuss einer bedeutenden zusätzlichen Einnahme, ergeben sich mitunter langfristig verminderte Zinsausgaben, da ihr Bedarf an sonst erforderlichen Krediten nicht mehr besteht oder Schulden getilgt und Zinslasten dadurch dauerhaft reduziert werden. Ebenso können erhebliche zusätzliche Ausgabeverpflichtungen dazu führen, dass eine Ebene ihre Nettoneuverschuldung nachhaltig erhöhen muss, so dass langfristig zusätzliche Zinsverpflichtungen entstehen[992]. Durch derartige Konsequenzen wird aus der einmaligen Veränderung zwar keine langfristige Entwicklung, allerdings können diese Folgewirkungen selbst Anknüpfungspunkte für einen Anspruch aus Art. 106 IV 1 GG darstellen. Entscheidend für eine Revision ist schließlich nur die Verschiebung der Deckungsquoten; ob diese unmittelbar oder mittelbar erfolgt, ist unerheblich. Damit besteht schon aus rein praktischen Erwägungen keine Notwendigkeit, einmalige Verschiebungen der Deckungsquoten direkt unter Art. 106 IV 1 GG zu fassen.
Dementsprechend hat auch das BVerfG im hier zu untersuchenden Fall einer bedeutsamen Finanzverschiebung darauf verwiesen, dass Art. 106 IV 1 GG nicht auf ein einzelnes Kalenderjahr in der Vergangenheit gerichtet, sondern vielmehr auf langfristige Entwicklungen in die Zukunft angelegt sei[993].
Dafür spricht ferner schon der Wortlaut des Art. 106 IV 1 GG, wo es „anders entwickelt“ und nicht „anders entwickelt hat“ heißt. Der zu beobachtende Zeitablauf muss also lang genug sein, um eine Beurteilung für die Vergangenheit und eine Prognose für die Zukunft zu ermöglichen[994]. Art. 106 IV GG unterscheidet ausdrücklich zwischen der für eine Neufestsetzungspflicht konstitutiven, wesentlich anderen Entwicklung in Satz 1 und der lediglich kurzfristigen, durch eine Finanzzuweisung auszugleichenden Mehrbelastung in Satz 2. Umfasste Satz 1 auch kurzfristige Veränderungen, würde Satz 2 über-

[992] Lediglich bei rein konsumtiven Einnahmeverwendungen, etwa verlorenen Zuschüssen, treten keine zurechenbaren Folgewirkungen auf.
[993] BVerfGE 105, 185, 194f.
[994] So auch Hidien, Die Verteilung der Umsatzsteuer, S. 343; Maunz in Maunz/Dürig, Art. 106 Rn. 63.

flüssig, was mit der Systematik dieser Norm nicht vereinbar wäre[995]. Der Einnahmebegriff des Art. 106 IV 1 GG befindet sich in einem engen Sachzusammenhang zu dem des Art. 106 III 4 Nr. 1 GG. Auch dort wird ausdrücklich zwischen laufenden Einnahmen und einmaligen Einnahmen unterschieden, was für eine Beschränkung des Art 106 IV 1 GG auf langfristige Entwicklungen spricht. Die in Art. 106 III 4 Nr. 1 GG vorgeschriebene Berücksichtigung einer mehrjährigen (nach Art. 109 III GG i.V.m. § 9 StabG: fünfjährigen) Finanzplanung bestätigt diese Ansicht. Sie muss nicht nur durch die ursprüngliche, sondern durch jede Festsetzung der Umsatzsteueranteile beachtet werden. Damit hat auch die Neufestsetzung nach Art 106 IV 1 GG nicht nur ein augenblickliches, sondern ein langfristiges Gleichgewicht der Finanzverhältnisse zu gewährleisten[996].

Zusammenfassend verursachen auf einen kurzen Zeitraum begrenzte, vorübergehende Finanzvorgänge keine eigene, wesentlich andere Entwicklung der Finanzverhältnisse im Sinne des Art. 106 IV 1 GG. Sie unterbrechen lediglich eine im Lauf befindliche, langfristige Entwicklung, die sich, sobald sie wieder entfallen, fortsetzt und die allein für die Beibehaltung oder Änderung des Beteiligungsverhältnisses an der Umsatzsteuer maßgeblich ist[997].

Auch wenn die Lizenzversteigerungen gemäß § 11 IV TKG dem Staat kontinuierliche, laufende Einnahmen bescheren und die UMTS-Erlöse daher abstrakt als laufende Einnahmen im Sinne des Art. 106 III 4 GG einzuordnen sind[998], erreichten sie die quantitativen Voraussetzungen der Revisionsklausel allein im Haushaltsjahr 2000. Die laufenden Einnahmen der Versteigerungserlöse führten damit nur zu einer einmaligen Verschiebung der Finanzverhältnisse, die in den folgenden Haushaltsjahren, abgesehen von sonstigen Einflüssen, wieder egalisiert wurde. Darin ist kein Widerspruch zu erkennen, denn bei der Feststellung, ob eine Einnahme laufend anfällt und in die Berechnung der Deckungsquoten gemäß Art. 106 III 4 GG einzustellen ist, kommt es lediglich auf die Kontinuität ihrer Erhebung an. Für die Bejahung eines Revisionsanspruchs gemäß Art. 106 IV 1 GG ist hingegen die Kontinuität der Veränderung der

[995] So auch BMF, Umsatzsteuergutachten, Tz. 170; Fischer-Menshausen in v.Münch/Kunig, Art. 106 Rn. 29; anders Hidien, Die Verteilung der Umsatzsteuer, S. 353.

[996] So auch Ruhe in Seifert/Hömig, Art.106 Rn. 14; Fischer-Menshausen in v.Münch/Kunig, Art. 106 Rn. 29; BMF, Umsatzsteuergutachten, Tz. 170; im Grundsatz auch Hidien in BK, Art. 106 Rn. 986.

[997] Hidien, Die Verteilung der Umsatzsteuer, S. 354; Maunz in Maunz/Dürig, Art. 106 Rn. 45, 63; Pieroth in Jarass/Pieroth, Art. 106 Rn. 10; Fischer-Menshausen in v.Münch/Kunig, Art. 106 Rn. 29; Vogel/Walter in BK, Art. 106 Rn. 62 (Zweitbearbeitung 1972).

[998] Siehe Teil 3 B. § 1 I. 2. b.

Finanzverhältnisse entscheidend, so dass die Beurteilung dieser Fragen durchaus auseinanderfallen kann.

5. Zwischenergebnis

Die im Bundeshaushalt 2000 einmalig vereinnahmten UMTS-Versteigerungserlöse bewirkten keine wesentlich andere Entwicklung der Finanzverhältnisse zwischen Bund und Ländern. Die Länder besitzen keinen unmittelbaren Anspruch auf eine Neuverteilung der Umsatzsteuererlöse gemäß Art. 106 IV 1 GG. Ein solcher könnte ihnen lediglich mittelbar unter Anknüpfung an die Folgewirkungen dieses Vorgangs zustehen.

II. Wesentlich andere Entwicklung durch jährliche Zinsersparnisse

Im Weiteren ist zu untersuchen, welche finanzwirtschaftlich relevanten Folgewirkungen die Vereinnahmung der UMTS-Versteigerungserlöse hervorgerufen hat und ob diese einen Anspruch aus Art. 106 IV 1 GG begründen können. Eine solche Herangehensweise wurde im Rahmen der diesbezüglichen Verfahren vor dem BVerfG nicht vorgetragen und fand keine Erwähnung durch das Gericht[999].

Eine Folgewirkung der Vereinnahmung der UMTS-Versteigerungserlöse könnte durch die konkrete Art ihrer Verwendung in Gang gesetzt worden sein.

1. Entwicklung der Finanzverhältnisse

Der Bund nutzte die ihm zugeflossene Summe von knapp DM 100 Mrd. (€ 51,13 Mrd.) nahezu vollständig zur Tilgung aufgelaufener Schulden[1000]. Zum Jahresbeginn 2001 beglich er insbesondere hochverzinsliche Verbindlichkeiten aus den frühen neunziger Jahren[1001]. Er reduzierte dadurch nicht nur seinen Gesamtschuldenstand, sondern auch seine in den Folgejahren zu erbringenden Zinsverpflichtungen[1002]. Die auf diese Weise ersparten Beträge stehen ihm zukünftig zur Erbringung allgemeiner Aufgaben zur Verfügung. Abgesehen von anderen Einflüssen stieg seine durchschnittliche Deckungsquote für alle Haushaltsjahre ab dem Jahre 2001 damit in entsprechendem Umfange an. Sofern die verringerten Zinsbelastungen auch die qualitativen und quantitativen Voraussetzungen des Art 106 III 4, IV 1 GG erfüllten, hätte die Vereinnah-

---

[999] BVerfGE 105, 185, 185ff.

[1000] Siehe Einleitung.

[1001] Darauf entfielen allein DM 65 Mrd. (€ 33,23 Mrd.), Uni Kiel, Gutachten, S. 58.

[1002] BMF, Finanzbericht 2002, S. 53.

mung der UMTS-Erlöse mittelbar eine langfristige Verschiebung der Finanzverhältnisse in Gang gesetzt.

2. Qualitative Voraussetzungen

Neben laufenden Einnahmen setzt Art. 106 IV 1 i.V.m. III 4 GG notwendige Ausgaben voraus. In der Staatspraxis stimmen Bund und Länder darin überein, dass die Notwendigkeit einer Ausgabe nicht objektiv bestimmbar ist. Sie legen ihren Deckungsquoten zunächst sämtliche Ausgaben zugrunde und streiten lediglich darüber, ob diese an der ein oder anderen Stelle zu „bereinigen" seien[1003]. Die Notwendigkeit der hier relevanten Zinszahlungen steht dabei nicht in Frage[1004].

Unabhängig von dieser Handhabung unternimmt die rechtswissenschaftliche Literatur diverse Versuche, den Begriff der notwendigen Ausgaben näher zu definieren: So seien nur Zahlungen zu berücksichtigen, die entweder mittelbar oder unmittelbar durch das Grundgesetz legitimiert würden[1005] oder eine Rechtfertigung durch ein einfaches Gesetze erführen oder freiwillige und rein politisch motivierte Interessen verfolgten[1006]. Im Ergebnis stoßen all diese Eingrenzungsversuche auf Bedenken[1007]: Bejahte man die Notwendigkeit bereits bei politisch gewollten oder gesetzlich normierten Ausgaben, könnten die Finanzausgleichspartner durch entsprechende Willenserklärungen oder Gesetzesbeschlüsse selbst die Höhe ihrer Deckungsansprüche beeinflussen, was einer objektiven Vergleichbarkeit entgegenstünde. Eine Beschränkung auf unmittelbare oder mittelbare Verfassungsvorgaben gäbe nur einen begrenzten Ausschnitt der tatsächlichen Finanzverhältnisse einer Hoheitsebene wieder und könnte eine vollständige Verteilungsgerechtigkeit ebenfalls nicht gewährleisten.

1003 Uni Kiel, Gutachten, S. 1.

1004 Siehe Teil 3 B. § 1 I. 2.

1005 Geiger, Festschrift Maunz, S. 83, 89; Hettlage, ebend., S. 119, 126; Birk in AK (2.A.), Art. 106 Rn. 31; Korioth, Finanzausgleich, S. 489; Hidien, Die Verteilung der Umsatzsteuer, S. 204; Prokisch, Die Justitiabilität der Finanzverfassung, S. 219; BMF, Umsatzsteuergutachten, Tz. 117.

1006 Maunz in Maunz/Dürig, Art. 106 Rn. 49; Wendt in HStR IV, § 104 Rn. 58; Korioth, Finanzausgleich, S. 490; Hettlage, Festschrift Maunz, S. 119, 127. Gegen eine derartige Ausweitung Schwarz in v.Mangoldt/Klein/Starck, Art. 106. Rn. 78; ders., RTkom 2001, 141, 146.

1007 So i.Erg. auch Maunz in Maunz/Dürig, 106 Rn. 49; Wendt in HStR IV, § 104 Rn. 56ff.; Korioth, Finanzausgleich, S. 490; Prokisch, Die Justitiabilität der Finanzverfassung, S. 220; Hidien, Die Verteilung der Umsatzsteuer, S. 205; Hettlage, Festschrift Maunz, S. 119, 126.

Als allgemeiner Maßstab kann in Anbetracht der begrenzten staatlichen Finanzmittel lediglich gelten, dass die Notwendigkeit einer Ausgabe restriktiv zu beurteilen ist[1008]. Von vornherein sind Ausgaben aus dem Deckungsquotenvergleich auszuschließen, die gegen die Regeln einer wirtschaftlichen und sparsamen Haushaltsführung verstoßen[1009] oder zur Erreichung ihrer Ziele ungeeignet und nicht erforderlich sind[1010]. Darüber hinausgehende Konkretisierungsversuche können zu keinem auf alle Konstellationen anwendbaren Ergebnis gelangen, so dass die Praxis nicht ohne Grund auf sie verzichtet. Sie können lediglich den Rahmen abstecken, in dem sich eine individuelle Beurteilung zu bewegen hat. Ausschlaggebend ist, ob die Ausgabe eine Aussage über die finanziellen Verhältnisse einer Körperschaft erlaubt und ob sie von allen Hoheitsebenen einheitlich behandelt wird. Zu Letzterem können die aktuellen Konkretisierungsversuche der finanzverfassungsrechtlichen Maßstäbe und die jeweiligen politischen Umsatzsteuerverhandlungen zwischen Bund und Ländern beitragen[1011].

Ausgaben zur Begleichung von Zinsansprüchen dienen der Finanzierung von Darlehen, mit denen allgemeine staatliche Aufgaben erfüllt wurden. Sie werden in die Haushaltsgesetze eingestellt und begründen eine rechtlich bindende Verpflichtung, die weder unökonomisch noch zwecklos ist. Zur Erfüllung anderer staatlicher Aufgaben stehen sie nicht mehr zur Verfügung und reduzieren damit das disponible Geldvermögen der jeweiligen Hoheitsebene. Sie beeinflussen unmittelbar die Finanzverhältnisse und müssen bei einer Deckungsquotenberechnung Berücksichtigung finden. Zinsansprüche sind notwendige Ausgaben im Sinne des Art. 106 IV 1 GG. Mithin erfüllen die Zinsverpflichtungen des Bundes, die durch die Vereinnahmung der UMTS-Erlöse verringert wurden, die qualitativen Anforderungen des Revisionsanspruchs.

[1008] So auch Häde, Finanzausgleich, S. 197; Schwarz in v.Mangoldt/Klein/Starck, Art. 106 Rn. 78; Korioth, Finanzausgleich, S. 197.

[1009] Fischer-Menshausen in v.Münch/Kunig, Art. 106 Rn. 26 a; Korioth, Finanzausgleich, S. 488.

[1010] Schwarz in v.Mangoldt/Klein/Starck, Art. 106 Rn. 78; Hettlage, Festschrift Maunz, S. 119, 127.

[1011] Auf die politische Entscheidungsnatur der Umsatzsteuerverteilung verweisen auch Ruhe in Seifert/Hömig, Art. 106 Rn. 11; Fischer-Menshausen in v.Münch/Kunig, Art. 106 Rn. 26 a; Maunz in Maunz/Dürig, Art. 106 Rn. 49; Heun in Dreier, Art. 106 Rn. 22; Sachs in Siekmann, Art. 106 Rn. 16; Korioth, Finanzausgleich, S. 488; Häde, Finanzausgleich, S. 197f.; Hidien, Die Verteilung der Umsatzsteuer, S. 180f.; Hettlage, Festschrift Maunz, S. 119, 127.

3. Quantitative Voraussetzungen

Das quantitative Ausmaß der Zinsersparnisse ergibt sich aus dem Produkt der zur Schuldentilgung verwandten Versteigerungserlöse und des durchschnittlichen Zinssatzes für die Jahre nach der Auktion. Danach verringert sich die Zinslast des Bundes in Höhe von jährlich etwa DM 9 Mrd. (€ 4,60 Mrd.). Die dauerhafte Ersparnis fällt allerdings geringer aus, weil die hochverzinslichen Schuldtitel irgendwann auch ohne die UMTS-Erlöse beglichen worden wären[1012]. Der Bund rechnet selbst mit effektiven Zinseinsparungen in Höhe von etwa DM 5 Mrd. (€ 2,56 Mrd.) pro Jahr[1013]. Würde auch diese Summe, wie ursprünglich beabsichtigt, zur Schuldentilgung verwendet, könnte das Einsparpotential mit zunehmender Laufzeit noch steigen. Von dieser Absicht ist der Bund inzwischen aber abgerückt[1014], so dass aus heutiger Sicht von Zinsersparnissen in Höhe von jährlich DM 5 Mrd. (€ 2,56 Mrd.) auszugehen ist.

Der Bund investierte die ersparten Zinsaufwendungen vollständig in die Bereiche Forschung, Hochschulen und Verkehrsinfrastruktur[1015]. Er übernahm damit zusätzliche Aufgaben, die notwendige Ausgaben erforderten. Wenn er mit seinen vermehrt zur Verfügung stehenden Einnahmen entsprechend vermehrte, neue Aufgaben erfüllt, bleibt seine Deckungsquote im Ergebnis aber unverändert[1016]. Selbst wenn er nicht die gesamten Ersparnisse für zusätzliche Aufgaben verwandt hätte, oder diese nicht vollständig notwendig im Sinne des Art. 106 III 4 GG gewesen wären, standen im Saldo weniger als die insgesamt eingesparten DM 5 Mrd. (€ 2,56 Mrd.) zur zusätzlichen Erfüllung der bestehenden Aufgaben zur Verfügung. Die Deckungsquote des Bundes erhöht sich damit, wenn überhaupt, in entsprechend geringerer Größenordnung. Unabhängig von genauen Zahlen ergeben sich Verschiebungen dieses Ausmaßes in nahezu jedem Haushaltsjahr. Allein die Veränderungen des Steueraufkommens aufgrund konjunktureller Schwankungen oder Sonderbelastungen eines Haushaltsjahres führen regelmäßig zu solchen Differenzen. Unter dem Gesichtspunkt der Verteilungsgerechtigkeit wirkten sie sich nicht derart erheblich aus, dass eine mit der Revision einhergehende Instabilität in Kauf zu nehmen wäre. Die verringerten Zinslasten verändern die Finanzverhältnisse des Bundes also

---

[1012] Uni Kiel, Gutachten, S. 58.

[1013] Grossekettler, Ifo Schnelldienst 30/2000, 13, 13f..

[1014] Inzwischen wurden die ursprünglich bis 2003 befristeten, aus den Zinsersparnissen finanzierten Investitionsprogramme bis 2007 verlängert, FAZ vom 15.01.2003, S. 1.

[1015] Siehe Einleitung.

[1016] Uni Kiel, Gutachten, S. 58.

weder offensichtlich noch nachhaltig oder erheblich und erfüllen die quantitativen Anforderungen des Art. 106 IV 1 GG nicht.

4. Zwischenergebnis

Die aus der UMTS-Erlösverwendung resultierenden Zinseinsparungen führen zu keiner wesentlich anderen Entwicklung der Finanzverhältnisse. Sie begründen keinen Anspruch auf eine Revision der Umsatzsteuerverteilung gemäß Art. 106 IV 1 GG.

III. Wesentlich andere Entwicklung durch verminderte Steuereinnahmen der Länder

Als weitere Folgewirkung der UMTS-Auktion, die einen Revisionsanspruch begründen könnte, kommt ein erwarteter Rückgang von Steuereinnahmen auf Seiten der Länder in Betracht.

1. Entwicklung der Finanzverhältnisse

Bei UMTS-Mobilfunklizenzen handelt es sich um abschreibungsfähige immaterielle Wirtschaftsgüter. Die erfolgreichen Bieterunternehmen können die ihnen durch die Lizenzgebühren entstandenen Kosten gemäß §§ 8 I KStG, 7 GewStG als Betriebsausgaben in Form von Anschaffungskosten steuermindernd ansetzen und dadurch ihr Geschäftsergebnis belasten. Weil Körperschaft- und Gewerbesteuern vom erwirtschafteten Gewinn eines Unternehmens abhängen, reduzieren sich die staatlichen Einnahmen daraus in entsprechendem Umfang[1017]. Bildlich gesprochen haben die erfolgreichen Bieterunternehmen dem Finanzminister zwar Milliardensummen abgeliefert, auf dem Rückweg aber ihrem Finanzamt erklärt, dass sie nun unfähig seien, Steuern zu zahlen[1018]. Vereinzelt wird dieser Konsequenz entgegengehalten, dass sowohl die Lizenzunternehmen als auch die Dienstleister und Ausrüster des Mobilfunks ihre Gewinne durch den Vertrieb von UMTS-Leistungen ausweiteten. Dadurch maximierten sie die Steuereinnahmen des Staates und kompensierten die erwarteten Mindereinnahmen[1019]. Tatsächlich können potentielle Mehrerträge aus UMTS-Leistungen erst langfristig, nach einer Amortisation der immensen Investitionskosten entstehen. Der UMTS-Netzbetrieb beginnt frühestens im

[1017] Korioth, UMTS-Gutachten, S. 85ff.; Uni Kiel, Gutachten, S. 58f.; Kloepfer, Informationsrecht, § 11 Rn. 102; Becker, Die Verwaltung 35 (2002), 1, 22; Schumacher, NJW 2000, 3096, 3098; Hidien, DStZ 2002, 419, 420; Fox, Ifo Schnelldienst 2000/30, 5, 9.
[1018] Fox, Ifo Schnelldienst 2000/30, 5, 8.
[1019] Kastrop, Ifo Schnelldienst 2000/30, 10, 12; FAZ vom 15.08.2000, S.17.

Jahre 2004, selbst dann werden aber noch keine flächendeckenden Angebote existieren[1020]. Kurz- und mittelfristig ist ein erhöhtes Steueraufkommen aus UMTS-Leistungen daher nicht zu erwarten, so dass die Lizenzkosten zu Steuerausfällen des Staates führen[1021]. Als Prototyp der laufenden Einnahmen fallen Steuern qualitativ in den Anwendungsbereich des Art. 106 IV 1 GG und beeinflussen die Deckungsquoten der betroffenen Hoheitsebenen.

Die maximale Abschreibungsdauer der Lizenzen entspricht ihrer vertraglichen Laufzeit von 20 Jahren[1022]. Quantitativ entfallen von den Lizenzkosten in Höhe von DM 100 Mrd. (€ 51,13 Mrd.) damit jährlich DM 5 Mrd. (€ 2,56 Mrd.) an zu besteuernden Erträgen. Legt man den ab 2001 gültigen Satz für die Körperschaftsteuer von 25 % zugrunde[1023], reduziert sich allein das Aufkommen aus dieser Steuerart um etwa DM 1 Mrd. (€ 0,51 Mrd.) pro Jahr[1024]. Weiterhin sind außerordentliche Teilwertabschreibungen zu beachten, die wegen der veränderten Einschätzung der UMTS-Erfolgschancen bereits in beträchtlicher Höhe vorgenommen wurden[1025]. Unter Berücksichtigung entsprechender Mindereinnahmen aus der Gewerbesteuer werden die Abschreibungsansprüche gegen den deutschen Fiskus auf insgesamt rund DM 5 Mrd. (€ 2,56 Mrd.) pro Jahr bezif-

---

[1020] Siehe Einleitung C.

[1021] So auch Korioth, UMTS-Gutachten, S. 85; Uni Kiel, Gutachten, S. 58; Fox, Ifo Schnelldienst 2000/30, 5, 9; Schwarz, RTkom 2001, 141, 141.

[1022] Für die UMTS-Lizenzen hat die Parlamentarische Staatssekretärin beim BMF, Barbara Hendricks erklärt, dass die betriebsgewöhnliche Nutzungsdauer und damit die maximale Abschreibungsdauer „regelmäßig der vertraglichen Laufzeit (hier 20 Jahre)“ entspreche, BT-Drs. 14/3984, S. 13; vgl. Fox, Ifo Schnelldienst 2000/30, 5, 8; Katrop, Ifo Schnelldienst 2000/30, 10, 12.

[1023] Im Jahre 2003 wird der Körperschaftsteuersatz zur Finanzierung der Folgen der Flutkatastrophe an der Elbe im Sommer 2002 befristet auf 26,5 % erhöht, vgl. Flutopfersolidaritätsgesetz vom 19.09.2002 (BGBl. I S. 3651).

[1024] Uni Kiel, Gutachten, S. 58; Fox, Ifo Schnelldienst 2000/30, 5, 8.

[1025] Aufgrund dieser Möglichkeiten war das Zeitprofil und die tatsächliche Höhe der Abschreibungen nicht sicher auszumachen, sondern es musste mit plötzlichen, sehr hohen Abschreibungen gerechnet werden. Tatsächlich haben die Anbieter aufgrund veränderter Markterwartungen im Jahre 2002 rege von Teilwertabschreibungen Gebrauch gemacht. So erzielte die 'Deutsche Telekom' aufgrund von Sonderabschreibungen für UMTS-Lizenzen in Höhe von € 21,4 Mrd. im Geschäftsjahr 2002 den höchsten Unternehmensverlust in der deutschen Wirtschaftsgeschichte, FAZ vom 11.03.2003, S. 13, 18. Auch der Mutterkonzern des Lizenzerwerbers 'E-Plus', 'KPN', wies allein für das zweite Quartal 2002 einen aufgrund der UMTS-Lizenzen um € 3,9 Mrd. wertberichtigten Verlust aus, FAZ vom 21.08.2002, S. 17. Die Muttergesellschaft des Lizenznehmers 'O2', 'MMO2', wies für das Geschäftsjahr 2002/2003 einen Rekordverlust von € 14,3 Mrd. aus, wovon über die Hälfte auf Abschreibungen für die deutschen UMTS-Lizenzen zurückging, FAZ vom 23.05.2003, S. 14. Vgl. überblicksartig auch FAZ vom 15.11.2002, S. 16.

fert[1026]. Selbst wenn diese Summe allein zu Lasten der Länder wirkte und sich das Verhältnis der Deckungsquoten in entsprechendem Umfange veränderte, bewegte man sich an der unteren Grenze der quantitativen Anforderungen des Art. 106 IV 1 GG. Gemäß Art. 106 III GG handelt es sich bei der Körperschaftsteuer jedoch um eine Gemeinschaftssteuer, deren Ertrag Bund und Ländern je zur Hälfte zusteht[1027]. Auch die Umlagen, die beide Hoheitsebenen gemäß Art 106 VI 4, 5 GG aus dem Gewerbesteueraufkommen erhalten, bewegen sich in einem in etwa gleichen Verhältnis[1028]. Die Mindereinnahmen aus diesen Steuern fallen ihnen also jeweils hälftig zur Last und verändern das Deckungsquotenverhältnis nicht.
Gemäß Art. 106 IX GG sind auf Seiten der Länder aber die Steuermindereinnahmen der Gemeinden zu berücksichtigen[1029]. Sie erhalten zwar keinen Anteil an der Körperschaftsteuer, Gewerbesteuern fallen ihnen, abgesehen von den genannten Umlagen, hingegen vollständig zu[1030]. Für 2001 wird diesbezüglich mit Mindereinnahmen in Höhe von etwa DM 0,8 bis 1,0 Mrd. (€ 0,41 bis 0,51 Mrd.) gerechnet[1031]. Bei Gesamtmindereinnahmen von DM 5 Mrd. (€ 2,56 Mrd.) entfiele - großzügig berechnet[1032] - auf die Länder ein Betrag von etwa DM 3,5 Mrd. (€ 1,79 Mrd.) und auf den Bund eine Summe von etwa DM 1,5 Mrd. (€ 0,77 Mrd.). Entsprechend reduzierten sich die jeweiligen Deckungsquoten, so dass eine Verschiebung in Höhe von DM 2,0 Mrd. (€ 1,02 Mrd.) vorläge.

[1026] Fox, Ifo Schnelldienst 2000/30, 5, 8; Uni Kiel, Gutachten, S. 58f.; Korioth, UMTS-Gutachten, S. 85. Dagegen geht Hidien, DStZ 2002, 419, 420, von Gesamtausfällen für die nächsten Jahre in Höhe von € 14 Mrd. und Becker, DÖV 2003, 177, 177 von € 13 bis 20 Mrd. aus. Die Länder rechnen mit ca. € 13 Mrd., FAZ vom 06.03.2002, S. 15. Andere Einschätzungen kalkulieren Steuerausfälle von DM 2,0 Mrd. (€ 1,02 Mrd.) jährlich, www.heise.de/newsticker/data/jk-08.09.00-001/ (Stand: 08/2003).

[1027] Hinsichtlich von Steuermindereinnahmen ergibt sich auf Seiten der Länder über die Mechanismen des horizontalen Finanzausgleichs zudem eine beträchtliche Breitenwirkung, so dass auch Länder, die von den Rückgängen nicht unmittelbar betroffen sind, diese zu spüren bekommen; Hidien, DStZ 2002, 419, 419; Fox, Ifo Schnelldienst 2000/30, 5, 8.

[1028] Henneke, Öffentliches Finanzwesen, Rn. 907f.

[1029] Wissenschaftlicher Beirat, S. 21; Uni Kiel, Gutachten, S. 48f.

[1030] Sie werden, im Unterschied zur Körperschaftsteuer, als Objektsteuer nicht ausschließlich vom Ertrag des jeweiligen Unternehmens berechnet, sondern auch unter Berücksichtigung des Gewerbekapitals; Hennerkes/Schiffer, S. 124f.

[1031] Uni Kiel, Gutachten, S. 58f.

[1032] Bei einer exakten Berechnung müssten auch die für 2001 prognostizierten Mindereinnahmen beim Solidaritätszuschlag von DM 100 Mio. (€ 51 Mio.) (Uni Kiel, Gutachten, S. 58f.) und die Gewerbesteuerumlagen an Bund und Länder reduzierend berücksichtigt werden.

Teilweise wird angenommen, dass der Anteil des Bundes durch die gleichzeitigen Mehreinnahmen der Versteigerungserlöse und die langfristig verringerten Zinslasten kompensiert würde[1033]. Seine Deckungsquote bliebe dann gänzlich unverändert und die Verschiebung des Deckungsquotenverhältnisses beliefe sich auf DM 3,5 Mrd. (€ 1,79 Mrd.). Unabhängig ob man dem folgt[1034], erfüllen diese Summen die quantitativen Anforderungen des Revisionsanspruchs für sich gesehen nicht. Veränderungen dieser Größenordnung erfolgen in nahezu jedem Haushaltsjahr, so dass das Interesse an einer Kontinuität der Finanzverteilung gegenüber dem Bemühen um Verteilungsgerechtigkeit überwiegt. Zusammenfassend führen die abschreibungsfähigen UMTS-Versteigerungskosten zwar zu Steuerausfällen bei Ländern und Gemeinden, diese bewegen sich aber nicht in der von Art. 106 IV GG vorausgesetzten Größenordnung.

2. Zwischenergebnis

Die in Folge der UMTS-Auktion verminderten Steuereinnahmen gewähren den Ländern keinen Anspruch gemäß Art. 106 IV 1 GG. Sie besitzen damit insgesamt keine rechtliche Möglichkeit, eine Neuverteilung der Umsatzsteuererlöse zu erzwingen. Ob der Bund freiwillig Verhandlungen über ein neues Beteiligungsverhältnis aufnehmen könnte, wird uneinheitlich beurteilt. Eine Ansicht sieht Art. 106 IV 1 GG im Interesse der Kontinuität der Finanzverteilung als abschließende Regelung an, so dass eine Änderung des Beteiligungsverhältnisses ausgeschlossen sei, solange seine Voraussetzungen nicht vorlägen[1035]. Die ganz überwiegende Meinung will in Art. 106 IV 1 GG hingegen keine Beschränkung der freiwilligen Einigungsmöglichkeiten sehen. Es wäre kontraproduktiv, eine von allen Seiten getragene Vereinbarung zu unterbinden, nur weil

---

[1033] Korioth, UMTS-Gutachten, S. 85, 86; Fox, Ifo Schnelldienst 30/2000, 5, 8.

[1034] Diese Versteigerungserlöse fließen dem Bund in den Folgejahren der Auktion hingegen nicht mehr zu und bilden damit einen einmaligen Vorgang, der im Rahmen des Art. 106 IV 1 GG irrelevant ist. Zwar wirken sich die verringerten Zinslasten auch in den Folgejahren und damit langfristig aus. Ob aber damit dauerhaft eine Kompensation der Steuermindereinnahmen bewirkt werden kann und die Deckungsquoten des Bundes im Gegensatz zu denen der Länder zumindest konstant bleiben, erscheint fraglich. Über kurz oder lang werden die aus den verringerten Zinslasten frei gewordenen Mittel zumindest teilweise wieder in neue, notwendige Aufgaben investiert und lassen damit auch die Deckungsquote des Bundes, entsprechend der der Länder, wieder sinken, so dass sogar von einer noch geringeren Verschiebung der Quote auszugehen wäre.

[1035] Maunz in Maunz/Dürig, Art. 106 Rn. 64; Hidien in BK, Art. 106 Rn. 997; ders., Die Verteilung der Umsatzsteuer, S. 361ff.; Heckt, Die Entwicklung des bundesstaatlichen Finanzausgleichs, S. 57, 59.

die Voraussetzungen des Art. 106 IV 1 GG nicht vorliegen[1036]. Bisher weigert sich der Bund allerdings, die Länder an den UMTS-Erlösen zu beteiligen, auf welche Weise auch immer[1037].

IV. Politische Bedeutung der Umsatzsteuerverteilung zwischen Bund und Ländern

Die bisherigen Betrachtungen ließen unberücksichtigt, dass die isolierten Auswirkungen der UMTS-Auktion keine endgültige Aussage über die Entwicklung der Deckungsquoten von Bund und Ländern erlauben. Dazu muss vielmehr eine Gesamtbetrachtung aller relevanten Einnahmen und Ausgaben der staatlichen Ebenen erfolgen. Einzelne Finanzveränderungen können sich im Rahmen eines Haushaltes überschneiden und kompensieren. In Anbetracht des Gesamtvolumens staatlicher Haushalte sind solche Umwälzungen auch regelmäßig zu erwarten. Nur wenige Haushaltspositionen weisen eine langfristig konstante Höhe auf. Eine Vielzahl von Faktoren, wie veränderte konjunkturelle Entwicklungen, differierende politische Zielsetzungen oder unterschiedliche Zinsentwicklungen, führt zu mannigfaltigen Verschiebungen der betroffenen Ansätze und damit auch der Deckungsquoten.

Die Gesamtbetrachtung der staatlichen Einnahmen- und Ausgabenentwicklung offenbart die praktische Problematik der Umsatzsteuerverteilung. Orientiert man sich an den Berechnungen des Bundes und betrachtet anhand der Haushalts- und Finanzpläne seine Deckungsquoten, so bleiben diese stets hinter denen der Länder zurück. Für das Jahr 2001 sieht er sein Deckungsverhältnis bei 90,5 %, das der Länder bei 95,0 %. Selbst nach der Vereinnahmung der UMTS-Erlöse besäße er damit Ausgleichsansprüche gegen die Länder in Höhe von etwa DM 13 Mrd. (€ 6,65 Mrd.)[1038]. Dieses Ungleichgewicht bestehe dann während des gesamten Finanzplanungszeitraum in einer Größenordnung von jährlich DM 10 bis 14 Mrd. (€ 5,11 bis 7,16 Mrd.) fort[1039]. Orientiert man sich

---

[1036] Siekmann in Sachs, Art. 106 Rn. 21; Pieroth in Jarass/Pieroth, Art. 106 Rn. 9; Birk in AK (2.A.), Art. 106 Rn. 33; Vogel/Walter in BK, Art. 106 Rn. 66 (Zweitbearbeitung 1972); Sacksofsky, Umweltschutz durch nichtsteuerliche Abgaben, S. 172.

[1037] Vgl. Antragsentgegnung zu BVerfGE 105, 185, 192; ebenso FAZ vom 19.08.2000, S. 1, „Eichel will die Länder nicht am Erlös der Versteigerung teilhaben lassen".

[1038] Kastrop, Ifo Schnelldienst 2000/30, 10, 12.

[1039] Auch ein Vergleich der Zinsquoten und des Schuldenanstiegs bestätige diese Ausgangslage. Die Zinsausgabenquote des Bundes würde 2001 ohne Einsatz der UMTS-Lizenzen etwa 17,5 % betragen. Durch die Schuldentilgung könne sie auf ca. 16,5 % gesenkt werden. Die der Länder betrage - einschließlich der Gemeinden – hingegen lediglich rund 7,5 %. Entsprechend betrug der Schuldenanstieg des Bundes zwischen 1989 und 2001 DM 1,1

an den Berechnungen der Länder, ergibt sich ein umgekehrtes Bild. Nach einer Bereinigung der Haushalts- und Finanzpläne für das Jahr 2000 setzten sie ihre Deckungsquote auf 97,88 % und die des Bundes auf 108,86 % fest[1040]. Danach besäßen sie selbst ohne Berücksichtigung der UMTS-Erlöse erhebliche Ausgleichsansprüche gegen den Bund, die sich bei deren Einbeziehung noch deutlich erhöhten. Die Unterschiedlichkeit dieser Zahlen verdeutlicht, dass trotz der Konkretisierungsvorgaben des BVerfG zwischen Bund und Ländern keine einheitlichen Standards und Maßstäbe für eine Berechnung der Deckungsquoten existieren. Aus diesem Grunde wurde die Verteilung der Umsatzsteuer bislang nie auf mathematisch nachvollziehbare und rechtlich voll überprüfbare Weise festgesetzt[1041]. Sie ergab sich aus Verhandlungen, die durch die jeweiligen politischen Opportunitäten und Machtverhältnisse geprägt wurden[1042]. Das Ziel gleicher Deckungsquoten war dabei nicht die alleinige Richtschnur, sondern alle Beteiligten versuchten für ihre Hoheitsebene das insgesamt günstigste Ergebnis zu erzielen. Dabei kam eine Übereinkunft auch zustande, wenn eine Ebene bei der Umsatzsteuerverteilung zurückstecken musste, dafür aber an anderer Stelle eine Kompensation erhielt.

Die Revision zur Umsatzsteuerverteilung gemäß Art. 106 IV 1 GG ist hingegen vollständig gerichtlich überprüfbar[1043]. Aufgrund der unsicheren und wenig nachvollziehbaren Ausgangssituation kann ein entsprechender verfassungsrechtlicher Anspruch aber nur bestehen, wenn sich Bund oder Länder einer offensichtlich unausweichlichen Umverteilung mala fide widersetzen[1044]. Dem

---

Billionen (€ 0,56 Billionen). Der Schuldenzuwachs der Länder belief sich hingegen „nur" auf DM 420 Mrd. (€ 214,74 Mrd.), vgl. Kastrop, Ifo Schnelldienst 30/2000, 10, 11f.

1040 Uni Kiel, Gutachten, S. 99f. Ohne eine von den Ländern vorgenommene Bereinigung der formalen Ansätze betrüge deren Deckungsquote 97,70 % und die des Bundes 90,23 %.

1041 Hettlage, Festschrift Maunz, S. 119, 134ff.: "Die Grundsätze des Art. 106 III 4 GG haben in der bisherigen Staatspraxis...zwar als Argument beider Seiten eine dialektische Bedeutung gewonnen, einen unmittelbaren Beitrag zur Bemessung des neuen Anteilsverhältnisses konnten sie nicht erbringen. Ziel der Auseinandersetzungen war nicht die Entscheidung von Rechtsfragen unter Anwendung der unbestimmten Rechtsbegriffe der Abs. III und IV in Art. 106 GG, sondern ein politischer Kompromiss".

1042 Fischer-Menshausen in v.Münch/Kunig, Art. 106 Rn. 26a; Maunz in Maunz/Dürig Art. 106 Rn. 49; Schwarz in v.Mangoldt/Klein/Starck Art. 106 Rn. 75; Heun in Dreier, Art. 106 Rn. 21; Häde, Finanzausgleich, S. 204; Hidien, DStZ 2002, 419, 420; Hettlage, Festschrift Maunz, S. 119, 135; BMF, Umsatzsteuergutachten, Tz. 112.

1043 Schwarz, RTkom 2001, 141, 148; Birk in AK (2.A.), Art. 106 Rn. 33; Siekmann in Sachs, Art. 106 Rn. 21; Heun in Dreier, Art. 106 Rn. 26; Prokisch, Die Justitiabilität der Finanzverfassung, S. 226ff.; Hidien, Die Verteilung der Umsatzsteuer, S. 358.

1044 So auch Vogel/Walter in BK, Art. 106 Rn. 65 (Zweitbearbeitung 1972).

Grunde nach läge ein solcher erst vor, wenn die Berechnungen beider Seiten unter Außerachtlassung aller politischen und sachfremden Erwägungen zu einer extremen Verschiebung der Deckungsquoten gelangten. Der Höhe nach wäre ein Umverteilungsbedarf selbst dann nicht objektiv zu beziffern. Die tatsächliche Bedeutung des Revisionsanspruchs besteht also lediglich darin, die Aufnahme von Verhandlungen über eine Umverteilung der Umsatzsteuererlöse zu erleichtern[1045] und im Rahmen des dabei stattfindenden politischen Diskurses als Richtschnur zu dienen. Das stumpfe Schwert des Art. 106 IV 1 GG bietet aber kein Instrumentarium, um bestehende Ungerechtigkeiten in den Finanzbeziehungen verbindlich und justitiabel auszugleichen. Neben den Anforderungen der Finanzverfassung gebietet es das Bedürfnis nach Rechtssicherheit und Rechtsklarheit, dass Bund und Länder sich auf eindeutige und nachvollziehbare Maßstäbe zur Verteilung der Umsatzsteuer einigen. Selbst wenn politische Erwägungen dabei nie vollkommen auszuschließen sind, würde erst dadurch eine umfassende Verteilungsgerechtigkeit gesichert und die erforderliche Transparenz und Justitiabilität der Finanzbeziehungen gewährleistet.

§ 2 Anspruch der Länder auf einen Mehrbelastungsausgleich gemäß Art. 106 IV 2 und 3 GG

Jenseits der Revisionsklausel könnte der Mehrbelastungsausgleich[1046] gemäß Art. 106 IV 2 GG einen Anspruch der Länder auf Beteiligung an den UMTS-Lizenzerlösen begründen. Danach kann der Bund den Ländern Finanzzuweisungen gewähren, wenn er ihnen per Gesetz Ausgaben auferlegt oder Einnahmen entzogen hat. Dieser flexible Ausgleichsmechanismus soll eingreifen, wenn sich das Gleichgewicht der Finanzverteilung nicht langfristig, sondern lediglich kurzzeitig zu Lasten der Länder verschiebt[1047]. Er begründet keine Rechtspflicht, sondern weist dem Bund Ermessen zu. Dies kann sich bei unzumutbaren Belastungen aber zu einer einklagbaren Verpflichtung verdich-

[1045] Maunz in Maunz/Dürig, Art. 106 Rn. 68; Fischer-Menshausen in v.Münch/Kunig, Art. 106 Rn. 30; Schwarz, RTkom 2001, 141, 148.

[1046] Der Begriff des Mehrbelastungsausgleichs ist heute allgemein gebräuchlich, Vogel/Walter in BK, Art. 106 Rn. 108 (Zweitbearbeitung 1972); Hidien in BK, Art. 106 Rn. 1146; ders., AöR 122 (1997), 583, 587; Wendt in HStR IV, § 104 Rn. 89. Gelegentlich wird auch von einer Stabilisierungsklausel gesprochen, so Heckt, Die Entwicklung des bundesstaatlichen Finanzausgleichs, S. 31, 33; oder von einem Sicherheitsventil, so das BMF, Umsatzsteuergutachten, Tz. 170.

[1047] Ruhe in Seifert/Hömig, Art. 106 Rn. 15; Schneider in AK (3.A.), Art. 106 Rn. 29; Vgl. zum Verhältnis des Art. 106 IV 2 GG zu Art. 106 IV 1 GG Becker, DÖV 2003, 177, 183.

ten[1048]. In der Staatspraxis gibt es zum Ausgleich verminderter Einnahmen bislang kein Beispiel[1049].

I. Gesetzlicher Einnahmeentzug bei den Ländern

Einen Einnahmeentzug der Länder kann der Bund dadurch verursachen, dass er kurzzeitig Steuerarten beseitigt, Steuertarife senkt oder ertragsmindernde Steuerbefreiungen einführt, die sich in ihren Haushalten auswirken[1050].
Die einseitige Vereinnahmung der UMTS-Versteigerungserlöse durch den Bund lässt die Einnahmesituation der Länder unmittelbar unberührt. Auch die Verwendung der Erlöse zur Schuldentilgung tangiert ihre Haushalte isoliert gesehen nicht. Allerdings könnten die Mindereinnahmen bei der Körperschaft- und Gewerbesteuer, die zumindest auch die Länder treffen, einen Einnahmeentzug begründen. Sie basieren auf den Regelungen des TKG, des KStG und des GewStG sowie den entsprechenden Ausführungsverordnungen, die den UMTS-Anbietern Steuerbefreiungen in Form von Abschreibungsmöglichkeiten einräumen. Damit besteht zwar kein unmittelbar finanzminderndes Gesetz, mittelbar entziehen diese Bundesgesetze den Ländern aber die entsprechenden Steuereinnahmen. Unter Berücksichtigung der Intention des Art. 106 IV 2 GG erfüllt eine solche Kausalität die Voraussetzung eines Einnahmeentzuges[1051].

II. Mehrbelastung der Länder

Ferner müsste dieser Einnahmeentzug zu einer Mehrbelastung der Länder gegenüber dem Bund geführt haben. Einnahmeminderungen, die Bund und Länder in gleichem Maße treffen, lösen die Ausgleichsfunktion des Art. 106 IV 2 GG nicht aus[1052].

[1048] Pieroth in Jarass/Pieroth, Art. 106 Rn. 11; Hidien in BK, Art. 106 Rn. 1165; Fischer-Menshausen in v.Münch/Kunig, Art. 106 Rn. 31; Siekmann in Sachs, Art. 106 Rn. 26; Wendt in HStR IV, § 104 Rn. 89.

[1049] Siekmann in Sachs, Art. 106 Rn. 26; Birk in AK (2.A.), Art. 106 Rn. 34. Hidien, AöR 122 (1997), 583, 584 und Becker, DÖV 2003, 177, 182 sprechen von einem „Mauerblümchen im bundesstaatlichen Finanzausgleich". Zum Ausgleich zusätzlicher Ausgaben der Länder kam dieses Instrument aber bereits zum Tragen. Zuletzt hat der Bund auf diesem Wege Mehrbelastungen der Länder vor der Volkszählung 1987 in Höhe von insges. DM 274,5 Mio. (€ 140,35 Mio.) ausgeglichen, vgl. § 19 Volkszählungsgesetz, 1987 vom 08.11.1985 (BGBl. I S. 2078).

[1050] Hidien AöR 122 (1997), 583, 590.

[1051] So auch Becker, DÖV 2003, 177, 184.

[1052] Vogel/Walter in BK, Art. 106 Rn. 115 (Zweitbearbeitung 1972); Heun in Dreier, Art. 106 Rn. 26; Fischer-Menshausen in v.Münch/Kunig, Art. 106 Rn. 29; Hidien in AöR 122 (1997), 583, 590f.

Die Steuermindereinnahmen belasten die Länder in Höhe von jährlich etwa DM 3,5 Mrd. (€ 1,79 Mrd.). Den Bund treffen sie zunächst mit etwa DM 1,5 Mrd. (€ 0,77 Mrd.). Nähme man eine Kompensation dieses Betrages durch die Vereinnahmung der UMTS-Erlöse und die verringerten Zinsverpflichtungen an, bliebe eine Belastung des Bundes völlig aus. So oder so bestünde eine Mehrbelastung der Länder.

III. Quantitative Wesentlichkeit

Quantitativ werden an einen Mehrbelastungsausgleich die gleichen Anforderungen gestellt wie an eine Revision der Umsatzsteuerverteilung[1053]. Die vorliegend verringerten Steuereinnahmen könnten diese Voraussetzung nicht erfüllen.
Zu Recht gehen vereinzelte Stimmen aber davon aus, dass quantitative Anforderungen im Rahmen des Mehrbelastungsausgleichs keine Bedeutung haben können[1054]. Anders als bei einem Revisionsanspruch handelt es sich hier um ein im Ermessen des Bundes stehendes und damit mehr oder weniger selbstbestimmtes Ausgleichsinstrument der verschiedenen Ebenen. Warum dies erst eingreifen soll, wenn unter anderen temporalen Aspekten zugleich auch eine entsprechende Pflicht gemäß Art. 106 IV 1 GG bestünde, ist nicht ersichtlich und mit der Systematik des Art. 106 IV GG nicht vereinbar. Etwas anderes könnte nur gelten, wenn eine ermessensreduzierte Rechtspflicht zu einem Mehrbelastungsausgleich besteht. Dabei bewegte man sich aber nicht auf der Ebene der quantitativen Tatbestandsvoraussetzung, sondern auf der Rechtsfolgenseite. Aus der Praxis der Finanzzuweisungen ergibt sich, dass marginale Verschiebungen ohnehin keinen freiwilligen Finanzausgleich bewirken, so dass die Kontinuität der Finanzverteilung durch deren Berücksichtigung im Rahmen von Art. 106 IV 2 GG nicht in Gefahr geriete. Es besteht kein Bedürfnis, tatbestandlich quantitative Mindestvoraussetzungen vorzugeben, an denen ein Mehrbelastungsausgleich scheitern könnte.

IV. Temporale Begrenzung der Mehrbelastung

Anders als bei der Revision der Umsatzsteuerverteilung muss eine Mehrbelastung gemäß Art. 106 IV 2 GG auf einen kurzen Zeitraum begrenzt sein[1055]. Um

[1053] Ruhe in Seifert/Hömig, Art. 106 Rn. 15; Brockmeyer in Schmidt-Bleibtreu/Klein, Art. 106 Rn. 15; Hidien in AöR 122 (1997), 583, 594.
[1054] BMF, Umsatzsteuergutachten, Tz. 170.
[1055] Als Maßstab werden dabei Zeiträume von etwa 1-2 Jahren genannt, Maunz in Maunz/Dürig Art. 106 Rn. 69; Hidien in BK, Art. 106 Rn. 1160; ders., AöR 122 (1997), 583,

das schwerfällige Verfahren einer zweimaligen Umsatzsteuerneuverteilung zu verhindern, hat von Beginn an sicher festzustehen, dass die Belastung in absehbarer Zeit wieder entfällt[1056]. Wirkt sie sich auf unbestimmte oder ungewisse Dauer aus, kommt ein Mehrbelastungsausgleich nicht in Betracht[1057]. Die Abschreibungsmöglichkeiten der Lizenznehmer erstrecken sich hingegen auf 20 Jahre. Unter Berücksichtigung vorzeitiger Teilwertabschreibungen fallen die Steuermindereinnahmen, wenn auch nicht auf einen unbestimmten, so doch auf einen langfristigen und von vornherein nicht absehbaren Zeitraum an. Unabhängig von einer möglichen Kompensation des Bundesanteils durch die Auktionserlöse und die langfristig verringerten Zinslasten, wirkten sich die auf die Länder entfallenden Steuermindereinnahmen über den gesamten Abschreibungszeitraum und damit langfristig aus. Sie fallen nicht in den Anwendungsbereich des Art. 106 IV 2, 3 GG.

V. Zwischenergebnis

Auf die Frage, ob die Mehrbelastung der Länder so fühlbar ins Gewicht fällt, dass sie die finanzielle Unzumutbarkeitsgrenze überschreitet und das Ermessen des Bundes reduziert[1058], kommt es daher gar nicht mehr an. Mangels der temporalen Anforderungen besitzen die Länder keinen Anspruch auf einen Mehrbelastungsausgleich gemäß Art. 106 IV 2 GG.

§ 3 Ergebnis

Im Rahmen des sekundären Finanzausgleichs besteht kein Anspruch der Länder auf eine Neuverteilung der Umsatzsteuererlöse gemäß Art. 106 IV 1 GG. Dessen verfassungsrechtliche Voraussetzungen liegen weder bei einem unmittelbaren Anknüpfen an die Vereinnahmung der Versteigerungserlöse noch bei einer Betrachtung der mittelbaren Folgewirkungen vor. Die Voraussetzungen eines Mehrbelastungsausgleichs gemäß Art. 106 IV 2, 3 GG sind ebenfalls nicht gegeben. Auch im Rahmen des primären Finanzausgleichs steht ihnen keine Beteiligung an den Versteigerungserlösen zu, so dass sie insgesamt keine rechtlich einklagbaren Ansprüche an dieser staatlichen Einnahme besit-

---

593. Vogel/Walter erkennt in BK, Art. 106 Rn. 116 (Zweitbearbeitung 1972), bis zu drei Rechnungsjahre an.

[1056] Wendt in HStR IV, § 104 Rn. 89.

[1057] Fischer-Menshausen in v.Münch/Kunig, Art. 106 Rn. 31; Maunz in Maunz/Dürig, Art. 106 Rn. 69; Wendt in HStR IV, § 101 Rn. 89; Hidien in BK, Art. 106 Rn. 1159; ders., AöR 122 (1997), 583, 593; Henneke, Öffentliches Finanzwesen, Rn. 68.

[1058] Storr, K&R 2002, 67, 75; Korioth, UMTS-Gutachten, S. 93ff.

zen. Aufgrund der vielfachen Finanzbeziehungen zwischen Bund und Ländern wird die Frage der Finanzverteilung jedoch regelmäßig mehr politisch als juristisch beeinflusst. Selbst wenn die festgestellten Finanzverschiebungen keine Ausgleichspflichten begründen, ist daher nicht ausgeschlossen, dass sie an anderer Stelle, etwa im Kontext der Diskussion um die Deckungsquotenberechnung, im Rahmen der anstehenden Gemeindefinanzreform[1059] oder anlässlich der beabsichtigten Neuregelung der Bund-Länder-Beziehungen[1060], dennoch Berücksichtigung finden.

[1059] Vgl. Gesetzentwurf der Bundesregierung zur Reform der Gewerbesteuer vom 13.08.2003 unter www.bundesfinanzministerium.de/Aktuelles/Neue/Weitere-Veroeffentlichungen-.393.19851/Pressemitteilung/index.htm (Stand: 08/2003).

[1060] Dazu haben sich die Spitzen der im Bundestag vertretenen Parteien am 26.08.2003 auf die Einrichtung einer sogenannten Föderalismuskommission geeinigt, vgl. FAZ vom 27.08.2003, S. 4.

ZUSAMMENFASSUNG DER ERGEBNISSE

Geld für Luft - Finanzverfassungsrechtliche Zulässigkeit der Erhebung der UMTS-Versteigerungserlöse

1. Die Bundesrepublik Deutschland ist als Steuerstaat konstituiert. Alle Einnahmen aus öffentlich-rechtlichen Abgaben müssen dieser Vorgabe gerecht werden und sich in die verfassungsrechtlich vorgezeichnete Systematik von Steuer und Nichtsteuer einordnen.

2. Die begriffliche Einordnung einer Abgabe als Gebühr setzt allein die Abhängigkeit von einer staatlichen Gegenleistung voraus. Die Entstehung von Kosten ist kein begriffliches Gebührenmerkmal. Sie besitzt ausschließlich für die Rechtmäßigkeit ihrer Erhebung, die unabhängig von der begrifflichen Einordnung erfolgt, Bedeutung.

3. Eine rechtmäßige Gebührenerhebung verlangt, wie jede nichtsteuerliche Abgabe, eine sachliche Rechtfertigung. Dazu ist neben dem Aufwandsausgleich auch der Vorteilsausgleich in der Lage. Erhält ein Einzelner einen Vorteil, durch den die Allgemeinheit einen Nachteil erfährt, kann die Erhebung einer Verleihungsgebühr sowohl den Vorteil als auch den Nachteil kompensieren und die Grundrechtsträger insgesamt gleichstellen. Einen kompensierbaren Vorteil erlangt, wer ein Recht an einem staatlich bewirtschafteten Gut der Allgemeinheit verliehen bekommt, das seine Rechtslage materiell-rechtlich und wirtschaftlich messbar erweitert.

4. Die Verleihungsgebühr muss, wie jede nichtsteuerliche Abgabe, die Belastungsgleichheit der Abgabenpflichtigen gewährleisten und dem Grundsatz der Vollständigkeit des Haushaltsplanes entsprechen. Sie hat hinreichende Differenzierungsgründe aufzuweisen und im betroffenen Etat Erwähnung zu finden.

5. Zur Wahrung der Finanzverfassung darf die Verleihungsgebühr, wie jede nichtsteuerliche Abgabe, nicht in Konkurrenz zur Steuer treten. Ihre Erhebung muss dem Grunde und der Höhe nach in Abhängigkeit zur staatlichen Gegenleistung der Vorteilsverleihung stehen sowie Gewähr dafür bieten, dass Verwaltungsentscheidungen und Fiskalinteressen nicht zusammenfallen.

6. Die staatlichen Einnahmen aus der UMTS-Mobilfunklizenzversteigerung im Jahre 2000 stellen eine öffentlich-rechtliche Abgabe dar. Mangels ihrer Gemeinlastigkeit und Gegenleistungslosigkeit handelt es sich nicht um eine Steuer, sondern um nichtsteuerliche Abgaben.

7. Den Versteigerungserlösen steht als staatliche Gegenleistung die Verleihung der UMTS-Lizenzen gegenüber. Begrifflich stellen sie eine Gebühr in Form einer Verleihungsgebühr dar.

8. Mit der UMTS-Lizenz erhielten einzelne Grundrechtsträger das Recht, staatlich bewirtschaftete und der Allgemeinheit zustehende Funkfrequenzen zu nutzen. Darin liegt ein wirtschaftlich messbarer Vorteil, der die Rechtslage der Begünstigten materiell erweiterte und mit den Versteigerungserlösen gerechtfertigterweise zu kompensieren war.

9. Die Existenz des Vorteils stellt einen Differenzierungsgrund für die Gebührenbelastung der UMTS-Lizenzempfänger dar. Die Erlöse wurden in voller Höhe in den Bundeshaushalt eingestellt. Sie wahrten die Belastungsgleichheit und die Vollständigkeit des Haushaltsplans.

10. Die Abhängigkeit von der staatlichen Gegenleistung der UMTS-Lizenzverleihung unterscheidet die Versteigerungserlöse dem Grunde nach von der Steuer. Ihre Höhe orientierte sich am Wert der Lizenzen und wurde vollständig von der staatlichen Gegenleistung gedeckt. Das zu ihrer Ermittlung gewählte Versteigerungsverfahren gewährleistet eine Trennung von Verwaltungs- und Fiskalinteressen.

11. Der Staat verlangt mit den rechtmäßig erhobenen UMTS-Versteigerungserlösen kein „Geld für Luft“, sondern neutralisiert den Sondervorteil einer UMTS-Lizenzverleihung und bewirkt die Gleichbehandlung der Grundrechtsträger.

Gebote für Lizenzen - Verfassungsrechtliche Vereinbarkeit der Versteigerung von Telekommunikationslizenzen

1. Die Erbringung von Telekommunikationsdienstleistungen fällt in den Schutzbereich des Art. 12 I GG i.V.m. 19 III GG. Dass der Staat regulierend in diesen Markt eingreift und gemäß § 6 I TKG eine Lizenz voraussetzt, wirkt sich als subjektive Berufswahlregelung aus. Sie wird durch das besondere Interesse der Allgemeinheit an einer sicheren Telekommunikationsversorgung und einem funktionierenden Wettbewerb gerechtfertigt.

2. Die Beschränkung der Anzahl zu vergebender Lizenzen gemäß § 10 S. 1 TKG beruht auf einer von Natur aus gegebenen Knappheit an Frequenzraum. Das Erfordernis einer staatlichen Rechtfertigung stellt sich in dieser Konstellation nicht. Die abwehrrechtliche Funktion des Art. 12 I GG bleibt unverletzt.

3. Art. 12 I GG gewährt in Verbindung mit Art. 3 I GG ein Teilhaberecht an Telekommunikationslizenzen, das sich aufgrund deren Knappheit zu einem Anspruch auf Teilnahme an einem sachgerechten Auswahlverfahren wandelt.

4. Die Anforderungen eines sachgerechten Auswahlverfahrens ergeben sich aus dem gleichheits- und freiheitsrechtlichen Charakter eines Teilhaberechts.

5. Die freiheitsrechtliche Funktion eines Teilhaberechts gebietet, die vorhandene Kapazität vollständig auszuschöpfen und so zuzuteilen, dass eine größtmögliche Zahl von Teilhaberechten erfüllt werden kann. Dem steht die Wahl eines Versteigerungsverfahrens gemäß § 11 IV TKG nicht entgegen.

6. Der gleichheitsrechtliche Aspekt eines Teilhaberechts verlangt, daß die mit jedem Auswahlverfahren einhergehenden Ungleichbehandlung eine Rechtfertigung erfährt. Deren Anforderung richtet sich nach der Intensität, mit der die Betroffenen beeinträchtigt werden. Als Maßstab dient die vom BVerfG entwickelte Drei-Stufen-Theorie. Wirkt sich ein Verfahren als bloße Berufsausübungsregelung aus, so muss es einen sachlichen, nicht willkürlichen Zweck verfolgen. Eine Auswahlentscheidung, die sich als Berufswahlregelung darstellt, ist einer Verhältnismäßigkeitsprüfung zu unterziehen. Sie muss einen sachlichen Zweck verfolgen, zu dessen Erreichung die gewählten Auswahlkriterien geeignet, also sachgerecht sind. Ferner hat sie einen angemessenen Ausgleich zwischen wichtigen bzw. überragenden Allgemeininteressen und den

Individualbelangen der Betroffenen herbeizuführen, also individuell zumutbar zu sein.

7. Die Versteigerung von Telekommunikationslizenzen gemäß § 11 IV TKG wirkt sich als objektive Berufswahlregelung aus. Sie ist daher einer strengen Verhältnismäßigkeitsprüfung zu unterziehen.

8. § 11 IV TKG verfolgt das Auswahlziel der effizienten Frequenznutzung, das der Universaldienstgewährleistung des Art. 87 f GG unterliegt. Es muss nicht jedes dort genannte Regulierungsziel in optimaler Weise erfüllen, darf diesem aber nicht in Gänze entgegenstehen. Zumindest mittelbar gibt die Effizienz Aufschluss über die Regulierungsziele des Art. 87 f GG und gewährleistet sie im Gesamtkontext der Lizenzvergabe.

9. Das Auswahlkriterium der Versteigerung liegt im finanziellen Höchstgebot. Über die Allokationswirkung des Preises erlaubt die darin zum Ausdruck kommende Zahlungsbereitschaft einen theoretischen Rückschluss auf das Auswahlziel der effizienten Frequenznutzung. Praktische Voraussetzung dafür ist ein optimales ökonomisches Verhalten der Auktionsteilnehmer, das nicht von kollusivem Zusammenwirken oder spekulativen Absichten verfälscht wird. Das TKG ermöglicht ein individuelles Versteigerungsdesign, das dieser Anforderung gerecht wird. Das höchste Gebot stellt theoretisch und praktisch ein sachgerechtes Auswahlkriterium dar.

10. Die effiziente Nutzung von Allgemeingütern ist Voraussetzung für einen Zugang der Allgemeinheit zu diesen Ressourcen und stellt damit ein überragendes Gemeininteresse dar. Seine Gewährleistung setzt eine hohe finanzielle Potenz voraus, die nur ein Bewerber erfüllt, der sich im Rahmen eines Versteigerungsverfahrens behaupten kann. Die Auktion bewegt sich im Rahmen eines kommerziellen Umfeldes und ist insbesondere auch kleineren Bewerbern individuell zumutbar.

11. Die Übertragung der individuellen Ausgestaltung einzelner Versteigerungsverfahren auf die RegTP widerspricht nicht dem Bestimmtheits- und Wesentlichkeitsgrundsatz.

12. Die Versteigerung von Telekommunikationslizenzen gemäß §§ 6 I, 10 S. 1, 11 IV TKG steht mit den Vorgaben des Grundgesetzes im Einklang.

13. Im konkreten Fall der UMTS-Auktion gewährt Art. 12 I i.V.m. 3 I GG ein Teilhaberecht an UMTS-Lizenzen, das sich aufgrund ihrer naturgegebenen Knappheit zu einem Anspruch auf Teilnahme an einem sachgerechten Vergabeverfahren verdichtet.

14. Die UMTS-Lizenzversteigerung stellte die zur Verfügung stehenden Ressourcen an UMTS-Frequenzraum vollständig zur Verfügung. Sie wählte eine Minimalfrequenzausstattung pro Lizenz, die eine maximale Anzahl an Lizenzvergaben ermöglichte. Die flexible Maximalfrequenzausstattung pro Lizenz stand dem nicht entgegen.

15. In Bezug auf das Berufsbild eines Mobilfunkanbieters stellt die UMTS-Auktion formal eine Berufsausübungsregelung dar. Faktisch ist dieser Beruf aber ohne eine Lizenzerteilung nicht zu ergreifen. Sie muss sich den strengen Verfahrensanforderungen einer objektiven Berufswahlregelung stellen.

16. Die UMTS-Mobiltelefonie stellt, ebenso wie die Mobiltelefonie insgesamt, keinen von Art. 87 f I GG gewährleisteten Universaldienst dar und muss dessen Anforderungen nicht erfüllen. Mit der effizienten Nutzung der UMTS-Frequenzen verfolgte die UMTS-Auktion ein sachgerechtes Auswahlziel.

17. Die konkrete Ausgestaltung der UMTS-Versteigerung verhinderte ein kollusives Zusammenwirken der Bieter. Die Abgabe spekulativ motivierter Gebote konnte mit hinreichender Sicherheit ausgeschlossen werden. Das Auswahlkriterium des höchten Gebotes erlaubte einen Rückschluss auf das Auswahlziel der Effizienz und war sachgerecht.

18. Die UMTS-Auktion war den Grundrechtsträgern individuell zumutbar. Die exorbitante Höhe der Versteigerungserlöse beruhte auf den Einschätzungen der Bieter und drückte den seinerzeitigen Marktwert der UMTS-Lizenzen aus. Sie macht zudem das überragende Interesse der Allgemeinheit an ihrer effizienten Nutzung deutlich.

19. Die konkrete Ausgestaltung der UMTS-Mobilfunklizenzversteigerung erfolgte im Einklang mit den Vorgaben der Verfassung.

Bund oder Länder - Die Verteilung der UMTS -Versteigerungserlöse im föderalen Bundesstaat

1. Im primären Finanzausgleich folgt die Ertragshoheit aufwandsausgleichender Verwaltungs- und Benutzungsgebühren der Verwaltungskompetenz für die zugrundeliegende Sachmaterie. Sie erfüllt damit deren Rechtfertigung mit dem Lastenausgleich.

2. Bei der Erhebung vorteilsausgleichender Verleihungsgebühren entstehen dem Staat keine auszugleichenden Lasten. Ihre Ertragshoheit kann nicht anhand derselben Kriterien bestimmt werden wie die aufwandsausgleichender Gebühren.

3. Die Verfassung selbst gibt unmittelbar keine Auskunft über die Ertragshoheit von Gebühren. Die in Art. 106ff. GG normierte Ertragshoheit von Steuern kann dabei ebenso wenig herangezogen werden wie das Bemühen um eine gleichmäßige Finanzausstattung im Bundesstaat oder die Kompetenzzuweisung des Art. 30 GG.

4. Die Ertragzuständigkeit knüpft an die Rechtfertigung der Gebühr durch den Vorteilsausgleich eines Begünstigten und die Nachteilskompensation der Allgemeinheit an. Um diese zu verwirklichen, müssen die vereinnahmten Erträge tatsächlich der benachteiligten Allgemeinheit zugute kommen.

5. Die Repräsentation der Allgemeinheit erfolgt durch den Staat, der die vereinnahmten Mittel im Gemeinsinne verwendet. Kann die Nutzungsmöglichkeit des entzogenen Gutes einem einzelnen Land zugeordnet werden, stehen ihm die Erlöse aus der Vorteilsausgleichungsgebühr zu und es besitzt die entsprechende Ertragshoheit. Obliegt die Nutzungsmöglichkeit eines Gutes dem Gesamtstaat, müssen die Erlöse der von diesem repräsentierten Allgemeinheit zugute kommen. Dies gewährleistet allein der Bund, so dass ihm die alleinige Ertragshoheit zusteht. Eine Repräsentation durch die Gesamtheit der Länder oder des Bundes und der Länder widerspräche den bundesstaatlichen Vorgaben des Grundgesetzes.

6. Das für die Zuordnung der Ertragshoheit entscheidende Kriterium der Nutzungsmöglichkeit fällt zwingend mit der Verwaltungshoheit des betroffenen Gutes zusammen. Auf unterschiedlichen dogmatischen Grundlagen gibt die Verwaltungskompetenz insgesamt Aufschluss über die Ertragshoheit von Gebühren.

7. Die Kompetenz, UMTS-Mobilfunklizenzen zu verwalten, liegt gemäß Art. 87 f GG beim Bund. Ihm fällt die alleinige Ertragshoheit für die UMTS-Versteigerungserlöse zu, die Länder besitzen im primären Finanzausgleich keine entsprechenden Ansprüche.

8. Im Rahmen des sekundären Finanzausgleichs erfüllt die Vereinnahmung der UMTS-Erlöse durch den Bund die qualitativen und quantitativen Voraussetzungen eines Revisionsanspruchs gemäß Art. 106 IV 1, III 4 GG. Insbesondere handelt es sich bei Versteigerungserlösen gemäß § 11 IV TKG und damit auch bei den UMTS-Versteigerungserlösen um laufende Einnahmen im Sinne des Art. 106 III 4 GG, die bei einer Deckungsquotenberechnung zu berücksichtigen sind.

9. Die an sich laufenden Einnahmen aus der Versteigerung bewirken aber nur einmalig eine quantitativ relevante Verschiebung des Deckungsquotenverhältnisses zwischen Bund und Ländern und verfehlen damit die temporalen Anforderungen des Art. 106 IV 1 GG.

10. Die besondere Höhe einer einmaligen Finanzverschiebung kann die temporalen Anforderungen der Revisionsklausel nicht ersetzen. Für deren Berücksichtigung besteht kein praktisches Bedürfnis. Sie lösen regelmäßig mittelbare und langfristig anhaltende Folgewirkungen in den Staatshaushalten aus, die selbst Anknüpfungspunkte eines Revisionsanspruchs sein können.

11. Aus der Verwendung der UMTS-Erlöse zur Tilgung von Schulden resultieren langfristige Zinsersparnisse. Sie treten jedoch nicht in der von Art. 106 IV 1 GG vorausgesetzten Höhe auf und begründen keinen eigenen Revisionsanspruch.

12. Die UMTS-Lizenznehmer können ihre Lizenzkosten steuermindernd abschreiben. Dadurch entstehen insbesondere den Ländern Einnahmeausfälle. Auch diese erreichen die von Art. 106 IV GG vorausgesetzte Quantität nicht und rechtfertigen keinen selbständigen Revisionsanspruch.

13. Die Verteilung und Revision der Umsatzsteuer gemäß Art. 106 III 4, IV 1 GG stellt ein mehr politisch als juristisch geprägtes Institut dar, dessen konkrete Einklagbarkeit so lange unscharf bleibt, bis sich Bund und Länder auf umfassende einheitliche Standards zur Bestimmung ihrer Finanzverhältnisse geeinigt haben.

14. Ein Anspruch der Länder auf den Ausgleich einer Mehrbelastung gemäß Art. 106 IV 2 und 3 GG scheitert an der Langfristigkeit der erwarteten Steuermindereinnahmen der Länder.

15. Die Vergabe der UMTS-Lizenzen im Sommer 2000 erfolgte hinsichtlich der finanzverfassungsrechtlichen Zulässigkeit, des gewählten Versteigerungsverfahrens und der Vereinnahmung der erzielten Erlöse im Einklang mit dem Grundgesetz für die Bundesrepublik Deutschland.

LITERATURVERZEICHNIS

Achterberg, Norbert / Püttner, Günter / Würtenberger, Günter — Besonderes Verwaltungsrecht, Band I, 2. Auflage, Heidelberg, 2000

Adler, Madeleine — Universaldienstleistungen nach dem TKG - Verfassungsrechtliche Grundlagen und Fragen des Rechtsschutzes, Aachen, 2000

Alexy, Robert — Grundrechte als subjektive Rechte und als objektive Normen, in: Der Staat 29 (1990), S. 49ff.

Ambos, Horst — Die verfassungsrechtliche Zulässigkeit der Erhebung von Verwaltungsgebühren in Rheinland-Pfalz auf gewerblichem Gebiet, in: DÖV 1961, S. 180ff.

Arnauld, Andreas von — Grundrechtsfragen im Bereich von Postwesen und Telekommunikation, in: DÖV 1998, S. 437ff.

Arndt, Hans-Wolfgang — Steuerrecht, 2. Auflage, Heidelberg, 2001

ders. — Versteigerung der UMTS-Lizenzen - ein Plädoyer für die verfassungsrechtliche Unzulässigkeit, in: K&R 2001, S. 23ff.

ders. — Forum: Zur verfassungsrechtlichen Problematik der Herstellung einheitlicher Lebensverhältnisse in der Bundesrepublik Deutschland, in: JuS 1993, S. 360ff.

ders. — Lenkung durch Steuern und sonstige Abgaben auf dem Gebiet des Wirtschaftsverwaltunsgsrechts, in: WiVerw 1990, S. 1ff.

ders. — Entwurf eines Bundesabfallgesetzes und das Grundgesetz, in: BB 1992, Beilage 8 zu Heft 13, S. 1ff.

Apelt, Willibalt — Die Gleichheit vor dem Gesetz nach Art 3 Abs. I des Grundgesetzes
in: JZ 1951, S. 353ff.

Axer, Peter — Die Finanzierung der Industrie- und Handelskammer durch Abgaben
in: GewArch 1996, S. 453ff.

Badura, Peter — Staatsrecht
Systematische Erläuterung des Grundgesetzes der Bundesrepublik Deutschland
2. Auflage, München, 1996

ders. — Verteilungsordnung und Zuteilungsverfahren bei der Bewirtschaftung knapper Güter durch die öffentliche Verwaltung
in: Staat, Wirtschaft, Steuern
Festschrift für Karl-Heinrich Friauf
Heidelberg, 1996
S. 529ff.

Bach, Stefan
Erber, Georg — Die UMTS-Lizenzvergabe in Deutschland - Auktionsverfahren unbefriedigend
in: DIW Wochenbericht 2000, S. 490ff.

Balmes, Frank — Der baden-württembergische Wasserpfennig aus verfassungsrechtlicher Sicht
in: DStZ 1990, S. 198ff.

Bauer, Hartmut — Privatisierung von Verwaltungsaufgaben
in: VVDStRL 54 (1996), S. 243ff.

Bayer , Walter — Akteneinsicht zu Forschungszwecken - BVerwG, NJW 1986, 1277 und BVerfG, NJW 1986, 1243
in: JuS 1989, S. 191ff.

Becker, Florian — Finanzverfassungsrecht
zu BVerfG, Urteil vom 28.03.2002 - 2 BvG 1, 2/01
in: JA 2002, S. 752ff.

ders. — Die Versteigerung der UMTS-Lizenzen: Eine neuartige Form der Allokation von Rechten
in: Die Verwaltung 35 (2002), S. 1ff.

ders.	Stattliche Versteigerungserlöse: Anlaß zur Reform der Finanzverfassung ? in: DÖV 2003, S. 177ff.
Beese, Dieter	UMTS - „Unverhoffte Milliarden im Telekommunikations-Sommer“ in: MMR 9/2000 S.Vf.
Beese, Dietrich Naumann, Dirk	Versteigerungserlöse auf dem TK-Sektor und deren Verwendung - Wettbewerb zwischen Regulierung und Gewinnerzielung in: MMR 2000, S. 145ff.
Berg, Wilfried	Staatsrecht Grundriss des Staatsorganisationsrechts und der Grundrechte 3. Auflage, Stuttgart, München, Hannover, Berlin, Weimar, Dresden, 2001
ders.	Die Verwaltung des Mangels – Verfassungsrechtliche Determinanten für Zuteilungskriterien bei knappen Ressourcen in: Der Staat 15 (1976), S. 1ff.
Berlinger, Daniela	Resale im Mobilfunk in: K&R 2003, S. 16ff.
Bethge, Herbert	Die verfassungsrechtliche Problematik der Grundpflichten in: JA 1985, S. 249ff.
Birk, Dieter	Steuerrecht 2. Auflage, Heidelberg, 1994 5. Auflage, Heidelberg, 2001
ders.	„Vorteilsabschöpfung“ durch Abgaben - Eine neue Kategorie nicht-steuerlicher Umweltabgaben ? in: Steuerrecht, Steuer- und Rechtspolitik, Wirtschaftsrecht und Unternehmensverfassung, Umweltrecht Festschrift für Wolfgang Ritter zum 70. Geburtstag Köln, 1997 S. 41ff.

Bleckmann, Albert	Staatsrecht I - Staatsorganisationsrecht Köln, Berlin, Bonn, München, 1993
ders.	Staatsrecht II - Die Grundrechte 4. Auflage, Köln, Berlin, Bonn, München, 1997
Böckenförde, Ernst-Wolfgang	Staat, Verfassung, Demokratie Studie zur Verfassungstheorie und zum Verfassungsrecht Frankfurt/Main, 1991
Bohley, Peter	Gebühren und Beiträge - Ihre wirtschaftspolitische Funktion und ihr Platz im System der öffentlichen Einnahmen - Tübingen, 1977
Boldt, Gerhard Weller, Herbert	Bundesberggesetz Berlin, New York, 1984
Bongartz, Martin	Hürden in die mobile Welt in: IT.Services. 03/2001, S.16ff.
Breuer, Rüdiger	Verfassungsrecht und Versteigerungsverfahren nach § 11 Telekommunikationsgesetz in: Staat, Kirche, Verwaltung Festschrift für Hartmut Maurer München, 2001 S. 25ff.
Brümmerhoff, Dieter	„UMTS-Erlöse" - Welche Verwendung ist zu empfehlen ? Zusätzliche Einnahmen sollten insgesamt zum Schuldenabbau verwendet werden in: Ifo Schnelldienst 30, 2000, S. 15ff.
Büchner, Wolfgang Ehmer, Jörg Geppert, Martin Kerkhoff, Bärbel Piepenbrock, Hermann-Josef Schütz, Raimund Schuster, Fabian	Beck'scher TKG Kommentar 2. Auflage, München, 2000 (zitiert: Bearbeiter in Beckscher Kommentar)

Bundesministerium der Finanzen — Finanzbericht 2002
Die volkswirtschaftlichen Grundlagen und die wichtigsten finanzwirtschaftlichen Probleme des Bundeshaushaltsplans für das Haushaltsjahr 2002
Berlin, 2001

dass. — Finanzbericht 2001
Die volkswirtschaftlichen Grundlagen und die wichtigsten finanzwirtschaftlichen Probleme des Bundeshaushaltsplans für das Haushaltsjahr 2001
Berlin, 2000

dass. — Maßstäbe und Verfahren zur Verteilung der Umsatzsteuer nach Art. 106 Abs. 3 und Abs. 4 Satz 1 GG -
Gutachten der Sachverständigenkommission zur Vorklärung finanzverfassungsrechtlicher Fragen für künftige Neufestlegungen der Umsatzsteueranteile,
Schriftenreihe des Bundesministeriums der Finanzen, Heft 30
Bonn, 1981
(zitiert: Umsatzsteuergutachten)

dass. — Wissenschaftlicher Beirat
Einnahmenverteilung zwischen Bund und Ländern. Probleme und Lösungsmöglichkeiten,
Schriftenreihe des Bundesministeriums der Finanzen, Heft 56
Bonn, 1995

dass. — Volks- und Finanzwirtschaftliche Berichte
Bundeshaushalt, Sollbericht 2001
unter:
www.bundesfinanzministerium.de/Anlage1015 4/Bundeshaushalt-Sollbericht-2001.pdf
(Stand: 01/2004)

Cannivé, Klaus — Infrastrukturgewährleistung in der Telekommunikation zwischen Staat und Markt
Berlin, 2001

Clausen, Gerhard	Das gebührenrechtliche Kostendeckungsprinzip Frankfurt/Main, 1978
Crezelius Georg	Steuerrecht II Besonderes Steuerrecht München, 1991
Daumke, Michael	Grundriss des deutschen Steuerrechts 4. Auflage, Bielefeld, 2000
Degenhart, Christoph	Staatsrecht I Staatsorganisationsrecht 16. Auflage, Heidelberg, 2000
ders.	Versteigerung der UMTS-Lizenzen - Telekommunikationsrecht und Telekommunikationsverfassungsrecht in: K&R 2001, S. 32ff.
ders.	Rechtsfragen der Versteigerung der UMTS-Lizenzen Unveröffentlichte Zusammenfassung einer rechtsgutachterlichen Stellungnahme Leipzig, 2000
Diederlich, Helmut	Allgemeine Betriebswirtschaftslehre 6. Auflage, Stuttgart, Berlin, Köln, 1989
Dolzer, Rudolf Vogel, Klaus Graßhof, Karin	Bonner Kommentar zum Grundgesetz Loseblatt, Heidelberg, Stand: 103. Lieferung, Dezember, 2002 (zitiert: Bearbeiter in BK)
Donner, Hartwig Fischer, Christine	Umweltschutz durch Abgaben - Finanz-(verfassungs)rechtliche Herausforderungen am Beispiel des „Wasserpfennigs" in: Donner, Hartwig; Fischer, Christine (Hrsg.) Umweltschutz zwischen Staat und Markt: moderne Konzeptionen im Umweltschutz Baden-Baden, 1989
Dörr, Dieter	Der „numerus clausus" und die Kapazitätskontrolle durch die Verwaltungsgerichte in: JuS 1988, S. 96ff.

Dreier, Horst	Grundgesetz Band I, Art. 1-19 Tübingen, 1996 Band II, Art. 20-82 Tübingen, 1998 Band III, Art. 83-146 Tübingen, 2000 (zitiert: Bearbeiter in Dreier)
ders.	Subjektiv-rechtliche und objektiv-rechtliche Grundrechtsgehalte in: Jura 1994, S. 505ff.
Drömann, Dietrich	Nichtsteuerliche Abgaben im Steuerstaat Ein Beitrag zur dogmatischen Bewältigung von Verleihungsgebühren Berlin, 2000
Ehlers, Dirk	Bestandskraft von vor Vergabe der UMTS-Lizenzen erlassenen verfahrensleitenden Verfügungen der RegTP in: K&R 2001, S. 1ff.
Ehlers, Dirk Achelpöhler, Wilhelm	Die Finanzierung der Wirtschaftsaufsicht des Bundes durch Wirtschaftsunternehmen in: NVwZ 1993, S.1025ff.
Ehlers, Otto	Die Stellung der Gebühr im Abgabensystem in: FinArch 13 (1896), S. 439ff.
Eifert, Martin	Grundversorgung mit Telekommunikation im Gewährleistungsstaat Baden-Baden, 1998
Einem, Hans-Jörg von	Zur Zulässigkeit sogenannter Summenbeitragsbescheide in: BB 1987, S. 2367ff.
Erichsen, Uwe	Staatsrecht und Verfassungsgerichtsbarkeit II 2. Auflage, München, 1998
Etling-Ernst, Martina	TKG-Telekommunikationsgesetz Ratingen, 1996

Euler, Walter	Das Berliner Grundwasserentnahmeentgelt und die Berliner Grundwassersituation in: BB 1998, S. 1087ff.
Faber, Markus	Die Verteilung knapper öffentlicher Güter durch Höchstgebot in: GewArch 2002, S. 264ff.
Fehl, Ulrich Oberender, Peter	Grundlagen der Mikroökonomie - Eine Einführung in die Produktions-, Nachfrage- und Markttheorie 6. Auflage, München, 1994
Fehling, Michael	Mitbenutzungsrechte Dritter bei Schienenwegen, Energieversorgungs- und Telekommunikationsleistungen vor dem Hintergrund staatlicher Infrastrukturverantwortung in: AöR 121 (1996), S. 59ff.
ders.	Der finanzielle Ausgleich für die Mitbenutzung fremder Infrastruktur bei Schienenwegen, Energieversorgungs- und Telekommunikationsleitungen in: VerwArch 86 (1995), S. 600ff.
ders.	Zur Reform der Daseinsvorsorge am Beispiel des öffentlichen Personennahverkehrs in: Die Verwaltung 34 (2001), S. 25ff.
Fikentscher, Wolfgang	Schuldrecht 9. Auflage, Berlin, New York, 1997
Fischer-Menshausen, Herbert	Die Länder im künftigen Finanzausgleich in: DÖV 1948, S. 10ff.
Fleiner, Fritz	Institutionen des Deutschen Verwaltungsrechts 8. Auflage, Tübingen, 1928
Fox, Klaus-Peter	„UMTS-Erlöse" - welche Verwendung ist zu empfehlen ? Unerwartete Mehreinnahmen zur Tilgung von Schulden in: Ifo Schnelldienst 30/2000, S. 5ff.
Forsthoff, Ernst	Lehrbuch des Verwaltungsrechts Erster Band, Allgemeiner Teil 10. Auflage, München, 1973

Freund, Matthias	Infrastrukturgewährleistung in der Telekommunikation München, 2002
Freytag, Andreas Jäger, Bernd	Der künftige Ordnungsrahmen des deutschen Telekommunikationsmarktes in: ORDO 47 (1996), S. 215ff.
Friauf, Karl-Heinrich	„Verleihungsgebühren" als Finanzierungsinstrument für öffentliche Aufgaben ? in: Festschrift der rechtswissenschaftlichen Fakultät zur 600-Jahr-Feier der Universität Köln Köln, Berlin, Bonn, München, 1988 S. 679ff.
ders.	Zur Zulässigkeit außersteuerlicher Sonderabgaben in: Der Bürger als Objekt der staatlichen Finanzpolitik, Festschrift für Willy Hauberichs Bad Wörishofen, 1977 S. 103ff.
ders.	Öffentliche Sonderlasten und Gleichheit der Steuerbürger in: Festschrift für Hermann Jahrreiß Köln, 1974 S. 45ff.
ders.	Der bundesstaatliche Finanzausgleich in: JA 1984, S. 618ff.
Gaddum, Wilhelm	Die Verteilung der Steuern nach Art. 106 GG in: BayVBl. 1977, S. 585ff.
Geiger, Willi	Zur Lage unserer Verfassungsgerichtsbarkeit in: Festgabe für Theodor Maunz München, 1971 S. 116ff.
Geppert, Martin Ruhle, Ernst-Olav Schuster, Fabian	Handbuch Recht und Praxis der Telekommunikation 2. Auflage, Baden-Baden, 2002

Gerlach, Otto — Gebühren
in: Wörterbuch des Deutschen Staats- und Verwaltungsrechts, begr. von Karl Frh. von Stengel, hrsg. von Max Fleischmann, 2. Bd.
2. Auflage, Tübingen, 1913
S. 4ff.

Göbbel, Klaus — Fehlinvestition UMTS-Milliarden ? Zweifelhafte Zahlenspiele
in: IT.Services. 03/2001, S. 22f.

Goerlich, Helmut — Grundrechte als Verfahrensgarantien
Baden-Baden, 1981

ders. — Schutzpflichten-Grundrechte-Verfahrensschutz
in: NJW 1981, S. 2616ff.

Goldscheid, Rudolf — Staatssozialismus oder Staatskapitalismus
Ein finanzsoziologischer Beitrag zur Lösung des Staatsschuldenproblems
3. Auflage, Wien, Leipzig, 1917

Gosch, Dietmar — Juristische Beurteilung von Öko-Steuern
in: StuW 1991, S. 201ff.

Grabitz, Eberhard — Der Grundsatz der Verhältnismäßigkeit in der Rechtsprechung des Bundesverfassungsgerichts
in: AöR 98 (1973), S. 568ff.

Gramlich, Ludwig — Rechtsfragen einer Versteigerung von Telekommunikations-Lizenzen und -Frequenzen
in: CR 1999, S. 752ff.

ders. — Versteigerung von Telekommunikations-Lizenzen und -Frequenzen aus verfassungs- und EG-rechtlicher Perspektive
in: CR 2000, S. 101ff.

ders. — Von der Postreform zur Postneuordnung- Zur ersten Novelle des Post- und Telekommunikationswesens
in: NJW 1994, S. 2785ff.

Gramm, Christof — Vom Steuerstaat zum gebührenfinanzierten Dienstleistungsstaat ?
in: Der Staat 36 (1997), S. 267ff.

Grzeszick, Bernd | Versteigerung knapper Telekommunikationslizenzen
in: DVBl. 1997, S. 878ff.

ders. | Lizenzvergabe nach dem Telekommunikationsgesetz
in: ZUM 1997, S. 911ff.

Gromitsaris, Athanasios | Die Unterscheidung zwischen präventivem Verbot mit Erlaubnisvorbehalt und repressivem Verbot mit Befreiungsvorbehalt
in: DÖV 1997, S. 401ff.

Grossekettler, Heinz | „UMTS-Erlöse" - welche Verwendung ist zu empfehlen ? Konsolidierung der Staatsfinanzen ist vorrangig
in: Ifo Schnelldienst 30/2000, S. 13ff.

Häberle, Peter | Das Bundesverfassungsgericht im Leistungsstaat, Die Numerus-Clausus-Entscheidung vom 18.07.1972
in: DÖV 1972, S. 729ff.

Häde, Ulrich | Finanzausgleich: Die Verteilung der Aufgaben, Ausgaben und Einnahmen im Recht der Bundesrepublik Deutschland
Tübingen, 1996

Häuser, Karl | Abriss der geschichtlichen Entwicklung der öffentlichen Finanzwirtschaft
in: Mayer, Theodor; Neumark, Fritz (Hrsg.)
Handbuch der Finanzwissenschaft, Bd. I
3. Auflage, Tübingen, 1977
S. 3ff.

Hammerstein, Christian von | National Roaming im UMTS-Markt
in: MMR 2001, S. 214ff.

Hansjürgens, Bernd | Umweltabgaben im Steuersystem
Baden-Baden, 1992

ders. | Sonderabgaben aus finanzwissenschaftlicher Sicht - am Beispiel der Umweltpolitik
in: StuW 1993, S. 20ff.

Hardt, Ulrike
Kommunale Finanzkraft,
Die Problematik einer objektiven Bestimmung kommunaler Einnahmemöglichkeiten in der gemeindlichen Haushaltsplanung und im kommunalen Finanzausgleich
Frankfurt/Main, 1988

Heckel, Max von
Gebühren
in: Conrad, J.; Lexis, W.; Elster, L.; Loening, E. (Hrsg.)
Handwörterbuch der Staatswissenschaften
Bd. IV Fabrik-Gewerkvereine
3. Auflage, Jena, 1909
S. 513ff.

Heckt, Wilhelm
Die Entwicklung des bundesstaatlichen Finanzausgleichs in der BRD
Bonn, 1973

Heilbock , Jürgen A.
UMTS - Die dritte Mobilfunkgeneration aus rechtlicher Sicht
in: MMR 1999, S. 23ff.

Heimlich, Jörg
Die Verleihungsgebühr als Umweltabgabe
Berlin, 1996

ders.
Die Anerkennung der Verleihungsgebühr durch den „Wasserpfennig-Beschluß"
in: DÖV 1997, S. 996ff.

Heintschel von Heinegg, Wolff
Haltern, Ulrich R.
Grundrechte als Leistungsansprüche des Bürgers gegenüber dem Staat
in: JA 1995, S. 333ff.

Helf, Karl-Heinz
Sicherheit in der Telekommunikation als Regulierungsaufgabe
in: CR 1997, S. 331ff.

Hendler, Reinhard
Umweltabgaben und Steuerstaatsdoktrin
in: AöR 115 (1990), S. 577ff.

ders.
Gebührenstaat statt Steuerstaat
in: DÖV 1999, S. 749ff.

ders.
Zur rechtlichen Beurteilung von Umweltabgaben am Beispiel des „Wasserpfennigs"
in: NuR 1989, S. 22ff.

ders.	Zur rechtlichen Zulässigkeit von Starkverschmutzerzuschlägen in: VBlBW 1991, 126ff.
Henneke, Hans-Günther	Öffentliches Finanzwesen Finanzverfassung 2. Auflage, Heidelberg, 2000
ders.	Finanzierungsformen im Abgabenstaat in: Jura 1990, S. 113ff.
Hennerkes, Brun-Hagen Schiffer, Karl Jan	Unternehmenssteuerrecht 2. Auflage, München, 1993
Hensel, Albert	Der Finanzausgleich im Bundesstaat in seiner staatsrechtlichen Bedeutung Berlin, 1922
Henseler, Paul	Begriffsmerkmale und Legitimation von Sonderabgaben Baden-Baden, 1984
ders.	Die Künstlersozialabgabe im System der öffentlichen Abgaben in: NJW 1987, S. 3103ff.
Herberg, Horst	Preistheorie 2. Auflage, Stuttgart, 1989
Hess, Philipp	Das Versteigerungsverfahren nach dem Telekommunikationsgesetz Frankfurt am Main, 2003
Hesse, Konrad	Grundzüge des Verfassungsrechts der Bundesrepublik Deutschland 20. Auflage, Heidelberg, 1995
ders.	Der allgemeine Gleichheitssatz in der neueren Rechtsprechung des Bundesverfassungsgerichts zur Rechtssetzungsgleichheit in: Wege und Verfahren des Verfassungslebens Festschrift für Peter Lerche zum 65. Geburtstag München, 1993 S. 121ff.
ders.	Bestand und Bedeutung der Grundrechte in der Bundesrepublik Deutschland in: EuGRZ 1978, S. 427ff.

ders. — Der Gleichheitssatz in der neueren deutschen Verfassungsentwicklung
in: AöR 109 (1984), S. 174ff.

Hettlage, Karl Maria — Die Revisionsklausel in der Finanzverfassung
in: Festschrift für Theodor Maunz zum 80. Geburtstag
München, 1981
S. 119ff.

Heun, Sven-Erik — Handbuch Telekommunikationsrecht
Köln, 2002
(zitiert: Bearbeiter in Heun)

Heun, Werner — Die Sonderabgabe als verfassungsrechtlicher Abgabentypus - Zur Sonderabgabenrechtsprechung des BVerfG -
in: DVBl. 1990, S. 666ff.

Hey, Christian
Hartung, Jürgen — Pfandrechte an Telekommunikationslizenzen - taugliche Sicherheit für Kreditgeber?
in: K&R 2000, S. 533ff.

Hickel, Rudolf — „Krise des Steuerstaates"
Schumpeters Beitrag zur politischen Ökonomie der Staatsfinanzen - Ein Nachtrag zum 100. Geburtstag von J.A.Schumpeter 1993
in: Wirtschaft und Gesellschaft, 10 (1984), 401ff.

Hidien, Jürgen W. — Die Verteilung der Umsatzsteuer zwischen Bund und Ländern
Baden-Baden, 1998

ders. — Der Mehrbelastungsausgleich (Art. 106 Abs. 4, S. 2, 3 GG) – ein staatsrechtliches Mauerblümchen im bundesstaatlichen Finanzausgleich
in: AöR, 122 (1997), S. 583ff.

ders. — Europarechtliche Mehrwertsteuerpflicht der öffentlichen Hand - War die Versteigerung der UMTS-Lizenzen eine mehrwertsteuerpflichtige Tätigkeit des Bundes ?
in: UR 2002, S. 165ff.

ders.	Anmerkung zu BVerfG - Urteil vom 28. März 2002, 2 BvG 1/02, 2 BvG 2/02 in: DStZ 2002, S. 415ff.
Hiltl, Christoph Großmann, Klaus	Grundfragen des neuen deutschen Telekommunikationsrechts in: BB 1996, S. 169ff.
Hofmann, Ralf	Der baden-württembergische Wasserpfennig in: VBlBW 1988, S. 426ff.
Höpker-Aschoff, Hermann	Das Finanzwesen in: DÖV 1949, S. 282ff.
Holznagel, Bernd Enaux, Christoph Niehaus, Christian	Grundzüge des Telekommunikationsrechts 2. Auflage, München, 2001
Horn, Oliver	Die Feldes- und Förderabgabe nach dem Bundesberggesetz. Zugleich ein Beitrag zur Verfassungsmäßigkeit und Sachgerechtigkeit des Gebührentyps Verleihungsgebühr Frankfurt/Main, 1990
Hübschmann, Walter Hepp, Ernst Spitaler, Armin	Abgabenordnung-Finanzgerichtsordnung Band I, §§ 1-29 AO 10. Auflage, Köln, 1995
Hufeld, Ulrich	Die Versteigerung der UMTS-Lizenzen zwischen Telekommunikations- und Finanzverfassungsrecht in: JZ 2002, S. 871ff.
Ipsen, Jörn	Staatsrecht I Staatsorganisationsrecht 13. Auflage, Neuwied, Kriftel, 2001
ders.	Staatsrecht II Grundrechte 4. Auflage, Neuwied, Kriftel, 2001
ders.	„Stufentheorie" und Übermaßverbot - Zur Dogmatik des Art. 12 GG in: JuS 1990, S. 634ff.
ders.	Verfassungsrechtliche Schranken des Richterrechts in: DVBl. 1984, S. 1102ff.

Ipsen, Knut	Völkerrecht München, 1999
Isensee, Josef	Steuerstaat als Staatsform in: Hamburg, Deutschland, Europa Festschrift für Hans Peter Ipsen Tübingen 1977 S. 409ff.
ders.	Privatwirtschaftliche Expansion öffentlich-rechtlicher Versicherer in: DB 1979, S. 145ff.
Isensee, Josef Kirchhof, Paul	Handbuch des Staatsrechts der Bundesrepublik Deutschland Band I Grundlagen von Staat und Verfassung Heidelberg, 1987
ders.	Band IV Finanzverfassung - Bundesstaatliche Ordnung Heidelberg, 1990
ders.	Band V Allgemeine Grundrechtslehren Heidelberg, 1992
ders.	Band VI Freiheitsrechte Heidelberg, 1989
Informationszentrum Mobilfunk, IZMF	UMTS: Mobilfunktechnik der Zukunft unter: www.izmf.de/download/B1_UMTS-Mobilfunktechnik.pdf (Stand: 08/2003)
Jakob, Wolfgang Zugmaier, Oliver	Grundfragen von Umweltabgaben – zugleich ein Beitrag der finanzwissenschaftlichen Abgabentypologie in: Jakob, Wolfgang; Zugmaier, Oliver (Hrsg.) Rechtliche Probleme von Umweltabgaben Augsburg, 1996 S. 11ff.
Jarass, Hans Dieter	Verfassungsrechtliche Grenzen für die Erhebung nichtsteuerlicher Abgaben in: DÖV 1989, S. 1013ff.

Jarass, Hans Dieter
Pieroth, Bodo
Grundgesetz für die Bundesrepublik Deutschland
6. Auflage, München, 2002
(zitiert: Bearbeiter in Jarass/Pieroth)

Jellinek, Georg
Allgemeine Staatslehre
2. Auflage, Berlin, 1914

Jellinek, Walter
Verwaltungsrecht
3. Auflage, Berlin, 1931

Kämmerer, Jörn Axel
Gemeingüter unter dem Hammer ?
in: NVwZ 2002, S. 161ff.

Kastrop, Christian
Ein Schritt zu einer nachhaltigen Stärkung der Handlungsfähigkeit des Staates
in: Ifo Schnelldienst 30/2000, S. 10ff.

Katz, Alfred
Staatsrecht
Grundkurs im öffentlichen Recht
14. Auflage, Heidelberg, 1999

Keuter, Alfons
Nett, Lorenz
Stumpf, Ulrich
Regeln für das Verfahren zur Versteigerung von ERMES-Lizenzen/Frequenzen sowie regionaler ERMES-Frequenzen
Bad Honnef, 1986

Kimminich, Otto
Fernmeldemonopol und Rechtsstaatlichkeit
in: DÖV 1976, S. 649ff.

Kirchhof, Ferdinand
Die Höhe der Gebühr
Berlin, 1981

ders.
Grundriss des Abgabenrechts - Steuern Gebühren Beiträge EG- und Sonderabgaben
Heidelberg, 1991

ders.
Leistungsfähigkeit und Wirkungsweisen von Umweltabgaben an ausgewählten Beispielen
in: DÖV 1992, S. 233ff.

ders.
Die Verleihungsgebühr als dritter Gebührentyp -Zugleich ein Beitrag zu ihrer Eignung als Umweltabgabe-
in: DVBl. 1987, S. 554ff.

ders. Umweltabgaben im Abfallwesen
in: DVBl. 1994, S.1101ff.

ders. Der Baden-Württembergische „Wasserpfennig“
in: NVwZ 1987, S. 1031ff.

ders. Leistungsfähigkeit und Wirkungsweisen von Umweltabgaben an ausgewählten Beispielen
in: UTR (16) 1992, S. 101ff.

ders. Vom Steuerstaat zum Abgabenstaat ?
in: Die Verwaltung 22 (1988), S. 137ff.

Kirchhof, Paul Die Entgeltlichkeit der Straßenbenutzung
in: Bartlsperger, Richard; Blümel, Willi; Schroeter, Hans Wolfgang
Ein Vierteljahrhundert Straßenrechtsgesetzgebung
Hamburg, 1980
S. 225ff.
(zitiert: P. Kirchhof in Bartlsperger)

ders. Der Verfassungsauftrag zum Länderfinanzausgleich als Ergänzung fehlender und als Garant vorhandener Finanzautonomie
Köln, 1982

ders. Verfassungsrechtliche Beurteilung der Abwasserabgaben des Bundes -
Die Grundkonzeption des Abwasserabgabengesetzes des Bundes im verfassungsrechtlichen System der öffentlichen Abgaben
Berlin, 1983

ders. Verfassungsrechtliche Grenzen von Umweltabgaben
in: Kirchhof, Paul (Hrsg.), Umweltschutz im Abgaben und Steuerrecht,
Veröffentlichungen der Deutschen Steuerjuristischen Gesellschaft e.V., Bd. 15
Köln, 1993
S. 3ff.

ders.	Die Sonderabgaben in: Staat Wirtschaft Steuern, Festschrift für Karl Heinrich Friauf Heidelberg, 1996 S. 669ff.
ders.	Verwalten durch „mittelbares“ Einwirken Köln, 1977
ders.	Besteuerungsgewalt und Grundgesetz Frankfurt/Main, 1973
ders.	Die Finanzierung des Leistungsstaates in: JURA 1983, S. 505ff.
ders.	Besteuerung und Eigentum in: VVDStRL 39 (1981), S. 213ff.
ders.	Die verfassungswidrige Investitionshilfeabgabe im System öffentlicher Abgaben in: ZIP 1984, S. 1423ff.
Kirchner, Hildebert	Abkürzungsverzeichnis der Rechtsprechung 4. Auflage, Berlin, 1993
Kisker, Gunter	Der bergrechtliche Förderzins im bundesstaatlichen Finanzausgleich München, 1983
Klodt, Henning Laaser, Claus-Friedrich Lorz, Jens Oliver Maurer, Rainer	Wettbewerb und Regulierung in der Telekommunikation Tübingen, 1995
Klöck, Oliver	Rechtliche Probleme der Versteigerung von UMTS-Lizenzen in: RTkom 2000, S. 280ff.
Kloepfer, Michael	Umweltrecht 2. Auflage, München, 1998
ders.	Informationsrecht München, 2002
ders.	Die lenkende Gebühr in: AÖR 97 (1972), S. 232ff.

ders. — Zur aufschiebenden Wirkung von Rechtsbehelfen gegen Abwasserabgabenbescheide - Zugleich ein Beitrag zur Rechtsnatur der Abwasserabgaben
in: JZ 1983, S. 742ff.

ders. — Abfallverbringungsabgabe und Verfassungsrecht
in: UPR 1997, S. 81ff.

Kloepfer, Michael
Follmann, Werner — Lizenzentgelt und Verfassungsrecht
in: DÖV 1988, S. 573ff.

Kluth, Winfried — Verfassungs- und abgabenrechtliche Rahmenbedingungen der Ressourcenbewirtschaftung
in: NuR 1997, S. 105ff.

ders. — Voraussetzungen und Grenzen der Belastung von Unternehmen und Verbrauchern mit Umweltabgaben
in: WiB 1995, S. 318ff.

Kodal, Kurt
Krämer, Helmut — Straßenrecht -
Systematische Darstellung des Rechts der öffentlichen Straßen, Wege und Plätze in der Bundesrepublik Deutschland
6. Auflage, München, 1999

Köbler, Gerhard — Juristisches Wörterbuch für Studium und Ausbildung
11. Auflage, München, 2002

Köck, Wolfgang — Umweltabgaben - Quo vadis ?
in: JZ 1993, 59ff.

ders. — Umweltsteuern als Verfassungsproblem
in: JZ 1991, S. 692ff.

Koenig, Christian — Versteigerung der UMTS-Lizenzen auf dem Prüfstand des deutschen und europäischen Telekommunikationsrechts
in: K&R 2001, S. 41ff.

ders. | Die öffentlich rechtliche Verteilungslenkung - Grund und Grenzen einer Deregulierung am Beispiel der Vergabe von Konzessionen, Kontingenten und Genehmigungen zur unternehmerischen Nutzung öffentlich verwalteter Güter
Berlin, 1994

Koenig, Christian
Neumann, Andreas | Telekommunikationsrechtliche Optimierung künftiger Lizenz- und Frequenz- Versteisteigerungen
in: ZRP 2001, S. 252ff.

dies. | Gemeinsame Infrastrukturnutzung beim Aufbau eines UMTS-Netzwerks und das Gebot „wettbewerblicher Unabhängigkeit"
in: K&R 2001, S. 280ff.

Koenig, Christian
Schäfer, Torsten | Versteigerung von Telekommunikationslizenzen und Europäisches Gemeinschaftsrecht
in: K&R 1998, S. 243ff.

Kötter, Matthias | Wettlauf der Abgabenpflichtigen ?
Zum Versteigerungsverfahren in § 11 IV TKG
in: DVBl. 2001, S. 1556ff.

Kopp, Ferdinand | Grundrechtliche Schutz- und Förderpflichten der öffentlichen Hand
in: NJW 1994, S. 1753ff.

Korioth, Stefan | Verfassungsrechtliche und verfassungsprozessuale Aspekte einer Beteiligung der Länder an den Erlösen aus der Versteigerung der UMTS/IMT-2000-Lizenzen - Unveröffentlichtes Gutachten im Auftrag des Finanzministeriums Baden-Württemberg, des Bayrischen Staatsministeriums der Finanzen und des Ministeriums der Finanzen des Landes Hessen
München, 2001
(zitiert: Korioth, UMTS - Gutachten)

ders. | Der Finanzausgleich zwischen Bund und Ländern
Tübingen, 1997

Kräkel, Matthias | Auktionstheorie und interne Organisation
Wiesbaden, 1992

Krause, Thorsten | Die Nahverkehrsabgabe
Hamburg, 1996

Kreft, Gerhart | Die begriffliche Abgrenzung von Steuer und Gebühr
Göttingen, 1968

ders. | Neue Wege im Gebührenrecht ?
in: DVBl. 1977, S. 369ff.

Kremer, Eduard
Neuhaus, Peter U. | Bergrecht
Stuttgart, Berlin, Köln, 2001

Krüger, Herbert | Die Auflage als Instrument der Wirtschaftsverwaltung
in: DVBl. 1955, S. 518ff.

Kruse, Heinrich Wilhelm | Lehrbuch des Steuerrechts
Band I Allgemeiner Teil
München, 1991

Kruse, Jörn | Lizenzierung und Wettbewerb im Mobilfunk
Berlin, 1993

Kühne, Günther | Die Förderabgabe im Schnittpunkt von Bergrecht und Finanzverfassung
in: DB 1982, 1693ff.

Landmann, Robert von
Rohmer, Gustav | Gewerbeordnung
Band I Gewerbeordnung - Kommentar
Loseblatt, München, Stand: 42. Lieferung, Juli 2002

Langer, Stefan | Ansprüche aus Freiheitsrechten als Appell zur politischen Verantwortung
in: NJW 1990, S. 1328ff.

Lämmer, Stefan | Die bundesrechtliche Verteilung der Staatseinnahmen in der Bundesrepublik Deutschland und in den Vereinigten Staaten von Amerika
Heidelberg, 1997

Leisner, Walter	Verwaltungspreis – Verwaltungssteuer Betrachtung zu den Gebührengrundsätzen in: Gedächtnisschrift für Hans Peters Berlin, Heidelberg, New York, 1967 S. 730ff.
ders.	Von der Verfassungsmäßigkeit der Gesetze zur Gesetzmäßigkeit der Verfassung, Betrachtungen zur möglichen selbständigen Begrifflichkeit im Verfassungsrecht Tübingen, 1964
Leist, Alexander	Anmerkung zu BVerfG, Urteil des Zweiten Senats vom 28.03.2002 - BvG, 1, 2/01- in: DVBl 2002, S. 903ff.
Lenhard, Erik	Die Regulierung des Mobilfunkmarktes der dritten Generation Wiesbaden, 2002
Lenhard, Erik Rickert, Beate	Flexibilisierung des UMTS-Marktes durch die Übertragbarkeit von Frequenzen in: K&R 2002, S. 578ff.
Leo, Hubertus Schellenberg, Martin	Die Regulierungsbehörde für Telekommunikation und Post in: ZUM 1997, S. 188ff.
Lerche, Peter	Finanzausgleich und Einheitlichkeit der Lebensverhältnisse in: Festschrift Friedrich Berber zum 75. Geburtstag München, 1973 S. 299ff.
ders.	Infrastrukturelle Verfassungsaufträge (zu Nachrichtenverkehr, Eisenbahnen) in: Staat Wirtschaft Steuern, Festschrift für Karl Heinrich Friauf Heidelberg, 1996 S. 251ff.
Lerche, Peter Pestalozza, Christian	Die bergrechtliche Förderabgabe im System des horizontalen Finanzausgleichs und der Bundesergänzungszuweisungen nach Art. 107 II GG Berlin, 1984

Lindstädt, Hagen	Die Versteigerung der deutschen UMTS-Lizenzen Eine ökonomische Analyse des Bieterverhaltens Leipzig, 2001
Lorenz, Dieter	Die öffentliche Sache als Instrument des Umweltschutzes in: NVwZ 1989, S. 812ff.
Luttermann, Claus	UMTS-Milliarden der Deutschen Telekom für den Bund: aktien- und postverfassungsrechtliche Zweifel in: K&R 2000, S. 473ff.
Maiwald, Beate	Gebühren, Beiträge, Sonderabgaben, Kosten im Gewerbebereich in: GewArch 1993, S. 45ff.
Mangoldt, Hermann von Klein, Friedrich Starck, Christian	Das Bonner Grundgesetz Band 1, Präambel, Art. 1-19 4. Auflage, München, 1999 Band 2, Art. 20-78 4. Auflage, München, 2000 Band 3, Art.79-146 4. Auflage, München, 2001 (zitiert: Bearbeiter in v.Mangoldt/Klein/Starck)
Manssen, Gerrit	Grundrechte München, 2000
ders.	Staatsrecht I Grundrechtsdogmatik München, 1995
ders.	Telekommunikations- und Multimediarecht Ergänzbarer Kommentar zum Telekommunikationsgesetz, Mediendienste-Staatsvertrag, Teledienstegesetz, Teledienstedatenschutzgesetz, Signaturgesetz einschließlich Gesetzes- und Verordnungstexte und europäischen Vorschriften Berlin, 1999 (zitiert: Bearbeiter in Manssen)

ders.	Verfassungsrechtliche Aspekte der Einführung einer sog. Nahverkehrsabgabe in: DÖV 1996, S. 12ff.
ders.	Das Telekommunikationsgesetz (TKG) als Herausforderung für die Verfassungs- und Verwaltungsrechtsdogmatik in: ArchTP 1998, S. 236ff.
Martens, Wolfgang	Grundrechte im Leistungsstaat in: VVDStRL 30 (1972), S. 7ff.
Marx, Helmut Arens, Heinrich	Der Auktionator - Kommentar zum Recht der gewerblichen Versteigerung Neuwied, Kriftel, Berlin, 1992
Matthiesen, Klaus	Das Nordrhein-Westfalen-Modell für Sonderabfallentsorgung und Altlastensanierung in: NWVBl. 1987, S. 74ff.
Maunz, Theodor Dürig, Günter	Grundgesetz Loseblatt, München, Stand: 40. Lieferung, Juni 2002 (zitiert: Bearbeiter in Maunz/Dürig)
Maunz, Theodor Zippelius, Reinhold	Deutsches Staatsrecht 30. Auflage, München, 1998
Maurer, Hartmut	Staatsrecht I Grundlagen, Verfassungsorgane, Staatsfunktionen 2. Auflage, Berlin, 2001
ders.	Allgemeines Verwaltungsrecht 13. Auflage, München, 2000
Mayer, Theodor	Geschichte der Finanzwirtschaft vom Mittelalter bis zum Ende des 18. Jahrhunderts in: Gerloff, Wilhelm; Neumark, Fritz (Hrsg.) Handbuch der Finanzwissenschaften Bd.1 2. Auflage, Tübingen, 1952 S. 236ff.
Mayer, Otto	Deutsches Verwaltungsrecht Bd. 1 3. Auflage, München, Leipzig, 1924

ders. — Deutsches Verwaltungsrecht Bd. 2
2. Auflage, München, Leipzig, 1917

Meisel, Franz — Gebührenlehre
in: Gerloff, Wilhelm; Meisel, Franz (Hrsg.)
Handbuch der Finanzwissenschaft, 1. Band
Tübingen, 1926

Menger, Christian-Friedrich
Erichsen, Hans-Uwe — Höchstrichterliche Rechtsprechung zum Verwaltungsrecht
in: VerwArch 56 (1965), S. 75ff.

Meßerschmidt, Klaus — Umweltabgaben als Rechtsproblem
Berlin, 1986

ders. — Sonderabgaben und Bundesverwaltungsgericht
in: DVBl. 1987, S. 925ff.

ders. — Umweltabgaben im Gefüge der Finanzverfassung
in: UTR 3 (1987), S. 83ff.

Meyer, Susanne — Gebühren für die Nutzung von Umweltressourcen
Berlin, 1995

dies. — Die Gebühr als finanzverfassungsrechtliches Instrument zur Erhebung von Umweltabgaben
in: NVwZ 2000, S.1000ff.

Möstel, Markus — Lizenzgebühren im Bereich der Post und Telekommunikation
in: NVwZ 2001, S. 735ff.

Morgenthaler, Gerd — Umweltabgaben im Steuerstaat
in: SächsVBl. 1994, S. 97 ff.

Muckel, Stefan — Neues zum Rechtschutz gegenüber Prüfungsentscheidungen -
BVerfG, NJW 1991, 2005 und 2008
in: JuS 1992, S. 201ff.

Müller, Jörg Paul — Zur sog. subjektiv- und objektivrechtlichen Bedeutung der Grundrechte
in: Der Staat 29 (1990), S. 33ff.

Müller, Ulf
Schuster, Fabian | 18 Monate Regulierungsbehörde - eine kritische Bestandsaufnahme
in: MMR 1999, S. 507ff.

Müller-Terpitz, Ralf | Verwaltungsrechtliche Aspekte des Vergabeverfahrens nach § 11 TKG
in: K&R 2002, S. 75ff.

Müller-Using, Detlev | Nochmals: Zu den verfassungsrechtlichen Aspekten der Postreform II
in: ArchTP 1995, S. 46ff.

Münch, Ingo von | Staatsrecht I
Stuttgart, Berlin, Köln, 2000

Münch, Ingo von
Kunig, Philip | Grundgesetz - Kommentar
Band 1 (Präambel Art. 1-19)
5. Auflage, München, 2000

Band 2 (Art. 20-69)
5. Auflage, München, 2001

Band 3 (Art. 70 -146 und Gesamtregister)
3. Auflage, München, 1996
(zitiert: Bearbeiter in v.Münch/Kunig)

Münch, Klaus Norbert | Kollektive Güter und Gebühren - Elemente einer Gebührentheorie für Kollektivgüter
Eine theoretische und empirische Analyse
Göttingen, 1976

Murswiek, Dietrich | Die Entlastung der Innenstädte vom Individualverkehr - Abgaben und andere Geldleistungspflichten als Mittel der Verkehrslenkung
Bd. 1: Die Innenstadtzufahrtsabgabe
Baden-Baden, 1993

ders. | Ein Schritt in Richtung auf ein ökologisches Recht - Zum „Wasserpfennig"-Beschluss des BVerfG
in: NVwZ 1996, S. 417ff.

ders. | Die Ressourcennutzungsgebühr - Zur rechtlichen Problematik des Umweltschutzes durch Abgaben
in: NuR 1994, S. 170ff.

ders. Rechtsfragen der Umsetzung des § 19 IV WHG in den Ländern
in: NuR 1990, S. 289ff.

ders. Privater Nutzen und Gemeinwohl im Umweltrecht -
Zu den überindividuellen Voraussetzungen der individuellen Freiheit
in: DVBl. 1994, S. 77ff.

ders. Freiheit und Freiwilligkeit im Umweltrecht
in: JZ 1988, S. 985ff.

Mußgnug, Reinhard Der Bemessungsmaßstab der Förderabgabe auf Erdgas nach der Niedersächsischen Verordnung über Feldes- und Förderabgaben
in: Zeitschrift für Bergrecht 1993, S. 168ff.

Mutius, Albert von
Lünenbürger, Simone „Ungeschriebene" Gesetzgebungskompetenzen des Bundes
in: DVBl. 1995, S. 1205ff.

dies. Verfassungsrechtliche Aspekte einer umfassenden ökologischen Ressourcenwirtschaft
in: NVwZ 1996, S. 1061ff.

Neumaier, Sven-Uwe Zur Frage der Rechtsnachfolge bei Lizenzen und Frequenzzuteilungen nach dem TKG
in: RTkom 2001, S. 149ff.

Nicolaysen, Gert Bewilligung und Förderabgabe nach dem BBergG
Stuttgart, 1982

Nolte, Norbert Lizenzierung von Telekommunikationsunternehmen
in: CR 1996, S. 459ff.

Oberender, Peter Grundlagen der Mikroökonomie
4. Auflage, 1991

Oberläuter, Werner Die verfassungsrechtliche Zulässigkeit der Erhebung von Verwaltungsgebühren in Rheinland-Pfalz auf gewerblichem Gebiet
in: DÖV 1961, S. 412ff.

Ossenbühl, Fritz — Die Interpretation der Grundrechte in der Rechtsprechung des BVerfG
in: NJW 1976, S. 2100ff.

ders. — Die Erfüllung von Verwaltungsaufgaben durch Private
in: VVDStRL 29 (1971), S. 137ff.

Patzig, Werner — Steuern-Gebühren-Beiträge und „Sonderabgaben"
in: DÖV 1981, S. 729ff.

Pautsch, Arne — Beihilferechtliche Relevanz der UMTS-Vergabe im Ausschreibungsverfahren
in: MMR 2001, S. 423ff.

Peine, Franz-Joseph — Allgemeines Verwaltungsrecht
5. Auflage, Heidelberg, 2000

Piens, Reinhart
Schulte, Hans-Wolfgang
Vitzthum, Stefan Graf — Bundesberggesetz (BBergG)
Stuttgart, Berlin, Köln, Mainz, 1983

Piepenbrock, Hermann-Josef — Versteigerung der UMTS-Lizenzen - 100 Mrd. DM für den Staat und viele offene Fragen
in: K&R 1/2001, I

Pieroth, Bodo
Schlink, Bernhard — Grundrechte Staatsrecht II
16. Auflage, Heidelberg, 2000

Pietzcker, Jost — Abgrenzungsprobleme zwischen Benutzungsgebühr, Verleihungsgebühr, Sonderabgabe und Steuer
in: DVBl. 1987, S. 774ff.

Pitschas, Rainer — Berufsfreiheit und Berufslenkung
Berlin, 1983

Puwalla, Wolfgang — Qualifikation von Abgaben
Berlin, 1987

Prokisch, Rainer — Die Justitiabilität der Finanzverfassung
Baden-Baden, 1993

Raber, Hans-Georg — Wassernutzungsentgelte und das Grundgesetz
in: NVwZ 1997, S. 219ff.

Raecke, Jürgen — Das Kostendeckungsprinzip - Möglichkeiten und Grenzen seiner Anwendung bei Verwaltungsgebühren, 2. Auflage, Stuttgart, München, Hannover, 1985

Regulierungsbehörde für Telekommunikation und Post — Jahresbericht 2002, Bonn, 2003, unter: www.regtp.de >aktuelles/presse >jahresberichte (Stand: 01/2004)

dies. — Jahresbericht 2001, Bonn, 2002, unter: www.regtp.de >aktuelles/presse >jahresberichte (Stand: 01/2004)

dies. — Jahresbericht 2000, Bonn, 2001, unter: www.regtp.de >aktuelles/presse >jahresberichte (Stand: 01/2004)

dies. — Tätigkeitsbericht 2000/2001, Bonn, 2001, unter: www.regtp.de >aktuelles/presse >jahresberichte (Stand: 01/2004)

dies. — Halbjahresbericht 2000, Bonn, 2000, unter: www.regtp.de >aktuelles/presse >jahresberichte (Stand: 01/2004)

dies. — Entscheidung der Präsidentenkammer vom 10.Mai 1999 über das Verfahren der Vergabe von Lizenzen für UMTS, in: Abl. RegTP 1999, S. 1519ff.

dies. | Entscheidung der Präsidentenkammer vom 18.02.2000 über die Durchführung des Versteigerungsverfahrens zur Vergabe von Lizenzen für UMTS
unter: www.regtp.de >regulierung telekommunikation>frequenzverwaltung>umts (Stand: 01/2004)

dies. | Entscheidung der Präsidentenkammer vom 18.02.2000 über die Festlegung und Regeln im Einzelnen zur Vergabe von Lizenzen für UMTS
unter: www.regtp.de >regulierung telekommunikation>frequenzverwaltung>umts (Stand: 01/2004)

Reuter, Lutz-Rainer | Soziales Grundrecht auf Bildung ?
Ansätze eines Verfassungswandels im Leistungsstaat
in: DVBl. 1974, S. 7ff.

Ritgen, Klaus | Versteigerung von Funkfrequenzen und Vergabe von Telekommunikationslizenzen - Verfassungsfragen einer effizienzorientierten Verteilungslenkung
in: AöR 127 (2002), S. 351ff.

Robbers, Gerhard | Der Gleichheitssatz
in: DÖV 1988, S. 749ff.

Rottmann, Michael | Zu den verfassungsrechtlichen Aspekten der Postreform II
in: ArchTP 1994, S. 193ff.

Ruhle, Ernst-Olav | UMTS Network Sharing im internationalen Vergleich
in: K&R 2002, S. 358ff.

Ruhle, Ernst-Olav
Geppert, Martin | Versteigerungsverfahren für Funkfrequenzen- und Lizenzen –
Ermes-Auktion: Vergleich zwischen Deutschland und USA
in: MMR 1998, S. 175ff.

Ruhle, Ernst-Olav
Schuster, Fabian | UMTS-Lizenzgebühren als Kosten der effizienten Leistungsbereitstellung bei einer angeordneten Zusammenschaltung
in: K&R 2001, S. 555ff.

Ruffert Matthias | Regulierung im System des Verwaltungsrechts - Grundstrukturen des Privatisierungsfolgerechts der Post und Telekommunikation -
in: AöR 124 (1999), S. 237ff.

Rummer, Hans | Die Verteilung bei knappen Kontingenten
in: NJW 1988, S. 225ff.

Rupp, Hans Heinrich | Vom Wandel der Grundrechte
in: AöR 101 (1976), S. 161ff.

ders. | Das Urteil des Bundesverfassungsgerichts zum Sammlungsgesetz - eine Wende in der Grundrechtsinterpretation des Art. 2 Abs. 1 GG
in: NJW 1966, S. 2037ff.

Sachs, Michael | Grundgesetz
2. Auflage, München, 1999
(zitiert: Bearbeiter in Sachs)

ders. | Verfassungsrecht II Grundrechte
Berlin, Heidelberg, New York, 2000

ders. | Bestandskraft der RegTP - Entscheidungen im Versteigerungsverfahren der UMTS-Lizenzen?
in: K&R 2001, S. 13ff.

Sacksofsky, Ute | Umweltschutz durch nichtsteuerliche Abgaben- Zugleich ein Beitrag zur Geltung des Steuerstaatsprinzips
Tübingen, 2000

Sanden, Joachim | Perspektiven der Umweltnutzungsabgaben nach der „Wasserpfennig-Entscheidung“ des Bundesverfassungsgerichts
in: UPR 1996, S. 181ff.

Sander, Eberhard | Der „Wasserpfennig“ - eine Abgabe mit oder ohne staatliche Gegenleistung ?
in: DVBl. 1990, S. 18ff.

Schalhorn, Wolfgang	Worin unterscheiden sich Briefmarkenversteigerungen von Briefmarken - Fernauktionen ? in: DB 1972, S. 2453ff.
Schall, Karl Friedrich von	Die Gebühren in: Gustav von Schönberg (Hrsg.) Handbuch der Politischen Oekonomie 3. Bd. 1.Halbband 4. Auflage, Tübingen, 1897 S. 103ff.
Schulte, Hans	Das Bundesberggesetz in: NJW 1981, S. 88ff.
Scherer, Joachim	Das neue Telekommunikationsgesetz in: NJW 1996, S. 2953ff.
Scheuerle, Klaus-Dieter Mayen, Thomas	Telekommunikationsgesetz (TKG) München, 2002 (zitiert: Bearbeiter in Scheuerle/Mayen)
Schlink, Bernhard	Freiheit durch Eingriffsabwehr – Rekonstruktion der klassischen Grundrechtsfunktion in: EuGRZ 1984, S. 457ff.
Schmalz, Dieter	Grundrechte 3. Auflage, Baden-Baden, 1997
Schmidt, Gerold	Verstößt die Ausgabe hoheitlicher „Postwertzeichen“ gegen Art. 87 f GG ? in: NJW 1998, S. 200ff.
Schmidt, Reiner	Öffentliches Wirtschaftsrecht Besonderer Teil 1 Berlin, 1995
Schmidt, Walter	Das Verhältnis von Bund und Ländern im demokratischen Bundesstaat des Grundgesetzes in: AöR 87 (1962), S. 253ff.
ders.	Sonderabgaben in der neuen Rechtsprechung des BVerfG in: NVwZ 1991, S. 36ff.

Schmidt-Assmann, Eberhart — Besonderes Verwaltungsrecht
11. Auflage, Berlin, New York, 1999
(zitiert: Bearbeiter in Schmidt-Assmann)

Schmidt-Bleibtreu, Bruno
Klein, Franz — Kommentar zum Grundgesetz
9. Auflage, Neuwied, 1999
(zitiert: Bearbeiter in Schmidt-Bleibtreu/Klein)

Schmidt-Jortzig, Edzard — Herausforderungen für den Föderalismus in Deutschland - Plädoyer für einen neuen Wettbewerbsföderalismus
in: DÖV 1998, S. 746ff.

Schmidt-Jortzig, Edzard
Makswit, Jürgen — Handbuch des kommunalen Finanzausgleichs
Münster, 1991

Schneider, Anette — Auktionsrecht: das Rechtsverhältnis zwischen Einlieferer, Versteigerer und Ersteigerer
Baden-Baden, 1999

Schneider, Thomas — Abgabenarten und deutsches Abgabensystem
in: VBlBW 1988, S. 161ff.

Schoch, Friedrich — Der Gleichheitssatz
in: DVBl. 1988, S. 863ff.

ders. — Privatisierung von Verwaltungsaufgaben
in: DVBl. 1994, S. 962ff.

ders. — Öffentlich-rechtliche Rahmenbedingungen einer Informationsordnung
in: VVDStRL 57 (1999), S. 158ff.

Schollmeier, Andreas — Zur Bemessung von Sondernutzungsgebühren
in: WUR 1991, S. 1ff.

Scholz, Rupert
Aulehner, Josef — „Postreform II" und Verfassung
Zu Möglichkeiten und Grenzen einer materiellen oder formellen Privatisierung der Post -
in: ArchTP 1993, S. 221ff.

Schulz, Christian — Lizenzvergabe bei Frequenzknappheit
Verwaltungsrechtliche Aspekte und Rechtsschutz bei telekommunikationsrechtlichen Versteigerungsverfahren
Münster, 2003

Schütz, Raimund
Cornils, Matthias
Universaldienst und Telekommunikation
in: DVBl. 1997, S. 1146ff.

Schütz, Raimund
Nüsken, Jan-Peter
Gebühren für Telekommunikationslizenzen - Rechtswidrige Haushaltssanierung auf Kosten des Wettbewerbes
in: MMR 1998, S. 523ff.

Schumacher, Kai
Versteigerungserlöse nach § 11 TKG als Verleihungsgebühr
in: NJW 2000, S. 3096ff.

Schumpeter, Joseph Alois
Die Krise des Steuerstaates (1918)
in: Schumpeter, Joseph Alois
Aufsätze zur Soziologie
Tübingen, 1953
S. 1ff.

Schuster, Fabian
Müller, Ulf
Rechtliche Grundlagen und Praxis der Frequenzzuteilung durch die RegTP
in: MMR 2000, S. 26ff.

Schwabe, Jürgen
Das Verbot mit Erlaubnisvorbehalt
in: JuS 1973, S. 133ff.

Schwarz, Kyrill Alexander
UMTS-Lizenzversteigerungserlöse und Finanzverfassung des Grundgesetzes
in: RTkom 2001, S. 141ff.

Schweitzer, Michael
Staatsrecht III
Staatsrecht, Völkerrecht, Europarecht
7. Auflage, Heidelberg, 2000

Schwintowski, Hans-Peter
Ordnung und Wettbewerb auf Telekommunikationsmärkten
in: CR 1997, S. 630ff.

Seidl-Hohenveldern, Ignaz
Stein, Torsten
Völkerrecht
10. Auflage, Köln, 2000

Seifert, Karl-Heinz
Hömig, Dieter
Grundgesetz für die Bundesrepublik Deutschland
6. Auflage, Baden-Baden, 1999
(zitiert: Bearbeiter in Seifert/Hömig)

Selmer, Peter — Verfassungsrechtliche und finanzrechtliche Rahmenbedingungen
in: UTR (16) 1992, S. 15ff.

Selmer, Peter
Gersdorf, Hubertus — Leitsätze zu Verfassungsfragen des UMTS-Versteigerungsverfahrens und seiner Erlöse
Unveröffentlichtes Kurzgutachten

Selmer, Peter
Brodensen, Carsten — Die Verfolgung ökonomischer, ökologischer und anderer öffentlicher Zwecke durch Instrumente des Abgabenrechts
in: DVBl. 2000, S. 1153ff.

Selmer, Peter
Brodersen, Carsten
Nicolaysen, Gert — Straßenbenutzungsabgaben für den Schwerverkehr -Verfassungs- und europarechtliche Probleme -
Baden - Baden, 1989

Spoerr, Wolfgang
Deutsch, Markus — Das Wirtschaftsverwaltungsrecht der Telekommunikation -
Regulierung und Lizenzen als neue Schlüsselbegriffe des Verwaltungsrechts ?
in: DVBl. 1997, S. 300ff.

Stallknecht, Heinrich — Lizenz und Lizenzentgelt:
Verfassungsrechtliche Überlegungen zu §§ 10 ff. LAbfG NW
Berlin, 1992

Stein, Lorenz von — Lehrbuch der Finanzwissenschaft
4 Teile in 2 Bänden
Nachdruck der Ausgabe Leipzig, 1885
Hildesheim, New York, 1975

Stein, Walter — Die Bewertung des „Vorteils" bei Beiträgen und Gebühren im Gemeindeabgaberecht
in: DÖV 1960, S. 288ff.

Stephan, Bodo — Verwaltungsgebühr, verkappte Steuer und der Rechtsstaat
in: Jura 1970, S. 867ff.

Stern, Klaus	Das Staatsrecht der Bundesrepublik Deutschland Band I 2. Auflage, München, 1984 Band II München, 1980 Band III/1 München, 1988
ders.	Postreform zwischen Privatisierung und Infrastrukturgewährleistung in: DVBl. 1997, S. 309ff.
Stern, Klaus Dietlein, Johannes	Netzzugang im Telekommunikationsbereich in: ArchTP 1998, S. 309ff.
Stobbe, Alfred	Volkswirtschaftslehre Band 2, Mikroökonomie 2. Auflage, Berlin, 1991
Stober, Rolf	Finanzierung der Wirtschaftsverwaltung durch Abgaben in: JA 1988, S. 250ff.
Stolleis, Michael	Pecunia Nervus Rerum Zur Staatsfinanzierung in der frühen Neuzeit Frankfurt/Main, 1983
Storr, Stefan	Die Versteigerung von Telekommunikationslizenzen - sachgerechtes Versteigerungsverfahren oder neue Einnahmequelle für den Staat ? in: K&R 2002, S. 67ff.
ders.	Der Staat als Unternehmer Öffentliche Unternehmen in der Freiheits- und Gleichheitsdogmatik des nationalen Rechts und des Gemeinschaftsrechts Tübingen, 2001

Strutz, Georg
Gebühren
in: Elster, Ludwig von; Weber, Adolf; Wieser, Friedrich (Hrsg.)
Handwörterbuch der Staatswissenschaften
Band IV
4. Auflage, Jena, 1927
S. 616ff.

Tautscher, Anton
Geschichte der deutschen Finanzwissenschaft
in: Gerloff, Wilhelm; Neumark, Fritz (Hrsg.)
Handbuch der Finanzwissenschaften Bd. 1
2. Auflage, Tübingen, 1952
S. 382ff.

Tettinger, Peter J.
Das Grundrecht der Berufsfreiheit
in: AöR 108 (1983), S. 92ff.

Thoma, Richard
Ungleichheit und Gleichheit im Bonner Grundgesetz
in: DVBl. 1951, S. 457ff.

Tiedtke, Walter
War die Versteigerung der UMTS-Lizenen eine umsatzsteuerpflichtige Tätigkeit der öffentlichen Hand ?
in: UR 2001, S. 528ff.

Tipke, Klaus
Die Steuerrechtsordnung
Band I, Wirtschaftsorganisatorische, systematische und grundrechtlich-rechtsstaatliche Grundlagen
Köln, 1993

ders.
Steuerrecht
11. Auflage, Köln, 1987

Tipke, Klaus
Lang, Joachim
Steuerrecht
15. Auflage, Köln, 1996

Tipke, Klaus
Kruse, Heinrich Wilhelm
Abgabenordnung, Finanzgerichtsordnung
Kommentar zur AO 1977 und FGO (ohne Steuerstrafrecht)
Band 1, §§ 1-154 AO
Loseblatt, Köln, Stand: 99. Lieferung, November 2002

Trute, Hans-Heinrich
Spoerr, Wolfgang
Bosch, Wolfgang
Telekommunikationsgesetz mit FTEG
1. Auflage, Berlin, New York, 2001
(zitiert: Bearbeiter in Trute/Spoerr/Bosch)

Toepfer, Ernst
Der Begriff der öffentlich-rechtlichen Gebühr
in: FinArch 26 (1909), S. 491ff.

Tomuschat, Christian
Güterverteilung als rechtliches Problem
in: Der Staat 12 (1973), S. 433ff.

Universität Kiel
Institut für Weltwirtschaft
Anwendung des Deckungsquotenverfahrens und die Frage getrennter Regelkreise beim Familienleistungsausgleich
Forschungsbericht zum Prüfungsauftrag der sechzehn Mitgliedsländer der Finanzministerkonferenz
Kiel, 2002
(zitiert: Uni Kiel, Gutachten)

Varadinek, Brigitta
Rechtmäßigkeit des UMTS-Lizenzvergabeverfahrens im Hinblick auf das TKG und Art. 12 GG
in: CR 2001, S. 17ff.

Vialon, Friedrich Karl
Haushaltsrecht, systematische Einführung - Übersicht über das Haushaltsrecht des Bundes, der Länder und Gemeinden
Kommentar zur Haushaltsordnung (RHO)
2. Auflage, Berlin, 1959

Vogel, Klaus
Vorteil und Verantwortlichkeit
Der doppelgliedrige Gebührenbegriff des Grundgesetzes
in: Verantwortlichkeit und Freiheit
Festschrift für Willi Geiger
Tübingen, 1989
S. 518ff.

ders.
Das ungeschriebene Finanzrecht des Grundgesetzes
in: Gedenkschrift für Wolfgang Martens
Berlin, New York, 1987
S. 265ff.

ders. — Rechtfertigung der Steuern: eine vergessene Vorfrage in: Der Staat 25 (1986), S. 481ff.

Voigt, Rüdiger — Umweltabgaben im Spannungsfeld zwischen Wirtschaftslenkung und Kostenzurechnung in: DVBl. 1980, S. 985ff.

Wagner, Adolf — Finanzwissenschaft 2. Theil, Gebühren und allgemeine Steuerlehre Leipzig, Heidelberg, 1880

Wassermann, Rudolf — Kommentar zum Grundgesetz für die Bundesrepublik Deutschland Reihe Alternativkommentare Band 2, Art. 38 - 146 2. Auflage, Neuwied, 1989

3. Auflage, Loseblatt, Neuwied, Stand: 2. Nachlieferung, August 2002 (zitiert: Bearbeiter in AK)

Weber, Karl — Kriterien des Bundesstaates, eine systematische, historische und rechtsvergleichende Untersuchung der Bundesstaatlichkeit der Schweiz, der Bundesrepublik Deutschland und Österreichs Wien, 1980

Weber, Max — Grundriss der Sozialökonomie Bd. 3, 1922 zitiert nach P. Kirchhof in: Isensee, Josef; Kirchhof, Paul (Hrsg.) Handbuch des Staatsrechts der Bundesrepublik Deutschland, Band IV, § 88 Rn. 3ff.

ders. — Wirtschaft und Gesellschaft Grundriß der verstehenden Soziologie (1921) 5. Auflage, Tübingen, 1980

Weber, Rolf	Wirtschaftsregulierung in wettbewerbspolitischen Ausnahmebereichen Studie zur staatlichen Wirtschaftsregulierung und zum Einsatz der Regulierungsinstrumente in den Transport-, Kommunikations- und Energiemärkten der Schweiz und in den Vereinigten Staaten von Amerika Baden-Baden, 1996
Wehr, Matthias	Grundfälle zum Vorrang und Vorbehalt des Gesetzes in: JuS 1997, S. 419ff.
Wendt, Rudolf	Anwendung des Deckungsquotenverfahrens und die Frage getrennter Regelkreise beim Familienleistungsausgleich - Rechtsgutachtliche Stellungnahme erstattet im Auftrage der sechzehn Mitgliedsländer der Finanzministerkonferenz Saarbrücken, 2000 (zitiert: Wendt, Gutachten)
ders.	Die Gebühr als Lenkungsmittel Hamburg, 1975
ders.	Der Gleichheitssatz in: NVwZ 1988, S. 778ff.
Westermann, Harm Peter Bydlinski, Peter	BGB-Schuldrecht Allgemeiner Teil 4. Auflage, Heidelberg, 1999
Weyreuther, Felix	Das Abgabenrecht als Mittel des Umweltschutzes in: UPR 1988, S. 161ff.
ders.	Gebühren ohne Gegenleistung ? Kosten und Leistungszurechnung bei Gebührengenerationen in: UPR 1997, S. 261ff.
Wieland, Joachim	Die Konzessionsabgaben Zur Belastung wirtschaftsverwaltungsrechtlicher Entnahmen mit Abgaben Berlin, 1991

ders. — Der Wandel von Verwaltungsaufgaben als Folge der Postprivatisierung
in: Die Verwaltung 28 (1995), S. 315ff.

ders. — Konzessionen und Konzessionsabgaben im Wirtschaftsverwaltungs- und Umweltrecht
in: WUR 1991, S. 128ff.

Wilke, Dieter — Gebührenrecht und Grundgesetz
Ein Beitrag zum allgemeinen Abgabenrecht
München, 1973

Windthorst, Kay — Der Universaldienst im Bereich der Telekommunikation
Eine öffentlichrechtliche Betrachtung unter Einbeziehung des amerikanischen Rechts
Berlin, 2000

Wolf, Gerd — Zur Umsatzsteuerverteilung zwischen Bund und Ländern
in: Die Finanzbeziehungen zwischen Bund, Ländern und Gemeinden aus finanzverfassungsrechtlicher und finanzwirtschaftlicher Sicht,
Bundesministerium der Finanzen (Hrsg.), bearbeitet von Geske, Otto Erich
Bonn, 1982
S. 251ff.

Wolff, Hans J.
Bachof, Otto — Verwaltungsrecht I
Ein Studienbuch
9. Auflage, München, 1974

Wuermeling, Ulrich
Felixberger, Stefan — Staatliche Überwachung der Telekommunikation
in: CR 1997, S. 555ff.

Zimmer, Anja — Verhindert das TKG eine sinnvolle Kreditsicherung ?
in: CR 2002, S. 13ff.

Zimmermann, Franz — Grundrechtsbindungen bei der Finanzierung öffentlicher Sach- und Dienstleistungen durch spezielle Entgelte
in: DVBl. 1989, S. 901ff.

FSC
www.fsc.org
MIX
Papier | Fördert gute Waldnutzung
FSC® C083411

Kolibri 360 GmbH
Ferdinand-Jühlke-Straße 7
99095 Erfurt, Deutschland
produktsicherheit@kolibri360.de

Druck:
CPI Druckdienstleistungen GmbH
im Auftrag der
Kolibri 360 GmbH
Ferdinand-Jühlke-Str. 7
99095 Erfurt